Verfahrensdimensionen materieller Garantien der Europäischen Menschenrechtskonvention

Europäische Hochschulschriften
Publications Universitaires Européennes
European University Studies

Reihe II
Rechtswissenschaft

Série II Series II
Droit
Law

Bd./Vol. 4201

PETER LANG
Frankfurt am Main · Berlin · Bern · Bruxelles · New York · Oxford · Wien

Ralf Möller

Verfahrensdimensionen materieller Garantien der Europäischen Menschenrechtskonvention

PETER LANG
Europäischer Verlag der Wissenschaften

Bibliografische Information Der Deutschen Bibliothek
Die Deutsche Bibliothek verzeichnet diese Publikation in der Deutschen Nationalbibliografie; detaillierte bibliografische Daten sind im Internet über <http://dnb.ddb.de> abrufbar.

Zugl.: Regensburg, Univ., Diss., 2005

D 355
ISSN 0531-7312
ISBN 3-631-53971-1

www.peterlang.de

Meinen Eltern

und

Maria

Vorwort

Die vorliegende Arbeit ist im Wintersemester 2004/2005 von der Juristischen Fakultät der Universität Regensburg als Dissertation angenommen worden. Literatur und Rechtsprechung sind bis Mai 2004 berücksichtigt.

Die Anregung zu dem Thema erhielt ich von meinem Doktorvater Herrn Prof. Dr. Robert Uerpmann-Wittzack, maître en droit, dem ich für seine stets freundliche und hilfsbereite Betreuung an dieser Stelle herzlichst danke. Herrn Prof. Dr. Thorsten Kingreen danke ich für die Übernahme und zügige Erstellung des Zweitgutachtens.

Bedanken möchte ich mich auch bei der Universität Regensburg für die großzügige Gewährung eines Promotionsstipendiums, ohne das die Arbeit in diesem zeitlichen Rahmen nicht durchführbar gewesen wäre.

Ebenfalls Dank gebührt dem Max-Planck-Institut für Ausländisches und Internationales Privatrecht in Hamburg, insbesondere seinem Direktor Herrn Prof. Dr. Dr. h.c. Dr. h.c. Reinhard Zimmermann, FBA FRSE, auf dessen Institutsbibliothek ich in den letzten Monaten der Promotion freundlicherweise zurückgreifen durfte.

Nicht zuletzt gebührt aber meinen lieben Eltern der größte Dank, die mir das Studium ermöglichten und mir über die langen Jahre der Ausbildung hinweg immer mit Optimismus und Hilfe zur Seite standen.

Hamburg im März 2005 — Ralf Möller, MJur. (Oxford)

Inhaltsverzeichnis

Abkürzungsverzeichnis

a.A.	anderer Ansicht
Abs.	Absatz
a.F.	alte Fassung
AöR	Archiv des öffentlichen Rechts
Art.	Artikel
Aufl.	Auflage
Bd.	Band
BGB	Bürgerliches Gesetzbuch
Beschl.	Beschluss
BVerfG	Bundesverfassungsgericht
BVerfGE	Entscheidungen des Bundesverfassungsgerichts
bsw.	beispielsweise
bzgl.	bezüglich
bzw.	beziehungsweise
ders.	derselbe
DEuFamR	Deutsches und Europäisches Familienrecht
dies.	dieselbe
DNA	Deoxyribonucleic acid
DOG	Deichordnungsgesetz
DÖV	Die öffentliche Verwaltung
ECHR	European Convention on Human Rights
EGMR	Europäischer Gerichtshof für Menschenrechte
EMRK	Europäische Konvention zum Schutz der Menschenrechte
etc.	et cetera
EuGRZ	Europäische Grundrechtezeitschrift
EU	Europäische Union
f.	folgende Seite
FamRZ	Zeitschrift für das gesamte Familienrecht
ff.	folgende Seiten
Fn.	Fußnote
FS	Festschrift
gem.	gemäß
GG	Grundgesetz
GGK	Grundgesetz-Kommentar
HdbStR	Handbuch des Staatsrechts
Hk	Handkommentar
HRLJ	Human Rights Law Journal
Hrsg.	Herausgeber

ICLQ	International and Comparative Law Quarterly
IntKommEMRK	Internationaler Kommentar zur Europäischen Menschenrechtskonvention
IRA	Irisch-Republikanische Armee
JA	Juristische Arbeitsblätter
Jura	Juristische Ausbildung
Kap.	Kapitel
Lfg.	Lieferung
MDR	Monatsschrift für Deutsches Recht
m.w.N.	mit weiteren Nachweisen
NJW	Neue Juristische Wochenschrift
No.	Number
Nr.	Nummer
NVwZ	Neue Zeitschrift für Verwaltungsrecht
OVG	Oberverwaltungsgericht
para.	Paragraph
PKK	Partiya Karkerên Kurdistan (Kurdische Arbeiterpartei)
RabelsZ	Rabels Zeitschrift für ausländisches und internationales Privatrecht
Red.	Redaktion
Rn.	Randnummer
Rspr.	Rechtsprechung
Rz.	Randziffer
S.	Seite, Satz
St.	Ständige
StGB	Strafgesetzbuch
StPO	Strafprozessordnung
u.a.	und andere; unter anderem
UN	United Nations
Urt.	Urteil
USA	United States of America
v.	von, vom
Verw.Arch.	Verwaltungsarchiv
vgl.	vergleiche
Vol.	Volume
Vorb.	Vorbemerkung
WVK	Wiener Vertragsrechtskonvention
z.B.	zum Beispiel
ZJapanR	Zeitschrift für Japanisches Recht
ZPO	Zivilprozessordnung

Einleitung*

Das Recht jedes Menschen auf das Leben wird gesetzlich geschützt, so der Wortlaut von Art. 2 Abs. 1 S. 1 der Europäischen Konvention zum Schutze der Menschenrechte und Grundfreiheiten. Gemäß Art. 3 EMRK darf niemand der Folter oder unmenschlicher oder erniedrigender Strafe oder Behandlung unterworfen werden. Diese beiden Artikel der EMRK schützen vier der wichtigsten und fundamentalsten Rechtsgüter der demokratischen Gesellschaft – das Leben, die körperliche und geistige Unversehrtheit sowie die Würde des Menschen.

Umso besorgniserregender sind die regelmäßigen Menschenrechtsverstöße gegen Art. 2 EMRK und Art. 3 EMRK, insbesondere durch die Türkei[1]. Die praktische Durch- und Umsetzung des durch Art. 2 EMRK und Art. 3 EMRK gewährleisteten Schutzes ist damit nach wie vor von höchster Relevanz und eine der größten Herausforderungen auf dem Gebiet des Menschenrechtsschutzes.

Es stellt sich insbesondere die Frage, welche Mechanismen dem Europäischen Gerichtshof für Menschenrechte zur Gewährleistung eines effektiven Menschenrechtsschutzes zur Verfügung stehen. Seit einigen Jahren zeichnet sich innerhalb der Rechtsprechung des EGMR immer deutlicher die Tendenz ab, den Artikeln 2 und 3 EMRK Verfahrensgarantien zuzuschreiben. So entschied der Gerichtshof beispielsweise in den Fällen Assenov u.a./Bulgarien[2] und Sevtap Veznedaroglu/Türkei[3], dass sich aus Art. 3 EMRK zusammen mit der allgemeinen Schutzverpflichtung des Art. 1 EMRK die positive verfahrensrechtliche Verpflichtung der Mitgliedsstaaten ergibt, für gründliche, wirksame und unvoreingenommene Ermittlungen zu sorgen, wenn eine Person glaubwürdig versichert, dass sie einer Behandlung ausgesetzt worden ist, die ihre Rechte aus Art. 3 EMRK verletzt hat. Dieselbe Verpflichtung leitet der EGMR auch aus Art. 2 EMRK ab, wenn ein Mensch durch Gewaltanwendung – insbesondere durch

---

* Sämtliche im Rahmen dieser Arbeit zitierten Urteile des EGMR sind der Datenbank Hudoc des Gerichtshofs entnommen und unter http://www.echr.coe.int/ in englischer und teilweise in französischer Sprache abrufbar. Andere Fundstellen sind ausdrücklich gekennzeichnet. Sofern Auszüge aus Urteilen des EGMR wörtlich zitiert werden, handelt es sich um Übersetzungen des Verfassers. Fremdübersetzungen sind ausdrücklich gekennzeichnet.

1 Die Türkei ist seit 1998 in mehr als 30 Fällen wegen eines Verstoßes gegen Art. 2 EMRK beziehungsweise Art. 3 EMRK verurteilt worden. Siehe hierzu: 2. Kap., B I und C I-III.

2 EGMR, Urt. v. 28.09.1998, Rn. 102 – Assenov u.a./Bulgarien.

3 EGMR, Urt. v. 11.04.2000, Rn. 32 – Sevtap Veznedaroglu/Türkei.

Repräsentanten des Staates – zu Tode gekommen ist[4]. Gegenstand der vorliegenden Arbeit wird deshalb die Frage sein, aus welchen Gründen der EGMR den Art. 2 und 3 EMRK diese neuen verfahrensrechtlichen Garantien beigemessen hat.

Einen weiteren herausragenden Stellenwert innerhalb der EMRK nimmt der Schutz des Privat- und Familienlebens nach Art. 8 EMRK sowie das in Art. 6 EMRK verbürgte Recht auf ein faires Verfahren ein. In einer Reihe jüngerer Entscheidungen zeichnet sich dabei eine in ihrem Umfang und ihrer Deutlichkeit bis dahin noch nicht gekannte Verfahrensdimension des Art. 8 EMRK ab. Vor allem Deutschland ist in diesem Zusammenhang verhältnismäßig oft eines Verstoßes gegen die Artikel 8 und 6 EMRK beschuldigt und teilweise auch verurteilt worden[5]. So begründete der Gerichtshof in der Entscheidung Elsholz/Deutschland vom 13.07.2000 einen Verstoß gegen Art. 8 EMRK vor allem mit einem unzulänglichen Verfahren. Dieser Fall betraf die Regelung des Umgangsrechts eines Vaters mit seinem nichtehelich geborenen Sohn. Der EGMR rügte insbesondere, dass das deutsche Gericht, entgegen der Empfehlung des Jugendamtes, die Einholung eines psychologischen Sachverständigengutachtens zur Frage des Umgangsrechts für entbehrlich gehalten habe[6]. Äußerst oberflächlich und eher beiläufig stellte der EGMR im Anschluss daran fest, dass damit auch das Recht auf ein faires Verfahren nach Art. 6 EMRK verletzt worden sei[7]. Hervorzuheben ist, dass Art. 8 EMRK keine ausdrücklichen verfahrensrechtlichen Garantien und Verpflichtungen enthält. In den Entscheidungen Sahin/Deutschland[8] und Sommerfeld/Deutschland[9] sah der EGMR Art. 8 EMRK ebenfalls durch ungenügende Verfahren verletzt. Diese beiden Urteile sind durch Entscheidungen der Großen Kammer des EGMR vom 08.07.2003 jeweils in der Sache aufgehoben worden, ohne dass jedoch die Verfahrensdimension des Art. 8 EMRK in Frage gestellt wurde. Vielmehr bestätigen die Entscheidungen der Großen Kammer den Rechtsprechungstrend des EGMR, Verfahrensverstöße primär anhand der dem Art. 8 EMRK beigemessenen Verfahrens-

---

4 EGMR, Urt. v. 04.05.2001, Rn. 105 – Hugh Jordan/Vereinigtes Königreich; EGMR, Urt. v. 27.09.1995, Rn. 161 – McCann u.a./Vereinigtes Königreich.

5 EGMR (Große Kammer), Urt. v. 13.07.2000 – Elsholz/Deutschland; EGMR, Urt. v. 11.10.2001 – Sommerfeld/Deutschland; EGMR, Urt. v. 11.10.2001 - Sahin/Deutschland; EGMR, Urt. v. 26.02.2002 – Kutzner/Deutschland; EGMR, Urt. v. 05.12.2002 – Hoppe/Deutschland; EGMR (Große Kammer), Urt. v. 08.07.2003 – Sahin/Deutschland; EGMR (Große Kammer), Urt. v. 08.07.2003 – Sommerfeld/Deutschland; EGMR, Urt. v. 26.02.2004 – Görgülü/Deutschland; EGMR, Urt. v. 08.04.2004 – Haase/Deutschland.

6 EGMR (Große Kammer), Urt. v. 13.07.2000, Rn. 52 f. – Elsholz/Deutschland.

7 EGMR (Große Kammer), Urt. v. 13.07.2000, Rn. 66 – Elsholz/Deutschland.

8 EGMR, Urt. v. 11.10.2001, Rn. 44 ff. – Sahin/Deutschland.

9 EGMR, Urt. v. 11.10.2001, Rn. 44 f. – Sommerfeld/Deutschland.

dimension zu überprüfen[10]. Noch deutlicher formuliert der Gerichtshof seine Präferenz für Art. 8 EMRK in dem Urteil Haase/Deutschland, in dem er eine Prüfung des Art. 6 EMRK für „unnötig" hält, nachdem er zuvor eine Verletzung des Art. 8 EMRK aus verfahrensrechtlichen Gesichtspunkten bejaht hatte[11].

Höchst problematisch und fragwürdig scheint diese Argumentation des EGMR, da die EMRK mit den in Art. 6 Abs. 1 EMRK verbürgten, weitreichenden Verfahrensgarantien ausdrücklich einen speziellen Verfahrensschutz vorsieht. Diese Tendenz könnte zur Aushöhlung oder zumindest Abschwächung des durch Art. 6 EMRK gewährleisteten Verfahrensschutzes führen und diesem seine eigenständige Bedeutung nehmen. Das sich abzeichnende neue Verhältnis von Art. 8 EMRK und Art. 6 EMRK gilt es im Rahmen der Dissertation zu bestimmen.

Ein weiterer wichtiger Aspekt ist die zunehmende Ausweitung der positiven Verpflichtungen der Staaten in Bezug auf die in Art. 8 EMRK gewährleisteten Garantien. Art. 8 EMRK ist grundsätzlich als Abwehrrecht ausgestaltet, das heißt, er soll vor allem gegen willkürliche Eingriffe durch staatliche Organe schützen. Mehr und mehr kommt der EGMR jedoch zu dem Ergebnis, dass sich aus den klassischen Freiheitsrechten Verpflichtungen der Vertragsstaaten zu positiven Handlungen hinsichtlich verfahrensrechtliche Gesichtspunkte ergeben, um einen wirksamen Schutz der betroffenen Rechte zu garantieren. In Bezug auf Art. 8 EMRK hat der EGMR beispielsweise in der Entscheidung Hatton u.a./Vereinigtes Königreich vom 02.10.2001 die Verpflichtung zu einer Art Umweltverträglichkeitsprüfung und damit einen weiteren verfahrensrechtlichen Aspekt aus Art. 8 EMRK abgeleitet[12]. Auch diese Entscheidung ist durch ein Urteil der Großen Kammer vom 08.07.2003 in der Sache aufgehoben worden. Die dem Art. 8 EMRK innewohnende Pflicht zu der besagten Umweltverträglichkeitsprüfung wurde jedoch von der Großen Kammer bestätigt[13].

Im Gegensatz zur Diskussion um den Grundrechtsschutz durch Verfahren, die Ende der siebziger und Anfang der achtziger Jahre die deutsche Rechtswissenschaft beschäftigte[14], ist bislang auf EMRK-Ebene keine vergleichbare Debatte geführt worden. So liegen zum Thema der Verfahrensdimension der Art. 2 und

10 EGMR (Große Kammer), Urt. v. 08.07.2003, Rn. 70 ff. – Sahin/Deutschland; EGMR (Große Kammer), Urt. v. 08.07.2003, Rn. 68 ff. – Sommerfeld/Deutschland.

11 EGMR, Urt. v. 08.04.2004, Rn. 108 – Haase/Deutschland.

12 EGMR, Urt. v. 02.10.2001, Rn. 95 ff. – Hatton u.a./Vereinigtes Königreich.

13 EGMR (Große Kammer), Urt. v. 08.07.2003, Rn. 128 ff. – Hatton u.a./Vereinigtes Königreich.

14 Siehe hierzu: v. Münch in: v. Münch/Kunig, GGK I, 5. Aufl. 2000, Vorb. Art. 1-19, Rn. 25.

3 EMRK bislang vornehmlich komprimierte Zusammenfassungen der wichtigsten Leitsätze der Rechtsprechung des Gerichtshofs vor, nicht jedoch eine umfassende Analyse der Gründe und Folgen dieser Rechtsprechungsentwicklung[15]. Aus diesem Grunde ist es notwendig, diese neuen verfahrensrechtlichen Dimensionen innerhalb der EMRK zu bestimmen, ihre Hintergründe offen zu legen und mögliche Auswirkungen der jüngsten Entscheidungen des Gerichtshofs aufzuzeigen. Hierbei stellt sich unter anderem die Frage, inwieweit der EGMR bei der Ableitung von Verfahrensgarantien aus Artikel 2 und 3 EMRK einerseits sowie Art. 8 EMRK andererseits ein gemeinsames Konzept verfolgt, beziehungsweise ob und welche Unterschiede bestehen. Besondere Bedeutung kommt dabei der vom Präsidenten des EGMR, Luzius Wildhaber, im Jahre 2002 geäußerten Ansicht zu, dass praktisch allen Garantien der Konvention eine positive Verpflichtung zur Errichtung und Durchführung effektiver Verfahrensmechanismen auf nationaler Ebene innewohne[16].

Bevor die Verfahrensdimensionen auf EMRK-Ebene untersucht werden, soll im ersten Teil der Arbeit zunächst auf die in Deutschland zu diesem Thema geführte Diskussion eingegangen werden. Die hierbei gewonnenen dogmatischen Erkenntnisse sollen Lösungsansätze aufzeigen, die für die nachfolgende Analyse der konventionsrechtlichen Lage herangezogen werden können. Hervorzuheben ist, dass trotz der in Deutschland geführten Diskussion die gewonnenen dogmatischen Erkenntnisse in den folgenden Jahren kaum Beachtung in Rechtsprechung und Literatur fanden und die Debatte zu einem Ende kam. Im Hinblick auf die jüngsten Entscheidungen des Gerichtshofs stellt sich die Frage, ob die Bedeutung der Verfahrensgarantien der Grundrechte in Deutschland unterschätzt wurde. Dieses könnten die in Ehe- und Kindschaftssachen ergangenen Urteile des EGMR gegen Deutschland belegen. Denkbar wäre auch, dass die geringe Beachtung der den Grundrechten innewohnenden Verfahrensgarantien durch Rechtsprechung und Literatur in Deutschland zeigt, dass der Verfahrensschutz auf andere Art und Weise gewährleistet werden kann, beispielsweise durch die speziellen Verfahrensgrundrechte.

---

15 Siehe beispielsweise: Grabenwarter, § 19; Mowbray, ICLQ 2002, S. 437 ff.

16 Wildhaber, HRLJ, Vol. 23, 2002, 161: "Indeed I would argue that practically all the Convention guaranties contain an implied positive obligation to set up and render effective procedures making it possible to vindicate the right concerned at national level".

Erstes Kapitel

Verfahrensgarantien von Grundrechten im Lichte des deutschen Verfassungsrechts

Ausgangspunkt der nachfolgenden Betrachtungen sind die verfahrensrechtlichen Dimensionen der Grundrechte im Lichte des deutschen Verfassungsrechts. Ihre Erfassung ist grundlegende Voraussetzung für die darauf aufbauende Untersuchung der Verfahrensgarantien innerhalb der EMRK. Die Analyse der Diskussion um den Grundrechtsschutz durch Verfahren, im Folgenden „deutsche Diskussion" genannt, erfolgt dabei ergebnisorientiert in Bezug auf mögliche Parallelen der sich auf EMRK-Ebene abzeichnenden Problematik. Insofern kann und soll diese Diskussion nicht in allen ihren Facetten wiedergegeben werden. Die Untersuchung beschränkt sich vielmehr auf das Spannungsverhältnis zwischen den materiellen Grundrechten mit den ihnen innewohnenden Verfahrensgarantien und dem speziellen Verfahrensgrundrecht des Art. 19 Abs. 4 GG sowie den Ausstrahlungen der materiellen Grundrechte auf das Verwaltungsverfahren. Ziel wird es sein, die gewonnenen Erkenntnisse bezüglich der deutschen Behandlung der Verfahrensgarantien materieller Grundrechte fruchtbar zu machen und sowohl für die Bestimmung des Verhältnisses zwischen Art. 8 EMRK und Art. 6 EMRK als auch für die Bewertung der verfahrensrechtlichen Dimension der Art. 2 und Art. 3 EMRK als dogmatische Grundlage heranzuziehen.

A. Grundrechte als klassische Abwehrrechte und Wandel des Grundrechtsverständnisses

Grundrechte sind in erster Linie, wie es das Bundesverfassungsgericht in seiner berühmten Lüth-Entscheidung formuliert, „Abwehrrechte des Bürgers gegen den Staat"[17]. Sie sind dazu bestimmt, „die Freiheitssphäre des einzelnen vor Eingriffen der öffentlichen Gewalt zu sichern"[18]. Das ergibt sich für das BVerfG aus der geistesgeschichtlichen Entwicklung der Grundrechtsidee und den geschichtlichen Vorgängen, die zur Aufnahme von Grundrechten in die Verfassungen der einzelnen Staaten geführt haben[19]. Dem entspreche es, dass der Gesetzgeber den besonderen Rechtsbehelf zur Wahrung der Grundrechte, die Verfassungsbeschwerde, nur gegen Akte der öffentlichen Gewalt gewährt

17 BVerfGE 7, 198 (204).
18 BVerfGE 7, 198 (204).
19 BVerfGE 7, 198 (204 f.).

hat[20]. Die Voranstellung des Grundrechtsabschnitts im Grundgesetz betont zudem den Vorrang des Menschen und seiner Würde gegenüber der Macht des Staates[21].

Den auf die Abwehr staatlicher Eingriffe gerichteten Schutzgehalt der Grundrechte hat das BVerfG seit den fünfziger Jahren wesentlich erweitert und ausgebaut[22]. Während sich bereits im Lüth-Urteil die Formulierung findet, dass das Grundgesetz in seinem Grundrechtsabschnitt „auch eine objektive Wertordnung aufgerichtet hat"[23], fasste das BVerfG diesen Ansatz im Kalkar-Beschluss folgendermaßen zusammen: „Nach ständiger Rechtsprechung des Bundesverfassungsgerichts enthalten die grundrechtlichen Verbürgungen nicht lediglich subjektive Abwehrrechte des einzelnen gegen die öffentliche Gewalt, sondern stellen zugleich objektivrechtliche Wertentscheidungen der Verfassung dar, die für alle Bereiche der Rechtsordnung gelten und Richtlinien für Gesetzgebung, Verwaltung und Rechtsprechung geben"[24]. Dieser Wandel des Grundrechtsverständnisses zielt auf einen Ausbau der Schutzfunktionen der Grundrechte. Neben der klassischen Aufgabe der Grundrechte als Abwehrrechte gegen den Staat wurden diese im Laufe der Zeit auch als Leistungs-(Teilhabe-)Rechte und als Organisations- und Verfahrensgarantien aufgefasst[25]. Der diesbezüglichen Grundrechtsdogmatik geht es dabei, Jarass zufolge, „nicht um eine Ablehnung oder Zurückdrängung der Abwehrfunktion, sondern um ihre Ergänzung durch weitere Funktionen"[26]. Einen wichtigen Teilbereich dieses erweiterten Schutzumfanges der Grundrechte bildet der im Folgenden zu erörternde Ansatz, dass Grundrechten auch Verfahrensgarantien innewohnen, um den materiellen Gehalt des jeweiligen Grundrechts zu sichern.

Bereits Ende der siebziger und Anfang der achtziger Jahre ist innerhalb der deutschen Rechtswissenschaft eine intensive Diskussion, inwieweit materiellen Grundrechten Verfahrensgarantien innewohnen, geführt worden. Grundrechtsverwirklichung und Grundrechtssicherung erfordern demnach, dass Grundrechte auch als Verfahrensgarantien erfasst werden[27]. Dabei stellt der im Rahmen dieser Erörterungen oftmals verwendete Terminus „Grundrechtsverwirklichung und Grundrechtssicherung durch Verfahren" allenfalls eine generalformelhafte Klammer für eine äußerst komplexe Problematik mit teilweise thematisch ganz

20 BVerfGE 7, 198 (205).
21 BVerfGE 7, 198 (205).
22 Jarass, AöR 1985, 363 (364).
23 BVerfGE 7, 198 (205).
24 BVerfGE 49, 89 (141f.).
25 V. Münch in: v. Münch/Kunig, GGK I, 5. Aufl. 2000, Vorb. Art. 1-19, Rn. 17.
26 Jarass, AöR 1995, 345 (347).
27 V. Münch in: v. Münch/Kunig, GGK I, 5. Aufl. 2000, Vorb. Art. 1-19, Rn. 25.

unterschiedlichen Grundrechtskonstellationen und verschiedenartigen Konfliktlagen dar[28]. Zu trennen sind die Grundrechtseinwirkungen auf das Verfahrensrecht, die Verfahrensanforderungen, welche im Interesse eines wirksamen Grundrechtsschutzes entwickelt worden sind, sowie die unmittelbare Verwirklichung und Sicherung von Grundrechten durch Verfahren[29]. Darüber hinaus gilt es nach gerichtlichen, administrativen und parlamentarischen Verfahren zu differenzieren[30]. Außerdem muss zwischen spezifischen Verfahrensgrundrechten und den allgemeinen materiellen Grundrechten unterschieden werden[31]. Während der Einfluss Ersterer auf das Verfahren unbestritten ist und allenfalls in seiner konkreten Ausgestaltung Fragen aufwerfen kann, handelte es sich bei den Verfahrensgarantien, die das BVerfG in den Siebzigern und Anfang der achtziger Jahre den materiellen Grundrechten beimaß, um die eigentliche Neuerung. Dieser Bereich ist gemeint, wenn gemeinhin vom Zusammenhang zwischen Grundrechten einerseits und Verfahren andererseits die Rede ist.

B. Grundrechtsschutz durch Verfahrensgrundrechte

Der Einfluss der in den Art. 19 Abs. 4 GG, Art. 101 GG und Art. 103 GG normierten Verfahrens- und Prozessgrundrechte auf das jeweilige Verfahren liegt bereits unmittelbar im Garantiegehalt dieser Grundrechte selbst begründet[32]. Nach Art. 19 Abs. 4 S. 1 GG steht demjenigen, der durch die öffentliche Gewalt in seinen Rechten verletzt wird, der Rechtsweg offen. Das so genannte formelle Hauptgrundrecht des Art. 19 Abs. 4 S. 1 GG gewährt somit zunächst ein subjektives Recht auf Gerichtsschutz bei Verletzung subjektiver Rechte[33]. Art. 19 Abs. 4 S. 1 GG erstreckt seine Gerichtsschutzgarantie nicht nur auf diejenigen subjektiven Rechte des Einzelnen, welche im einfachen Recht fundiert sind, sondern auch und gerade auf alle Grundrechte[34]. Diese können bei Gericht und im gerichtlichen Verfahren durchgesetzt werden[35]. Darüber hinaus ergeben sich aus Art. 19 Abs. 4 S. 1 GG eine Reihe verfahrensrechtlicher Anforderungen bezüglich des zu gewährenden Rechtsschutzes. Dazu gehört neben den Anforderungen an die Gerichtsorganisation[36] insbesondere, dass die Gerichtskontrolle

28 Bethge, NJW 1982, 1 (2).
29 Hesse, Grundzüge des Verfassungsrechts, § 11 Rn. 359 f.
30 Stern, Staatsrecht III/1, § 69 V5, S. 961.
31 Stern, Staatsrecht III/1, § 69 V5, S. 961.
32 Stern, Staatsrecht III/1, § 69 V5, S. 961.
33 Siehe hierzu: Schmidt-Aßmann in: Maunz-Dürig, Art. 19 Abs. 4 GG Rn. 7.
34 Krüger in: Sachs, Grundgesetz, 2. Aufl., Art. 19, Rn. 107; Krüger/Sachs in: Sachs, Grundgesetz, 3. Aufl., Art. 19, Rn. 127.
35 Stern, Staatsrecht III/1, § 69 V5, S. 962.
36 Erörterungen hierzu finden sich beispielsweise in: BVerfGE 4, 74 (92); 4, 331 (344 ff.); 4, 387 (398 f.); 6, 55 (63); 65, 76 (90).

wirksam[37], lückenlos[38] und rechtzeitig[39] sein muss sowie eine hinreichende Rechtskontrolle und wirksame Abhilfe erlaubt[40]. Art. 19 Abs. 4 GG garantiert damit nicht nur die Eröffnung des Rechtsweges, sondern auch die Effizienz des Verfahrens und die Effektivität des Rechtsschutzes[41].

C. Einwirkungen materieller Grundrechte auf das Verfahren

Von diesen Verfahrensgrundrechten sind die Einwirkungen materieller Grundrechte auf das Verfahren zu unterscheiden. Dieser Einfluss ist, im Gegensatz zu den Verfahrensgrundrechten, nicht bereits durch ihre unmittelbare Grundrechtsaussage vorgezeichnet. Er beruht vielmehr auf einer Konkretisierung des grundrechtlichen Schutzbereiches[42]. Durch mehrere Urteile in den Siebzigern und Anfang der achtziger Jahre erstreckte das Bundesverfassungsgericht die Einwirkung materieller Grundrechte auf das Verfahren aller drei Gewalten.

I. Die Judikatur des Bundesverfassungsgerichts

In zahlreichen Entscheidungen hatte das BVerfG zunächst ausgesprochen, dass die Rechtsweggarantie des Art. 19 Abs. 4 GG und der in Art. 103 Abs. 1 GG verankerte Grundsatz des rechtlichen Gehörs dem Bürger einen „substantiellen Anspruch auf eine tatsächlich wirksame gerichtliche Kontrolle" gewähren, wenn er durch die öffentliche Gewalt in seinen Rechten verletzt wurde[43]. Des Weiteren entnahm das BVerfG dem Rechtsstaatsprinzip den allgemeinen Anspruch auf ein faires Verfahren.

In zunehmendem Umfang ist das BVerfG dann dazu übergegangen, die Bedeutung materieller Grundrechte für die Anwendung von Verfahrensvorschriften herauszuarbeiten. Dem liegt folgender Gedankengang zugrunde: Die Grundrechte bedürfen – sollen sie ihre Funktion in der sozialen Wirklichkeit erfüllen – geeigneter Verfahrensregelungen sowie grundrechtskonformer Anwendung des Verfahrensrechts, soweit dies für einen wirksamen Grundrechtsschutz von

37 St. Rspr. seit BVerfGE 35, 263 (274); vgl. bsw. BVerfGE 54, 39 (41); 67, 43 (58).
38 BVerfGE 8, 274 (326); 15, 275 (282); 67, 43 (58).
39 BVerfGE 25, 352 (365); 40, 237 (257); 67, 43 (58).
40 BVerfGE 61, 82 (109 ff.); 67, 43 (58).
41 Krüger in: Sachs, Grundgesetz, 2. Aufl., Art. 19, Rn. 112; Papier in: HdbStR VI, § 154, Rn. 15; Schmidt-Aßmann in: Maunz/Dürig, Bd. II, Art. 19 Abs. 4, Rn. 23; a.A. Sondervotum Böhmer in: BVerfGE 49, 220 (242 f.).
42 Stern, Staatsrecht III/1, § 69 V5, S. 961.
43 Vgl. etwa BVerfGE 35, 263 (274); 35, 382 (401); 40, 272 (275); 41, 23 (26); 41, 323 (326); 42, 128 (130); 46, 166 (178).

Bedeutung ist[44]. Ohne eine wirksame verfahrensrechtliche Absicherung könnten die Grundrechte vielfach nicht durchgesetzt werden und verlören weitgehend ihren praktischen Wert für den jeweiligen Grundrechtsträger. Wesentlicher Bestandteil eines jeden Grundrechts sei deshalb ein effektiver Rechtsschutz als Garantie seiner tatsächlichen Durchsetzbarkeit[45].

Ihren Ausgang nahm diese Rechtsprechung mit Urteilen zur Eigentumsgarantie[46], insbesondere mit der Entscheidung des 1. Senats des BVerfG über die Verfassungsmäßigkeit des Hamburgischen Deichordnungsgesetzes[47]. Bethges Ansicht nach erfolgte die Grundrechtshandhabung bis zur DOG-Entscheidung als „ein exakt abgestimmtes Komplementärverhältnis zwischen materiellen Grundrechten und formellen Verfahrensgrundrechten"[48]. Während die materiellen Grundrechte die Grundrechtspositionen des Einzelnen bestimmten, gewährleisteten die Verfahrensgrundrechte, insbesondere Art. 19 Abs. 4 GG, ihre prozessuale Durchsetzung und Effektuierung[49]. In der DOG-Entscheidung stand das BVerfG vor dem Problem, dass gegen die in Frage stehende Legalenteignung durch das DOG kein fachgerichtlicher Rechtsschutz nach Art. 19 Abs. 4 GG möglich war, weil dieser nur für Exekutivakte Anwendung findet[50]. Um einer schwerwiegenden Verkürzung des Rechtsschutzes gegen diese Form der Enteignung entgegenzuwirken, entschied das BVerfG, dass eine Legalenteignung nur in Ausnahmefällen zulässig sei[51], weil „nach der grundgesetzlichen Konzeption ein effektiver, den Bestand des Eigentums sichernder Rechtsschutz gegenüber dem enteignenden Zugriff der öffentlichen Hand bereits ein wesentliches Element des Grundrechts des Art. 14 Abs. 1 GG selbst sei"[52]. Diese Formel taucht auch in späteren Entscheidungen immer wieder auf[53]. Das Gericht leitete damit die Garantie eines grundrechtskonformen gerichtlichen Verfahrens nicht aus Art. 19 Abs. 4 GG oder den Prozessgrundrechten ab, sondern aus dem möglicherweise beeinträchtigten materiellen Einzelgrundrecht.

---

44 BVerfG, Beschl. v. 25.2.1981, EuGRZ 1981, 306 (308) mit Verweis auf: BVerfGE 53, 30 (65).

45 BVerfG, NJW 1975, 1501 (1502).

46 BVerfGE 24, 367 (401); 35, 348 ff.; 45, 297 (333).

47 BVerfGE 24, 367 ff.

48 Bethge, NJW 1982, 1 (5).

49 Bethge, NJW 1982, 1 (5).

50 BVerfGE 24, 33 (49).

51 BVerfGE 24, 367 (402 f.).

52 BVerfGE 24, 367 (401).

53 BVerfGE 35, 348 (361 f.); 37, 132 (141, 148); 45, 297 (322, 333); 46, 325 (334); 49, 220 (225, 242) – Sondervotum Böhmer; 51, 150 (156); 52, 380 (389).

Diese Vorgehensweise wurde vom BVerfG in der Folgezeit auf andere materielle Freiheitsrechte wie der von Art. 12 GG geschützten Berufsfreiheit[54], dem Recht auf Asyl gem. Art. 16 GG a.F.[55] und Art. 2 Abs. 2 S. 1 GG[56] ausgedehnt. Materielle Grundrechte erfordern nach dieser Judikatur eine Gestaltung, Auslegung und Anwendung des Verfahrensrechts, die dem betreffenden Grundrecht tatsächliche Wirksamkeit zu verschaffen vermag. Wesentliches Element eines jeden Grundrechts ist somit ein den Bestand des geschützten Rechtsguts sichernder effektiver Rechtsschutz[57]. Wenn beispielsweise bei der Durchführung eines gerichtlichen Verfahrens die Gefahr bestünde, dass der Beschuldigte sein Leben einbüßen oder schwerwiegenden Schaden an seiner Gesundheit nehmen würde, so verletze ihn die Fortsetzung des Verfahrens in seinem Grundrecht aus Art. 2 Abs. 2 S. 1 GG[58]. Aus dem grundsätzlichen materiellen Abwehrrecht des Grundrechtsberechtigten gegen die öffentliche Gewalt wird darüber hinaus ein positives Recht auf tatsächliche Grundrechtsdurchsetzung durch die Träger öffentlicher Gewalt kraft Verfahrensgestaltung[59]. In seinem Sondervotum zum Urteil des BVerfG vom 27.09.1978[60] betont Richter Böhmer, dass die staatlichen Organe nicht nur die Pflicht hätten, die materiellen Grundrechte zu beachten, sondern dass sie ihnen auch durch die entsprechende Verfahrensgestaltung Wirksamkeit verschaffen müssten. Wenn das Verfahrensrecht nicht auf die Effektuierung der Grundrechte ausgerichtet sei, könne deren substantieller Gehalt beeinträchtigt werden. Im Grunde sei ein ordnungsgemäßes Verfahren die einzige Möglichkeit, Grundrechte durchzusetzen oder wirksam zu gewährleisten. Dies zwinge die staatlichen Organe zu einer grundrechtskonformen Auslegung und Handhabung der Verfahrensvorschriften[61].

Bezüglich des Spannungsverhältnisses zwischen den materiellen Grundrechten und Art. 19 Abs. 4 GG sieht Richter Böhmer die Lösung in einer Art Aufgabenteilung in dem Sinne, dass Art. 19 Abs. 4 GG die Rechtswegeröffnung garantiere, während der grundrechtsunmittelbare Anspruch im jeweiligen Verfahren der normativen Geltung der Grundrechte tatsächliche Wirksamkeit verschaffen solle[62].

---

54 BVerfGE 39, 276 (294); 44, 105 (119); 45, 422 (430); 48, 292 (297); 50, 16 (30 f.).
55 BVerfGE 52, 391 (407).
56 BVerfG, NJW 1979, 2349 (2350); BVerfG, MDR 1980, 116 f.; BVerfGE 53, 30 (57).
57 Laubinger, Verw.Arch. 1982, S. 67.
58 BVerfG, NJW 1979, 2349 (2350).
59 Siehe hierzu: Papier in: HdbStR VI, § 154, Rn. 14.
60 BVerfGE 49, 220 ff.
61 Sondervotum Böhmer in: BVerfGE 49, 220 (235) mit Verweis auf: BVerfGE 42, 64; 46, 325 (334).
62 Sondervotum Böhmer in: BVerfGE 49, 220 (242 f.).

Die zunächst im Hinblick auf das gerichtliche Verfahren entwickelten Überlegungen übertrug das BVerfG anschließend auf das Verwaltungsverfahren. Dies geschah erstmals mit Beschluss vom 13.11.1979[63]. Zur Begründung führte das Gericht aus, es entspreche inzwischen gefestigter Rechtsprechung, dass die verfassungsrechtliche Gewährleistung der Grundrechte auch im jeweiligen Verfahrensrecht Geltung beanspruche[64]. Nach Ansicht des BVerfG folgten diese Auswirkungen bereits unmittelbar aus dem jeweiligen Grundrecht und beschränkten sich daher nicht auf das Verfahren der gerichtlichen Überprüfung, sondern beeinflussten auch die Gestaltung des behördlichen Verfahrens, soweit die behördliche Entscheidung ein Grundrecht berührt[65].

Einen besonderen Stellenwert in der Entwicklung verfahrensrechtlicher Garantien materieller Grundrechte nimmt der Mühlheim-Kärlich-Beschluss des BVerfG vom 20.12.1979 ein[66]. Die Verfassungsbeschwerde richtete sich gegen einen Beschluss des OVG Koblenz, welches es abgelehnt hatte, die aufschiebende Wirkung einer Klage gegen einen atomrechtlichen Freigabebescheid wiederherzustellen. Dabei vertrat das OVG den Standpunkt, die Beschwerdeführerin könnte nur die Verletzung materiellrechtlicher Vorschriften, nicht aber auch die Verletzung verfahrens-rechtlicher Vorschriften geltend machen. Obwohl die Verfassungsbeschwerde im Ergebnis erfolglos blieb, verwarf das BVerfG diese Ansicht. Die Senatsmehrheit führte dazu aus, dass Art. 2 Abs. 2 GG die staatlichen Organe dazu verpflichte, sich schützend und fördernd vor die darin genannten Rechtsgüter zu stellen und sie insbesondere vor rechtswidrigen Eingriffen von Seiten anderer zu bewahren[67]. Grundrechtsschutz sei auch durch die Gestaltung von Verfahren zu bewirken[68]. Demgemäß beeinflussten die Grundrechte nicht nur das gesamte materielle, sondern auch das Verfahrensrecht, soweit dieses für einen effektiven Grundrechtsschutz von Bedeutung sei[69]. Nach Ansicht der Richter bedeute das nicht, dass jeder Verfahrensfehler bereits als Grundrechtsverletzung zu beurteilen sei. Eine solche Verletzung komme aber dann in Betracht, wenn die Genehmigungsbehörde solche Verfahrensvorschriften außer Acht lasse, die der Staat in Erfüllung seiner Pflicht zum Schutz der in Art. 2 Abs. 2 GG genannten Rechtsgüter erlassen habe[70]. Keinesfalls dürften daher die Gerichte ohne weiteres davon ausgehen, dass ein klage-

---

63 BVerfG, NJW 1980, 1153 f.

64 BVerfG, NJW 1980, 1153 mit Verweis u.a. auf: BVerfGE 46, 325 (334) - bzgl. Art. 14 Abs. 1 GG; BVerfG, NJW 1979, 2349 (2350) - bzgl. Art. 2 Abs. 2 GG.

65 BVerfG, NJW 1980, 1153 (1154).

66 BVerfGE 53, 30 ff.

67 BVerfGE 53, 30 (57).

68 BVerfGE 53, 30 (65).

69 BVerfGE 53, 30 (65).

70 BVerfGE 53, 30 (66 f.).

befugter Dritter zur Geltendmachung von Verfahrensverstößen in der Regel nicht befugt sei[71].

Diese Ausführungen der Senatsmehrheit wurden in der abweichenden Meinung der Richter Simon und Heußner noch weiter vertieft und ausgebaut[72]. Sie betonten dabei insbesondere, dass sich die Auswirkungen der Grundrechte nicht in der Garantie effektiven Rechtsschutzes in Gestalt einer wirksamen gerichtlichen Kontrolle unter fairer Verfahrensführung erschöpften: „Wenn diese Garantie bereits unmittelbar aus den Einzelgrundrechten folgt, dann kann dies auch auf die Gestaltung der vorherigen behördlichen Verfahrens nicht ohne Einfluß bleiben, soweit die behördliche Entscheidung diese Grundrechte berührt"[73].

Der Einfluss materieller Grundrechte auf das Verwaltungsverfahren war auch im Beschluss des Ersten Senats vom 25.02.1981 von entscheidender Bedeutung. In Frage stand, ob die Ausländerbehörden der Länder aufenthaltsbeendende Maßnahmen gegen asylsuchende Ausländer anordnen dürfen, bevor eine unanfechtbare Entscheidung des zuständigen Bundesamtes hinsichtlich der Anerkennung ausländischer Flüchtlinge ergangen ist. Unter Verweis auf den Mühlheim-Kärlich-Beschluss verneinte das BVerfG die Rechtmäßigkeit einer solchen Anordnung. Grundrechte bedürften allgemein geeigneter Verfahrensregelungen sowie einer grundrechtskonformen Anwendung des Verfahrensrechts, soweit dies für einen effektiven Grundrechtsschutz von Bedeutung sei[74]. Obwohl das Grundgesetz keinen ausdrücklichen Regelungsauftrag enthält, entschied das BVerfG, dass es Aufgabe des Gesetzgebers sei, eine dem Grundrecht auf Asyl angemessene Verfahrensregelung zu erlassen[75]. Das Gericht leitete hier also aus einem materiellen Grundrecht eine Verpflichtung des Gesetzgebers zum Erlass von Vorschriften über das Verwaltungsverfahren ab.

Nach den die Verfahrensdimension materieller Grundrechte betonenden Urteilen stellte das BVerfG in seiner Entscheidung vom 20.04.1982 wieder eindeutig auf Art. 19 Abs. 4 GG ab, der die „zentrale Verbürgung gerichtlichen Rechtsschutzes auch der Grundrechte im gerichtlichen Verfahren darstellt"[76]. Zwar bestimme sich das Maß dessen, was wirkungsvoller Rechtsschutz sei, entscheidend auch nach dem sachlichen Gehalt des als verletzt behaupteten Rechts, gleichwohl gebiete dies nicht, die allgemeinen gerichtlichen Verfahrensordnungen nach Maßgabe der jeweils in Rede stehenden subjektiven Rechte, ein-

71 BVerfGE 53, 30 (67).
72 BVerfGE 53, 30, (69 ff.).
73 Sondervotum Simon und Heußner in: BVerfGE 53, 30 (74).
74 BVerfG, EuGRZ 1981, 306 (308).
75 BVerfG, EuGRZ 1981, 306 (308).
76 BVerfGE 60, 253 (296 f.).

schließlich der Grundrechte, in ein „aktionsrechtliches Verfahrensgeflecht" aufzulösen[77]. Ganz abgesehen von den Unzuträglichkeiten, zu denen ein grundrechtsspezifisches Sonderverfahrensrecht in all jenen Verfahrenslagen führen müsste, in denen die Grundrechte verschiedener Grundrechtsträger entscheidungserheblich miteinander konkurrieren, würde damit die Klarheit, Berechenbarkeit und Durchschaubarkeit der Instrumente des gerichtlichen Rechtsschutzes, wie sie über die Typisierung in allgemeinen Prozessordnungen in einem langen geschichtlichen Verlauf erzielt wurde, erheblich gemindert. Dies würde letztlich dem Grundrechtsschutz eher zuwiderlaufen[78]. Es diene gerade auch der Effektuierung der materiellen Grundrechte und ihres Schutzes, wenn die Rechtsordnung einheitliche, allgemeine Grundtypen des gerichtlichen Verfahrens mit zureichenden Prüfungsbefugnissen, Entscheidungsarten und Entscheidungswirkungen zur Verfügung stelle, um gerichtlichen Rechtsschutz zu ermöglichen[79]. Es gelte auch hier, dass aus materiellen Grundrechten konkrete normative Folgerungen für die Ausgestaltung des gerichtlichen Verfahrensrechts über die Gewährleistungen des Art. 19 Abs. 4 GG und die Verfahrensgrundrechte hinaus nur unter besonderen Umständen und nur dann gezogen werden könnten, wenn sich unzweideutig ergäbe, dass rechtsstaatlich unverzichtbare Erfordernisse hinreichenden Rechtsschutzes sonst nicht mehr gewahrt wären[80].

In der Entscheidung vom 27.10.1999 stellte der 1. Senat schließlich klar, dass die Durchsetzbarkeit materieller Ansprüche im gerichtlichen Verfahren ihre verfassungsrechtliche Absicherung in der Rechtsschutzgarantie des Art. 19 Abs. 4 GG findet[81]. Zwar könnten sich auch aus den materiellen Grundrechten unter Umständen Anforderungen an das gerichtliche Verfahren ergeben. Das sei aber nur dann der Fall, wenn es um besondere oder zusätzliche Maßgaben gehe, die gerade im Interesse einer bestimmten verfassungsrechtlichen Freiheitsgarantie erforderlich seien[82].

Grundsätzlich gilt somit nach der heutigen Rechtsprechung des BVerfG, dass Art. 19 Abs. 4 GG Vorrang gegenüber den materiellen Grundrechten in Bezug auf den Schutz durch Verfahren genießt. Nur in Ausnahmefällen – beispielsweise wenn Art. 19 Abs. 4 GG nicht anwendbar ist oder keinen ausreichenden Schutz gewährt – kann auf die den materiellen Grundrechten innewohnenden Verfahrensgarantien zurückgegriffen werden. Des Weiteren dehnte die Recht-

77 BVerfGE 60, 253 (297).
78 BVerfGE 60, 253 (297).
79 BVerfGE 60, 253 (297 f.).
80 BVerfGE 60, 253 (298).
81 BVerfGE 101, 106 (122), insofern verweisend auf: BVerfGE 65, 1 (70).
82 BVerfGE 101, 106 (122), insofern verweisend auf: BVerfGE 46, 325 (335 f.).

sprechung den Grundrechtsschutz auf das Verwaltungsverfahren aus. Diese so genannte „Vorwirkung der Grundrechtsgarantien"[83] soll im Verwaltungsverfahren ausreichenden Schutz vor grundrechtsbeeinträchtigenden Eingriffen gewähren.

II. Diskussion der BVerfG-Judikatur innerhalb der Lehre

Die Judikatur des BVerfG löste innerhalb der Rechtswissenschaft eine lebhafte Diskussion über die Bedeutung der Verfahrensdimension materieller Grundrechte aus. Im Vordergrund der Erörterungen stand die Frage nach den Möglichkeiten und Grenzen einer Grundrechtseffektuierung durch Verfahren. Hierbei lassen sich insbesondere folgende, für die anschließende Untersuchung auf EMRK-Ebene bedeutsame Spannungsverhältnisse ausmachen:

- Dem Ruf nach einer Grundrechtseffektuierung steht die Gefahr einer Zersplitterung der verfahrensrechtlichen Anforderungen gegenüber. In diesem Rahmen stellt sich insbesondere die Frage nach dem Verhältnis zwischen Art. 19 Abs. 4 S. 1 GG als Verfahrensgrundrecht und den den materiellen Grundrechten innewohnenden Verfahrensgarantien.

- Die Ausdehnung auf das Verwaltungsverfahren wirft zudem Fragen der Praktikabilität sowie der Notwendigkeit dieser „Vorwirkung der Grundrechte" auf.

1. Grundrechtseffektuierung contra Zersplitterung verfahrensrechtlicher Anforderungen

In der Lehre wird die Auffassung vertreten, dass ein unmittelbar aus dem materiellen Grundrecht selbst folgender Verfahrensschutz zu einer Grundrechtseffektuierung und damit zu einem verbesserten Grundrechtsschutz führt[84]. Zentrales Ziel dieser Komponente sei es, durch entsprechende positiv-rechtliche Ausgestaltung und grundrechtsfreundliche Handhabung der Rechtsvorschriften durch die staatlichen Instanzen der Gefahr einer Entwertung der materiellen Grundrechtsposition vorzubeugen. Der Staat muss - mit anderen Worten - Infrastrukturen schaffen und diese in einer den involvierten Grundrechtsträgern gerecht werdenden Weise ausgestalten[85]. Denn es könne die tatsächliche Geltung der jeweils betroffenen Grundrechte selbst beeinträchtigen, wenn entweder zu

83 Stern, III/1, § 69 V6, S. 968.

84 Bethge, NJW 1982, 1 (6); Denninger in: HdbStR V, §113; Dreier, Jura 1994, 505 (512); Goerlich, Grundrechte als Verfahrensgarantien, 1981; Hesse, EuGRZ 1978, 427 (434 ff.); Stern, III/1, § 69 V7, S. 971 f., 976.

85 Dreier, Jura 1994, 505 (512).

hohe verfahrensrechtliche Hürden aufgerichtet sind oder wenn eine gerichtliche Entscheidung zu spät kommt, um den Grundrechtsverstoß noch wirksam zu beseitigen[86]. Das zeigen beispielsweise Fallkonstellationen wie die bereits genannte DOG-Entscheidung, in denen der durch Art. 19 Abs. 4 GG gewährleistete Rechtsschutz an seine Grenzen stößt und ein verfahrensrechtlicher Schutz sinnvoll und notwendig erscheint, um etwaige Rechtsschutzlücken schließen zu können. Bethge misst dieser Entwicklung eines umfassenden prozessualen Rechtsschutzes durch eine bestärkend-kumulative Komponente der materiellen Grundrechtsverbürgung eine entscheidende Bedeutung bei der Bestimmung der Effektivität der Grundrechte bei[87]. Jedes materielle Grundrecht enthalte demnach als wesentliches Element den verfassungskräftigen Anspruch auf einen effektiven Rechtsschutz[88]. Auch Hesse entnimmt praktisch allen materiellen Grundrechten eine immanente Verfahrensgarantie[89]. Damit Grundrechte ihre Funktion in der sozialen Wirklichkeit erfüllen könnten, bedürfe es nicht nur näherer inhaltlicher Normierungen, sondern auch geeigneter Verfahrensregelungen. Zugleich wirkten die Grundrechte ihrerseits auf das bestehende Verfahrensrecht ein, das auf diese Weise zur Grundrechtsverwirklichung und -sicherung beitrage[90]. Diese Zusammenhänge gewönnen verstärkte Bedeutung in einer Zeit, in der es in zunehmendem Maße der Abgrenzung und Zuordnung der Bereiche menschlicher Freiheit und eines Ausgleichs kollidierender Grundrechtspositionen bedürfe; hier erwiesen sich Organisation und Verfahren oft als möglicherweise einziges Mittel, um ein grundrechtsgemäßes Ergebnis herbeizuführen[91]. Grundrechte seien daher als „verbindliche Leitmaximen" für das Verfahren aufzufassen[92]. Diese Wirkung stelle sich als objektiv-rechtlicher Gehalt der jeweiligen Grundrechte dar, wobei die konkrete Situation ebenso wie die konkrete Grundrechtsbestimmung die verfahrensrechtliche Relevanz beeinflussten[93]. V. Mutius fasst die diesbezüglich ergangene Rechtsprechung des BVerfG wie folgt zusammen: „Wesentliche Funktion jedes materiellen Grundrechts sei ein den Bestand dieses Grundrechts sichernder Anspruch auf effektiven gerichtlichen Rechtsschutz, der ein subjektives Recht auf faire Verfahrensführung einschließe".[94]

---

86 Hesse, EuGRZ 1978, 427 (436).
87 Bethge, NJW 1982, 1 (6).
88 Bethge, NJW 1982, 1 (6).
89 Hesse, Grundzüge des Verfassungsrechts, § 11 Rn. 359; Hesse, EuGRZ 1978, 427 (435).
90 Hesse, EuGRZ 1978, 427 (436).
91 Hesse, EuGRZ 1978, 427 (434 f.).
92 Rupp, AöR 1976, 161 (187).
93 Stern, Staatsrecht III/1, § 69 V7, S. 972.
94 V. Mutius, NJW 1982, 2150 (2154).

Während in der Literatur Einigkeit darüber besteht, dass es für einen effektiven Grundrechtsschutz notwendig ist, materiellen Grundrechten auch durch entsprechende Verfahrensregelungen und grundrechtskonforme Anwendung des Verfahrensrechts Geltung zu verschaffen, wird der Ansatz, diese Anforderungen aus den materiellen Grundrechten selbst abzuleiten, vielfach kritisiert. So warnt Ossenbühl vor einer „Verfahrenseuphorie", die unübersehbare Konsequenzen haben könnte[95]. Laubinger hebt hervor, dass es nur schwer einleuchten will, dass sich aus so unterschiedlichen Grundrechten wie Art. 2 Abs. 2 S. 1 GG, Art. 12 GG, Art. 14 GG und Art. 16 GG weitestgehend identische Verfahrensrechte ergeben sollen, zumal eine schlüssige Begründung jener Konstruktion bislang auf sich warten ließe[96]. Papier weist auf die Nachteile einer leistungsrechtlichen oder teilhaberechtlichen Überfrachtung der Grundrechte hin, die auf diese Weise ihre als Freiheits- und Abwehrrechte charakteristische Verbindlichkeit, Unmittelbarkeit und Stringenz einbüßten[97].

Der Auffassung, dass praktisch allen materiellen Grundrechten eine Verfahrensdimension innewohne, wird insbesondere von Papier die Gefahr einer Zersplitterung der verfahrensrechtlichen Anforderungen und Garantien entgegengesetzt, die bestünde, wenn der Verfahrensschutz nicht mehr Art. 19 Abs. 4 GG und seiner gleichmäßig für alle Grundrechtspositionen wirkenden Rechtsschutzstandards entnommen wird, sondern jeweils dem in Frage stehenden materiellen Grundrecht[98]. Auch Schmidt-Aßmann hebt die Vorrangstellung des Art. 19 Abs. 4 GG in Bezug auf den Verfahrensschutz hervor. Die grundrechtlichen Einwirkungen auf das Verfahren unterstünden der gerichts- und institutionsbezogenen Interpretation des Art. 19 Abs. 4 GG. Diese Rückbindung hätte das Prozessrecht bisher davor bewahrt, sich in viele nach den jeweils betroffenen Grundrechten getrennte und unüberschaubare Teilrechtsordnungen aufzulösen[99]. Art. 19 Abs. 4 GG sei die „vereinheitlichende Klammer", die einer überzogenen Materialisierung und Zersplitterung des gerichtlichen Verfahrens entgegenwirke[100]. Des Weiteren vertrügen sich etwaige grundrechtsunmittelbare Ansprüche auf effektiven Rechtsschutz nicht mit der allgemeinen Rechtsschutzgewährung des Art. 19 Abs. 4 GG und es bestünde überdies für diese gar kein Bedarf[101]. Art. 19 Abs. 4 GG sei stets selbst als Garantie nicht nur des Rechtswegs, sondern auch eines wirksamen Gerichtsschutzverfahrens verstan-

95 Ossenbühl, DÖV 1981, 1 (6).
96 Laubinger, Verw.Arch. 1982, S. 83.
97 Papier in: HdbStR VI, § 154, Rn. 15.
98 Papier in: HdbStR VI, § 154, Rn. 15.
99 Schmidt-Aßmann, NVwZ 1983, 1 (3).
100 Schmidt-Aßmann in: Maunz/Dürig, Bd. II, Art. 19 Abs. 4, Rn. 23 mit Verweis auf BVerfGE 60, 253 (297).
101 Papier in: HdbStR VI, § 154, Rn. 15; ebenso: v. Mutius, NJW 1982, 2150 (2155).

den worden, weswegen keine Notwendigkeit bestehe, das Gerichtsverfahren im Einzelnen noch besonders zu unterfangen[102]. Bethge argumentiert, dass es in den Fällen, in denen es um den herkömmlichen gerichtlichen Schutz der Grundrechte vor den Maßnahmen der öffentlichen Gewalt im Sinne des Art. 19 Abs. 4 GG gehe, diese als Schutznorm und unmittelbarer Prüfungsmaßstab im Verfassungsbeschwerdeverfahren ausreichen und es keiner zusätzlichen Inanspruchnahme der materiellen Grundrechte in der Bedeutung als effektive Rechtsschutzgarantie bedürfe[103]. Lorenz weist darauf hin, dass die den materiellen Grundrechten immanente Justitiabilität gerade durch Art. 19 Abs. 4 GG garantiert werde[104]. Sollte man einen effektiven Rechtsschutz über die Verfassungsbeschwerde hinaus auch gegen Akte der Legislative für erforderlich halten, so könne dies in der Weise geschehen, dass der Begriff der „öffentlichen Gewalt" in Art. 19 Abs. 4 GG entsprechend interpretiert werde[105].

2. Ausdehnung auf das Verwaltungsverfahren

Von der Diskussion, ob und inwieweit gerichtlicher Verfahrensschutz aus Art. 19 Abs. 4 GG oder unmittelbar aus dem jeweiligen materiellen Grundrecht gefolgert werden soll, ist die Ausdehnung des Grundrechtsschutzes auf das Verwaltungsverfahren, wie sie das BVerfG in seiner Judikatur vorgenommen hat, zu unterscheiden. Da Art. 19 Abs. 4 GG nur den gerichtlichen Rechtsschutz gewährleistet, besteht die Schwierigkeit, das Einzelgrundrecht gegen Art. 19 Abs. 4 abzugrenzen, hier nicht[106]. Die Diskussion, die insbesondere der Mühlheim-Kärlich-Beschluss und die Entscheidung des BVerfG zum Asylrecht[107] ausgelöst hatte, soll hier nur in ihren Grundzügen wiedergegeben werden, um die jeweiligen Problemfelder aufzuzeigen. Dies geschieht vor dem Hintergrund, dass der EGMR in der Entscheidung McMichael/Vereinigtes Königreich darauf hinwies, dass die verfahrensrechtlichen Garantien des Art. 8 EMRK überdies auch verwaltungsrechtliche Verfahren miteinschließen, ohne diesen Ansatz jedoch im konkreten Fall weiterzuverfolgen[108].

Die wesentliche Bedeutung des Mühlhein-Kärlich-Beschlusses, der von Redeker als „Markstein" bezeichnet worden ist[109], besteht nach Ansicht Laubingers

102 Krüger in: Sachs, Grundgesetz, 2. Aufl., Art. 19, Rn. 112; Papier in: HdbStR VI, § 154, Rn. 15; Schmidt-Aßmann in: Maunz/Dürig, Bd. II, Art. 19 Abs. 4, Rn. 23.
103 Bethge, NJW 1982, 1 (6).
104 Lorenz, NJW 1977, 865 (870).
105 Laubinger, Verw.Arch. 1982, S. 83.
106 Dolde, NVwZ 1982, 65, (70).
107 BVerfG 56, 216 ff.
108 EGMR, Urt. v. 24.02.1995, Rn. 91 – McMichael/Vereinigtes Königreich.
109 Redecker, NJW 1980, 1593 (1594).

darin, dass er die vom BVerfG zunächst zum gerichtlichen Verfahren entwickelte Rechtsprechung „auf breiter Front auf das Verwaltungsverfahren übertragen und die Bedeutung des Verwaltungsverfahrensrechts für den Grundrechtsschutz mit Nachdruck hervorgehoben hat"[110]. Das BVerfG sei damit der Neigung in der verwaltungsrechtlichen Judikatur entgegengetreten, die verwaltungsverfahrens-rechtlichen Vorschriften so zu interpretieren, „daß sich aus ihnen keine subjektiven Rechte, sondern lediglich einklagbare Rechtsreflexe ergeben"[111]. In ihrer Eigenschaft als Verfahrensgarantien verlangten die Grundrechte eine Gestaltung und Handhabung des Verwaltungsverfahrens, welche den grundrechtlich geschützten Rechtsgütern die erforderliche Beachtung durch die entscheidende Behörde sichert[112]. Doldes Ansicht nach kann es den verfassungsrechtlich gebotenen Rechtsschutz im Verwaltungsverfahren nur aus den materiellen Grundrechten geben[113]. Die Notwendigkeit dieser Konstruktion erscheint Laubinger allerdings fraglich. Seiner Meinung nach genügt bereits der Rückgriff auf das Rechtsstaatsprinzip, welches unter anderem verlangt, dass der Staat seinen Bürgern die Mittel an die Hand gibt, derer sie bedürfen, um ihre materiellen Rechte wirksam durchzusetzen und zu verteidigen[114]. Daraus folge, dass derjenige, dessen Grundrechte durch eine behördliche Maßnahme beeinträchtigt werden könnten, die Möglichkeit haben müsse, bereits im Verwaltungsverfahren seine Belange wirksam zur Geltung zu bringen[115].

Die Rechtsprechung des BVerfG wirft insofern Fragen auf, als sie keine sicheren Kriterien für die Bestimmung von grundrechtsrelevanten Verfahrensvorschriften liefert. Im Mühlheim-Kärlich-Beschluss zieht das Gericht eine Grundrechtsverletzung dann „in Betracht", wenn ein Verstoß gegen eine Verfahrensvorschrift vorliegt, „die der Staat in Erfüllung seiner Pflicht zum Schutz" der durch das materielle Grundrecht geschützten Rechtsgüter erlassen hat[116]. Eine derartige Interpretation der Verfahrensvorschriften bringt mehrere Probleme mit sich. Zunächst lässt es das BVerfG offen, welche Vorschriften des einfachen Rechts gerade den grundrechtlichen Schutz des Bürgers bezwecken sollen und also grundrechtsrelevant sind. Dies führt entweder in die Grenzenlosigkeit subjektiv-historischer Motivationsforschung oder aber zu der ungelösten Frage nach objektivierbaren Kriterien[117]. Bei älteren Verfahrensgesetzen, z.B. der StPO oder der ZPO, wäre es, Dolde zufolge, von vornherein ausgeschlossen

110 Laubinger, Verw.Arch. 1982, S. 70.
111 Laubinger, Verw.Arch. 1982, S. 71.
112 Grimm, NVwZ 1985, 865 (867).
113 Dolde, NVwZ 1982, 65 (70).
114 Laubinger, Verw.Arch. 1982, S. 84 f.
115 Laubinger, Verw.Arch. 1982, S. 85.
116 BVerfGE 53, 30 (66 f.).
117 So Denninger in: HdbStR V, § 113, Rn. 9.

festzustellen, welche Regelungen nach dem Willen des historischen Gesetzgebers den Bestand eines damals noch nicht existierenden Grundrechts grundlegend sichern sollte[118]. Unklar bleibt ebenfalls, unter welchen Zusatzvoraussetzungen der Verstoß gegen grundrechtsrelevantes Verfahrensrecht zugleich das Grundrecht selbst verletzt, da die Grundrechtsverletzung für das BVerfG nicht automatische Folge des Verfahrensfehlers ist, sondern, wie es heißt, nur „in Betracht" komme[119].

Einen anderen Ansatz versucht das BVerfG in der Asylrechtsentscheidung[120]. Verfahrensfehler sind danach dann Grundrechtsverstöße, wenn sie gegen grundrechtsrelevantes Verfahrensrecht verstoßen. Grundrechtsrelevant ist solches Recht, das der Gesetzgeber gerade in der Absicht der Grundrechtssicherung erschaffen hat. Eine derartige Interpretation ist ebenfalls problematisch. Ein Verstoß gegen Verfahrensrecht würde immer dann zum Grundrechtsverstoß, wenn die Norm nach Auffassung des jeweiligen Gesetzgebers den Schutz eines Grundrechts bezwecken soll. Insofern wirft Denninger die Frage auf, ob der Grundrechtsschutzbereich nach dem Willen des einfachen Gesetzgebers zu bestimmen sei[121]. Im Ergebnis würde dadurch einfaches Verfahrensrecht in den Rang des Verfassungsrechts erhoben. Je mehr Verfahrensrecht erlassen wird, umso größer würde der Schutzbereich des Grundrechts[122]. Dadurch drohe dann der Ranguntерschied zwischen Verfassung und Gesetz zu verwischen[123]. Die Folge wäre, nach Ansicht Grimms, eine „Versteinerung einfachen Rechts", entweder weil der Gesetzgeber ihm Grundrechtsrelevanz beilegt oder weil das BVerfG es in den Verfassungsrang erhebt und damit der parlamentarischen Änderung entzieht[124].

Abschließend birgt die Ausdehnung des materiellen Grundrechtsschutzes auf das Verwaltungsverfahren somit einerseits die Schwierigkeit, die erforderlichen Kriterien für die Bestimmung grundrechtsrelevanter Verfahrensvorschriften zu definieren, und andererseits die Grenze zwischen Verfassungsrecht und einfachen Gesetzen aufrechtzuerhalten. Fraglich bleibt auch, ob nicht bereits ein Rückgriff auf das Rechtsstaatsprinzip ausreicht.

---

118 Dolde, NVwZ 1982, 65 (69).
119 Grimm, NVwZ 1985, 865 (868).
120 BVerfGE 56, 216 (242).
121 Zu dieser Frage siehe: Denninger in: HdbStR V § 113, Rn. 10.
122 Dolde, NVwZ 1982, 65 (69).
123 Grimm, NVwZ 1985, 865 (868) mit Verweis auf: Ossenbühl, NJW 1981, 375.
124 Grimm, NVwZ 1985, 865 (868).

D. Zusammenfassung und dogmatische Erkenntnisse der „deutschen Diskussion"

Die vorangegangene Untersuchung hat vor allem gezeigt, dass Grundrechtsschutz im und durch Verfahren eine wichtige und in der heutigen Zeit notwendige Komponente ist, um den materiellen Grundrechten zu einer umfassenden Wirkung zu verhelfen und gleichzeitig der Gefahr ihrer Entwertung vorzubeugen. Verfahrensschutz dient der Grundrechtseffektivierung. Erst durch grundrechtskonforme Anwendung des Verfahrensrechts, beziehungsweise Schaffung grundrechtskonformer Verfahrensregelungen, können die Grundrechte ihre Schutzfunktionen in vollem Umfang erfüllen. Durch die Ableitung verfahrensrechtlicher Garantien aus den materiellen Grundrechten schloss das BVerfG zudem bestehende Rechtsschutzlücken, wie im Fall des Rechtsschutzes gegen Legalenteignungen, bei dem Art. 19 Abs. 4 GG versagte. Indem den materiellen Grundrechten eigene, umfassende Verfahrensgarantien beigemessen werden, kommt es zu einer Aufwertung des jeweiligen Grundrechts. Dieses ist nicht mehr nur bloßes Abwehrrecht gegen staatliche Eingriffe, sondern verpflichtet den Staat gleichzeitig, aufgrund der ihm innewohnenden Verfahrensdimension grundrechtsschützend tätig zu werden. Es handelt sich hierbei also nicht nur um einen symbolischen Akt. Die Stärkung des Grundrechtsschutzes wird zudem bei der Ausweitung des Grundrechtsschutzes durch das BVerfG auf das Verwaltungsverfahren deutlich, bei dem der nur auf das gerichtliche Verfahren anwendbare Art. 19 Abs. 4 GG nicht weiterhilft.

Auf der anderen Seite zeigt die Auseinandersetzung innerhalb der Rechtswissenschaft mit den aus dem materiellen Grundrecht selbst fließenden Verfahrensgarantien auch mögliche Problemfelder einer solchen Ausweitung auf. Zum einen besteht die Gefahr einer Zersplitterung des Verfahrensrechts, wenn Verfahrensschutz unmittelbar aus jedem materiellen Grundrecht selbst abgeleitet wird, insbesondere in Fällen von konkurrierenden Grundrechten, mit jeweils unterschiedlich ausgeprägten Verfahrensanforderungen. Insofern könnten Verfahrensgarantien, die aus den materiellen Grundrechten selbst resultieren, der Effektivität der Grundrechte sogar abträglich sein. Des Weiteren wird anhand der „deutschen Diskussion" die Problematik eines denkbaren Konkurrenzverhältnisses zwischen einem speziellen Verfahrensgrundrecht und den in Bezug auf den Verfahrensschutz allgemeineren materiellen Grundrechten deutlich. Hierbei stellt sich insbesondere die Frage, welche Norm grundsätzlich den Vorrang genießen sollte, wenn es um die Herleitung verfahrensrechtlicher Anforderungen geht. Es wird die Ansicht vertreten, dass Art. 19 Abs. 4 GG insofern die speziellere Schutznorm sei. Ein zusätzlicher Verfahrensschutz aus den materiellen Grundrechten vertrüge sich nicht mit dem bisherigen Komplementärverhältnis zwischen materiellen Grundrechten und formellen Verfahrensgrundrechten, in dem Art. 19 Abs. 4 GG die vereinheitlichende Klammer darstelle. Sofern man den materiellen Grundrechten den Vorrang gibt, wäre die Bedeutung der speziellen Verfahrensschutznorm erheblich geschmälert. Dies gilt ebenso, wenn man Art. 19 Abs. 4 GG nur noch als Garantie der generellen Rechtswegeröffnung betrachtet, den Grundrechtsschutz im Verfahren aber den materiellen Grundrechten entnehmen will.

Die Ausdehnung des Verfahrensschutzes auf das Verwaltungsverfahren wirft zudem vielschichtige Praktikabilitätserwägungen auf, insbesondere anhand welcher Kriterien bestimmt werden soll, wann, ob und in welchem Umfang einer Verwaltungsnorm Grundrechtsrelevanz zukommt. Problematisch bleibt, wie das Rangverhältnis zwischen einfachen Gesetzen und der Verfassung zu handhaben ist. Des Weiteren wird zudem die Notwendigkeit einer solchen Konstruktion bestritten, da ein Rückgriff auf das Rechtsstaatsprinzip ausreiche.

Der möglichen Gefahr einer Zersplitterung des gerichtlichen Verfahrensschutzes ist das BVerfG schließlich durch ein zweistufiges Verfahrensrechtsschutzsystem entgegengetreten. Es betrachtet Art. 19 Abs. 4 GG als die „zentrale Verbürgung gerichtlichen Rechtsschutzes auch der Grundrechte im gerichtlichen Verfahren"[125]. In Ausnahmefällen könnten sich jedoch auch aus den materiellen Grundrechten Anforderungen an das gerichtliche Verfahren ergeben. Dies sei aber nur dann der Fall, wenn sich „unzweideutig ergebe, dass rechtsstaatlich unverzichtbare Erfordernisse hinreichenden Rechtsschutzes nicht gewahrt wären"[126]. Begründet wird diese Auslegung des Verhältnisses zwischen dem speziellen Verfahrensgrundrecht und den materiellen Grundrechten damit, dass sich die allgemeinen Verfahrensordnungen ansonsten in ein aktionsrechtliches Verfahrensgeflecht nach Maßgabe des jeweils in Rede stehenden subjektiven Rechts auflösten. Dieses stünde im Widerspruch zur notwendigen Klarheit, Berechenbarkeit und Durchschaubarkeit der Instrumente des gerichtlichen Rechtsschutzes. Vielmehr diene es gerade auch der Effektuierung der materiellen Grundrechte und ihres Schutzes, wenn die Rechtsordnung einheitliche und allgemeine Grundtypen des gerichtlichen Verfahrens zur Verfügung stelle.

Im Rahmen der Untersuchung auf EMRK-Ebene ist deshalb, unter Einbeziehung der aus der „deutschen Diskussion" gewonnenen dogmatischen Erkenntnisse, der Frage nachzugehen, inwiefern die sich abzeichnende Entwicklung der Verfahrensdimensionen materieller Garantien der EMRK möglicherweise ähnlichen Bedürfnissen entsprungen ist, ob sie zu einer Stärkung der einzelnen Garantien der EMRK führt und wie sich diese Verfahrensdimensionen mit dem speziellen Verfahrensschutz des Art. 6 EMRK vertragen.

---

125 BVerfGE 60, 253 (296 f.).
126 BVerfGE 60, 253 (298).

Zweites Kapitel

Die Entwicklung von Verfahrensrechten aus materiellen Konventionsgarantien

A. Die Verfahrensgarantien des Art. 8 EMRK

Viele Beschwerden im Anwendungsbereich des Art. 8 EMRK befassen sich mit dem Verhältnis zwischen Eltern und ihren Kindern, nachdem die Ehe, beziehungsweise die geführte Lebensgemeinschaft, zerbrochen ist oder andere Familienkrisen die Beziehungen der Beteiligten belasten. Musterbeispiele dafür sind diejenigen Fälle, in denen das nationale Gericht über das Sorge- oder Umgangsrecht zu entscheiden hat[127]. Ebenfalls häufig ist die Konstellation, dass staatliche Behörden die Unterbringung des Kindes in einer Pflegeeinrichtung, beispielsweise in einem Jugendheim oder bei Pflegeeltern, gegen den Willen der Eltern und unabhängig davon, ob die Ehe noch Bestand hat, anordnen[128]. Insbesondere auf diesen Gebieten des Privat- und Familienlebens hat der EGMR wichtige Grundsätze zur Verfahrensdimension des Art. 8 EMRK entwickelt, die es im Folgenden aufzuzeigen und zu untersuchen gilt. Die Verfahrensdimension des Art. 8 EMRK beschränkt sich jedoch nicht nur auf das Ehe- und Kindschaftsrecht. Vielmehr ist der EGMR dazu übergegangen, auch in dem äußerst sensiblen Bereich der umweltbezogenen Fälle verfahrensrechtliche Anforderungen aus Art. 8 EMRK abzuleiten[129].

---

127 Siehe beispielsweise: EGMR, Urt. v. 25.01.2000 – Ignaccolo-Zenide/Rumänien; EGMR (Große Kammer), Urt. v. 13.07.2000 – Elsholz/Deutschland; EGMR, Urt. v. 11.10.2001 – Sommerfeld/Deutschland; EGMR, Urt. v. 11.10.2001 – Sahin/Deutschland; EGMR, Urt. v. 05.12.2002 – Hoppe/Deutschland; EGMR, Urt. v. 24.04.2003 – Sylvester/Österreich; EGMR, Urt. v. 26.02.2004 – Görgülü/Deutschland.

128 Siehe beispielsweise: EGMR, Urt. v. 08.07.1987 – Blackham/Vereinigtes Königreich; EGMR, Urt. v. 08.07.1987 – Hyatt/Vereinigtes Königreich; EGMR, Urt. v. 08.07.1987 – O'Connor/Vereinigtes Königreich; EGMR, Urt. v. 08.07.1987 – Rennix/Vereinigtes Königreich; EGMR, Urt. v. 08.07.1987 – Williams/Vereinigtes Königreich; EGMR, Urt. v. 10.05.2001 – T.P. und K.M./Vereinigtes Königreich; EGMR, Urt. v. 20.12.2001 – Buchberger/Österreich; EGMR, Urt. v. 26.02.2002 – Kutzner/Deutschland; EGMR, Urt. v. 16.07.2002 – P., C. und S./Vereinigtes Königreich; EGMR, Urt. v. 08.04.2004 – Haase/Deutschland.

129 EGMR, Urt. v. 09.06.1998 – McGinley und Egan/Vereinigtes Königreich; EGMR, Urt. v. 02.10.2001, Rn. 95 ff. – Hatton u.a./Vereinigtes Königreich; EGMR (Große Kammer), Urt. v. 08.07.2003, Rn. 128 – Hatton u.a./Vereinigtes Königreich.

Der Ursprung der verfahrensrechtlichen Anforderungen des Art. 8 EMRK liegt in der diesem Artikel durch den Gerichtshof beigemessenen positiven Verpflichtung zum Schutz des Privat- und Familienlebens[130]. Im Laufe dieser Rechtsprechungsentwicklung hat der EGMR die dem Art. 8 EMRK innewohnenden Schutzpflichten nach und nach erheblich ausgedehnt und schließlich eine eigenständige Verfahrensdimension des Art. 8 EMRK entwickelt. Seit dem Jahre 2000 beschäftigt sich der Gerichtshof in zahlreichen Entscheidungen regelmäßig mit den Verfahrensgarantien des Art. 8 EMRK. In diesen Entscheidungen zeichnet sich eine in ihrem Ausmaß und ihrer Klarheit bis dahin noch nicht gekannte Verfahrensdimension des Art. 8 EMRK ab. Die verfahrensrechtlichen Anforderungen, wie sie der EGMR in den britischen Fürsorgefällen[131] vornehmlich für das behördliche Verfahren entwickelte, werden in der jüngeren Rechtsprechung im erheblichen Umfang auf das gerichtliche Verfahren ausgedehnt. Das bereits in den britischen Fürsorgefällen in Ansätzen vorhandene Spannungsverhältnis zwischen den verfahrensrechtlichen Garantien des Art. 6 Abs. 1 EMRK und der Verfahrensdimension des Art. 8 EMRK spitzt sich dadurch immer mehr zu. Insofern bedarf es einer Analyse dieser Rechtsprechung, um das neue Verhältnis zwischen Art. 6 EMRK und Art. 8 EMRK zu bestimmen.

I. Die positive Verpflichtung zur Achtung des Privat- und Familienlebens

Dem Wortlaut des Art. 8 Abs. 1 EMRK zufolge hat jede Person das Recht auf Achtung ihres Privat- und Familienlebens, ihrer Wohnung und ihrer Korrespondenz[132]. Art. 8 Abs. 2 EMRK bestimmt, dass eine Behörde in die Ausübung dieser Rechte nur eingreifen darf, soweit der Eingriff gesetzlich vorgesehen und in einer demokratischen Gesellschaft notwendig ist für die nationale und öffentliche Sicherheit, für das wirtschaftliche Wohl des Landes, zur Aufrechterhaltung der Ordnung, zur Verhütung von Straftaten, zum Schutz der Gesundheit oder der Moral oder zum Schutz der Rechte und Freiheiten anderer. Art. 8 EMRK ist damit vornehmlich als Abwehrrecht des Einzelnen gegen Eingriffe der öffentlichen Gewalt in sein Privat- und Familienleben ausgestaltet[133].

---

130 Zur Schutzpflichtdimension der EMRK ausführlich: Jaeckel, S. 103 ff., insbesondere S. 124 ff.

131 EGMR, Urt. v. 08.07.1987 – Blackham/Vereinigtes Königreich; EGMR, Urt. v. 08.07.1987 – Hyatt/Vereinigtes Königreich; EGMR, Urt. v. 08.07.1987 – O'Connor/Vereinigtes Königreich; EGMR, Urt. v. 08.07.1987 – Rennix/Vereinigtes Königreich; EGMR, Urt. v. 08.07.1987 – Williams/Vereinigtes Königreich.

132 Art. 8 para. 1 ECHR: "Everyone has the right to respect for his private and family life, his home and his correspondence".

133 EGMR, Urt. v. 23.07.1968, Rn. 7 – Belgischer Sprachenfall.

Der EGMR entschied jedoch bereits im Urteil Marckx/Belgien, dass sich Art. 8 EMRK nicht darauf beschränkt, dem Staat die Vornahme derartiger Handlungen zu verbieten, sondern dass zu dieser negativen Verpflichtung auch positive, der tatsächlichen „Achtung" des Familienlebens immanente Pflichten hinzukommen können[134]. Insofern bedarf es nationaler Rechtsschutzsysteme, welche die effektive Gewährleistung der in Art. 8 Abs. 1 EMRK garantierten Rechte sicherstellen. Der Schutzbereich des Familienlebens ist dabei weit auszulegen. Erfasst werden die Beziehungen zwischen Elternteilen und ihren Kindern, unabhängig davon, ob es sich um eheliche oder nicht eheliche Familien handelt[135]. Art. 8 EMRK gewährleistet insbesondere das Recht auf Zusammenleben oder persönliche Kontakte unter den Familienmitgliedern. Hierfür ist es ohne Bedeutung, ob die Beziehung zwischen den Eltern beendet ist, diese nicht mehr zusammenleben oder geschieden sind[136].

Die positive Verpflichtung der Staaten zur Achtung des Privat- und Familienlebens wurde vom EGMR in zahlreichen Entscheidungen konkretisiert und ausgeweitet[137]. So urteilte der Gerichtshof beispielsweise in der Sache Airey/Irland, dass die Unmöglichkeit, in Irland die Trennung von Tisch und Bett ohne entsprechende eigene finanzielle Mittel gerichtlich durchzusetzen, gegen Art. 8 Abs. 1 EMRK verstoße, weil der Staat einen entsprechenden Schutz des Privatlebens der Beschwerdeführerin zu gewährleisten habe[138]. Das niederländische Recht, nach dem die Vergewaltigung einer geistig behinderten Frau nicht strafbar war, stellte ebenfalls einen Verstoß gegen die dem Art. 8 EMRK innewoh-

---

134 EGMR, Urt. v. 13.06.1979, Rn. 31 – Marckx/Belgien: "Nevertheless it does not merely compel the State to abstain from such interference: in addition to this primarily negative undertaking, there may be positive obligations inherent in an effective respect for family life".

135 Hk-EMRK, Art. 8, Rn. 18.

136 EGMR, Urt. v. 21.06.1988, Rn. 21 – Berrehab/Niederlande; EGMR, Urt. v. 11.07.2000, Rn. 59 – Ciliz/Niederlande.

137 EGMR, Urt. v. 09.10.1979, Rn. 32 – Airey/Irland; EGMR, Urt. v. 26.03.1985, Rn. 23 – X. und Y./Niederlande; EGMR, Urt. v. 28.05.1985, Rn. 67 – Abdulaziz, Chabales und Balkandali/Vereinigtes Königreich; EGMR, Urt. v. 17.10.1986, Rn. 35 – Rees/Vereinigtes Königreich; EGMR, Urt. v. 21.12.1986, Rn. 55 c) – Johnston u.a./Irland; EGMR, Urt. v. 08.07.1987, Rn. 61 c) – Blackham/Vereinigtes Königreich; EGMR, Urt. v. 08.07.1987, Rn. 65 c) – Rennix/Vereinigtes Königreich; EGMR, Urt. v. 08.07.1987, Rn. 60 c) – Williams/Vereinigtes Königreich; EMGR, Urt. v. 07.07.1989, Rn. 38 – Gaskin/Vereinigtes Königreich; EGMR, Urt. v. 26.05.1994, Rn. 49 – Keegan/Irland; EGMR, Urt. v. 07.02.2002, Rn. 57 – Mikulic/Kroatien; EGMR, Urt. v. 26.02.2002, Rn. 61 – Kutzner/Deutschland; EGMR (Große Kammer), Urt. v. 13.02.2003, Rn. 40 – Odièvre/Frankreich; EGMR, Urt. v. 24.04.2003, Rn. 55 – Sylvester/Österreich; EGMR, Urt. v. 12.06.2003, Rn. 70 – Van Kück/Deutschland.

138 EGMR, Urt. v. 09.10.1979, Rn. 33 – Airey/Irland. Anmerkungen zu den Urteilen Airey/Irland und Marckx/Belgien finden sich bei: Evrigenis, HRLJ, Vol. 3, 1982, 121 ff.

nende Schutzverpflichtung dar, da keine anderweitigen ausreichenden Rechtsschutzmöglichkeiten bestanden hätten[139]. Die Verpflichtung zur Achtung des Privatlebens könne insofern auch Schutzmaßnahmen des Staates für die Beziehungen von Individuen untereinander miteinschließen[140]. In den Fällen Gaskin/Vereinigtes Königreich und M.G./Vereinigtes Königreich leitete der Gerichtshof aus Art. 8 EMRK jeweils einen Anspruch auf Einsicht in behördliche Dokumente ab[141]. In der Rechtssache Gaskin/Vereinigtes Königreich verlangte der Beschwerdeführer Informationen über seine damalige Behandlung durch die Jugendwohlfahrtsbehörde, im Fall M.G./Vereinigtes Königreich über die Aufzeichnungen der Sozialbehörden bezüglich des vermuteten Missbrauchs durch den Vater des Beschwerdeführers. Eine Verletzung des Art. 8 Abs. 1 EMRK sah der Gerichtshof in dem Urteil Ollson/Schweden darin, dass die drei Kinder der Familie wegen Vernachlässigung durch die Eltern von den zuständigen Behörden in getrennten Familien weit entfernt von den leiblichen Eltern und voneinander untergebracht worden waren. Eine solche Maßnahme sei mit dem Ziel der öffentlichen Inobhutnahme von Kindern unvereinbar, da diese grundsätzlich nur vorübergehend und mit der Absicht der Wiederzusammenführung der Eltern mit ihrem Kind durchgeführt werden müsse[142]. Damit beeinflusst Art. 8 EMRK auch die Art und Weise der Vollziehung bereits getroffener, in der Sache selbst nicht zu beanstandender Entscheidungen. Der Gerichtshof wies jedoch darauf hin, dass der Begriff „Achtung" hinsichtlich der positiven Verpflichtungen nicht klar umrissen sei. Vielmehr variierten die Voraussetzungen dieses Begriffes aufgrund der unterschiedlichen Praxis und Situation in den einzelnen Vertragsstaaten erheblich von Fall zu Fall. Insofern handele es sich hierbei um ein Gebiet, in dem die Vertragsstaaten einen weiten Ermessensspielraum bei der Bestimmung der zur Erfüllung notwendigen Schritte mit Rücksicht auf die Bedürfnisse und Mittel der Gemeinschaft und der Individuen haben[143].

---

139 EGMR, Urt. v. 26.03.1985, Rn. 23 f. – X. und Y./Niederlande.

140 EGMR, Urt. v. 26.03.1985, Rn. 24 – X. und Y./Niederlande; ebenso: EGMR, Urt. v. 04.12.2003, Rn. 150-153 – M.C./Bulgarien. In diesem Urteil leitete der EGMR zur wirksamen Bestrafung von Vergewaltigungen die Pflicht zum Erlass strafrechtlicher Normen und deren Anwendung in der Praxis durch effektive Ermittlungen und Strafverfolgung aus Art. 8 EMRK und Art. 3 EMRK ab.

141 EMGR, Urt. v. 07.07.1989, Rn. 49 – Gaskin/Vereinigtes Königreich; EGMR, Urt. v. 24.09.2002, Rn. 31 f. – M.G./Vereinigtes Königreich.

142 EGMR, Urt. v. 24.03.1988, Rn. 81 – Ollson/Schweden; ebenso: EGMR (Große Kammer), Urt. v. 12.07.2001, Rn. 155 – K. und T./Finnland.

143 EGMR, Urt. v. 28.05.1985, Rn. 67 – Abdulaziz, Chabales und Balkandali/Vereinigtes Königreich; EGMR, Urt. v. 17.10.1986, Rn. 37 – Rees/Vereinigtes Königreich; EGMR, Urt. 21.12.1986, Rn. 55c) – Johnston u.a./Irland.

II. Die positiven Verpflichtungen in umweltbezogenen Fällen

In einer Reihe jüngerer Entscheidungen des Gerichtshofs kommt den aus Art. 8 Abs. 1 EMRK entwickelten Schutzpflichten auch in umweltbezogenen Fällen eine gesteigerte Bedeutung zu. In der Sache López Ostra/Spanien entschied der EGMR, dass Lärm, Geruch oder andere Emissionen Eingriffe in das von Art. 8 Abs. 1 EMRK geschützte Recht auf Achtung des Privat- und Familienlebens sowie der Wohnung darstellen[144]. Der Fall betraf eine umweltverschmutzende Entsorgungsanlage der Lederindustrie in unmittelbarer Nachbarschaft der Beschwerdeführerin. Bereits kurz nach ihrer Inbetriebnahme verursachte diese Entsorgungsanlage andauernde Lärmbelästigungen und Gesundheitsprobleme der Anwohner. Die Anlage wurde privat betrieben. Aus diesem Grunde waren die spanischen Behörden nicht direkt für die Immissionen verantwortlich. In der Folgezeit versäumten es die örtlichen Behörden jedoch, abgesehen von einer dreimonatigen anderweitigen Unterbringung der Betroffenen und einer teilweisen Stilllegung der Anlage, einen ausreichenden gesundheitlichen Schutz der Betroffenen zu gewährleisten. Hinzu kam der Umstand, dass die Anlage auf städtischem Gebiet erbaut und ihre Errichtung durch staatliche Mittel subventioniert worden war. Der EGMR ließ es bei der Prüfung einer möglichen Verletzung des Art. 8 EMRK offen, ob es sich im vorliegenden Fall um eine Verletzung der aus Art. 8 Abs. 1 EMRK resultierenden positiven Verpflichtung zum Schutz der gewährleisteten Rechte handelte oder aber um einen Eingriff durch die örtliche Behörde im Rahmen von Art. 8 Abs. 2 EMRK. Er begnügte sich vielmehr mit der Feststellung, dass in beiden Fällen eine angemessene Abwägung der Interessen des Individuums mit denen der Allgemeinheit zu erfolgen hätte, in welcher der Staat einen weiten Ermessensspielraum genösse[145]. Darüber hinaus spielten auch im Rahmen einer Verletzung der aus Art. 8 Abs. 1 EMRK resultierenden positiven Verpflichtungen die in Art. 8 Abs. 2 EMRK genannten Ziele bei der Interessenabwägung eine gewisse Rolle[146]. Der Gerichtshof entschied, dass der Staat bei der erforderlichen Interessenabwägung zwischen den ökonomischen Belangen einerseits und dem Recht der Beschwerdeführerin auf den Genuss der ihr in Art. 8 Abs. 1 EMRK garantierten Rechte andererseits nicht die erforderliche faire Balance eingehalten hätte und Art. 8 EMRK somit verletzt sei[147].

Unter gewissen Umständen verpflichtet Art. 8 EMRK die Staaten zudem, Informationen über Umweltrisiken zu erheben und zur Verfügung zur stellen. In der Sache Guerra/Italien wohnten die Beschwerdeführer in der Nähe einer

144 EGMR, Urt. v. 09.12.1994, Rn. 51 – López Ostra/Spanien.
145 EGMR, Urt. v. 09.12.1994, Rn. 51 – López Ostra/Spanien.
146 EGMR, Urt. v. 09.12.1994, Rn. 51 – López Ostra/Spanien.
147 EGMR, Urt. v. 09.12.1994, Rn. 58 – López Ostra/Spanien.

Chemiefabrik und begehrten Informationen von den örtlichen Behörden über etwaige Risiken und getroffene Sicherheitsvorkehrungen. Der EGMR entschied, dass das Unterlassen, diese bestimmten Informationen zur Verfügung zu stellen, einen Verstoß gegen die aus Art. 8 Abs. 1 EMRK resultierende positive Verpflichtung, das Privatleben der Betroffenen zu schützen, darstelle[148].

Festzuhalten bleibt, dass der Gerichtshof durch seine Rechtsprechung hinsichtlich der positiven Verpflichtungen des Staates den Anwendungsbereich des vornehmlich als Abwehrrecht ausgestalteten Art. 8 EMRK erheblich ausgedehnt hat. Vor diesem Hintergrund ist die Entwicklung der Verfahrensdimensionen des Art. 8 EMRK zu sehen, die ihren Ursprung in den britischen Fürsorgefällen nahm.

III. Die anfängliche Entwicklung der Verfahrensgarantien des Artikel 8 EMRK in den achtziger und neunziger Jahren in Abgrenzung zu den verfahrensrechtlichen Anforderungen des Art. 6 EMRK

1. Die britischen Fürsorgefälle

In einer Reihe von Entscheidungen gegen das Vereinigte Königreich, die allesamt am 08.07.1987 ergingen[149], leitete der EGMR erstmals aus den positiven Verpflichtungen des Art. 8 Abs. 1 EMRK grundlegende verfahrensrechtliche Anforderungen vornehmlich an das behördliche, aber auch an das gerichtliche Verfahren her. Die Fälle betrafen die Geltendmachung von Elternrechten gegenüber Kindern, die unter öffentliche Obhut beziehungsweise Amtsvormundschaft eines Gerichts gestellt worden waren. Nach den damals geltenden gesetzlichen Bestimmungen des britischen Jugendwohlfahrtsrechts konnten Kinder unter bestimmten Voraussetzungen, beispielsweise bei Verwahrlosung oder Misshandlung durch die Eltern, in die Obhut der Lokalbehörde gegeben werden. Dies geschah durch zunächst befristete Anordnungen des Jugendgerichts zu dem Zweck, die Kinder in Sicherheit zu bringen oder um ihre vorläufige Unterbringung in einem Heim oder bei Pflegeeltern zu veranlassen. Die Lokalbehörde konnte sodann im Interesse des Kindeswohls beschließen, die Gesamtheit der Elternrechte an sich zu ziehen. Gegen diese Entscheidung hatten die Eltern eine Anfechtungsmöglichkeit beim Jugendgericht, mit Berufung zum Familiengericht, zum Appellationsgericht und schließlich zum House of Lords. Nach Ausschöpfung dieser gerichtlichen Rechtsschutzmöglichkeiten besaßen die El-

148 EGMR, Urt. v. 19.02.1998, Rn. 60 – Guerra/Italien.

149 EGMR, Urt. v. 08.07.1987 – Blackham/Vereinigtes Königreich; EGMR, Urt. v. 08.07.1987 – Hyatt/Vereinigtes Königreich; EGMR, Urt. v. 08.07.1987 – O'Connor/Vereinigtes Königreich; EGMR, Urt. v. 08.07.1987 – Rennix/Vereinigtes Königreich; EGMR, Urt. v. 08.07.1987 – Williams/Vereinigtes Königreich.

tern mit Ausnahme bestimmter Anhörungsrechte zu langfristigen Maßnahmen, wie der Begründung einer Amtsvormundschaft oder der Freigabe zur Adoption, keinerlei Rechte mehr gegenüber dem Kind. Vielmehr entschied die Behörde über alle das Kind betreffenden Angelegenheiten wie Erziehung, Unterbringung bei Pflegeeltern oder das Besuchsrecht der leiblichen Eltern. Diese Entscheidungen waren in der Regel nicht gerichtlich anfechtbar. Zwar setzte die Freigabe zur Adoption grundsätzlich das Einverständnis der Eltern voraus. Dieses konnte jedoch bei einer unvernünftigen Weigerung durch Gerichtsbeschluss ersetzt werden. Durch die Adoption gingen die Elternrechte im vollen Umfang auf die Adoptiveltern über und die natürlichen Eltern konnten keinerlei Rechte mehr geltend machen. Allen diesen Fällen war ein Zeitelement gemeinsam, da die Verzögerung der gerichtlichen Entscheidung dazu führte konnte, dass die Kinder den Eltern inzwischen völlig entfremdet worden waren. Dieser Umstand wirkte sich bei der ausschließlich am Kindeswohl orientierten Entscheidung regelmäßig zum Nachteil der Eltern aus.

Unter der Überschrift „General principles" stellte der EGMR in den Entscheidungen Blackham/Vereinigtes Königreich, Rennix/Vereinigtes Königreich sowie Williams/Vereinigtes Königreich in wortgleichen Passagen zunächst fest, dass, obwohl Art. 8 EMRK grundsätzlich dazu diene, die betroffenen Personen gegen willkürliche Eingriffe der öffentlichen Gewalt zu schützen, eine effektive „Achtung" des Familienlebens zusätzlich positive Verpflichtungen bedingen könne[150]. Zwar sei es zutreffend, dass Art. 8 EMRK keine expliziten Verfahrensanforderungen enthalte; dieser Umstand sei aber in der Sache nicht entscheidend[151]. Der Entscheidungsfindungsprozess der örtlichen Behörden könne nicht ohne jeden Einfluss auf die Substanz der Entscheidung selbst sein, insbesondere weil dieser Prozess sicherzustellen habe, dass die Entscheidung auch auf den relevanten Überlegungen beruhe, nicht einseitig ausfalle und daher weder willkürlich sei noch erscheine[152]. Aus diesem Grund habe der EGMR das

150 EGMR, Urt. v. 08.07.1987, Rn. 61 c) – Blackham/Vereinigtes Königreich; EGMR, Urt. v. 08.07.1987, Rn. 65 c) – Rennix/Vereinigtes Königreich; EGMR, Urt. v. 08.07.1987, Rn. 60 c) – Williams/Vereinigtes Königreich: "Although the essential object of Article 8 is to protect the individual against arbitrary interference by the public authorities, there may in addition be positive obligations inherent in an effective respect for family life".

151 EGMR, Urt. v. 08.07.1987, Rn. 63 – Blackham/Vereinigtes Königreich; EGMR, Urt. v. 08.07.1987, Rn. 67 – Rennix/Vereinigtes Königreich; EGMR, Urt. v. 08.07.1987, Rn. 62 – Williams/Vereinigtes Königreich: "It is true that Article 8 contains no explicit procedural requirements, but this is not conclusive of the matter".

152 EGMR, Urt. v. 08.07.1987, Rn. 61 c) – Blackham/Vereinigtes Königreich; EGMR, Urt. v. 08.07.1987, Rn. 65 c) – Rennix/Vereinigtes Königreich; EGMR, Urt. v. 08.07.1987, Rn. 60 c) – Williams/Vereinigtes Königreich: "The local authority's decision-making process clearly cannot be devoid of influence on the substance of the de-

Recht zu untersuchen, ob der Entscheidungsfindungsprozess in einer Art und Weise durchgeführt worden ist, die unter Berücksichtigung aller Umstände als fair zu bezeichnen sei und den Schutzgütern des Art. 8 EMRK die gebührende Achtung erweise[153].

Die bei der Entscheidungsfindung relevanten Überlegungen der örtlichen Behörde hinsichtlich der Kinder, die ihrer Obhut unterstehen, müssten daher zwangsläufig die Ansichten und Interessen der leiblichen Eltern mit einschließen. Der Entscheidungsfindungsprozess müsse nach Auffassung des EGMR sicherstellen, dass die Ansichten und Interessen der leiblichen Eltern der Behörde bekannt gemacht und in gebührender Weise von ihr in Erwägung gezogen werden sowie dass die Eltern in angemessener Zeit in der Lage seien, alle verfügbaren Rechtsmittel einzusetzen[154].

Daran anschließend nannte der EGMR drei Faktoren, die Einfluss auf den jeweiligen Sachverhalt hätten. Zum einen gäbe es sicherlich Fälle, in denen die Beteiligung der leiblichen Eltern am Entscheidungsfindungsprozess entweder nicht möglich oder nicht sinnvoll erscheine, beispielsweise wenn sie nicht ausfindig gemacht werden könnten oder körperlich oder geistig behindert seien, beziehungsweise bei Gefahr im Verzug. Des Weiteren könnten Entscheidungen, die üblicherweise im Lichte von Fallbesprechungen oder Konferenzen getroffen werden, ebenso gut einem kontinuierlichen Überwachungsprozess seitens der Verantwortlichen der örtlichen Behörden entspringen. Schließlich böten regelmäßige Kontakte zwischen den Sozialarbeitern und den Eltern oftmals eine angemessene Informationsbasis, um der Behörde die Ansichten Letzterer mitzuteilen[155]. Der EGMR folgert aus dem Vorangegangenen, dass unter Berücksichtigung der besonderen Umstände des Einzelfalles, insbesondere der schwerwie-

---

cision, notably by ensuring that it is based on the relevant considerations and is not one-sided and, hence, neither is nor appears to be arbitrary".

153 EGMR, Urt. v. 08.07.1987, Rn. 63 – Blackham/Vereinigtes Königreich; EGMR, Urt. v. 08.07.1987, Rn. 67 – Rennix/Vereinigtes Königreich; EGMR, Urt. v. 08.07.1987, Rn. 62 – Williams/Vereinigtes Königreich.

154 EGMR, Urt. v. 08.07.1987, Rn. 64 – Blackham/Vereinigtes Königreich; EGMR, Urt. v. 08.07.1987, Rn. 68 – Rennix/Vereinigtes Königreich; EGMR, Urt. v. 08.07.1987, Rn. 63 – Williams/Vereinigtes Königreich: "The relevant considerations to be weighed by a local authority in reaching decisions on children in its care must perforce include the views and interests of the natural parents. The decision-making process must therefore, in the Court's view, be such as to secure that their views and interests are made known to and duly taken into account by the local authority and that they are able to exercise in due time any remedies available to them".

155 EGMR, Urt. v. 08.07.1987, Rn. 65 – Blackham/Vereinigtes Königreich; EGMR, Urt. v. 08.07.1987, Rn. 69 – Rennix/Vereinigtes Königreich; EGMR, Urt. v. 08.07.1987, Rn. 64 – Williams/Vereinigtes Königreich.

genden Natur der vorzunehmenden Entscheidungen, geprüft werden müsse, ob die Eltern an dem als Ganzes betrachteten Entscheidungsfindungsprozess in einem ausreichenden Maße beteiligt worden seien, um ihnen den erforderlichen Schutz ihrer Interessen zu gewährleisten. Sofern dies nicht der Fall gewesen sei, läge eine mangelnde Achtung des Familienlebens vor, und der Eingriff könne nicht als „notwendig" im Sinne von Art. 8 Abs. 2 EMRK angesehen werden, er wäre mithin ungerechtfertigt[156].

In den Entscheidungen Williams/Vereinigtes Königreich und Rennix/Vereinigtes Königreich stellte der EGMR ebenfalls noch unter der Überschrift der „General principles" fest, dass, entgegen der Auffassung der britischen Regierung, der Gerichtshof bei seiner Untersuchung im Zusammenhang mit Art. 8 EMRK auch die Länge des behördlichen Entscheidungsfindungsprozesses sowie damit zusammenhängender Gerichtsverfahren mit einbeziehen könne. In Fällen wie den vorliegenden bestehe immer die Gefahr, dass jede prozessuale Verzögerung zu einer faktischen Präjudizierung führe, bevor das Gericht überhaupt zu dem ihm unterbreiteten Sachverhalt Stellung genommen habe[157]. Eine effektive Achtung des Familienlebens setze voraus, dass künftige Beziehungen zwischen Eltern und ihren Kindern einzig und allein im Lichte aller relevanten Erwägungen bestimmt werden und nicht durch den bloßen Ablauf der Zeit[158].

Anschließend an diese grundlegenden Prinzipien untersuchte der EGMR jeweils im Einzelfall, ob Art. 8 Abs. 1 EMRK verletzt worden war. Im Fall Williams/Vereinigtes Königreich, der das Umgangsrecht eines Vaters zu seinem in öffentliche Obhut genommenen Kind betraf, hob der Gerichtshof hervor, dass der Genuss der gegenseitigen Gesellschaft von Eltern und Kindern ein fundamentales Element des Familienlebens darstelle[159]. Sofern der Staat in diese familiären Verhältnisse eingreife, müsse er die Interessen der Beteiligten, insbesondere das Wohl des Kindes, ausreichend berücksichtigen[160]. Anschließend entschied er, dass der Antragsteller nicht ausreichend im Sinne der vorgenann-

---

156 EGMR, Urt. v. 08.07.1987, Rn. 65 – Blackham/Vereinigtes Königreich; EGMR, Urt. v. 08.07.1987, Rn. 69 – Rennix/Vereinigtes Königreich; EGMR, Urt. v. 08.07.1987, Rn. 64 – Williams/Vereinigtes Königreich.

157 EGMR, Urt. v. 08.07.1987, Rn. 70 – Rennix/Vereinigtes Königreich; EGMR, Urt. v. 08.07.1987, Rn. 65 – Williams/Vereinigtes Königreich: "In cases of this kind there is always the danger that any procedural delay will result in the de facto determination of the issue submitted to the court before it has held its hearing"; ebenso: EGMR, Urt. v. 08.07.1987, Rn. 89 – Hyatt/Vereinigtes Königreich.

158 EGMR, Urt. v. 08.07.1987, Rn. 70 – Rennix/Vereinigtes Königreich; EGMR, Urt. v. 08.07.1987, Rn. 65 – Williams/Vereinigtes Königreich; ebenso: EGMR, Urt. v. 08.07.1987, Rn. 90 – Hyatt/Vereinigtes Königreich.

159 EGMR, Urt. v. 08.07.1987, Rn. 59 – Williams/Vereinigtes Königreich.

160 EGMR, Urt. v. 08.07.1987, Rn. 62 ff. – Williams/Vereinigtes Königreich.

ten Prinzipien in den behördlichen Entscheidungsfindungsprozess einbezogen worden war und das Vormundschaftsverfahren in einer Art. 8 Abs. 1 EMRK verletzenden Weise verzögert worden sei[161].

Bei der Untersuchung von Art. 6 EMRK, der in diesem Fall zusätzlich noch wegen des Fehlens wirksamer Rechtsbehelfe verletzt war, begnügte sich der EGMR damit festzustellen, dass er es „für unnötig halte", Art. 6 EMRK unter dem Gesichtspunkt der Verfahrensdauer zu untersuchen, da dieser bereits in Bezug auf Art. 8 EMRK berücksichtigt worden sei[162]. Art. 6 Abs. 1 EMRK garantiert in seinem Geltungsbereich ein faires, zügiges und öffentliches Verfahren für alle zivilrechtlichen Ansprüche und Verpflichtungen sowie für das Strafverfahren[163]. Die Herangehensweise des EGMR stieß auf grundsätzliche Kritik innerhalb der Richterschaft. In ihrer abweichenden Meinung vertraten die Richter Pinheiro, Farinha und de Meyer die Ansicht, die Feststellung, dass eine Vorschrift der EMRK aus einem bestimmten Grund verletzt sei, könne das Gericht nicht davon entbinden, gleichfalls zu untersuchen, ob dieser bestimmte Grund nicht ebenso zur Verletzung anderer Vorschriften der EMRK geführt habe. Ihrer Meinung nach wäre es im vorliegenden Fall notwendig gewesen, die Verfahrensdauer sowohl am Art. 8 EMRK als auch am Art. 6 EMRK zu messen, da dieser Aspekt in den Anwendungsbereich beider Artikel falle[164]. Richter Gersing betonte in seiner teilweise abweichenden Meinung, dass die Länge des Vormundschaftsprozesses nur unter Art. 6 Abs. 1 EMRK untersucht werden dürfe, da Art. 6 EMRK in diesem Fall *lex specialis* sei. Darüber hinaus könne er die extensive Auslegung des Art. 8 EMRK hinsichtlich des behördlichen und gerichtlichen Verfahrens nicht akzeptieren[165].

In der Entscheidung Rennix/Vereinigtes Königreich stritt die Beschwerdeführerin um das Sorgerecht für ihre beiden Kinder, die aufgrund eines Beschlusses in öffentliche Obhut genommen worden waren. Vor der Kommission rügte die Be-

---

161 EGMR, Urt. v. 08.07.1987, Rn. 68 ff. – Williams/Vereinigtes Königreich.

162 EGMR, Urt. v. 08.07.1987, Rn. 84 – Williams/Vereinigtes Königreich.

163 Art. 6 Abs. 1 EMRK lautet: Jede Person hat ein Recht darauf, dass über Streitigkeiten in bezug auf ihre zivilrechtlichen Ansprüche und Verpflichtungen oder über eine gegen sie erhobene strafrechtliche Anklage von einem unabhängigen und unparteiischen, auf Gesetz beruhenden Gericht in einem fairen Verfahren, öffentlich und in angemessener Frist verhandelt wird.

164 Abweichende Meinung der Richter Pinheiro, Farinha und de Meyer in: EGMR, Urt. v. 08.07.1987 – Willliams/Vereinigtes Königreich.

165 Teilweise abweichende Meinung des Richters Gersing in: EGMR, Urt. v. 08.07.1987 – Willliams/Vereinigtes Königreich: "In my view, the length of the wardship proceedings falls to be considered only under Article 6 § 1 (art. 6-1), which in this respect is the lex specialis. I cannot accept the extensive interpretation of Article 8 (art. 8) which the majority of the Court has applied as regards those proceedings".

schwerdeführerin unter Berufung auf Art. 6 und Art. 8 EMRK die Entscheidungen der örtlichen Behörde über den Sorgerechtsübergang und die Beendigung des Besuchsrechts, insbesondere die Ausgestaltung der diesbezüglichen Entscheidungsverfahren und das Fehlen von wirksamen Rechtsbehelfen. In Hinblick auf Art. 8 EMRK bemängelte der EGMR, wie im Falle Williams/Vereinigtes Königreich, eine unzureichende Beteiligung der Beschwerdeführerin im Entscheidungsfindungsprozess der örtlichen Behörde[166]. Hinzu kam nach Ansicht des Gerichtshofs eine mit Art. 8 EMRK nicht zu vereinbarende Verzögerung des gerichtlichen Verfahrens[167]. Bei der Prüfung des Art. 6 Abs. 1 EMRK, der, wie im Falle Williams/Vereinigtes Königreich, wegen des Fehlens von wirksamen Rechtsbehelfen verletzt war, ging der EGMR dann mit keinem Wort mehr auf die überlange Verfahrensdauer ein. In seinem Sondervotum vertrat Richter Gersing abermals die Ansicht, dass Art. 6 EMRK bezüglich der Länge von Gerichtsverfahren die vorrangige Norm wäre, den er jedoch in diesem Fall als nicht verletzt betrachtete[168].

In der Sache Blackham/Vereinigtes Königreich sah der EGMR abermals Art. 8 EMRK durch eine unzureichende Beteiligung der Betroffenen und Art. 6 EMRK durch das Fehlen ausreichender Rechtsbehelfe verletzt[169]. In diesem Fall, der ebenfalls Sorgerechtsfragen betraf, spielte die Verfahrenslänge keine Rolle.

Die Beschwerdeführerin im Fall Hyatt/Vereinigtes Königreich litt seit ihrer Jugend an schweren, durch aggressives Verhalten gekennzeichneten Geistesstörungen, die zu wiederholten Zwangsaufenthalten in psychiatrischen Anstalten führten. Aus ihrer Ehe mit einem ebenfalls zwangsuntergebrachten Mann ging eine Tochter hervor, die drei Monate nach ihrer Geburt auf Antrag der Behörde zur Sicherheit, später zur vorläufigen Unterbringung, in öffentliche Obhut gegeben wurde. Daran anschließend wurden ein Amtsvormundschaftsverfahren und schließlich ein Adoptionsverfahren eingeleitet. Im weiteren Verlauf wurde die Beschwerdeführerin lange darüber im Unklaren gelassen, dass die Behörde inzwischen Adoptionsbewerber für das Kind gefunden hatte und es dauerhaft bei diesen untergebracht worden war. Die Adoption wurde schließlich ohne Zustimmung der Beschwerdeführerin, deren Weigerung für unvernünftig befunden wurde, genehmigt. Nach Ansicht des britischen Gerichts erforderte das Kindeswohl den Verbleib bei den Adoptiveltern, bei denen das nunmehr fast fünfjährige Kind sich seit 19 Monaten aufhielt, während seine Mutter es seit drei-

166 EGMR, Urt. v. 08.07.1987, Rn. 73 – Rennix/Vereinigtes Königreich.

167 EGMR, Urt. v. 08.07.1987, Rn. 73 f. – Rennix/Vereinigtes Königreich.

168 Zustimmende Meinung des Richters Gersing in: EGMR, Urt. v. 08.07.1987 – Rennix/Vereinigtes Königreich.

169 EGMR, Urt. v. 08.07.1987, Rn. 68 und 82 – Blackham/Vereinigtes Königreich.

einhalb Jahren nicht mehr gesehen hatte. Die Beschwerdeführerin rügte vor dem Gerichtshof insbesondere die Dauer des vorangegangenen Verfahrens.

Der EGMR prüfte in diesem Fall zunächst eine mögliche Verletzung des Art. 6 EMRK unter dem Gesichtspunkt der Verfahrenslänge. Diesbezüglich verwies der Gerichtshof mit Nachdruck auf die Wichtigkeit der Belange, die für die Beschwerdeführerin in dem Verfahren auf dem Spiel stünden. Nicht nur seien diese entscheidend für die künftigen Beziehungen zu ihrem Kind, sondern hätten darüber hinaus eine besondere Qualität der Unwiderruflichkeit, insbesondere unter dem Aspekt der in Frage stehenden Adoption, die der Gerichtshof, wie schon der High Court, als eine „statutory guillotine" bezeichnete[170]. In solchen Fällen hätten die Behörden die Pflicht außergewöhnliche Sorgfalt auszuüben, weil immer die Gefahr bestünde, dass jegliche verfahrenstechnische Verzögerung zu einer faktischen Präjudizierung führen könnte, und zwar noch bevor das Gericht einbezogen worden sei[171]. Die übermäßige Verfahrenslänge wurde vom EGMR im vorliegenden Fall dann auch als Verstoß gegen Art. 6 Abs. 1 EMRK betrachtet. Unter dem Gesichtspunkt, dass eine effektive Achtung des Familienlebens voraussetze, dass künftige Beziehungen zwischen Eltern und ihren Kindern einzig und allein im Lichte aller relevanten Erwägungen bestimmt werden und nicht durch den bloßen Ablauf der Zeit, bejahte der Gerichtshof zudem eine Verletzung des Art. 8 EMRK unter diesem verfahrensrechtlichen Aspekt[172]. In seiner abweichenden Meinung trat Richter Gersing wiederum dafür ein, die Länge von Gerichtsverfahren nur unter Art. 6 Abs. 1 EMRK zu prüfen, der diesbezüglich gegenüber Art. 8 EMRK *lex specialis* sei[173].

In der Rechtssache O'Connor/Vereinigtes Königreich, einem weiteren Sorgerechtsfall, bejahte der Gerichtshof eine Verletzung des Art. 6 Abs. 1 EMRK aufgrund der fehlenden Möglichkeit, das Umgangsrecht des Beschwerdeführers mit seinen Kindern von einem Gericht bestimmen lassen zu können[174]. Das Fehlen eines geeigneten Rechtsmittels wurde ebenfalls unter dem Aspekt einer möglichen Verletzung des Art. 8 EMRK angesprochen. Der Gerichtshof befand jedoch, dass eine Prüfung desselben Gesichtspunktes in diesem Falle nicht notwendig sei[175].

---

170 EGMR, Urt. v. 08.07.1987, Rn. 85 – Hyatt/Vereinigtes Königreich.

171 EGMR, Urt. v. 08.07.1987, Rn. 85 – Hyatt/Vereinigtes Königreich.

172 EGMR, Urt. v. 08.07.1987, Rn. 90 – Hyatt/Vereinigtes Königreich.

173 Abweichende Meinung des Richters Gersing in: EGMR, Urt. v. 08.07.1987 – Hyatt/Vereinigtes Königreich.

174 EGMR, Urt. v. 08.07.1987, Rn. 63 f. – O'Connor/Vereinigtes Königreich.

175 EGMR, Urt. v. 08.07.1987, Rn. 67 – O'Connor/Vereinigtes Königreich: "Having regard to its decision, in the context of Article 6 § 1, ..., the Court does not find it necessary to examine under Article 8 his complaint concerning an absence of remedies".

Im Rahmen der britischen Fürsorgefälle legte der EGMR somit den Grundstein für eine dem Art. 8 EMRK innewohnende Verfahrensdimension. Diese erstreckt sich insbesondere auf zwei zentrale Bereiche des Verfahrens. Einerseits muss gewährleistet werden, dass die Betroffenen durch ein faires Verfahren angemessen in den Entscheidungsfindungsprozess der Behörden einbezogen werden. Dazu gehört unter anderem das Recht auf Anwesenheit, Anhörung und die vollständige Information der Betroffenen[176]. Andererseits ergibt sich aus der Besonderheit kindschaftsrechtlicher Verfahren die Notwendigkeit einer schleunigen Behandlung, um der Gefahr einer faktischen Präjudizierung vorzubeugen. Eine effektive Achtung des Familienlebens erfordert, dass alle relevanten Gesichtspunkte zu berücksichtigen sind, anstatt dass das bloße Verstreichenlassen der Zeit zur Schaffung vollendeter Tatsachen führt[177]. Insofern stellt Art. 8 EMRK spezielle Anforderungen an die Verfahrensdauer insbesondere des behördlichen Entscheidungsfindungsprozesses, aber auch des anschließenden gerichtlichen Verfahrens.

Auffallend an diesen Entscheidungen, die allesamt am selben Tag ergingen, ist die dogmatische Uneinheitlichkeit, die der Gerichtshof bei der Prüfung etwaiger Verletzungen der Artikel 8 und 6 EMRK im Hinblick auf die Verfahrensdauer an den Tag legt. In den Entscheidungen Hyatt/Vereinigtes Königreich und O'Connor/Vereinigtes Königreich liegt der Prüfungsschwerpunkt des EGMR hinsichtlich etwaiger Verfahrensverstöße im Schutzbereich des Art. 6 EMRK. Die überlange gerichtliche Verfahrensdauer in der Sache Hyatt/Vereinigtes Königreich wird primär als Verstoß gegen Art. 6 EMRK behandelt[178]. Bei der anschließenden Feststellung eines Verstoßes gegen Art. 8 EMRK verweist der EGMR hinsichtlich der Begründung weitestgehend auf seine bereits unter Art. 6 EMRK gemachten Ausführungen und kommt dann schnell zu dem Schluss, dass, in Anbetracht der Gefahr einer faktischen Präjudizierung durch überlange Verfahren, auch Art. 8 EMRK verletzt worden sei[179]. In der Rechtssache O'Connor/Vereinigtes Königreich wurde das Fehlen geeigneter Rechtsmittel als Verstoß gegen Art. 6 EMRK gewertet. In Bezug auf die aus demselben Gesichtspunkt gerügte Verletzung des Art. 8 EMRK erklärte der EGMR lapidar,

176 EGMR, Urt. v. 08.07.1987, Rn. 64 – Blackham/Vereinigtes Königreich; EGMR, Urt. v. 08.07.1987, Rn. 68 – Rennix/Vereinigtes Königreich; EGMR, Urt. v. 08.07.1987, Rn. 63 – Williams/Vereinigtes Königreich.

177 EGMR, Urt. v. 08.07.1987, Rn. 70 – Rennix/Vereinigtes Königreich; EGMR, Urt. v. 08.07.1987, Rn. 65 – Williams/Vereinigtes Königreich: ebenso: EGMR, Urt. v. 08.07.1987, Rn. 89, 90 – Hyatt/Vereinigtes Königreich.

178 EGMR, Urt. v. 08.07.1987, Rn. 85 f. – Hyatt/Vereinigtes Königreich.

179 EGMR, Urt. v. 08.07.1987, Rn. 89 f. – Hyatt/Vereinigtes Königreich.

dass eine Prüfung desselben Gesichtspunktes in diesem Falle nicht notwendig sei[180].

Eine andere Prüfungsstruktur lässt sich dagegen in den Entscheidungen Williams/Vereinigtes Königreich und Rennix/Vereinigtes Königreich erkennen. Hier behandelt der Gerichtshof die Frage eines Konventionsverstoßes wegen eines überlangen Verfahrens ausschließlich unter dem Gesichtspunkt einer möglichen Verletzung des Art. 8 EMRK. Bei der Untersuchung von Art. 6 EMRK, der in diesem Fall zusätzlich wegen des Fehlens wirksamer Rechtsbehelfe verletzt war, begnügte sich der EGMR in der Sache Williams/Vereinigtes Königreich damit, festzustellen, dass er es „für unnötig halte", Art 6 EMRK unter dem Gesichtspunkt der Verfahrensdauer zu untersuchen, da dieser Aspekt bereits in Bezug auf Art. 8 EMRK berücksichtigt worden sei[181]. Die Möglichkeit einer Verletzung des Art. 6 EMRK durch ein überlanges Verfahren wurde in der Entscheidung Rennix/Vereinigtes Königreich mit keinem Wort erwähnt. Vielmehr wurde in dieser Hinsicht ausschließlich ein Verstoß gegen Art. 8 EMRK geprüft und bejaht[182].

Bemerkenswert ist, dass Richter Gersing in den Entscheidungen Williams/Vereinigtes Königreich, Rennix/Vereinigtes Königreich und Hyatt/Vereinigtes Königreich jedes Mal nachdrücklich die Ansicht vertrat, dass Art. 6 EMRK in Bezug auf gerichtliche Verfahren die Spezialnorm sei[183]. Auf dieses in Bezug auf das Verfahren sich abzeichnende Spannungs- beziehungsweise Konkurrenzverhältnis geht die Mehrheitsmeinung des EGMR jedoch mit keinem Wort ein. Auch die in Williams/Vereinigtes Königreich getroffene Feststellung, dass es unnötig sei, einen Verstoß wegen überlanger Verfahrensdauer nicht nur unter dem Gesichtspunkt einer möglichen Verletzung des Art. 8 EMRK, sondern auch des Art. 6 EMRK zu untersuchen, leuchtet allenfalls unter pragmatischen Gesichtspunkten ein, da gerade Art. 6 EMRK in seinem Schutzbereich das Recht auf ein faires Verfahren innerhalb einer angemessenen Frist garantiert.

---

180 EGMR, Urt. v. 08.07.1987, Rn. 63 f. – O'Connor/Vereinigtes Königreich.

181 EGMR, Urt. v. 08.07.1987, Rn. 84 – Williams/Vereinigtes Königreich: "Since it took the length of the wardship proceedings into account under Article 8 (art. 8), the Court, like the Commission, finds that it is not necessary to examine this issue separately under Article 6 § 1 (art. 6-1)".

182 EGMR, Urt. v. 08.07.1987, Rn. 70, 73 f. – Rennix/Vereinigtes Königreich.

183 Teilweise abweichende Meinung des Richters Gersing in: EGMR, Urt. v. 08.07.1987 – Willliams/Vereinigtes Königreich; EGMR, Urt. v. 08.07.1987 – Rennix/Vereinigtes Königreich; EGMR, Urt. v. 08.07.1987 – Hyatt/Vereinigtes Königreich.

2. Keegan/Irland, McMichael/Vereinigtes Königreich, Johansen/Norwegen

Für die weitere Entwicklung der Verfahrensdimension des Art. 8 EMRK sind insbesondere die drei folgenden Urteile aus den neunziger Jahren von Bedeutung.

Die nach irischem Recht bestehende Möglichkeit einer Mutter, ihr nichteheliches Kind zur Adoption freizugeben, ohne dass der Vater, der mit ihr bis kurz vor der Geburt in einer Gemeinschaft gelebt hatte, irgendeine Möglichkeit hatte, bei der Adoption gehört zu werden, war Beschwerdegegenstand in der Sache Keegan/Irland. Während das Kind bereits bei den angehenden Adoptiveltern untergebracht worden war, bemühte sich der Beschwerdeführer vergeblich vor den nationalen Gerichten um das Sorgerecht für sein Kind. Vor dem Gerichtshof rügte er anschließend insbesondere eine mangelnde Achtung seines Familienlebens durch den irischen Staat, indem dieser die geheime Unterbringung seiner Tochter zum Zwecke der Adoption ohne sein Wissen oder seine Zustimmung gefördert habe, und es ihm unmöglich gemacht wurde, eine rechtliche Verbindung zwischen ihm und seiner Tochter von dem Moment ihrer Geburt an herzustellen. Der Gerichtshof betonte bei seiner Untersuchung einer möglichen Verletzung des Art. 8 EMRK insbesondere den Aspekt der Verfahrensdauer. Wenn ein Kind zu Pflegeeltern gegeben wird, könne es im Laufe der Zeit ein neues Band mit diesen knüpfen, was dazu führe, dass es nicht mehr dem Kindeswohl entspräche, diese entstandene Beziehung zu stören oder zu unterbrechen. Eine solche Konstellation hätte im vorliegenden Falle die natürliche Entwicklung der Beziehungen des Beschwerdeführers zu seinem Kind gefährdet und einen Prozess in Gang gesetzt, der sich schnell als nicht wieder rückgängig zu machen erwies. Dadurch habe sich der Beschwerdeführer in einem erheblichen Nachteil gegenüber den Pflegeeltern hinsichtlich der Gewährung des Sorgerechts für sein Kind befunden[184]. Die dem Art. 8 EMRK immanente positive Verpflichtung zum Schutz des Familienlebens war nach Ansicht des EGMR somit verletzt worden, weil dem Beschwerdeführer kein rechtzeitiger Rechtsschutz zuteil wurde und der bloße Zeitablauf zu einer faktischen und irreversiblen Entscheidung geführt hatte[185]. Hinsichtlich des Art. 6 EMRK führte der Gerichtshof aus, dass der Beschwerdeführer nach irischem Recht keine Möglichkeit besaß, die Adoptionsfreigabeentscheidung vor der Behörde oder einem Gericht anzugreifen noch überhaupt im Entscheidungsprozess gehört zu werden. Ein Zugang zum Gericht im Sinne von Art. 6 Abs. 1 EMRK war ihm somit verwehrt, weil zum Zeitpunkt des späteren, vom Beschwerdeführer angestreng-

---

184 EGMR, Urt. v. 26.05.1994, Rn. 55 – Keegan/Irland.
185 EGMR, Urt. v. 26.05.1994, Rn. 55 – Keegan/Irland.

ten Sorgerechtsverfahrens der bloße Zeitablauf zu einer faktischen Entscheidung zu Gunsten der angehenden Adoptiveltern führen musste[186].

Acht Jahre nach den britischen Fürsorgefällen stellte der EGMR in der Entscheidung McMichael/Vereinigtes Königreich, welche die Inobhutnahme eines Kindes durch staatliche Behörden entgegen dem Willen der Eltern betraf, zunächst eine Verletzung des in Art. 6 EMRK verbürgten Grundsatzes des fairen Verfahrens fest, indem dem Beschwerdeführer der Zugang zu wichtigen, den Fall betreffenden Dokumenten verweigert worden war[187]. Die fehlende Offenlegung dieser Dokumente, so der Gerichtshof, sei dazu geeignet gewesen, die Möglichkeit der beteiligten Eltern, das Verfahren zu beeinflussen, zu beeinträchtigen[188]. Der Grundsatz des fairen Verfahrens sei demnach verletzt worden.

Der EGMR untersuchte daraufhin eine mögliche Verletzung des Art. 8 EMRK unter demselben Gesichtspunkt. Er stellte dabei zunächst die bereits in der Entscheidung Williams/Vereinigtes Königreich getroffene Feststellung voran, dass Art. 8 EMRK zwar keine ausdrücklichen verfahrensrechtlichen Anforderungen enthalte, der Entscheidungsfindungsprozess, welcher zu eingreifenden Maßnahmen führe, jedoch fair sein und den von Art. 8 EMRK geschützten Interessen die gebührende Achtung erweisen müsse[189].

Es müsse unter Berücksichtigung der besonderen Umstände des Falles, insbesondere der schwerwiegenden Natur der vorzunehmenden Entscheidungen, geprüft werden, ob die Eltern an dem als Ganzes betrachteten Entscheidungsfindungsprozess in einem ausreichenden Maße beteiligt worden seien, um ihnen den erforderlichen Schutz ihrer Interessen zu gewährleisten. Sofern dies nicht der Fall gewesen sei, läge eine mangelnde Achtung des Familienlebens vor und der Eingriff könne nicht als „notwendig" im Sinne von Art. 8 Abs. 2 EMRK angesehen werden, er sei mithin ungerechtfertigt[190].

Anschließend wies der EGMR im Gegensatz zu seiner in der Sache Williams/Vereinigtes Königreich vertretenen Auffassung die Stellungnahme der britischen Regierung zurück, dass es überflüssig sei, denselben Streitpunkt, der schon zu einer Verletzung von Art. 6 EMRK geführt habe, zusätzlich noch un-

---

186 EGMR, Urt. v. 26.05.1994, Rn. 59 – Keegan/Irland.

187 EGMR, Urt. v. 24.02.1995, Rn. 80 – McMichael/Vereinigtes Königreich.

188 EGMR, Urt. v. 24.02.1995, Rn. 80 – McMichael/Vereinigtes Königreich.

189 EGMR, Urt. v. 24.02.1995, Rn. 87 – McMichael/Vereinigtes Königreich.

190 EGMR, Urt. v. 24.02.1995, Rn. 87 – McMichael/Vereinigtes Königreich; insofern mit wörtlichem Zitat aus: EGMR, Urt. v. 08.07.1987, Rn. 64 – Williams/Vereinigtes Königreich.

ter Art. 8 EMRK zu untersuchen[191]. Der Gerichtshof betonte vielmehr die unterschiedlichen Schutzrichtungen der Art. 6 und Art. 8 EMRK. Art. 6 EMRK gewährleiste einen verfahrensrechtlichen Schutz, namentlich das Recht auf ein Gericht in der Bestimmung der eigenen zivilrechtlichen Ansprüche und Verpflichtungen[192]. Die verfahrensrechtlichen Garantien des Art. 8 EMRK dagegen beinhalteten überdies verwaltungsrechtliche und andere gerichtliche Verfahren und dienten dem insofern weitergehenden Zweck, unter anderem das Familienleben ausreichend zu schützen[193]. Diese unterschiedlichen Zielrichtungen des verfahrensrechtlichen Schutzes könnten im Lichte der jeweiligen Umstände eine Untersuchung derselben Fakten unter beiden Artikeln rechtfertigen[194]. Im vorliegenden Fall hätten die vorgetragenen Tatsachen nicht nur Auswirkungen auf das gerichtliche Verfahren gehabt, sondern auch auf fundamentale Elemente des von Art. 8 EMRK geschützten Familienlebens. Der Gerichtshof hielt es daher für angebracht, die vorliegenden Umstände auch unter Art. 8 EMRK zu untersuchen, und bejahte eine Verletzung des Art. 8 EMRK, weil dem Beschwerdeführer der Zugang zu wichtigen Dokumenten verwehrt worden war[195].

In dieser bedeutenden Entscheidung kehrt der EGMR das Rangverhältnis zwischen Art. 6 EMRK und Art. 8 EMRK offensichtlich - und entgegen seiner Entscheidung in Williams/Vereinigtes Königreich - erneut um. Verfahrensrechtliche Fragen sind demnach zunächst und primär im Lichte des Art. 6 EMRK zu behandeln. Nur im Einzelfall, aufgrund der unterschiedlichen Schutzrichtung der beiden Artikel, könnte eine Untersuchung derselben Gesichtspunkte auch unter Art. 8 EMRK gerechtfertigt sein.

Im Fall Johansen/Norwegen, der ebenfalls die öffentliche Inobhutnahme eines Kindes gegen den Willen der Mutter betraf, rügte die Beschwerdeführerin die Inobhutnahme samt des Verlusts ihrer Elternrechte und der Verweigerung eines Umgangsrechts sowie die lange Verfahrensdauer als Verstoß gegen die Achtung ihres Familienlebens unter Art. 8 EMRK. Sie berief sich zudem auf Art. 6

191 EGMR, Urt. v. 24.02.1995, Rn. 91 – McMichael/Vereinigtes Königreich.

192 EGMR, Urt. v. 24.02.1995, Rn. 91 – McMichael/Vereinigtes Königreich: "Art. 6 affords a procedural safeguard, namely the right to a court in the determination of one's civil rights and obligations".

193 EGMR, Urt. v. 24.02.1995, Rn. 91 – McMichael/Vereinigtes Königreich: "...whereas not only does the procedural requirement inherent in Article 8 cover administrative procedures as well as judicial proceedings, but is ancillary to the wider purpose of ensuring proper respect for, inter alia, family life".

194 EGMR, Urt. v. 24.02.1995, Rn. 91 – McMichael/Vereinigtes Königreich: "The difference between the purpose pursued by the respective safeguards afforded by Articles 6 para. 1 and 8 may, in the light of the particular circumstances, justify the examination of the same set of facts under both Articles".

195 EGMR, Urt. v. 24.02.1995, Rn. 92 – McMichael/Vereinigtes Königreich.

Abs. 1 EMRK. Der Gerichtshof stellte zunächst, ähnlich wie im Fall Olls-son/Schweden[196], fest, dass die öffentliche Inobhutnahme grundsätzlich nur eine vorübergehende Maßnahme mit dem endgültigen Ziel der Wiederzusammenführung der Familie bleiben dürfe[197]. Im vorliegenden Fall sei die Beschwerdeführerin jedoch ihrer sämtlichen Elternrechte sowie ihres Umgangsrechts im Zuge der dauerhaften Unterbringung ihres Kindes in einem Pflegeheim mit der Absicht der späteren Adoptionsfreigabe beraubt worden.

Dieses Vorgehen sei mit der Pflicht zur Achtung des Familienlebens nicht vereinbar und Art. 8 EMRK dadurch verletzt. Obwohl die Beschwerdeführerin die überlange Verfahrensdauer ebenfalls als Verletzung des Art. 8 EMRK gerügt hatte, prüfte der Gerichtshof diesen Gesichtspunkt ausschließlich unter dem Aspekt des fairen Verfahrens innerhalb angemessener Frist im Rahmen des Art. 6 Abs. 1 EMRK[198]. Wie im Fall Hyatt/Vereinigtes Königreich[199] hob der EGMR hervor, dass in Anbetracht dessen, was für die Beschwerdeführerin auf dem Spiel stand, die Behörden die Pflicht haben, mit außergewöhnlicher Sorgfalt den Fortschritt des Verfahrens zu betreiben. Im Ergebnis sah der Gerichtshof diese Anforderungen jedoch erfüllt und verneinte eine Verletzung des Art. 6 Abs. 1 EMRK[200].

3. Zwischenergebnis

Die vorangegangene Untersuchung hat die anfängliche Entwicklung der verfahrensrechtlichen Verpflichtung der Mitgliedstaaten in Hinblick auf einen effektiven Schutz der in Art. 8 Abs. 1 EMRK garantierten Rechte in den achtziger und neunziger Jahren aufgezeigt. Abgeleitet aus der dem Art. 8 EMRK innewohnenden positiven Verpflichtung der Staaten, stellte der EGMR erstmals in den britischen Fürsorgefällen konkrete Anforderungen an das Verfahren hinsichtlich einer ausreichenden Beteiligung der Betroffenen[201] sowie einer zügigen

196 EGMR, Urt. v. 24.03.1988, Rn. 81 – Ollson/Schweden.

197 EGMR, Urt. v. 07.08.1996, Rn. 78 – Johansen/Norwegen.

198 Eine entsprechende Herangehensweise mit der ausschließlichen Prüfung der Verfahrensdauer unter Art. 6 EMRK findet sich ebenso in: EGMR, Urt. v. 22.06.1989, Rn. 76 – Eriksson/Schweden. Auch in diesem Fall verneinte der EGMR im Ergebnis eine Verletzung des Art. 6 EMRK.

199 EGMR, Urt. v. 08.07.1987, Rn. 85 – Hyatt/Vereinigtes Königreich.

200 EGMR, Urt. v. 07.08.1996, Rn. 87 – Johansen/Norwegen.

201 EGMR, Urt. v. 08.07.1987, Rn. 65 – Blackham/Vereinigtes Königreich; EGMR, Urt. v. 08.07.1987, Rn. 69 – Rennix/Vereinigtes Königreich; EGMR, Urt. v. 08.07.1987, Rn. 64 – Williams/Vereinigtes Königreich.

Verfahrensdurchführung[202]. Verfahrensfairness und -dauer sind somit die zwei zentralen Gesichtspunkte im Rahmen der Entwicklung verfahrensrechtlicher Anforderungen des Art. 8 EMRK. Der Gerichtshof erstreckte den Schutzbereich des Art. 8 EMRK bezüglich der verfahrensrechtlichen Anforderungen nicht nur auf das behördliche, sondern zudem auf das gerichtliche Verfahren. Problematisch ist jedoch die uneinheitliche dogmatische Zuordnung der gerichtlichen Verfahrensdauer in den britischen Fürsorgefällen. Diese wird entweder allein im Rahmen der dem Art. 8 Abs. 1 EMRK innewohnenden Verfahrensgarantie diskutiert[203] oder aber eine parallele Verletzung der Art. 6 Abs. 1 EMRK und 8 Abs. 1 EMRK bejaht, wobei der Schwerpunkt jedoch in der Prüfung des Anspruches auf Entscheidung in angemessener Frist, wie ihn Art. 6 Abs. 1 EMRK normiert, zu liegen scheint[204]. Die Uneinheitlichkeit dieser Entscheidungen wird durch die jeweils abweichenden Meinungen einzelner Richter noch verdeutlicht, die Art. 6 EMRK hinsichtlich verfahrensrechtlicher Fragen als *lex specialis* betrachten[205], jedenfalls aber eine ausschließlich auf Art. 8 EMRK bezogene Prüfung ohne Berücksichtigung des Art. 6 EMRK ablehnen[206].

Auch in den neunziger Jahren erfolgte noch keine schlüssige Zuordnung der gerichtlichen Verfahrensdauer. In der Entscheidung Keegan/Irland bejahte der EGMR eine Verletzung des Art. 8 EMRK unter dem Gesichtspunkt der Verfahrensdauer, ohne diese jedoch bei der anschließenden Prüfung des Art. 6 EMRK zu erwähnen[207]. Die in der Sache McMichael/Vereinigtes Königreich zur Begründung einer zusätzlichen Prüfung des Art. 8 EMRK getroffene Feststellung, dass die unterschiedliche Schutzrichtung der Art. 6 und 8 EMRK eine Untersuchung derselben Fakten unter beiden Artikeln rechtfertigen könne[208], deutet dagegen daraufhin, dass verfahrensrechtliche Fragen vorrangig dem Schutzbereich des Art. 6 EMRK vorbehalten bleiben sollen.

Trotz der ausdrücklich unter dem Gesichtspunkt der Verfahrensdauer gerügten Verletzung des Art. 8 EMRK wird in der Entscheidung Johansen/Norwegen die

---

202 EGMR, Urt. v. 08.07.1987, Rn. 90 – Hyatt/Vereinigtes Königreich; EGMR, Urt. v. 08.07.1987, Rn. 70 – Rennix/Vereinigtes Königreich; EGMR, Urt. v. 08.07.1987, Rn. 65 – Williams/Vereinigtes Königreich.

203 EGMR, Urt. v. 08.07.1987, Rn. 65 – Williams/Vereinigtes Königreich; EGMR, Urt. v. 08.07.1987, Rn. 70 – Rennix/Vereinigtes Königreich.

204 EGMR, Urt. v. 08.07.1987, Rn. 67 ff., 87 ff. – Hyatt/Vereinigtes Königreich.

205 Teilweise abweichende Meinung des Richters Gersing in: EGMR, Urt. v. 08.07.1987 – Willliams/Vereinigtes Königreich; EGMR, Urt. v. 08.07.1987 – Rennix/Vereinigtes Königreich; EGMR, Urt. v. 08.07.1987 – Hyatt/Vereinigtes Königreich.

206 Abweichende Meinung der Richter Pinheiro, Farinha und de Meyer in: EGMR, Urt. v. 08.07.1987 – Willliams/Vereinigtes Königreich.

207 EGMR, Urt. v. 26.05.1994, Rn. 57 ff. – Keegan/Irland.

208 EGMR, Urt. v. 24.02.1995, Rn. 91 – McMichael/Vereinigtes Königreich.

Verfahrensdauer dann auch ohne weitere Begründung ausschließlich im Rahmen des Art. 6 EMRK behandelt[209].

Ein einheitliches Bild lässt sich diesen Fällen somit insgesamt nicht entnehmen. Vielmehr deuten bereits die abweichenden Meinungen in den britischen Fürsorgefällen auf ein Spannungsverhältnis zwischen Art. 6 EMRK und 8 EMRK hin.

IV. Die Verfahrensdimension des Art. 8 EMRK in Privat- und Familienangelegenheiten in der jüngeren Rechtsprechung des EGMR

Die Entwicklung der Verfahrensdimension des Art. 8 EMRK hat seit dem Jahre 2000 durch zahlreiche Entscheidungen eine neue Brisanz bekommen. Der Schwerpunkt bei der Prüfung verfahrensrechtlicher Aspekte wie der Verfahrensfairness und der Verfahrensdauer wird vom EGMR in diesen Entscheidungen praktisch ausschließlich im Schutzbereich des Art. 8 EMRK angesiedelt. Insbesondere aufgrund der zunehmenden Ausdehnung der verfahrensrechtlichen Anforderungen des Art. 8 EMRK auf das gerichtliche Verfahren und der damit verbundenen Abgrenzungsfrage zwischen den Schutzbereichen der Art. 6 EMRK und Art. 8 EMRK ist es notwendig, das Verhältnis dieser beiden Artikel zueinander zu untersuchen.

1. Ignaccolo-Zenide/Rumänien

In der am 25.01.2000 ergangenen Entscheidung Ignaccolo-Zenide/Rumänien spielten verfahrensrechtliche Aspekte im Rahmen des Art. 8 EMRK eine entscheidende Rolle. Die Beschwerdeführerin, Mutter zweier Kinder, kämpfte um die Wiederzusammenführung mit ihren Töchtern. Nach der Scheidung von ihrem Mann bekam dieser im Einvernehmen mit der Mutter das Sorgerecht für die zwei Kinder zugesprochen. Der Beschwerdeführerin wurden weitgehende Besuchsrechte eingeräumt sowie das Recht, die Kinder zeitweilig bei sich aufzunehmen. Ein Jahr nach der Scheidung zog der Vater mit den beiden Töchtern von Frankreich in die USA um. Die Mutter legte gerichtlich Beschwerde in Frankreich ein, nachdem der Vater ihr Umgangsrecht dadurch verletzt hatte, dass er die Kinder nicht zum vereinbarten Zeitpunkt der Mutter ausgehändigt hatte. Ein vierjähriger Rechtsstreit schloss sich an, in welchem der Vater mehrmals sowohl von amerikanischen als auch französischen Gerichten verurteilt wurde, der Beschwerdeführerin die Kinder auszuhändigen. Zu einer Durchsetzung dieser Urteile kam es jedoch nicht. Der Vater zog schließlich im März 1994 mit den Kindern nach Rumänien um. Die Beschwerdeführerin erwirkte am 14.12.1994 ein Urteil des Bukarester Gerichtshofs Erster Instanz, das die Rück-

209 EGMR, Urt. v. 07.08.1996, Rn. 87 – Johansen/Norwegen.

kehr der Kinder zu ihrer Mutter anordnete. In den folgenden drei Jahren versuchte die Beschwerdeführerin erfolglos, die Rückkehr ihrer Töchter zu erwirken. Mehrere Versuche, die Kinder aus der Obhut des Vaters wieder zu erlangen schlugen fehl, weil die Töchter jedes Mal nicht auffindbar waren. Währenddessen beantragte der Vater nach rumänischem Recht das Sorgerecht für die beiden Kinder. Langwierige Verfahren schlossen sich an. Am 29.01.1997 kam es schließlich nach sieben Jahren erstmals zu einem zehnminütigen Treffen der Beschwerdeführerin mit ihren Kindern, in dessen Verlauf beide Kinder unmissverständlich klar machten, dass sie ihre Mutter nicht mehr sehen, geschweige denn mit ihr zusammen leben wollten. Am 31.01.1997 beschloss der rumänische Justizminister, der sich inzwischen eingeschaltet hatte, die Kinder bei dem Vater zu belassen, weil diese sich vehement weigerten, zu ihrer Mutter zurückzukehren. In dem anschließenden Verfahren vor dem Bukarester Berufungsgericht, zu welchem die Beschwerdeführerin unter Verstoß gegen die rumänische Zivilprozessordnung nicht geladen wurde, ist dem Vater am 28.05.1998 schließlich das alleinige Sorgerecht zugesprochen worden. Aufgrund der unterbliebenen Ladung nahm die Mutter weder an der Urteilsverkündung teil noch wurde ihr das Urteil zugestellt. Erst im Jahre 1999 erlangte die Beschwerdeführerin Einsicht in das Urteil.

In dem Verfahren vor dem EGMR rügte die Beschwerdeführerin eine Verletzung des Art. 8 EMRK, weil die rumänischen Behörden nicht die notwendigen Schritte unternommen hätten, um die gerichtlich angeordnete Rückführung der Kinder durchzusetzen. Insbesondere bemängelte die Mutter die halbherzigen Versuche, den Gerichtsbeschluss vom 14.12.1994 durchzusetzen. Es sei nichts unternommen worden, um ihre Töchter zu finden, die jedes Mal kurz vor Ankunft des Gerichtsvollziehers von dem Vater versteckt worden seien.

Der Gerichtshof wies bei seiner Prüfung einer Konventionsverletzung des Art. 8 EMRK zunächst darauf hin, dass dieser zwar vornehmlich als Abwehrrecht gegen willkürliche Eingriffe staatlicher Behörden ausgestaltet sei, sich aber nicht darauf beschränke. Vielmehr kämen zu dieser negativen Verpflichtung auch positive, der tatsächlichen „Achtung" des Familienlebens immanente Pflichten hinzu[210]. In beiden Fällen müsse ein gerechter Ausgleich zwischen den konkurrierenden Interessen der Allgemeinheit und des Individuums getroffen werden, wobei dem Staat ein gewisser Ermessensspielraum zukomme[211]. Bezüglich der Art. 8 EMRK innewohnenden positiven Verpflichtung betonte der EGMR, er hätte bereits wiederholt festgestellt, dass diese das elterliche Recht einschlösse, Maßnahmen zur Wiederzusammenführung von Eltern und Kind zu ergreifen,

210 EGMR, Urt. v. 25.01.2000, Rn. 94 – Ignaccolo-Zenide/Rumänien.

211 EGMR, Urt. v. 25.01.2000, Rn. 94 – Ignaccolo-Zenide/Rumänien mit Verweis auf: EGMR, Urt. v. 26.05.1994, Rn. 49 – Keegan/Irland.

und dass den nationalen Behörden insofern die Pflicht zur Durchführung dieser Maßnahmen obliege[212]. Diese Verpflichtung sei jedoch nicht absolut, weil die Wiederzusammenführung der Kinder mit einem Elternteil, nachdem sie längere Zeit bei dem anderen Elternteil gelebt hätten, nicht immer sofort vorgenommen werden könne und unter Umständen vorbereitende Maßnahmen notwendig sein könnten[213]. Art und Umfang der Verpflichtung hänge insofern vom Einzelfall ab und habe insbesondere das Kindeswohl zu berücksichtigen[214]. Entscheidend sei somit, ob die nationalen Behörden im vorliegenden Fall alle notwendigen Schritte unternommen hätten, um den gerichtlichen Rückführungsbeschluss vom 14.12.1994 durchzusetzen.

Hinsichtlich der Sorgerechtsentscheidung des Bukarester Berufungsgerichts vom 28.05.1998 zitierte der EGMR zunächst die Entscheidungen McMichael/Vereinigtes Königreich und Williams/Vereinigtes Königreich. In diesen hatte er entschieden, dass, obwohl Art. 8 EMRK keine ausdrücklichen verfahrensrechtlichen Anforderungen enthält, der Entscheidungsfindungprozess, der zu den eingreifenden Maßnahmen geführt habe, fair sein und den von Art. 8 EMRK geschützten Interessen die nötige Achtung erweisen müsse[215]. Unter Berücksichtigung der besonderen Umstände des Falles, insbesondere der schwerwiegenden Natur der vorzunehmenden Entscheidungen, müsse geprüft werden, ob die Eltern an dem als Ganzes betrachteten Entscheidungsfindungsprozess in einem ausreichenden Maße beteiligt worden seien, um ihnen den erforderlichen Schutz ihrer Interessen zu gewährleisten. Sofern dies nicht der Fall gewesen sei, läge eine mangelnde Achtung des Familienlebens vor und der Eingriff könne nicht als notwendig im Sinne von Art. 8 Abs. 2 EMRK angesehen werden, er sei mithin ungerechtfertigt[216]. Im Ergebnis bejahte der EGMR anschließend einen Verstoß gegen Art. 8 EMRK, weil das Verfahren, welches letztlich zu der Entscheidung vom 28.05.1998 geführt hatte, aufgrund der gänzlich unterbliebenen Beteiligung der Beschwerdeführerin nicht den verfahrensrechtlichen Anforderungen des Art. 8 EMRK entsprochen hätte[217].

Anschließend untersuchte der EGMR die Durchsetzung des von der Beschwerdeführerin erwirkten Gerichtsbeschlusses vom 14.12.1994 bezüglich der Rückführung ihrer Kinder. Der Gerichtshof hob dabei hervor, dass Verfahren um die

---

212 EGMR, Urt. v. 25.01.2000, Rn. 94 – Ignaccolo-Zenide/Rumänien.
213 EGMR, Urt. v. 25.01.2000, Rn. 94 – Ignaccolo-Zenide/Rumänien.
214 EGMR, Urt. v. 25.01.2000, Rn. 94 – Ignaccolo-Zenide/Rumänien.
215 EGMR, Urt. v. 25.01.2000, Rn. 99 – Ignaccolo-Zenide/Rumänien mit Verweis auf: EGMR, Urt. v. 24.02.1995, Rn. 87 – McMichael/Vereinigtes Königreich.
216 EGMR, Urt. v. 25.01.2000, Rn. 99 – Ignaccolo-Zenide/Rumänien mit Verweis auf: EGMR, Urt. v. 08.07.1987, Rn. 64 – Williams/Vereinigtes Königreich.
217 EGMR, Urt. v. 25.01.2000, Rn. 100 – Ignaccolo-Zenide/Rumänien.

elterliche Sorge sowie die Durchsetzung der in diesen Verfahren ergangenen Entscheidungen eine zügige Behandlung erfordern, da das Verstreichenlassen von Zeit unwiderrufliche Konsequenzen für die Beziehung der Kinder zu dem Elternteil, welcher nicht mit ihnen zusammenlebt, haben könne[218]. Auch unter diesem Aspekt bejahte der Gerichtshof eine Verletzung des Art. 8 EMRK, weil es die nationalen Behörden versäumt hätten, die gerichtlich angeordnete Durchführung auch tatsächlich umzusetzen[219].

Auf Art. 6 EMRK ging die Mehrheitsmeinung mit keinem Wort ein. Lediglich Richter Maruste vertrat in seiner teilweise abweichenden Meinung die Ansicht, dass die zu Tage getretenen verfahrensrechtlichen Justizirrtümer und Verzögerungen in den Anwendungsbereich des Art. 6 EMRK und nicht des Art. 8 EMRK fallen würden[220].

2. Elsholz/Deutschland

In Fall Elsholz/Deutschland lieferte sich der Beschwerdeführer, Vater eines nichtehelich geborenen Kindes, einen fast achtjährigen Streit mit der Kindesmutter vor den Gerichten über das von ihm beantragte Umgangsrecht mit seinem 1986 geborenen Sohn. Während des Verfahrens vor dem zuständigen Amtsgericht empfahl das Jugendamt die Einholung eines psychologischen Sachverständigengutachtens zur Frage des Umgangsrechts. Das Amtsgericht ging darauf jedoch nicht ein. Das Verhältnis des Beschwerdeführers zur Kindesmutter sei dermaßen gespannt, dass die Durchsetzung eines Umgangsrechts nicht in Frage komme.

Nach Ansicht des Gerichts sei der Sachverhalt zudem umfassend geklärt worden, sodass es der Hilfe eines Sachverständigen nicht bedurft hätte. Der Vater legte hiergegen Beschwerde ein, die vom zuständigen Landgericht ohne Anhörung zurückgewiesen wurde. Kontakte mit dem Vater seien, so das Landgericht, mit dem Kindeswohl nicht vereinbar. Dieser Schluss sei so eindeutig, dass die Einholung eines psychologischen Sachverständigengutachtens nicht notwendig gewesen sei. Eine erneute Anhörung der Eltern und des Kindes sei nicht erforderlich, weil nichts dafür spräche, dass sie dem Beschwerdeführer günstigere Erkenntnisse bringen könne. Eine gegen die Entscheidung des Landgerichts gerichtete Verfassungsbeschwerde blieb ohne Erfolg. Im Verfahren vor dem

218 EGMR, Urt. v. 25.01.2000, Rn. 102 – Ignaccolo-Zenide/Rumänien.

219 EGMR, Urt. v. 25.01.2000, Rn. 113 – Ignaccolo-Zenide/Rumänien.

220 Teilweise abweichende Meinung des Richter Maruste in: EGMR, Urt. v. 25.01.2000, Rn. 99 – Ignaccolo-Zenide/Rumänien: "I am of the opinion that the procedural miscarriages and delays that occurred come within the ambit of Article 6 of the Convention rather than of Article 8".

EGMR rügte der Beschwerdeführer eine Verletzung des Art. 8 EMRK durch die Verweigerung des Umgangs mit seinem Sohn. Des Weiteren sei seiner Ansicht nach Art. 6 EMRK verletzt, weil das Verfahren vor den deutschen Gerichten nicht als fair im Sinne des Art. 6 Abs. 1 EMRK angesehen werden könnte.

Der EGMR stellte bei seiner Prüfung einer möglichen Verletzung des Art. 8 EMRK zunächst fest, dass der Begriff „Familie" im Sinne dieses Artikels nicht allein auf durch Ehe begründete Beziehungen beschränkt sei, sondern auch andere *de facto*-Familienbeziehungen umfassen könne, wenn die Beteiligten außerhalb einer Ehe zusammenlebten. Ein aus einer solchen Beziehung hervorgegangenes Kind sei *ipso jure* vom Zeitpunkt der Geburt an und durch den bloßen Umstand seiner Geburt Teil dieses „Familien-Verbands". Daher bestünde zwischen dem Kind und seinen Eltern eine Verbindung, die einem Familienleben entspräche[221]. Die Entscheidungen der deutschen Gerichte, die dem Vater das Umgangsrecht verweigerten, stellten daher einen Eingriff in die Ausübung seines von Art. 8 Abs. 1 EMRK garantierten Rechts auf Achtung des Familienlebens dar. Im Rahmen der Rechtfertigung des Eingriffes gemäß Art. 8 Abs. 2 EMRK betonte der Gerichtshof, dass bei Fällen dieser Art stets das Kindeswohl im Mittelpunkt stehe. Ferner sei zu bedenken, dass die staatlichen Behörden den Vorteil hätten, unmittelbare Verbindung zu allen Beteiligten zu unterhalten. Es sei daher keineswegs Aufgabe des Gerichtshofs, sich an die Stelle der staatlichen Behörden zu setzen, um die Frage des Sorge- oder Umgangsrechts zu regeln. Vielmehr müsse er im Lichte der Konvention die Entscheidung überprüfen, welche die Behörden in Ausübung ihres Beurteilungsspielraumes getroffen haben[222]. Zwar genössen die Behörden einen weiten Beurteilungsspielraum bei der Prüfung der Frage, ob ein Kind in staatliche Fürsorge zu nehmen sei. Bei weitergehenden Beschränkungen, wie beispielsweise der Beschränkung des Umgangsrechts der Eltern, sei jedoch eine genauere Prüfung erforderlich, da diese die Gefahr in sich bürgen, dass die Familienbeziehungen zwischen den Eltern und dem jungen Kind endgültig abgeschnitten würden[223]. Der EGMR erinnerte ferner daran, dass ein gerechter Ausgleich zwischen den Interessen des Kindes und denen des Elternteils hergestellt werden müsse[224]. Zu untersuchen sei daher, ob der Beschwerdeführer angesichts der besonderen Umstände des Falls, und vor allem angesichts der Bedeutung der zu fällenden Entscheidung, insgesamt an dem Entscheidungsprozess so ausreichend beteiligt worden

---

221 EGMR (Große Kammer), Urt. v. 13.07.2000, Rn. 43 – Elsholz/Deutschland mit Verweis auf: EGMR, Urt. v. 26.05.1994, Rn. 44 – Keegan/Irland.

222 EGMR (Große Kammer), Urt. v. 13.07.2000, Rn. 48 – Elsholz/Deutschland.

223 EGMR (Große Kammer), Urt. v. 13.07.2000, Rn. 49 – Elsholz/Deutschland mit Verweis auf: EGMR, Urt. v. 07.08. 1996, Rn. 64 – Johansen/Norwegen.

224 EGMR (Große Kammer), Urt. v. 13.07.2000, Rn. 50 – Elsholz/Deutschland.

ist, dass der erforderliche Schutz seiner Interessen sichergestellt war[225]. Nach Ansicht des Gerichtshofs erklärten die vom Amtsgericht angeführten Gründe nicht ausreichend, weshalb es unter den gegebenen Umständen ein Sachverständigengutachten, entgegen der Empfehlung des Jugendamtes, nicht für erforderlich hielt. Zudem hätte sich das Landgericht im Hinblick auf die Bedeutung der Sache, nämlich die Beziehungen zwischen Vater und Kind, unter den gegebenen Umständen nicht damit zufrieden geben dürfen, sich auf die Akten und die schriftliche Beschwerdebegründung zu stützen, ohne ein psychologisches Sachverständigengutachten heranzuziehen[226]. Die Ablehnung des Gutachtens und die unterbliebene mündliche Anhörung vor dem Landgericht zeigten nach Meinung des EGMR, dass der Beschwerdeführer unzureichend an dem Entscheidungsprozess beteiligt worden sei[227]. Der Gerichtshof kam daher zu dem Schluss, dass die staatlichen Behörden ihren Beurteilungsspielraum überschritten und dadurch die Rechte des Beschwerdeführers nach Art. 8 EMRK verletzt hätten.

Hinsichtlich der gerügten Verletzung des Art. 6 EMRK stellte der EGMR dann eher beiläufig und lapidar fest, dass das Verfahren als Ganzes wegen des Fehlens eines psychologischen Sachverständigengutachtens und der unterbliebenen Anhörung nicht den Erfordernissen eines fairen und öffentlichen Verfahrens im Sinne des Art. 6 Abs. 1 EMRK entsprochen hätte und diese Vorschrift ebenfalls verletzt worden sei[228].

3. T.P. und K.M./Vereinigtes Königreich

In einem weiteren Sorgerechtsfall, T.P. und K.M./Vereinigtes Königreich[229], wehrte sich die Beschwerdeführerin gegen die einjährige öffentliche Sicherheitsverwahrung ihrer Tochter durch die örtlichen Behörden aufgrund des Verdachts des sexuellen Missbrauchs durch einen der Freunde der Beschwerdeführerin. Vor der Inobhutnahme war die damals vierjährige Tochter in einer Kinderklinik von einem Kinderpsychologen über den möglichen Tatverdächtigen befragt worden. Im Laufe des Gesprächs erzählte das Kind, dass es von einer Person namens X missbraucht worden sei. Das geführte Gespräch wurde dabei mit Hilfe eines Videorekorders aufgezeichnet. Während des anschließenden Sorgerechtsverfahrens wurde der Beschwerdeführerin die Ansicht des Videobandes im Interesse des Kindeswohls jedoch untersagt.

---

225 EGMR (Große Kammer), Urt. v. 13.07.2000, Rn. 52 – Elsholz/Deutschland mit Verweis auf: EGMR, Urt. v. 08.07.1987, Rn. 64 – Williams/Vereinigtes Königreich.
226 EGMR (Große Kammer), Urt. v. 13.07.2000, Rn. 52 – Elsholz/Deutschland.
227 EGMR (Große Kammer), Urt. v. 13.07.2000, Rn. 53 – Elsholz/Deutschland.
228 EGMR (Große Kammer), Urt. v. 13.07.2000, Rn. 66 – Elsholz/Deutschland.
229 EGMR, Urt. v. 10.05.2001 – T.P. und K.M./Vereinigtes Königreich.

Der EGMR stellte seiner Prüfung zunächst unter der Überschrift „General Principles" die bereits im Rahmen anderer Entscheidungen[230] postulierten grundlegenden Prinzipien hinsichtlich des Prüfungsmaßstabes des Gerichtshofs[231], des Beurteilungsspielraumes der Behörden[232], der gerechten Interessenabwägung[233] sowie der ausreichenden Beteiligung des Betroffenen am Entscheidungsfindungsprozess[234] voran. Obwohl Art. 8 EMRK keine ausdrücklichen verfahrensrechtlichen Anforderungen enthalte, müsse der Entscheidungsprozess, der zu Eingriffen führe, fair sein und angemessene Rücksicht auf die von Art. 8 EMRK geschützten Interessen nehmen[235]. Wie der EGMR bereits in früheren Entscheidungen befunden hätte, würde die fehlende Offenlegung von relevanten Dokumenten gegenüber den Eltern in Kindschaftsverfahren bedeuten, dass der Entscheidungsfindungsprozess nicht den notwendigen Schutzanforderungen des Art. 8 EMRK entspräche[236]. Es sei insofern von essentieller Bedeutung, dass die Eltern in eine Lage versetzt würden, in der sie Zugang zu denjenigen Informationen erhalten, auf die sich die Behörden bei ihrer Entscheidung gestützt hätten[237]. Die positive Verpflichtung der Vertragsstaaten zum Schutze der Familieninteressen setze voraus, dass den Eltern dieses Material auch ohne vorherige Aufforderung zugänglich gemacht werde[238]. Indem die Behörden der Beschwerdeführerin das Videoband nicht übermittelten, hätten sie gegen die aus Art. 8 EMRK resultierende positive Verpflichtung zur Achtung des Familienlebens verstoßen[239].

Die ebenfalls gerügte Verletzung des Art. 6 EMRK aufgrund fehlender Rechtsschutzmöglichkeiten sah der Gerichtshof jedoch nicht gegeben.

230 Siehe nur: EGMR, Urt. v. 24.02.1995, Rn. 86 – McMichael/Vereinigtes Königreich; EGMR, Urt. v. 11.07.2000, Rn. 66 – Ciliz/Niederlande; EGMR (Große Kammer), Urt. v. 13.07.2000, Rn. 48 ff. – Elsholz/Deutschland.

231 EGMR, Urt. v. 10.05.2001, Rn. 70 – T.P. und K.M./Vereinigtes Königreich.

232 EGMR, Urt. v. 10.05.2001, Rn. 71 – T.P. und K.M./Vereinigtes Königreich.

233 EGMR, Urt. v. 10.05.2001, Rn. 72 – T.P. und K.M./Vereinigtes Königreich.

234 EGMR, Urt. v. 10.05.2001, Rn. 72 – T.P. und K.M./Vereinigtes Königreich.

235 EGMR, Urt. v. 10.05.2001, Rn. 72 – T.P. und K.M./Vereinigtes Königreich: "The Court further recalls that whilst Article 8 contains no explicit procedural requirements, the decision-making process involved in measures of interference must be fair and such as to afford due respect to the interests safeguarded by Article 8".

236 EGMR, Urt. v. 10.05.2001, Rn. 73 – T.P. und K.M./Vereinigtes Königreich mit Verweis auf: EGMR, Urt. v. 24.02.1995, Rn. 92 – McMichael/Vereinigtes Königreich.

237 EGMR, Urt. v. 10.05.2001, Rn. 80 – T.P. und K.M./Vereinigtes Königreich.

238 EGMR, Urt. v. 10.05.2001, Rn. 82 – T.P. und K.M./Vereinigtes Königreich.

239 EGMR, Urt. v. 10.05.2001, Rn. 83 – T.P. und K.M./Vereinigtes Königreich.

4. Sommerfeld/Deutschland und Buchberger/Österreich

In zwei Ende 2001 ergangenen Urteilen, Sommerfeld/Deutschland und Buchberger/Österreich, bestätigt sich der durch die Entscheidung Elsholz/Deutschland eingeleitete Prüfungsaufbau des EGMR in Bezug auf Art. 8 EMRK und Art. 6 EMRK. Zunächst wird, wie in der Sache Elsholz/Deutschland, eine Verletzung des Art. 8 EMRK mit einem verfahrensrechtlichen Verstoß begründet. Anschließend wird „überdies" noch auf Art. 6 EMRK eingegangen.

Der Fall Sommerfeld/Deutschland betraf die Regelung des Umgangsrechts eines Vaters mit seiner nichtehelich geborenen Tochter, nachdem sich die Eltern getrennt hatten. Die Mutter hatte daraufhin jeglichen Kontakt unterbunden und später einen anderen Mann geheiratet. Der Beschwerdeführer stellte den Antrag, ihm das Umgangsrecht mit seiner Tochter zuzusprechen. Das Jugendamt sprach sich nach Anhörung der Beteiligten gegen ein solches Umgangsrecht aus. Im Laufe des Verfahrens vor dem Amtsgericht äußerte die Tochter mehrmals die Auffassung, sie wolle den Beschwerdeführer nicht besuchen, auch wenn dies gerichtlich angeordnet würde.

Nachdem eine angestrebte Einigung bezüglich des Umgangsrechts trotz Hilfe des Jugendamtes erfolglos blieb, ordnete das Amtsgericht ein psychologisches Gutachten an. In der eine Seite umfassenden Stellungnahme führte die Psychologin aus, dass wegen des bereits vor sechs Jahren abgebrochenen Kontakts zwischen dem Beschwerdeführer und dem Kind eine aktuelle Beziehungsdiagnostik unmöglich erscheine. Die Psychologin wies darauf hin, dass das Kind keinen persönlichen Kontakt zum Beschwerdeführer wünsche und dieser ihr die nötige Zeit einräumen solle, aus eigenem Antrieb Kontakt aufzunehmen. Nach einer erneuten gerichtlichen Anhörung des Vaters und der Tochter in Anwesenheit der Psychologin, in der das Kind mehrmals äußerte, dass es keinen Kontakt zu dem Beschwerdeführer wünsche, nahm letzterer seinen Antrag auf Erteilung des Umgangsrechts zurück. Nachdem der Beschwerdeführer jedoch ein Jahr später einen erneuten Antrag auf Umgang gestellt hatte, erklärte die inzwischen fünfzehnjährige Tochter bei einer gerichtlichen Anhörung, dass ihr Vater sie in Ruhe lassen solle. Sie habe jetzt einen neuen Vater, den sie sehr möge, auch wenn er nicht ihr leiblicher Vater sei. Nach erneuter Anhörung der leiblichen Eltern lehnte das Amtsgericht den Antrag des Beschwerdeführers ab, da ein Umgangsrecht nicht dem Wohle des Kindes diene. Das Amtsgericht war der Auffassung, dass die Tochter zu einer eigenen Willensbildung fähig gewesen sei und Kontakte zu ihrem leiblichen Vater eindeutig abgelehnt habe. Es nahm dabei die Stellungnahmen des Jugendamtes sowie der Eltern und die Äußerungen des Kindes vor Gericht zur Kenntnis. Des Weiteren nahm das Amtsgericht

Bezug auf die im Rahmen des ersten Verfahrens abgegebene Stellungnahme der Psychologin hinsichtlich der Umgangsregelung. Die zwangsweise Herbeiführung von Kontakten gegen den Willen des Kindes diene nicht seinem Wohl, weil hierdurch sein seelisches und psychisches Gleichgewicht gefährdet werden würde. Eine gegen diese Entscheidung gerichtete Beschwerde wurde vom Landgericht, unter Bezugnahme auf die Entscheidung des Amtsgerichtes, zurückgewiesen. Die eingelegte Verfassungsbeschwerde blieb ebenfalls ohne Erfolg.

Im Verfahren vor dem EGMR rügte der Beschwerdeführer, dass die Gerichtsentscheidungen, mit denen sein zweiter Antrag auf Umgang zurückgewiesen wurde, gegen Art. 8 EMRK verstoßen hätten. Nachdem der Gerichtshof einen Eingriff in das von Art. 8 EMRK garantierte Recht auf Achtung des Familienlebens bejaht hatte, verwies der EGMR in seiner Kammerentscheidung hinsichtlich des Ermessensspielraums bei Beschränkungen des Umgangsrechts, des notwendigen gerechten Interessenausgleiches sowie der angemessenen Beteiligung der Betroffenen auf seine in der Entscheidung Elsholz/Deutschland gemachten Feststellungen[240]. Unter Berücksichtigung aller Umstände vertrat der Gerichtshof anschließend die Auffassung, dass sich das Amtsgericht in Anbetracht der ziemlich oberflächlichen Stellungnahme der Psychologin im ersten Verfahren und der inzwischen verstrichenen Zeit sowie im Bewusstsein dessen, dass im Verfahren das Verhältnis zwischen einem Vater zu seinem Kind auf dem Spiel stand, nicht mit der bloßen Anhörung des Kindes zu seinen Wünschen in der Sache hätte zufrieden geben dürfen. Vielmehr hätte es eines erneuten psychologischen Sachverständigengutachtens bedurft, um die scheinbar eindeutigen Wünsche des Kindes zu bewerten[241]. Zutreffende und vollständige Informationen über das Verhältnis des Kindes zum Beschwerdeführer als dem Elternteil, der den Umgang mit dem Kind beantragt hat, seien unerlässlich für die Feststellung der wahren Wünsche eines Kindes und für die Herbeiführung eines gerechten Ausgleichs zwischen den betroffenen Interessen[242]. Da der Beschwerdeführer somit nicht ausreichend in den Entscheidungsprozess eingebunden worden sei, sei Art. 8 EMRK wegen Überschreitung des Ermessensspielraums verletzt[243].

Hinsichtlich der gerügten Verletzung des Art. 6 EMRK bemerkte der EGMR zunächst, dass es nach der Konvention Aufgabe des Gerichtshofs sei festzustellen, ob das Verfahren insgesamt fair gewesen sei, einschließlich der Art und

240 EGMR, Urt. v. 11.10.2001, Rn. 39 ff. – Sommerfeld/Deutschland.
241 EGMR, Urt. v. 11.10.2001, Rn. 43 – Sommerfeld/Deutschland.
242 EGMR, Urt. v. 11.10.2001, Rn. 43 – Sommerfeld/Deutschland.
243 EGMR, Urt. v. 11.10.2001, Rn. 44 f. – Sommerfeld/Deutschland.

Weise der Beweiserhebung[244]. Anschließend begnügte sich das Gericht mit der Äußerung, dass es seine Feststellungen in Bezug auf Art. 8 EMRK, insbesondere das Fehlen eines psychologischen Gutachtens „berücksichtige"[245], bejahte jedoch dann eine Verletzung des Art. 6 EMRK aufgrund einer Beschränkung des Zugangs zum Gericht[246].

Im Fall Sommerfeld/Deutschland entschied die Große Kammer mit Urteil vom 8.7.2003, die Entscheidung aus dem Jahre 2001 hinsichtlich der damals festgestellten Verletzung des Art. 8 EMRK aufzuheben. Anders als die Kammer, die das Fehlen eines psychologischen Gutachtens als unzureichende Beteiligung des Beschwerdeführers ansah, vertrat die Große Kammer die Ansicht, dass es von den besonderen Umständen des Einzelfalles abhänge, ob der Entscheidungsfindungsprozess die Interessen des Elternteils ausreichend geschützt hätte[247]. Es obläge grundsätzlich den nationalen Gerichten, die ihnen vorliegenden Beweise auszuwerten, einschließlich der Wahl der Mittel, um die relevanten Fakten zu bestimmen[248]. Es würde zu weit gehen, den nationalen Gerichten vorzuschreiben, dass sie jedes Mal bei Fragen des Umgangsrechts eines Elternteils, der kein Sorgerecht hätte, einen psychologischen Sachverständigen zu Rate ziehen müssten. Diese Entscheidung hänge vielmehr von den spezifischen Umständen des Einzelfalles ab, insbesondere unter Berücksichtigung des Alters und der Reife des betroffenen Kindes[249]. Zum Zeitpunkt der Anhörung der Tochter hinsichtlich des Umgangsrechts mit ihrem leiblichen Vater sei diese 13 Jahre alt gewesen. Derselbe Richter hätte das Kind bereits im Alter von 10 und 11 Jahren befragt. Aufgrund des Vorteils, direkten Kontakt mit dem Kind gehabt zu haben, hätte sich der Richter in der günstigen Lage befunden, die Aussagen der Tochter zu beurteilen und herauszufinden, ob diese zu einer eigenen Willensbildung fähig gewesen sei. Aufgrund dieser Sachverhaltslage erklärte die Große Kammer, sie sei nicht überzeugt gewesen, dass die fehlende Einholung einer psychologischen Expertenmeinung einen Verfahrensfehler dargestellt hätte[250]. Die Große Kammer kam vielmehr zu dem Schluss, dass die dem Art. 8 EMRK innewohnenden verfahrensrechtlichen Anforderungen in diesem Fall eingehalten worden seien[251]. Hinsichtlich der vom Gerichtshof festgestellten Verletzung des Art. 6 EMRK bemerkte die Große Kammer nur, dass sie es

---

244 EGMR, Urt. v. 11.10.2001, Rn. 62 – Sommerfeld/Deutschland.

245 EGMR, Urt. v. 11.10.2001, Rn. 63 mit Verweis auf Rn. 44, 45 – Sommerfeld/Deutschland.

246 EGMR, Urt. v. 11.10.2001, Rn. 65 – Sommerfeld/Deutschland.

247 EGMR (Große Kammer), Urt. v. 08.07.2003, Rn. 68 – Sommerfeld/Deutschland.

248 EGMR (Große Kammer), Urt. v. 08.07.2003, Rn. 71 – Sommerfeld/Deutschland.

249 EGMR (Große Kammer), Urt. v. 08.07.2003, Rn. 71 – Sommerfeld/Deutschland.

250 EGMR (Große Kammer), Urt. v. 08.07.2003, Rn. 73 – Sommerfeld/Deutschland.

251 EGMR (Große Kammer), Urt. v. 08.07.2003, Rn. 74 – Sommerfeld/Deutschland.

in Anbetracht der bereits unter Art. 8 EMRK gemachten Ausführungen nicht für nötig halte, die vom Beschwerdeführer unter Art. 6 EMRK gerügten Verstöße getrennt zu untersuchen[252].

In ihrer abweichenden Meinung bejahen die Richter Ress, Pastor Ridruejo und Türmen, im Gegensatz zur Mehrheitsmeinung, eine Verletzung des Art. 8 EMRK. Die durch diesen Fall aufgeworfene fundamentale Frage betreffe die dem Art. 8 EMRK innewohnenden verfahrensrechtlichen Anforderungen, welche der Gerichtshof entwickelt und in vielen Entscheidungen klargestellt hätte[253]. Es sei eine der Grundvoraussetzungen bezüglich des Umgangsrechts der Eltern mit ihren Kindern, dass rechtliche Schutzmechanismen zur Verfügung stünden, die einen effektiven Schutz des Rechts auf Achtung des Familienlebens gewährleisteten[254]. Ein entscheidendes Element des elterlichen Umgangsrechts läge in der Beurteilung der Frage, ob der Beschwerdeführer in angemessener Weise in den Entscheidungsfindungsprozess involviert wurde. Der verfahrensrechtliche Grundsatz, wie er erstmals in der Entscheidung Elsholz/Deutschland etabliert wurde, sollte sein, dass die nationalen Gerichte die schwierige Frage nach dem Kindeswohl auf der Basis eines begründeten und aktuellen psychologischen Gutachtens treffen und dass das Kind, wenn möglich, von einem psychologischen Sachverständigen und dem Gericht gehört werde[255]. Die Aussagen eines 10- beziehungsweise 13jährigen Mädchens, ob sie nun vor Gericht gehört wurde oder nicht, könnten nicht immer Aufschluss über ihren wahren Willen geben. Im vorliegenden Fall sei es zu einer Entfremdung des Kindes von ihrem Vater aufgrund des starken Einflusses ihrer Mutter und des Stiefvaters gekommen. Insofern wäre ein psychologisches Gutachten notwendig gewesen, das sich mit der Frage befasst hätte, ob das Kind tatsächlich seine wahren Wünsche zum Ausdruck gebracht habe[256]. Aufgrund der Tatsache, dass ein psychologisches Gutachten nicht eingeholt worden war, bejahten die Richter Ress, Pastor Ridruejo und Türmen schließlich eine Verletzung von Art. 8 EMRK.

---

252 EGMR (Große Kammer), Urt. v. 08.07.2003, Rn. 100 – Sommerfeld/Deutschland: "In the light of the above findings under Art. 8 ..., the Court does not find it necessary to examine separately the applicant's complaints under Art. 6".

253 Abweichende Meinung der Richter Ress, Pastor Ridruejo und Türmen in: EGMR (Große Kammer), Urt. v. 08.07.2003, Rn. 2 – Sommerfeld/Deutschland.

254 Abweichende Meinung der Richter Ress, Pastor Ridruejo und Türmen in: EGMR (Große Kammer), Urt. v. 08.07.2003, Rn. 2 – Sommerfeld/Deutschland mit Verweis auf: EGMR (Große Kammer), Urt. v. 13.07.2000, Rn. 49 – Elsholz/Deutschland und EGMR, Urt. v. 26.02.2002, Rn. 65 f. – Kutzner/Deutschland.

255 Abweichende Meinung der Richter Ress, Pastor Ridruejo und Türmen in: EGMR (Große Kammer), Urt. v. 08.07.2003, Rn. 2 – Sommerfeld/Deutschland.

256 Abweichende Meinung der Richter Ress, Pastor Ridruejo und Türmen in: EGMR (Große Kammer), Urt. v. 08.07.2003, Rn. 4 – Sommerfeld/Deutschland.

Die ebenfalls Ende 2001 ergangene Kammerentscheidung Buchberger/Österreich betraf die öffentliche Inobhutnahme zweier Kinder im Alter von ungefähr vier Monaten und zwei Jahren, weil sich die häuslichen Verhältnisse bei der allein erziehenden Mutter nach Ansicht der Jugendwohlfahrtsbehörde als überaus chaotisch dargestellt hätten und die Kinder über längere Zeiträume gänzlich unbeaufsichtigt geblieben seien. In dem anschließenden erstinstanzlichen Verfahren entschied das Gericht, dass die Inobhutnahme nicht gerechtfertigt gewesen sei. In dem von der Jugendwohlfahrtsbehörde angestrengten Berufungsverfahren brachte diese neue Beweise vor. Das Berufungsgericht entschied daraufhin, dass die Beweisaufnahme des erstinstanzlichen Gerichts unvollständig gewesen sei. Da das Gericht die Verpflichtung hätte, das Wohlergehen der Kinder zu schützen, sei es notwendig, die Entscheidung nicht nur aufgrund der Beweise, die zum Zeitpunkt der erstinstanzlichen Entscheidung vorgelegen hätten, zu fällen, sondern auch alle weiteren Entwicklungen mit einzubeziehen sowie gegebenenfalls die vorhandenen Beweise neu zu bewerten oder die Untersuchungen zu ergänzen. Aufgrund der neuen Beweislage entschied das Berufungsgericht, dass das Wohlergehen der Kinder nicht gewährleistet sei, wenn diese wieder bei ihrer Mutter untergebracht würden und gab der Berufung statt, ohne zuvor der Beschwerdeführerin die neuen Beweise vorgelegt zu haben.

Der EGMR prüfte zunächst einen Eingriff in das von Art. 8 EMRK geschützte Familienleben, welchen er aufgrund der öffentlichen Inobhutnahme bejahte. Im Rahmen der Rechtfertigung verwies der Gerichtshof hinsichtlich des staatlichen Ermessensspielraums, der vorzunehmenden Interessenabwägung sowie der notwendigen Einbindung der Betroffenen in den Entscheidungsprozess auf seine in der Entscheidung Elsholz/Deutschland gemachten Ausführungen[257]. Anschließend stellte der EGMR fest, dass sich das Berufungsgericht auf neue, von der Jugendwohlfahrtsbehörde erst in diesem Verfahren vorgelegte Beweise gestützt hätte, die der Beschwerdeführerin jedoch nicht vorgelegt worden seien, obwohl diese für die Entscheidung von ausschlaggebender Bedeutung gewesen seien[258]. Der Gerichtshof sah eine Verletzung des Art. 8 EMRK mithin darin, dass es das Berufungsgericht unterlassen hatte, die Beschwerdeführerin über die zusätzlich im Berufungsverfahren eingebrachten Beweise zu informieren. Aus diesem Grunde läge eine unzureichende Beteiligung der Beschwerdeführerin am Entscheidungsprozess vor, weil sie um die Möglichkeit gebracht worden sei, auf die neuen Beweise entsprechend zu reagieren[259].

---

257 EGMR, Urt. v. 20.10.2001, Rn. 39-42 – Buchberger/Österreich mit Verweis auf: EGMR (Große Kammer), Urt. v. 13.07.2000, Rn. 49 ff. – Elsholz/Deutschland.

258 EGMR, Urt. v. 20.10.2001, Rn. 43 – Buchberger/Österreich.

259 EGMR, Urt. v. 20.10.2001, Rn. 44 – Buchberger/Österreich.

Bei der anschließenden Prüfung der im Ergebnis aus demselben Grund bejahten Verletzung des Art. 6 Abs. 1 EMRK berief sich der Gerichtshof auf seine in der Entscheidung McMichael/Vereinigtes Königreich getroffene Feststellung, dass im Einzelfall dieselben Gesichtspunkte unter verschiedenen Artikeln geprüft werden könnten, diesmal aber in Bezug auf eine zusätzliche Prüfung des Art. 6 EMRK[260].

Während der EGMR im Fall McMichael/Vereinigtes Königreich noch die Notwendigkeit sah, die zusätzliche Prüfung eines Verfahrensverstoßes unter Art. 8 EMRK zu rechtfertigen, drehte der Gerichtshof diese Argumentation in der Entscheidung Buchberger/Österreich nunmehr ohne weiteres um, um eine „zusätzliche" Verletzung des Art. 6 EMRK neben Art. 8 EMRK feststellen zu können.

5. Sahin/Deutschland

In der Sache Sahin/Deutschland bemühte sich ein Vater vergeblich um das Umgangsrecht mit seinem damals etwa fünfjährigen, nichtehelich geborenen Kind, nachdem dessen Mutter jeglichen Kontakt untersagt hatte. Im Zuge des Berufungsverfahrens ordnete das zuständige Landgericht die Einholung eines Sachverständigengutachtens an, um zu klären, ob der Kontakt des Vaters mit seinem Kind im Interesse des Letzteren läge. Die Sachverständige besuchte daraufhin die Familie des Beschwerdeführers und traf sich mehrmals mit der Mutter und dem Kind. Sie kam zu dem Schluss, dass ein Umgangsrecht ohne vorherige Gespräche zwischen den Eltern, mit dem Ziel ihre Konflikte zu beseitigen, nicht im Interesse des Kindeswohles sei. In einem anschließenden Schreiben des Landgerichts an die Sachverständige, in welchem es feststellte, dass das Amtsgericht eine Anhörung des Kindes unterlassen hatte, erkundige sich das Landgericht, ob eine gerichtliche Anhörung des Kindes bezüglich der Beziehung zu seinem Vater eine psychologische Belastung für dieses darstellen würde. In ihrer Antwort erklärte die Sachverständige, dass sie das Kind während ihrer Gespräche nicht direkt über seinen Vater befragt habe. Insofern bestünde die Gefahr, dass das Kind den Eindruck bekäme, seine Aussage wäre im Konflikt zwischen den Eltern entscheidend. Nach dem Ablauf einer von den Eltern erfolglos durchgeführten Familientherapie stellte das Landgericht schließlich fest, dass die Beurteilung der Sachverständigen, dass die Eltern zunächst eine erfolgreiche Therapie durchführen müssten, bevor das Kind Umgang mit beiden Elternteilen haben könnte, vertrauenswürdig sei. Insofern sei das Gericht auch nicht dazu verpflichtet gewesen, eine Anhörung des Kindes hinsichtlich der Beziehungen zu seinem Vater vorzunehmen, da dieses zu einer psychologischen Belastung des Kindes geführt hätte. Nach der erfolglosen Verfassungsbeschwerde

260 EGMR, Urt. v. 20.10.2001, Rn. 49 – Buchberger/Österreich mit Verweis auf: EGMR, Urt. v. 24.02.1995, Rn. 91 – McMichael/Vereinigtes Königreich.

machte der Beschwerdeführer schließlich vor dem EGMR eine Verletzung seines von Art. 8 EMRK geschützten Familienlebens geltend.

Nachdem der Gerichtshof einen Eingriff in das Familienleben bejaht hatte, prüfte er in seiner Kammerentscheidung von 2001 im Rahmen der Notwendigkeit des Art. 8 Abs. 2 EMRK, ob der Beschwerdeführer angesichts der besonderen Umstände des Falls und vor allem angesichts der Bedeutung der zu fällenden Entscheidung insgesamt an dem Entscheidungsprozess so ausreichend beteiligt worden war, dass der erforderliche Schutz seiner Interessen sichergestellt gewesen sei[261].

Im vorliegenden Fall hätten sich die zuständigen Gerichte, als sie das Begehren des Beschwerdeführers nach einem Umgangsrecht ablehnten, auf die Aussagen der beiden Elternteile, verschiedener Zeugen, des Jugendamtes sowie auf die Stellungnahme des Sachverständigen gestützt. Das Kind sei jedoch zu keinem Zeitpunkt des Prozesses von dem Gericht angehört worden. Die fehlende Anhörung des Kindes führte nach Ansicht des Gerichtshofs zu einer unzureichenden Beteiligung des Beschwerdeführers im Verfahren[262]. Es sei essentiell, dass die zuständigen Gerichte mit besonderer Sorgfalt in Erwägung zögen, was im Interesse des Kindes läge, nachdem sie direkten Kontakt mit ihm gehabt hätten. Insofern hätte sich das Landgericht nicht mit der „vagen Stellungnahme" der Sachverständigen über etwaige Risiken einer gerichtlichen Anhörung zufrieden geben dürfen, ohne überhaupt in Erwägung zu ziehen, gegebenenfalls besondere Vorkehrungen in Anbetracht des jungen Kindesalters zu treffen[263]. Hervorzuheben sei dabei insbesondere, dass die Sachverständige nach eigenen Angaben das Kind nicht über seinen Vater befragt hätte. Richtige und vollständige Informationen über die Beziehungen des Kindes zu seinem Vater, der sich um ein Umgangsrecht zu seinem Kind bemühte, seien jedoch eine unverzichtbare Voraussetzung, um den wahren Willen des Kindes zu bestimmen und einen angemessenen Ausgleich der betroffenen Interessen zu erzielen[264]. Die Gerichte hätten insofern das ihnen im Rahmen des Art. 8 Abs. 2 EMRK zustehende Ermessen überschritten und den Beschwerdeführer in seinem von Art. 8 EMRK geschützten Familienleben verletzt[265].

---

261 EGMR, Urt. v. 11.10.2001, Rn. 44 – Sahin/Deutschland insofern verweisend auf: EGMR, Urt. v. 08.07.1987, Rn. 64 – Williams/Vereinigtes Königreich und EGMR (Große Kammer), Urt. v. 13.07.2000, Rn. 52 – Elsholz/Deutschland.

262 EGMR, Urt. v. 11.10.2001, Rn. 47 – Sahin/Deutschland.

263 EGMR, Urt. v. 11.10.2001, Rn. 47 – Sahin/Deutschland.

264 EGMR, Urt. v. 11.10.2001, Rn. 48 – Sahin/Deutschland.

265 EGMR, Urt. v. 11.10.2001, Rn. 49 – Sahin/Deutschland.

Die Mehrheit der Richter ging in der Entscheidung Sahin/Deutschland mit keinem Wort auf eine mögliche Verletzung des Art. 6 Abs. 1 EMRK ein. Lediglich in der abweichenden Meinung der Richter Pellopää und Vajic, die eine Verletzung des Art. 8 EMRK verneinten, findet sich die Bemerkung, dass „die Verfahren auf den ersten Blick in Übereinstimmung mit den verfahrensrechtlichen Voraussetzungen des Artikel 8 EMRK (und sogar mit den Voraussetzungen des Artikel 6, welche in der Regel strenger sind) übereinstimmten"[266].

Die Sache Sahin/Deutschland wurde der Großen Kammer vorgelegt, die mit Urteil vom 08.07.2003 die Entscheidung vom 11.10.2001 bezüglich einer Verletzung des Art. 8 EMRK aufhob. In ihrer Begründung betonte die Große Kammer, dass es grundsätzlich Sache der nationalen Gerichte sei, die ihnen vorliegenden Beweise auszuwerten, einschließlich der Wahl der Mittel, um die relevanten Fakten zu bestimmen[267]. Es ginge zu weit, den nationalen Gerichten vorzuschreiben, dass sie in jedem Fall das Kind vor Gericht zu der Frage des Umgangs mit einem Elternteil, das kein Sorgerecht hat, hören müssten. Die Entscheidung dieser Frage hänge vielmehr von den spezifischen Umständen des Einzelfalles ab, insbesondere unter Berücksichtigung des Alters und der Reife des betroffenen Kindes[268]. Im vorliegenden Fall war das Kind zur Zeit der Berufungseinlegung drei Jahre und zehn Monate, zum Zeitpunkt der Entscheidung des Landgerichts fünf Jahre und zwei Monate alt. Die Sachverständige hätte nach Ansicht des EGMR plausibel erklärt, warum eine gerichtliche Anhörung des Kindes Risiken für dieses bergen würde. Solche Risiken hätten auch nicht durch spezielle Vorkehrungen vermieden werden können[269]. In Anbetracht des den Staaten zustehenden Ermessensspielraums kam die Große Kammer schließlich zu dem Ergebnis, dass „die dem Art. 8 EMRK innewohnenden verfahrensrechtlichen Voraussetzungen" eingehalten worden seien[270]. Art. 6 EMRK fand wiederum keine Erwähnung.

---

266 Abweichende Meinung der Richter Pellopää und Vajic in: EGMR, Urt. v. 11.10.2001, – Sahin/Deutschland: "...as the proceedings prima facie appear to have been in full conformity with the procedural requirements of Article 8 (and even with the requirements of Article 6 which, as a rule, are stricter)".

267 EGMR (Große Kammer), Urt. v. 08.07.2003, Rn. 73 – Sahin/Deutschland.

268 EGMR (Große Kammer), Urt. v. 08.07.2003, Rn. 73 – Sahin/Deutschland: "It would be going too far to say that domestic courts are alway required to hear a child in court on the issue of access to a parent not having custody, but this issue depends on the specific circumstances of each case, having due regard to the age and the maternity of the child concerned".

269 EGMR (Große Kammer), Urt. v. 08.07.2003, Rn. 74 – Sahin/Deutschland.

270 EGMR (Große Kammer), Urt. v. 08.07.2003, Rn. 77 – Sahin/Deutschland: "The Court can therefore accept that the procedural requirements implicit in Article 8 of the Convention were complied with".

Ebenso wie in der Entscheidung Sommerfeld/Deutschland kamen die Richter Ress, Pastor Ridruejo und Türmen in ihrer abweichenden Meinung zu dem Ergebnis, dass Art. 8 EMRK verletzt worden sei. Die durch diesen Fall aufgeworfene fundamentale Frage betreffe die dem Art. 8 innewohnenden verfahrenstechnischen Anforderungen, welche der Gerichtshof entwickelt und in vielen Entscheidungen klargestellt hätte[271]. Es sei eine der Grundvoraussetzungen bezüglich des Umgangsrechts der Eltern mit ihren Kindern, dass rechtliche Schutzmechanismen zur Verfügung stünden, die einen effektiven Schutz des Rechts auf Achtung des Familienlebens gewährleisteten[272]. Ein entscheidendes Element dieses elterlichen Rechts auf Umgang läge in der Beurteilung der Frage, ob der Beschwerdeführer in angemessener Weise in den Entscheidungsprozess involviert wurde. Der verfahrensrechtliche Grundsatz, wie er erstmals in der Entscheidung Elsholz/Deutschland etabliert wurde, sollte sein, dass die nationalen Gerichte die schwierige Frage nach dem Kindeswohl auf der Basis eines begründeten und aktuellen psychologischen Gutachtens treffen und dass das Kind, wenn möglich, von einem psychologischen Sachverständigen und dem Gericht gehört werden sollte[273]. Aufgrund der Tatsache, dass das Kind im gerichtlichen Verfahren nicht gehört wurde, kamen die Richter Ress, Pastor Ridruejo und Türmen zu dem Schluss, dass Art. 8 EMRK auch in diesem Fall verletzt worden sei.

6. Mikulic/Kroatien

Der Fall Mikulic/Kroatien betraf die Feststellung der Vaterschaft für ein nichtehelich geborenes Kind. Die Mutter hatte hierzu im Namen des Kindes zivilrechtlich Klage gegen den potentiellen Kindesvater erhoben. Im Laufe des mehr als viereinhalbjährigen Verfahrens verzögerte der potentielle Vater immer wieder die Feststellung der Vaterschaft, sei es, dass er den zuständigen Richter wegen Befangenheit ablehnte oder zu den angeordneten DNA-Analysen nicht erschien. Nach kroatischem Recht gab es keine Möglichkeit, den unkooperativen Beklagten zur Durchführung der angeordneten DNA-Analysen zu zwingen. Das zuständige Gericht sah die Vaterschaft des Beklagten schließlich aufgrund der andauernden Verweigerung der DNA-Analyse indirekt als erwiesen an und verurteilte ihn zu Unterhaltszahlungen. Hiergegen legt der Beklagte Berufung ein,

271 Abweichende Meinung der Richter Ress, Pastor Ridruejo und Türmen, EGMR (Große Kammer), Urt. v. 08.07.2003, Rn. 2 – Sahin/Deutschland.

272 Abweichende Meinung der Richter Ress, Pastor Ridruejo und Türmen in: EGMR (Große Kammer), Urt. v. 08.07.2003, Rn. 2 – Sahin/Deutschland mit Verweis auf: EGMR (Große Kammer), Urt. v. 13.07.2000, Rn. 49 – Elsholz/Deutschland und EGMR, Urt. v. 26.02.2002, Rn. 65 f. – Kutzner/Deutschland.

273 Abweichende Meinung der Richter Ress, Pastor Ridruejo und Türmen in: EGMR (Große Kammer), Urt. v. 08.07.2003, Rn. 2 – Sahin/Deutschland.

über die zur Zeit des anschließenden Verfahrens vor dem EGMR noch nicht entschieden worden war. Vor dem Gerichtshof machte die Tochter als Beschwerdeführerin eine Verletzung des Art. 6 Abs. 1 EMRK wegen überlanger Verfahrensdauer sowie eine Verletzung des Art. 8 EMRK geltend, weil die nationalen Gerichte bei der Feststellung der Vaterschaft unfähig gewesen seien und sie über ihre persönliche Identität und Abstammung im Unklaren gelassen hätten. Hinsichtlich der Verfahrensdauer bejahte der EGMR zunächst eine Verletzung des Art. 6 EMRK. In Anbetracht dessen, was für die Beschwerdeführerin auf dem Spiel gestanden hätte, nämlich der Anspruch auf Feststellung der Vaterschaft, um dadurch die Unsicherheit über die Identität ihres leiblichen Vaters zu beseitigen, wären die nationalen Behörden verpflichtet gewesen, mit besonderer Sorgfalt vorzugehen. Das über viereinhalbjährige Verfahren hätte diesen Anforderungen nicht genügt[274].

Bei der Prüfung einer möglichen Verletzung des Art. 8 EMRK stellte der EGMR, wie bereits 1979 im Urteil Marckx/Belgien, zunächst fest, dass sich Art. 8 EMRK nicht darauf beschränke, dem Staat willkürliche Eingriffe zu verbieten, sondern dass zu dieser negativen Verpflichtung auch positive, der tatsächlichen „Achtung" des Familienlebens immanente Pflichten hinzukommen könnten[275]. Die Verpflichtung zur Achtung des Privatlebens könne insofern auch Schutzmaßnahmen des Staates für die Beziehungen von Individuen untereinander miteinschließen[276].

Der Gerichtshof wies anschließend darauf hin, dass der Begriff „Achtung" hinsichtlich der positiven Verpflichtungen nicht klar umrissen sei. Vielmehr variierten die Voraussetzungen dieses Begriffes aufgrund der unterschiedlichen Praxis und Situation in den einzelnen Vertragsstaaten erheblich von Fall zu Fall. Insofern handele es sich hierbei um ein Gebiet, in dem die Vertragsstaaten einen weiten Ermessensspielraum bei der Bestimmung der zur Erfüllung notwendigen Schritte mit Rücksicht auf die Bedürfnisse und Mittel der Gemeinschaft und der Individuen hätten[277]. Die widerstreitenden Interessen im vorliegenden Fall seien einerseits das vitale Interesse der Beschwerdeführerin, die Wahrheit über einen wichtigen Aspekt ihrer persönlichen Identität zu erfahren. Andererseits müsse man beachten, dass der Schutz dritter Personen unter Umständen ausschließe, dass Letztere sich medizinischen Untersuchungen unterzögen, eingeschlossen etwaiger DNA-Analysen[278]. Hinsichtlich der Feststellung der Vaterschaft in Fällen, in denen der potentielle Vater eine DNA-Analyse

---

274 EGMR, Urt. v. 07.02.2002, Rn. 44 ff. – Mikulic/Kroatien.
275 EGMR, Urt. v. 07.02.2002, Rn. 57 – Mikulic/Kroatien.
276 EGMR, Urt. v. 07.02.2002, Rn. 57 – Mikulic/Kroatien.
277 EGMR, Urt. v. 07.02.2002, Rn. 58 – Mikulic/Kroatien.
278 EGMR, Urt. v. 07.02.2002, Rn. 64 – Mikulic/Kroatien.

verweigere, gäbe es in den Mitgliedsstaaten unterschiedliche Vorgehensweisen, die von der Verhängung von Geldstrafen bis zu Haftstrafen reichten oder eine solche Verweigerung als Beweis der Vaterschaft betrachteten. Das kroatische System, welches keine Möglichkeit vorsieht, den potentiellen Vater zu einer vom Gericht angeordneten DNA-Analyse zu zwingen, sei grundsätzlich von dem den Mitgliedstaaten im Rahmen des Art. 8 EMRK zustehenden Ermessensspielraum gedeckt[279]. Es sei jedoch in einem solchen System notwendig, dass das Interesse des Individuums auf Feststellung der Vaterschaft anderweitig sichergestellt werde, wenn die Vaterschaft nicht durch eine DNA-Analyse bewiesen werden könnte. Das Fehlen jeglicher prozessualer Möglichkeiten, den potentiellen Vater zur Durchführung der gerichtlich angeordneten Maßnahme zu bewegen, sei nur dann verhältnismäßig, wenn es die Alternative gäbe, durch eine unabhängige Behörde die Vaterschaft schnell zu bestimmen[280]. Eine solche Möglichkeit hatte jedoch im vorliegenden Fall nach Ansicht des Gerichtshofs nicht bestanden. Die vorhandenen prozessualen Mittel seien vielmehr ungeeignet gewesen, einen gerechten Ausgleich zwischen dem Interesse, die Ungewissheit über die eigene Identität ohne unnötige Verzögerungen zu beseitigen, und dem Interesse, sich keiner DNA-Analyse zu unterziehen, herbeizuführen[281]. Die mangelnde Achtung des Familienlebens durch die kroatischen Behörden habe somit zu einer Verletzung des Art. 8 EMRK geführt[282].

Bemerkenswert an dieser Entscheidung ist einerseits, dass der Gerichtshof den Aspekt der Verfahrensdauer ausschließlich unter Art. 6 EMRK prüft und sie nicht zusätzlich als Begründung für eine Verletzung des Art. 8 EMRK heranzieht, wie er es beispielsweise in den Fällen Williams/Vereinigtes Königreich und Rennix/Vereinigtes Königreich getan hat. Eine weitere wichtige Besonderheit in diesem Fall ist, dass das Gericht das Fehlen adäquater prozessualer Rechtsschutzmöglichkeiten einzig und allein unter Art. 8 EMRK prüft, ohne diese unter dem nahe liegenden Gesichtspunkt des fairen Verfahrens im Rahmen des Art. 6 EMRK zu behandeln.

7. Kutzner/Deutschland

In der Rechtssache Kutzner/Deutschland rügten die Beschwerdeführer eine Verletzung ihrer Elternrechte unter Art. 8 EMRK sowie einen Verstoß gegen das Fairnessgebot des Art. 6 EMRK, indem ihnen das Sorgerecht für ihre zwei geistig zurückgebliebenen Töchter entzogen worden war. Aufgrund eines negativen Berichts des die Kinder betreuenden Sozialarbeiters über die familiären Ver-

279 EGMR, Urt. v. 07.02.2002, Rn. 64 – Mikulic/Kroatien.
280 EGMR, Urt. v. 07.02.2002, Rn. 64 – Mikulic/Kroatien.
281 EGMR, Urt. v. 07.02.2002, Rn. 65 – Mikulic/Kroatien.
282 EGMR, Urt. v. 07.02.2002, Rn. 66 – Mikulic/Kroatien.

hältnisse, insbesondere die intellektuelle Zurückgebliebenheit der Beschwerdeführer, hatte das örtliche Jugendamt einen Antrag beim Vormundschaftsgericht auf Entziehung des elterlichen Sorgerechts gestellt. Das Vormundschaftsgericht entsprach diesem Antrag und ordnete eine Unterbringung der Kinder in Pflegefamilien an. Als Begründung führte das Gericht vor allem an, dass die Beschwerdeführer nicht die nötige intellektuelle Kapazität zur Erziehung ihrer Kinder mitbrächten. Die Kinder seien weit in ihrer emotionalen und körperlichen Entwicklung zurück.

Zudem hätten sich die Eltern gegenüber den Sozialbehörden als unkooperativ erwiesen. Im anschließenden Berufungsverfahren bestätigte das zuständige Gericht den Entzug des Sorgerechts und die Unterbringung bei Pflegeeltern. Hierbei stützte es sich vor allem auf zwei Expertenberichte, wobei der erste die intellektuellen Defizite, der zweite die fehlende emotionale Bindung der Beschwerdeführer zu ihren Kindern hervorhob. In der Zwischenzeit wurden den Eltern nur eingeschränkte und beaufsichtige Besuchsrechte eingeräumt. Nachdem die eingelegte Verfassungs-beschwerde abgelehnt worden war, veröffentlichte ein von den Beschwerdeführern beauftragter Experte einen Bericht, in welchem er zu dem Schluss kam, dass keine Gefahr für das Wohlbefinden der Kinder bestünde und dass die Beschwerdeführer sowohl emotional als auch intellektuell vollkommen in der Lage seien, ihre Kinder aufzuziehen.

Bei der Untersuchung einer möglichen Konventionsverletzung wies der Gerichtshof zunächst darauf hin, dass, obwohl Art. 8 EMRK keine ausdrücklichen verfahrensrechtlichen Anforderungen enthalte, der zu Eingriffen führende Entscheidungsfindungsprozess fair sein und den Schutzgütern des Art. 8 EMRK gebührende Achtung erweisen müsse[283]. Im vorliegenden Fall sei die unter Art. 6 EMRK geäußerte Beschwerde eng mit jener unter Art. 8 EMRK verknüpft, weshalb Erstere als Teil der Letzteren untersucht werden würde[284].

In Bezug auf die dem Art. 8 EMRK innewohnende positive Verpflichtung zur Achtung des Familienlebens stellte der EGMR fest, dass in Fällen, in denen sich ein Familienband zwischen den einzelnen Familienmitgliedern entwickelt habe, der Staat in einer Art und Weise handeln müsse, die es ermögliche, dass dieses Familienband sich weiter entwickele. Des Weiteren müsse er Maßnahmen ergreifen, die eine Wiedervereinigung der Eltern mit ihren Kindern ermögliche[285].

Die Grenzen zwischen den positiven und negativen Verpflichtungen der Staaten seien nicht immer klar umrissen. Die maßgeblichen Prinzipien seien aber den-

283 EGMR, Urt. v. 26.02.2002, Rn. 56 – Kutzner/Deutschland.
284 EGMR, Urt. v. 26.02.2002, Rn. 57 – Kutzner/Deutschland.
285 EGMR, Urt. v. 26.02.2002, Rn. 61 – Kutzner/Deutschland.

noch ähnlich. In jedem Fall müsse ein gerechter Ausgleich zwischen den konkurrierenden Interessen des Individuums und der Allgemeinheit gefunden werden, wobei der Staat einen gewissen Ermessensspielraum besäße[286]. Nachdem der EGMR einen Eingriff in das von Art. 8 EMRK geschützte Familienleben durch den Entzug des Sorgerechts, die Unterbringung bei Pflegeeltern und das nur eingeschränkte Besuchsrecht bejaht hatte, kam er bei der Prüfung der Notwendigkeit des Eingriffes im Rahmen von Art. 8 Abs. 2 EMRK zu dem Schluss, dass eine Verletzung des Art. 8 Abs. 1 EMRK vorläge. Zwar genössen die Behörden einen weiten Beurteilungsspielraum bei der Prüfung der Frage, ob ein Kind in staatliche Fürsorge zu nehmen sei[287]. Bei weitergehenden Einschränkungen, beispielsweise der Beschränkung des Umgangsrechts der Eltern, sei jedoch eine genauere Prüfung erforderlich, da diese die Gefahr in sich bürgen, dass die Familienbeziehungen zwischen den Eltern und dem jungen Kind endgültig abgeschnitten würden[288]. Wenn eine gewisse Zeit seit der Unterbringung des Kindes verstrichen sei, könne das Interesse des Kindes daran, dass keine weiteren *de facto*-Veränderungen seiner momentanen Familiensituation mehr vorgenommen werden, gegenüber dem Interesse der Eltern an einer Wiederzusammenführung überwiegen[289]. Im vorliegenden Fall hätte sich das Gericht auf zwei in ihren Begründungen widersprüchliche Gutachten gestützt. Der eine Psychologe bezöge sich auf die fehlende intellektuelle Kapazität, der andere auf die fehlenden emotionalen Beziehungen[290]. Überdies sei das von den Beschwerdeführern in Auftrag gegebene psychologische Gutachten, das eine Wiederzusammenführung der Familie befürwortete und keinerlei Gefahr für die Kinder bei der Erziehung durch die Eltern sah, nicht berücksichtigt worden[291]. Schließlich gäbe es, im Vergleich mit anderen gleichartigen Fällen, keine Anzeichen, dass die Kinder von den Eltern vernachlässigt oder schlecht behandelt worden seien[292]. Es sei fraglich, ob die nationalen Behörden und Gerichte in gebührender Weise andere Hilfsmaßnahmen als Alternative zu einer Trennung der Kinder von ihren Eltern in Betracht gezogen hätten. Insofern erinnerte der Gerichtshof daran, dass die Inobhutnahme von Kindern grundsätzlich nur eine vorübergehende Maßnahme sei, die sobald es die Umstände erlaubten, wieder aufgehoben und mit dem endgültigen Ziel der Wiederzusammenführung der leiblichen Eltern mit ihrem Kind durchgeführt werden müsse[293]. Im vorliegenden Fall seien die Kinder jedoch nicht nur von ihrer Familie getrennt worden,

---

286 EGMR, Urt. v. 26.02.2002, Rn. 62 – Kutzner/Deutschland.
287 EGMR, Urt. v. 26.02.2002, Rn. 67 – Kutzner/Deutschland.
288 EGMR, Urt. v. 26.02.2002, Rn. 67 – Kutzner/Deutschland.
289 EGMR, Urt. v. 26.02.2002, Rn. 67 – Kutzner/Deutschland.
290 EGMR, Urt. v. 26.02.2002, Rn. 72 – Kutzner/Deutschland.
291 EGMR, Urt. v. 26.02.2002, Rn. 73 – Kutzner/Deutschland.
292 EGMR, Urt. v. 26.02.2002, Rn. 74 – Kutzner/Deutschland.
293 EGMR, Urt. v. 26.02.2002, Rn. 76 – Kutzner/Deutschland.

sondern zusätzlich anonym bei unterschiedlichen Pflegefamilien untergebracht worden. Zudem sei der Kontakt mit den Eltern erschwert gewesen und die beiden Mädchen seien zu keinem Zeitpunkt selbst von den Gerichten gehört worden. Besuchsrechte mit den Kindern seien erst nach einer Antragstellung bei Gericht gewährt worden und ursprünglich auf monatlich eine Stunde bei gleichzeitiger Anwesenheit von acht Nicht-Familienmitgliedern beschränkt gewesen. Das Jugendamt hätte zudem diese Kontakte systematisch blockiert. Aufgrund des sehr jungen Alters der Kinder mussten solche Erschwerungen und Beschränkungen des Besuchsrechts zu einer wachsenden Entfremdung der Kinder von ihren Eltern führen. In Anbetracht dieser Umstände kam der EGMR zu dem Schluss, dass die von den nationalen Behörden und Gerichten vorgebrachten Gründe nicht ausreichen würden, um die vorgenommenen schwerwiegenden Eingriffe in das Familienleben der Beschwerdeführer zu rechtfertigen. Art. 8 EMRK sei demnach verletzt worden[294].

8. P., C. und S./Vereinigtes Königreich

In der am 16.07.2002 ergangenen Entscheidung P., C. und S./Vereinigtes Königreich wehrten sich die Beschwerdeführer gegen die unmittelbar nach der Geburt erfolgte öffentliche Inobhutnahme und anschließende Adoptionsfreigabe des aus zweiter Ehe der Beschwerdeführerin stammenden Kindes.

Die Inobhutnahme war erfolgt, weil der Verdacht bestand, dass die Mutter unter dem so genannten Münchhausen-Syndrom litt. Bei dieser Krankheit versuchen die Betroffenen, vornehmlich Mütter, die Aufmerksamkeit von Ärzten auf sich zu ziehen, indem sie bei ihrem Kind vorsätzlich Krankheiten hervorrufen oder das Vorhandensein etwaiger Symptome behaupten, um ihre Kinder anschließend den Ärzten zur Untersuchung zu präsentieren. Während der Inobhutnahme kam es zu überwachten Kontakten der Eltern mit dem neugeborenen Kind. In der Zwischenzeit stellten die örtlichen Behörden bei Gericht einen Antrag auf Zuspruch des Sorgerechts. Im Laufe des Verfahrens, in welchem nur die Mutter als Partei auftrat, zogen die Pflichtverteidiger der Beschwerdeführerin ihr Mandat zurück, weil diese von ihnen verlangt hatte, den Fall in untragbarer Weise zu verhandeln. Das Verfahren wurde daraufhin um fünf Tage vertagt. Nach Ablauf dieser Zeit stellte die Beschwerdeführerin einen erneuten Antrag auf Verschiebung des Prozesses, weil sie noch keinen neuen Anwalt gefunden hätte. Dieser Antrag wurde jedoch abgelehnt. Daraufhin vertrat sich die Beschwerdeführerin vor Gericht selber, unterstützt von einem „McKenzie-Freund". Während der mündlichen Verhandlung trug die Beschwerdeführerin vor, dass sie es sehr schwierig fände, sich selbst zu vertreten. Nachdem sie ihren Ehemann im

294 EGMR, Urt. v. 26.02.2002, Rn. 81 – Kutzner/Deutschland.

Kreuzverhör zu befragen hatte, teilte sie dem Richter mit, dass sie nicht weiterverhandeln wolle, weil sie sich so „gestresst" fühle. Der Richter konnte sie jedoch davon überzeugen, das Verfahren fortzusetzen. In der Urteilsbegründung, mit welcher die beantragte Vertagung der Verhandlung abgelehnt wurde, vertrat der Richter die Ansicht, dass die Mutter sehr gut auf den Fall vorbereitet gewesen sei, und dass sie sich als intelligente Frau durchaus in der Lage befunden hätte, sich selbst in angemessener Form zu vertreten. Im Anschluss daran sprach er der lokalen Behörde das Sorgerecht zu. Im unmittelbar an das Sorgerechtsverfahren anschließenden Verfahren zur Adoptionsfreigabe wies die Beschwerdeführerin darauf hin, dass sie ohne Rechtsbeistand erheblich bei der Durchführung des Verfahrens benachteiligt sei, und dadurch um die Möglichkeit gebracht würde, ihre Interessen angemessen zu vertreten. Obwohl die Voraussetzungen für die Gewährung eine Pflichtverteidigers nach wie vor vorlagen, lehnte derselbe Richter, der auch schon das Sorgerechtsverfahren verhandelt hatte, den Antrag auf Vertagung des Prozesses ab. Die Beschwerdeführerin sei fähig, sich selbst zu vertreten, und sie sei bereits im Sorgerechtsverfahren darauf hingewiesen worden, dass sich das Adoptionsfreigabeverfahren daran anschlösse. Das Interesse des Kindes an einer schleunigen Entscheidung würde in diesem Fall gegenüber den Interessen der Beschwerdeführerin überwiegen. Zur Sache entschied der Richter, dass die fehlende Zustimmung der Eltern zur Adoptionsfreigabe unvernünftig und daher ersetzbar sei, weil aufgrund des vorangegangen Verfahrens klar sein müsse, dass die leiblichen Eltern keine Chance hätten, das Sorgerecht für ihre Tochter wiederzuerlangen. Er gab schließlich die Tochter der Beschwerdeführerin zur Adoption frei.

Im anschließenden Verfahren vor dem EGMR beschäftigte sich der Gerichtshof mit einer möglichen Verletzung der Art. 6 und Art. 8 EMRK durch die fehlende anwaltliche Vertretung der Beschwerdeführerin vor Gericht. Bei der Prüfung des Art. 6 EMRK stellte der EGMR zunächst fest, dass dieser in zivilrechtlichen Verfahren nicht automatisch ein Recht auf Prozesskostenhilfe oder eine anwaltliche Vertretung gewährleiste[295]. Art. 6 EMRK könne jedoch unter zwei miteinander zusammenhängenden Aspekten bedeutsam sein. Zum einen beinhalte Art. 6 EMRK das Recht auf Zugang zu einem Gericht zur Bestimmung der zivilrechtlichen Ansprüche und Verpflichtungen. Das Unterlassen, einem Beschwerdeführer einen Anwalt zuzuordnen, könne Art. 6 EMRK dann verletzen, wenn die Hilfe eines Anwalts für einen effektiven Zugang zum Gericht unverzichtbar sei, beispielsweise wenn vor dem betreffenden Gericht Anwaltzwang bestehe oder aufgrund der Komplexität des Verfahrens beziehungsweise des Falles[296]. Zum anderen sei die Verfahrensfairness eines der Schlüsselprinzipien des Art. 6 EMRK. Selbst in Fällen, in denen ein Beschwerdeführer vor Gericht

295 EGMR, Urt. v. 16.07.2002, Rn. 88 – P., C. und S./Vereinigtes Königreich.
296 EGMR, Urt. v. 16.07.2002, Rn. 89 – P., C. und S./Vereinigtes Königreich.

ohne Anwalt auftrete und es schaffe, seinen Fall trotz aller Schwierigkeiten zu verhandeln, könne sich die Frage nach der Fairness des Verfahrens stellen. Die Parteien in einem Zivilprozess müssen die Möglichkeit haben, effektiv am Verfahren teilzunehmen, unter anderem indem sie in die Lage versetzt werden, alle ihr Begehren unterstützenden Argumente vorzubringen[297]. Dabei müsse insbesondere berücksichtigt werden, was in dem jeweiligen Fall für den Beschwerdeführer auf dem Spiel stünde[298].

Die Komplexität des Falles, zusammen mit der Bedeutung seines Ausgangs für die Beschwerdeführer, ließ den Gerichtshof zu dem Schluss kommen, dass die Prinzipien des effektiven Zugangs zum Gericht und der Verfahrensfairness die Hilfe einer anwaltlichen Vertretung während der Verhandlung erfordert hätten[299]. Art. 6 Abs. 1 EMRK sei demnach verletzt worden.

Bezüglich der gerügten Verletzung des Art. 8 EMRK stellte der EGMR zunächst einen nicht gerechtfertigten Eingriff in das von Art. 8 Abs. 1 EMRK geschützte Familienleben durch die öffentliche Inobhutnahme der Tochter kurz nach ihrer Geburt fest. Die drakonische Maßnahme, das Kind unmittelbar nach seiner Geburt von der Mutter zu trennen, ohne dass eine konkrete Gefahr für das Neugeborene bestanden hätte, könne nicht als notwendiger Eingriff im Sinne des Art. 8 Abs. 2 EMRK betrachtet werden. Art. 8 EMRK war demnach nach Ansicht des EGMR durch die Inobhutnahme verletzt worden[300].

Der Gerichtshof wies anschließend im Rahmen der Untersuchung des Sorgerechts- und des Adoptionsverfahrens darauf hin, dass, obwohl Art. 8 EMRK zwar keine ausdrücklichen verfahrensrechtlichen Anforderungen enthalte, der zu Eingriffen führende Entscheidungsfindungsprozess fair sein und den Schutzgütern des Art. 8 EMRK gebührende Achtung erweisen müsse[301]. Insofern gelte es zu bestimmen, ob in Anbetracht der besonderen Umstände des Falles, insbesondere der schwerwiegenden Natur der vorzunehmenden Entscheidungen, die Eltern an dem als Ganzes betrachteten Entscheidungsfindungprozess in einem ausreichenden Maße beteiligt worden seien, um ihnen den erforderlichen Schutz ihrer Interessen zu gewährleisten[302]. Insofern sei es von entscheidender Bedeutung, dass die Eltern in eine Lage versetzt werden, in welcher sie Zugang zu Informationen, auf denen sich die Behörden bei der Durchführung von Schutz-

---

297 EGMR, Urt. v. 16.07.2002, Rn. 91 – P., C. und S./Vereinigtes Königreich.
298 EGMR, Urt. v. 16.07.2002, Rn. 91 – P., C. und S./Vereinigtes Königreich.
299 EGMR, Urt. v. 16.07.2002, Rn. 95 – P., C. und S./Vereinigtes Königreich.
300 EGMR, Urt. v. 16.07.2002, Rn. 133 – P., C. und S./Vereinigtes Königreich.
301 EGMR, Urt. v. 16.07.2002, Rn. 119 – P., C. und S./Vereinigtes Königreich.
302 EGMR, Urt. v. 16.07.2002, Rn. 119 – P., C. und S./Vereinigtes Königreich mit Verweis auf: EGMR, Urt. 08.07.1987, Rn. 62 und 64 – Williams/Vereinigtes Königreich.

maßnahmen oder bei der Entscheidung des Sorgerechts stützten, erhielten[303]. Die Komplexität des Falles und der schwierige Ausgleich, der zwischen den Interessen des Kindes und der Eltern gefunden werden müsse, erfordere, dass den Art. 8 EMRK innewohnenden verfahrensrechtlichen Anforderungen besondere Beachtung beigemessen werde[304]. Im konkreten Fall wäre es von entscheidender Bedeutung gewesen, dass die Eltern die Möglichkeit gehabt hätten, alle für sie günstigen Tatsachen zur richtigen Zeit vor Gericht vorzubringen. Hierzu hätten beispielsweise alle begünstigen Faktoren gehört, die bei einer späteren Bewertung einer möglichen Rehabilitation wichtig gewesen wären, aber auch, dass die Eltern ihren Standpunkt hinsichtlich möglicher Alternativen zu einer Adoption oder der Fortführung des Umgangs mit ihrer Tochter selbst im Fall eine Adoption hätten vortragen können[305].

Das Fehlen der anwaltlichen Vertretung während des Sorgerechts- und des Adoptionsverfahrens, zusammen mit dem Fehlen einer echten zeitlichen Pause zwischen den beiden Verfahren, habe, nach Ansicht des EGMR, die Beschwerdeführer um eine faire und effektive Anhörung vor Gericht gebracht. Unter Berücksichtigung, was für die Eltern bei der Entscheidung auf dem Spiel stand, kam der Gerichtshof zudem zu dem Schluss, dass die Eltern nicht ausreichend im Sinne von Art. 8 EMRK in den Entscheidungsfindungsprozess einbezogen worden waren[306].

Emotional in diesen Fall involviert, seien die Eltern einem erheblichen Nachteil ausgesetzt gewesen. Es könne insofern nicht ausgeschlossen werden, dass dieses eine Auswirkung auf die vom Gericht getroffene Entscheidung und den Ausgang des Verfahrens für die ganze Familie gehabt hätte[307]. Aus diesen Gründen sei Art. 8 EMRK ebenfalls verletzt worden.

9. Hoppe/Deutschland

Im Fall Hoppe/Deutschland stritt der Beschwerdeführer mit seiner in Trennung von ihm lebenden Frau vor Gericht um das Sorgerecht für die gemeinsame Tochter. Während die Mutter das alleinige Sorgerecht beanspruchte, beantragte der Beschwerdeführer das gemeinsame Sorgerecht. Zudem verlangte er, dass das Umgangsrecht mit seiner Tochter durch Gerichtsbeschluss festgelegt werde. Dem Beschwerdeführer wurde daraufhin jeden zweiten Samstag ein Besuchs-

303 EGMR, Urt. v. 16.07.2002, Rn. 120 – P., C. und S./Vereinigtes Königreich mit Verweis auf: EGMR, Urt. v. 24.02.1995, Rn. 92 – McMichael/Vereinigtes Königreich.
304 EGMR, Urt. v. 16.07.2002, Rn. 136 – P., C. und S./Vereinigtes Königreich.
305 EGMR, Urt. v. 16.07.2002, Rn. 136 – P., C. und S./Vereinigtes Königreich.
306 EGMR, Urt. v. 16.07.2002, Rn. 137 – P., C. und S./Vereinigtes Königreich.
307 EGMR, Urt. v. 16.07.2002, Rn. 137 – P., C. und S./Vereinigtes Königreich.

recht mit seiner Tochter eingeräumt. Nachdem das zuständige Gericht die Scheidung wegen Zerrüttung der Ehe für rechtskräftig erklärt hatte, sprach es das Sorgerecht im Interesse des Kindeswohls der Mutter zu. Alle hiergegen und gegen die Verweigerung eines weitergehenden Besuchsrechts gerichteten gerichtlichen Beschwerden blieben erfolglos. Im Verfahren vor dem EGMR rügte der Beschwerdeführer eine Verletzung des Art. 8 EMRK und des Art. 6 EMRK. Die nationalen Verfahren, die das Besuchsrecht und Sorgerecht mit seiner Tochter betrafen, hätten ihn in seinem von Art. 8 EMRK geschützten Familienleben verletzt, indem sie das Sorgerecht allein der Mutter zusprachen.

Der Gerichtshof lehnte eine Verletzung des Art. 8 EMRK im Ergebnis ab, bestätigte aber die von ihm aufgestellten Grundsätze bezüglich der verfahrensrechtlichen Dimension des Art. 8 EMRK. Obwohl Art. 8 EMRK keine ausdrücklichen verfahrensrechtlichen Anforderungen enthalte, müsse der zu Eingriffen führende Entscheidungsfindungsprozess fair sein und den Schutzgütern des Art. 8 EMRK gebührende Achtung erweisen[308]. Insofern gelte es zu bestimmen, ob in Anbetracht der besonderen Umstände des Falles, insbesondere der schwerwiegenden Natur der vorzunehmenden Entscheidungen, die Eltern an dem als Ganzes betrachteten Entscheidungsfindungsprozess in einem ausreichenden Maße beteiligt worden seien, um ihnen den erforderlichen Schutz ihrer Interessen zu gewährleisten[309]. Hinsichtlich der gerügten Verletzung des Art. 6 EMRK stellte der Gerichtshof erneut und mit Verweis auf die Entscheidung McMichael/Vereinigtes Königreich fest, dass die unterschiedlichen Schutzrichtungen der Art. 6 EMRK und 8 EMRK eine Untersuchung desselben Sachverhalts unter beiden Artikeln rechtfertigen könne[310]. Zwar verneinte der EGMR im Ergebnis eine Verletzung des Art. 6 EMRK, benutzte aber, wie bereits im Fall Buchberger/Österreich, die Argumentation der Entscheidung McMichael/Ver-einigtes Königreich, um eine zusätzliche Prüfung des Art. 6 EMRK zu rechtfertigen.

10.Sylvester/Österreich

Im Fall Sylvester/Österreich verließ die damalige Ehefrau des Beschwerdeführers am 30.10.1995 ihren in den USA lebenden Mann und nahm ohne dessen Zustimmung das gemeinsame Kind mit zu ihren Eltern nach Österreich. Nach amerikanischem Recht stand beiden Eltern das Sorgerecht gemeinsam zu. In

308 EGMR, Urt. v. 05.12.2002, Rn. 52 – Hoppe/Deutschland.

309 EGMR, Urt. v. 05.12.2002, Rn. 52 – Hoppe/Deutschland mit Verweis auf: EGMR, Urt. 08.07.1987, Rn. 64 – Williams/Vereinigtes Königreich; EGMR (Große Kammer), Urt. v. 13.07.2000, Rn. 52 – Elsholz/Deutschland; EGMR, Urt. v. 10.05.2001, Rn. 72 – T.P. und K.M./Vereinigtes Königreich.

310 EGMR, Urt. v. 05.12.2002, Rn. 61 – Hoppe/Deutschland.

Österreich versuchte die Mutter anschließend vergeblich, das Sorgerecht für das Kind zugesprochen zu bekommen. Das Bezirksgericht stellte vielmehr am 20.12.1995 fest, dass die Mutter das Kind widerrechtlich im Sinne des Haager Übereinkommens über die zivilrechtlichen Aspekte internationaler Kindesentführungen vom 25.10.1980 nach Österreich gebracht hätte, und ordnete eine Rückführung des Kindes zu seinem Vater an. Die gegen diese Entscheidung eingelegten Beschwerden der Mutter beim Landgericht und schließlich zum österreichischen Verfassungsgericht blieben allesamt erfolglos. Das Verfassungsgericht lehnte die Berufung der Mutter mit Urteil vom 27.02.1996 ab. Der Beschwerdeführer beantragte daraufhin am 27.02.1996 die Durchführung des gerichtlichen Beschlusses auf Rückführung. Die Akten des Verfassungsgerichts erreichten jedoch ohne ersichtlichen Grund das Bezirksgericht erst am 07.05.1996. Währenddessen wurde die Ehe vor einem amerikanischen Gericht geschieden und das Sorgerecht dem Vater zugesprochen. Am 08.05.1996 ordnete das Bezirksgericht die Durchsetzung der Rückführung an. Der anschließend am 10.05.1996 durchgeführte Versuch, das Kind der Mutter zu entziehen, blieb erfolglos, da das Kind nicht auffindbar war. Die Mutter legte am 15.05.1996 gegen die Entscheidung vom 08.05.1996 Berufung ein. Am 29.05.1996 erließ das zuständige amerikanische Gericht einen Haftbefehl gegen die Kindesmutter aufgrund des Verdachts der internationalen Kindesentführung. Es kam zu weiteren Verfahrensverzögerungen, weil die Mutter erfolglos versuchte, die Zuständigkeit eines anderen Gerichts zu erwirken. Das Landgericht hob schließlich den Durchsetzungsbeschluss des Bezirksgerichts vom 08.05.1996 auf und verwies den Fall zurück ans Bezirksgericht. Dieses sollte überprüfen, ob die Voraussetzungen für eine Rückführung des Kindes, wie sie am 20.12.1995 gegeben waren, immer noch vorlägen. Insbesondere sollte das Bezirksgericht eine psychologische Expertenmeinung zu der Frage einholen, ob die Rückführung bei dem Kind psychologische oder körperliche Belastungen hervorrufen könnte. Das österreichische Verfassungsgericht setzte am 15.10.1996 den Gerichtsbeschluss vom 20.12.1995 endgültig außer Kraft, verwies den Fall zurück an das Bezirksgericht und ordnete eine erneute Beweisaufnahme an. Als Begründung führte es an, dass Fälle, in denen die Entführerin eine Situation geschaffen hätte, in der die Rückführung eine schwerwiegende Gefahr für das Wohlbefinden des Kindes darstellte, schwierige Fragen aufwerfen würden. Es dauerte weitere fünf Monate bis ein Expertengutachten vorlag, obwohl der konsultierte Psychologe bereits mit dem Fall vertraut war, weil er an dem Hauptverfahren teilgenommen hatte. Das Gutachten stützte sich hauptsächlich auf die mittlerweile verstrichene Zeit, aufgrund deren der Vater dem Kind vollständig entfremdet worden war. Eine abrupte Entfernung der Tochter von ihrer neuen Hauptbezugsperson, der Mutter, sowie die Rückkehr in die USA würden deswegen nunmehr zu irreparablen Schäden bei dem Kind führen. Das Bezirksgericht entschied daher, das Kind bei der Mutter zu belassen. Alle weiteren Versuche des

Beschwerdeführers, das Kind wiederzubekommen, blieben erfolglos. Am 29.12.1997 wurde der Mutter vom zuständigen österreichischen Gericht das alleinige Sorgerecht zugesprochen.

Der Beschwerdeführer rügte vor dem EGMR eine Verletzung von Art. 8 EMRK, insbesondere weil die Gerichte es unterlassen hätten, alle notwendigen Maßnahmen zu ergreifen, um die angeordnete Rückführung durchzusetzen. Die Verzögerungen hätten schließlich dazu geführt, dass die Durchsetzung faktisch unmöglich wurde. Der EGMR hob in seiner Untersuchung zunächst hervor, dass sich aus Art. 8 EMRK positive Verpflichtungen zum Schutz des Familienlebens ergeben könnten[311]. Die ergangenen Entscheidungen der nationalen Gerichte, das Kind bei der Mutter zu belassen, seien maßgeblich aufgrund der inzwischen verstrichenen Zeit und der damit zusammenhängenden einseitigen Bindung des Kindes an die Mutter sowie der völligen Entfremdung von dem Vater erfolgt[312]. Insofern gelte es zu untersuchen, wer für diese Verzögerungen des Verfahrens verantwortlich gewesen sei[313]. Im vorliegenden Fall hätten die Gerichte aufgrund der aus Art. 8 EMRK resultierenden positiven Verpflichtung die besondere Pflicht gehabt, möglichst zügig eine Entscheidung zu fällen[314]. Der EGMR kam zu dem Schluss, dass die Verzögerungen maßgeblich von den Gerichten selbst verursacht worden seien. Er verwies in diesem Zusammenhang darauf, dass die effektive Achtung des Familienlebens voraussetze, dass künftige Beziehungen zwischen Eltern und ihren Kindern einzig und allein im Lichte aller relevanten Erwägungen bestimmt werden und nicht durch den bloßen Ablauf der Zeit[315]. Insofern hätten es die österreichischen Behörden versäumt, die notwendigerweise von ihnen zu erwartenden Maßnahmen zur Durchsetzung der Rückführung des Kindes ohne Verzögerungen vorzunehmen. Art. 8 EMRK sei demnach verletzt worden[316].

Bezüglich der ebenfalls gerügten Verletzung des Art. 6 EMRK stellte der Gerichtshof ein weiteres Mal fest, dass die unterschiedlichen Schutzrichtungen der Art. 6 EMRK und Art. 8 EMRK eine Untersuchung desselben Sachverhalts unter beiden Artikeln rechtfertigen könne[317]. Anschließend begnügte sich der EGMR jedoch mit der Feststellung, dass die fehlende Achtung des Familienle-

311 EGMR, Urt. v. 24.04.2003, Rn. 55 – Sylvester/Österreich.
312 EGMR, Urt. v. 24.04.2003, Rn. 66 – Sylvester/Österreich.
313 EGMR, Urt. v. 24.04.2003, Rn. 66 – Sylvester/Österreich.
314 EGMR, Urt. v. 24.04.2003, Rn. 68 – Sylvester/Österreich.
315 EGMR, Urt. v. 24.04.2003, Rn. 69 – Sylvester/Österreich mit Verweis auf: EGMR, Urt. 08.07.1987, Rn. 65 – Williams/Vereinigtes Königreich.
316 EGMR, Urt. v. 24.04.2003, Rn. 72 – Sylvester/Österreich.
317 EGMR, Urt. v. 24.04.2003, Rn. 76 – Sylvester/Österreich.

bens das „Herzstück" der Beschwerde gewesen sei[318]. Unter Bezugnahme auf die im Rahmen des Art. 8 EMRK gemachten Feststellungen, deren Schwerpunkt auf der Nichtdurchsetzung der Rückführung lag, hielt der Gerichtshof es für unnötig, diese Fakten auch noch unter Art. 6 EMRK zu prüfen[319].

Wie bereits im Fall Williams/Vereinigtes Königreich spielte die Verfahrensdauer in der Entscheidung Sylvester/Österreich eine entscheidende Bedeutung. Die mehrmonatigen Verzögerungen des gerichtlichen Verfahrens führten in der Sache Sylvester/Österreich dazu, dass im Interesse des Kindeswohls die berechtigte Rückführung des Kindes zu seinem Vater nicht mehr durchgesetzt werden konnte. Die Kindesmutter hatte mit ihrem rechtswidrigen Verhalten eine Situation geschaffen, in der es für das psychische und physische Wohl des Kindes erhebliche Beeinträchtigungen bedeutet hätte, wenn es zu seinem Vater zurückgebracht worden wäre. Der Aspekt der gerichtlichen Verfahrensdauer wurde, auch hier folgt der EGMR im Prüfungsaufbau der Entscheidung Williams/Vereinigtes Königreich, ausschließlich unter Art. 8 EMRK geprüft. Da der Kern der Beschwerde Art. 8 EMRK betroffen hätte, sei eine Prüfung des Art. 6 EMRK unter diesem Gesichtspunkt nicht mehr nötig.

Anders aber als im Fall Williams/Vereinigtes Königreich, in welchem Art. 6 EMRK zusätzlich noch wegen des Fehlens wirksamer Rechtsbehelfe verletzt war, wurde in der Entscheidung Sylvester/Österreich gänzlich auf eine Prüfung des Art. 6 EMRK verzichtet, obwohl dieser ausdrücklich ein faires Verfahren innerhalb angemessener Frist garantiert.

11.Görgülü/Deutschland

In einer weiteren Entscheidung gegen Deutschland bestätigt sich der Prüfungsaufbau des Gerichtshofs hinsichtlich der primären Untersuchung des Aspekts der Verfahrensfairness im Anwendungsbereich des Art. 8 EMRK. In diesem Fall bemühte sich der Beschwerdeführer, Vater eines nichtehelich geborenen Kindes, das die Kindesmutter ohne seine Zustimmung zur Adoption freigegeben hatte, vergeblich um das Sorgerecht für dieses Kind. Der Beschwerdeführer hatte zu keinem Zeitpunkt mit der Kindesmutter oder dem Kind zusammengelebt, sondern eine andere Frau geheiratet. Während der Zeit, in der das Kind bei seinen Pflegeeltern wohnte, kam es zu diversen Treffen zwischen dem Vater und seinem Kind. Das zuständige Gericht sprach dem Beschwerdeführer schließlich das alleinige Sorgerecht zu. Diese Entscheidung wurde von dem Berufungsgericht mit der Begründung aufgehoben, dass das Kind bereits eine tiefe emotionale Bindung zu seinen Pflegeeltern, mit denen es bereits seit über einem

318 EGMR, Urt. v. 24.04.2003, Rn. 77 – Sylvester/Österreich.
319 EGMR, Urt. v. 24.04.2003, Rn. 77 – Sylvester/Österreich.

Jahr zusammenlebte, aufgebaut hätte und eine Trennung daher zu irreparablen psychologischen Störungen führen würde. Das Berufungsgericht unterband daraufhin auch jegliche Besuchsrechte des Vaters.

Der Beschwerdeführer rügte vor dem Gerichtshof eine Verletzung des Art. 8 EMRK aufgrund der Verweigerung des Sorge- und Umgangsrechts mit seinem Sohn. Des Weiteren sei Art. 6 EMRK verletzt worden, da der Prozess insgesamt nicht fair gewesen sei.

Der Gerichtshof befasste sich zunächst mit der Frage, ob die Verweigerung des Sorge- und Umgangsrechts im Einklang mit Art. 8 EMRK stehe. Obwohl die sofortige Trennung des Kindes von seinen Pflegeeltern negative Auswirkungen auf seine körperliche und geistige Gesundheit haben könnte, war der Gerichtshof davon überzeugt, dass das Berufungsgericht nicht alle Möglichkeiten zur Lösung dieses Problems in Erwägung gezogen habe[320]. Das Berufungsgericht hätte sich in seiner Entscheidung nur auf die unmittelbaren Auswirkungen einer Trennung gestützt, anstatt auch die Langzeitwirkungen einer dauerhaften Trennung des Kindes von seinem natürlichen Vater in Betracht zu ziehen[321]. Art. 8 EMRK beinhalte zudem die Pflicht, auf die Wiederzusammenführung der natürlichen Eltern mit ihrem Kind hinzuwirken. Aus diesem Grund sah der Gerichtshof den Beschwerdeführer durch die Verweigerung des Sorgerechts für seinen Sohn in seinen Rechten aus Art. 8 EMRK verletzt[322]. Aus demselben Grund bejahte er auch eine Verletzung des Art. 8 EMRK aufgrund der Verweigerung jeglichen Umgangsrechts[323].

Anschließend widmete sich der Gerichtshof dem Entscheidungsfindungsprozess des Gerichts. Er wiederholte in diesem Zusammenhang den Grundsatz, dass, obwohl Art. 8 EMRK keine ausdrücklichen verfahrensrechtlichen Anforderungen enthalte, der Entscheidungsfindungsprozess fair sein und die von Art. 8 EMRK geschützten Interessen ausreichend respektieren müsse[324]. Nach eingehender Untersuchung der Gerichtsverfahren entschied der Gerichtshof, dass diesem Erfordernis hinreichend entsprochen worden sei und verneinte eine diesbezügliche Verletzung[325]. In der darauf folgenden Untersuchung einer möglichen Verletzung des Art. 6 EMRK wiederholte der Gerichtshof, dass die unterschiedliche Schutzrichtung der beiden Artikel unter Umständen eine Prüfung

320 EGMR, Urt. v. 26.02.2004, Rn. 46 – Görgülü/Deutschland.
321 EGMR, Urt. v. 26.02.2004, Rn. 46 – Görgülü/Deutschland.
322 EGMR, Urt. v. 26.02.2004, Rn. 47 – Görgülü/Deutschland.
323 EGMR, Urt. v. 26.02.2004, Rn. 49, 50 – Görgülü/Deutschland.
324 EGMR, Urt. v. 26.02.2004, Rn. 52 – Görgülü/Deutschland.
325 EGMR, Urt. v. 26.02.2004, Rn. 53-55 – Görgülü/Deutschland.

derselben Fakten im Rahmen beider Artikel rechtfertigen könne[326]. Unter Berufung auf die zuvor verneinte Verletzung des Art. 8 EMRK hinsichtlich des Entscheidungsfindungsprozesses lehnte der Gerichtshof ebenfalls die gerügte Verletzung des Art. 6 EMRK ab[327].

Auch wenn der Gerichtshof sowohl eine Verletzung des Art. 8 EMRK als auch des Art. 6 EMRK aus verfahrensrechtlichen Gesichtspunkten verneinte, ist der vorgenommene Prüfungsaufbau des Gerichtshofs ein weiterer Beleg dafür, dass diese Gesichtspunkte nunmehr vornehmlich im Rahmen des Art. 8 EMRK Bedeutung erlangen und Art. 6 EMRK allenfalls zusätzlich geprüft wird.

12.Haase/Deutschland

In dem am 08.04.2004 ergangenen Urteil des EGMR in der Sache Haase/Deutschland wehrten sich die beiden Beschwerdeführer gegen den Entzug der Elternrechte und die erfolgte öffentliche Inobhutnahme ihrer vier gemeinsamen Kinder sowie weiterer drei Kinder, die aus der ersten Ehe der Beschwerdeführerin stammten. Die Beschwerdeführerin hatte im Februar 2001 Familienhilfe beantragt und in diesem Zuge der Erstellung eines familienpsychologischen Gutachtens zugestimmt. Das Gutachten vom 17.12.2001 stellte auf Grundlage von vier Hausbesuchen bei allen Kindern Entwicklungsstörungen und Verhaltens-auffälligkeiten sowie eine nicht nachvollziehbare elterliche Strenge und wiederholte Gewalttätigkeiten der Beschwerdeführer gegenüber ihren Kindern fest. Zur Abwehr weiterer Gefahren für die Kinder empfahl der Gutachter eine langfristige, professionelle Unterbringung der Kinder und die Unterbindung jeglicher Kontakte zu ihren Eltern. Noch am selben Tag wurde der vom Jugendamt beantragten einstweiligen Anordnung auf Entzug der elterlichen Sorge - ohne Anhörung der Beschwerdeführer - vom zuständigen Amtsgericht unter Berufung auf das Gutachten stattgegeben. Zugleich ordnete das Amtsgericht die Herausgabe der Kinder an und ermächtigte das Jugendamt zur Durchsetzung der Herausgabeanordnung. Aus dem Gutachten ergäbe sich, dass die Eltern ihre elterliche Autorität massiv missbrauchten und dadurch das physische, mentale und psychologische Wohl der Kinder in einem Ausmaß gefährdeten, dass die Trennung der Kinder von den Eltern als einzig möglicher Weg angezeigt erscheine. Am 18. Dezember entzog das Amtsgericht, ebenfalls im Eilverfahren, den Beschwerdeführern das Umgangsrecht und ordnete zugleich an, dass diesen der Aufenthaltsort ihrer Kinder nicht mitzuteilen sei. Es sei mit erheblichen Widerständen und dem Versuch der Beschwerdeführer zu rechnen, Druck auf ihre Kinder auszuüben, weswegen die Anordnungen zum Wohle der Kinder erforderlich seien. Ebenfalls am 18. Dezember wurden die Kinder von

326 EGMR, Urt. v. 26.02.2004, Rn. 53-55 – Görgülü/Deutschland.
327 EGMR, Urt. v. 26.02.2004, Rn. 59, 60 – Görgülü/Deutschland.

Mitarbeitern des Jugendamtes direkt aus der Schule und dem Kindergarten abgeholt beziehungsweise aus der Familie herausgenommen. Das jüngste Kind wurde noch von der Entbindungsstation mitgenommen. Alle Kinder leben seitdem in verschiedenen Pflegefamilien.

Mit Beschluss vom 01.03.2002 wies das Oberlandesgericht die gegen den Beschluss des Amtsgerichts vom 17.12.2001 noch am gleichen Tage eingereichte Beschwerde der Beschwerdeführer zurück. Aufgrund des Gutachtens habe hinreichende Veranlassung für den Entzug der elterlichen Sorge bestanden. Am 21.06.2002 hob das Bundesverfassungsgericht die Entscheidungen des Amtsgerichts und des Oberlandesgerichts hinsichtlich des Entzugs der elterlichen Sorge mit der Begründung auf, dass ernsthafte Zweifel bestünden, ob die Gerichte die Rechte der Eltern angemessen berücksichtigt hätten und das Proportionalitätsprinzip eingehalten worden sei. Darüber hinaus sei der Frage, ob die Beweise tatsächlich ergäben, dass ein Risiko für das Wohle der Kinder bestehe, nicht angemessen nachgegangen worden. Die Entscheidung des Amtsgerichts vom 18.12.2001, die das Verbot eines Umgangsrechts der Beschwerdeführer mit ihren Kindern betraf, blieb dagegen in Kraft. Der Fall wurde zurück an das Amtsgericht verwiesen, das mit Urteil vom 06.03.2003 den Beschwerdeführern die elterliche Sorge für die sieben Kinder entzog und einen Umgang bis Juni 2004 untersagte.

Die Beschwerdeführer rügten vor dem Gerichtshof eine Verletzung der Art. 8 und 6 EMRK durch den Entzug ihrer elterlichen Rechte und der öffentlichen Inobhutnahme ihrer Kinder sowie der Art und Weise der Umsetzung der Gerichtsentscheidungen.

Der Gerichtshof widmete sich zunächst einer möglichen Verletzung des Art. 8 EMRK. Nachdem er einen Eingriff in Art. 8 EMRK durch den Entzug der elterlichen Sorge und des Umgangsrechts sowie der Unterbringung der Kinder in Pflegefamilien bejaht hatte, diskutierte der EGMR im Rahmen der Rechtfertigung gem. Art. 8 Abs. 2 EMRK die Notwendigkeit des Eingriffes. Er wies dabei zunächst auf die aus Art. 8 EMRK resultierende positive Verpflichtung zur effektiven Achtung des Familienlebens hin. Diese verlange, dass der Staat, sobald ein Familienband entstanden sei, in einer Art und Weise handele, die es dem Familienzusammenhalt erlaube sich zu entwickeln, und Maßnahmen vornehmen müsse, die den Eltern und dem Kind eine Wiederzusammenführung ermöglichen[328]. Unter der Überschrift „General principles" wies der Gerichtshof anschließend darauf hin, dass die Inobhutnahme eines neugeborenen Babys unmittelbar nach seiner Geburt eine extrem harte Maßnahme sei. Es müssten

328 EGMR, Urt. v. 08.04.2004, Rn. 84 – Haase/Deutschland.

außergewöhnlich zwingende Gründe vorliegen, bevor ein Baby unmittelbar nach seiner Geburt - und gegen den Willen der Mutter - von dieser entfernt werden dürfte, ohne dass die Eltern irgendwie an diesem Verfahren beteiligt worden seien[329]. Zwar genössen die Behörden einen weiten Beurteilungsspielraum bei der Prüfung der Frage, ob ein Kind in staatliche Fürsorge zu nehmen sei.

Nachdem eine öffentliche Inobhutnahme erfolgt sei, wäre jedoch eine genauere Prüfung bei allen weitergehenden Beschränkungen durch die Behörden erforderlich, wie etwa beim Entzug der elterlichen Sorge und des Umgangsrechts oder bei Beschränkungen der rechtlichen Mechanismen, die einen effektiven Schutz des Rechts der Eltern und ihrer Kinder auf ein Privat- und Familienleben sicherstellen sollen. Solche weiteren Beschränkungen beinhalteten die Gefahr, dass die Familienbeziehungen zwischen den Eltern und dem jungen Kind endgültig abgeschnitten würden[330]. Der Gerichtshof stellte anschließend fest, dass die öffentliche Inobhutnahme grundsätzlich nur eine vorübergehende Maßnahme bleiben dürfe mit dem endgültigen Ziel der Wiederzusammenführung der Familie[331]. Insofern müsse ein gerechter Ausgleich zwischen den Interessen des Kindes und denen des Elternteils hergestellt werden[332], wobei die Interessen des Kindes gegenüber denen der Eltern überwiegen könnten[333].

Obwohl Art. 8 EMRK keine ausdrücklichen verfahrensrechtlichen Anforderungen enthalte, müsse der Entscheidungsfindungsprozess, welcher zu eingreifenden Maßnahmen führe, fair sein und den von Art. 8 EMRK geschützten Interessen die gebührende Achtung erweisen. Aus diesem Grund müsse unter Berücksichtigung der besonderen Umstände des Falles, insbesondere der schwerwiegenden Natur der vorzunehmenden Entscheidungen, geprüft werden, ob die Eltern an dem als Ganzes betrachteten Entscheidungsfindungsprozess in einem

329 EGMR, Urt. v. 08.04.2004, Rn. 91 – Haase/Deutschland mit Verweis auf: EGMR (Große Kammer), Urt. v. 12.07.2001, Rn. 168 – K. und T./Finnland.

330 EGMR, Urt. v. 08.04.2004, Rn. 92 – Haase/Deutschland mit Verweis auf: EGMR (Große Kammer), Urt. v. 13.07.2000, Rn. 50 – Elsholz/Deutschland; EGMR, Urt. v. 26.02.2002, Rn. 67 – Kutzner/Deutschland; EGMR, Urt. v. 11.10.2001, Rn. 65 – Sahin/Deutschland.

331 EGMR, Urt. v. 08.04.2004, Rn. 93 – Haase/Deutschland mit Verweis auf: EGMR, Urt. v. 07.08.1996, Rn. 78 – Johansen/Norwegen.

332 EGMR, Urt. v. 08.04.2004, Rn. 93 – Haase/Deutschland mit Verweis auf: EGMR, Urt. v. 23.09.1994, Rn. 55 – Hokkanen/Finnland.

333 EGMR, Urt. v. 08.04.2004, Rn. 93 – Haase/Deutschland mit Verweis auf: EGMR, Urt. v. 07.08.1996, Rn. 78 – Johansen/Norwegen.

ausreichenden Maße beteiligt worden seien, um ihnen den erforderlichen Schutz ihrer Interessen zu gewährleisten[334].
Der Gerichtshof akzeptierte insofern, dass in Notfällen, in denen das Kind geschützt werden müsse, es aufgrund der Dringlichkeit nicht immer möglich sei, diejenigen in den Entscheidungsfindungsprozess mit einzubeziehen, die das Sorgerecht für das Kind hätten. Es könne sogar nicht wünschenswert sein, die Sorgeberechtigten mit einzubeziehen, wenn diese als Quelle der unmittelbaren Bedrohung für das Kind betrachtet würden, da eine vorherige Warnung die vorzunehmende Maßnahme ihrer Effektivität berauben könnte. Der Gerichtshof müsse jedoch davon überzeugt sein, dass die nationalen Behörden berechtigten Grund zu der Annahme hatten, dass die Umstände des Falles eine abrupte Entfernung des Kindes von seinen Eltern ohne vorherigen Kontakt rechtfertigten. Insofern obliege es dem beklagten Staat darzulegen, dass vor Durchführung der vorgesehenen Maßnahme eine sorgfältige Beurteilung ihrer Auswirkungen auf die Eltern und das Kind sowie möglicher Alternativen zur Entfernung des Kindes stattgefunden habe[335].

Der Gerichtshof stützte sich bei der anschließenden Beurteilung des konkreten Falles zunächst auf das Urteil des BVerfG. Dieses hätte vor allem bemängelt, dass es an einer Beurteilung des Vortrags der Beschwerdeführer zu etwaigen Alternativmaßnahmen, die keinen vollständigen Entzug der Elternrechte zur Folge gehabt hätten, fehlen würde. Sowohl das Berufungsgericht als auch das Amtsgericht hätten es, nach Ansicht des BVerfG, versäumt, die Kinder anzuhören oder den in das Verfahren involvierten Personen die Möglichkeit einer Anhörung zu geben. Auch sei keine Begründung für die Dringlichkeit der Angelegenheit gegeben worden. Das Amtsgericht hätte zudem keinerlei Informationen über die Folgewirkungen seiner Entscheidung gehabt, da weder das Jugendamt noch der Gutachter sich zu diesem Thema geäußert hätten. Nach Meinung des Gerichtshofs zeige diese Beurteilung des BVerfG, dass der einstweilige Entzug der elterlichen Sorge und die Entfernung der Kinder nicht durch relevante und ausreichende Gründe unterstützt gewesen seien und die Beschwerdeführer nicht ausreichend in den Entscheidungsfindungsprozess eingebunden gewesen seien[336]. Bevor öffentliche Behörden Notfallmaßnahmen vornehmen, müsse in so sensiblen Fällen wie der öffentlichen Unterbringung die Unmittelbarkeit der Gefahr tatsächlich festgestellt worden sein. Zwar sei es richtig, dass in Fällen

334 EGMR, Urt. v. 08.04.2004, Rn. 94 – Haase/Deutschland mit Verweis auf: EGMR, Urt. v. 08.07.1987, Rn. 64 – Williams/Vereinigtes Königreich; EGMR (Große Kammer), Urt. v. 13.07.2000, Rn. 52 – Elsholz/Deutschland; EGMR, Urt. v. 10.05.2001, Rn. 72 – T.P. und K.M./Vereinigtes Königreich.

335 EGMR, Urt. v. 08.04.2004, Rn. 95 – Haase/Deutschland mit Verweis auf: EGMR (Große Kammer), Urt. v. 12.07.2001, Rn. 166 – K. und T./Finnland.

336 EGMR, Urt. v. 08.04.2004, Rn. 98 – Haase/Deutschland.

offensichtlicher Gefahr die Eltern nicht einbezogen werden müssten. Es dürften jedoch keine Notfallmaßnahmen vorgenommen werden, wenn es noch möglich sei, die Eltern der Kinder anzuhören und mit ihnen die Notwendigkeit der Maßnahme zu diskutieren, zumal die Gefahr, wie im vorliegenden Fall, schon seit längerer Zeit bestanden hätte. Mithin fehle es an der notwendigen Dringlichkeit, welche die einstweilige Anordnung des Amtsgerichts gerechtfertigt hätte[337].

Hinsichtlich der Art und Weise der Umsetzung der einstweiligen Anordnung des Amtsgerichts bemängelte der Gerichtshof insbesondere die Entfernung des Neugeborenen aus dem Krankenhaus gegen den Willen der Mutter. Diese Maßnahme sei traumatisch für die Mutter gewesen und hätte zudem den Körperkontakt des Babys mit seiner Mutter und die Möglichkeit des Stillens verhindert. Der Gerichtshof betonte insofern, dass er sich der Lage bewusst sei, in der sich die Behörden bei der Durchführung von Notfallmaßnahmen befänden. Wenn diese keinerlei Maßnahmen ergriffen, bestünde die reale Gefahr, dass das Kind verletzt und die Behörden für ihr Unterlassen zur Verantwortung gezogen würden. Gleichzeitig, im Fall der Durchführung von Maßnahmen, bezichtigte man die Behörden oftmals eines unangemessenen Eingriffes in das Familienleben[338]. Im vorliegenden Fall sah der Gerichtshof jedoch keine zwingenden Gründe, die eine Entfernung des Neugeborenen von der Mutter gerechtfertigt hätten. Vielmehr würde die Erfahrung zeigen, dass in Fällen, in denen die Kinder über einen längeren Zeitraum in der Obhut der Jugendbehörden verbleiben, ein Prozess in Gang gesetzt werde, der zu einer unwiderruflichen Trennung des Kindes von seiner Familie führe. Wenn eine längere Zeit seit der Inobhutnahme vergangen sei, würde das Interesse des Kindes, keinen weiteren *de facto*-Veränderungen seiner Familiensituation ausgesetzt zu werden, dem Interesse der Eltern an einer Wiederzusammenführung der Familie vorgehen. Dem Faktor Zeit komme daher eine besondere Bedeutung zu, da jedes Mal die Gefahr bestünde, dass jede prozessuale Verzögerung zu einer faktischen Präjudizierung vor Gericht führe[339]. Die drakonische Maßnahme der Entfernung der Tochter der Beschwerdeführerin kurz nach ihrer Geburt musste, nach Ansicht des EGMR, unweigerlich zur Entfremdung des Kindes von seinen Eltern führen und beinhaltete die Gefahr, dass die Familienbeziehungen zwischen den Eltern und dem jungen Kind endgültig abgeschnitten würden[340].

Aus diesem Grund urteilte der Gerichtshof, dass die Entscheidung des Amtsgerichts vom 17.12.2001 und das ungerechtfertigte Unterlassen, den Beschwerde-

337 EGMR, Urt. v. 08.04.2004, Rn. 99 – Haase/Deutschland.
338 EGMR, Urt. v. 08.04.2004, Rn. 101 – Haase/Deutschland.
339 EGMR, Urt. v. 08.04.2004, Rn. 103 – Haase/Deutschland mit Verweis auf: EGMR, Urt. v. 08.07.1987, Rn. 63-64, 89-90 – Hyatt/Vereinigtes Königreich.
340 EGMR, Urt. v. 08.04.2004, Rn. 103 – Haase/Deutschland.

führern die Teilnahme am Entscheidungsfindungsprozess zu ermöglichen, welches letztlich zu dieser Entscheidung geführt habe, nicht auf relevante und ausreichende Gründe gestützt gewesen sei und deswegen nicht als „notwendig" im Sinne des Art. 8 Abs.2 EMRK betrachtet werden könne. Gleiches gelte für die Methode der Durchführung der Entscheidung, insbesondere die drakonische Maßnahme der Entfernung des Neugeborenen von seiner Mutter und die Unwiderruflichkeit der Maßnahmen. Art. 8 EMRK sei folglich verletzt[341].

Hinsichtlich der ebenfalls gerügten Verletzung des Art. 6 EMRK aufgrund eines Verstoßes gegen das Recht auf ein faires Verfahren stellte der Gerichtshof nur lapidar fest, dass die Rügen der Beschwerdeführer im Rahmen des Art. 6 EMRK zu großen Teilen mit denen zu Art. 8 EMRK vorgetragenen Beschwerden übereinstimmten. Aus diesem Grunde hielt es der Gerichtshof für unnötig, diese Fakten auch noch im Rahmen des Art. 6 EMRK zu untersuchen[342].

Die über die Entscheidung der Sache Haase/Deutschland hinausgehende Aussage des Gerichtshofs ist deutlich. Wenn der Schwerpunkt der Beschwerden das Privat- und Familienleben betrifft, erübrigt sich eine Prüfung des Art. 6 EMRK unter denselben Gesichtspunkten. Obwohl Art. 6 EMRK ausdrücklich das Recht auf ein faires Verfahren garantiert, ist somit der Aspekt der mangelhaften Verfahrensbeteiligung, hier in Form der fehlenden Beteiligung der Beschwerdeführer am Entscheidungsfindungsprozess, ausschließlich bei der Prüfung eines Verstoßes gegen die Verfahrensdimension des Art. 8 EMRK relevant.

V. Der verfahrensrechtliche Aspekt des Art. 8 Abs. 1 EMRK in umweltbezogenen Fällen

1. McGinley und Egan/Vereinigtes Königreich

In der Sache McGinley und Egan/Vereinigtes Königreich war unter anderem fraglich, ob die Weigerung der britischen Regierung, Dokumente und Akten über das Strahlenniveau sowie radiologische Aufzeichnungen und andere medizinische Berichte offen zu legen, zu einer Verletzung des Art. 8 EMRK geführt hatte. Die beiden Beschwerdeführer waren ehemalige britische Armeeangehörige, die in den fünfziger Jahren an mehreren staatlichen Atomwaffentests teilgenommen und mittlerweile schwere gesundheitliche Beeinträchtigungen zu beklagen hatten. Auch wenn der Gerichtshof eine Verletzung des Art. 8 EMRK im

---

341 EGMR, Urt. v. 08.04.2004, Rn. 104, 105 – Haase/Deutschland.

342 EGMR, Urt. v. 08.04.2004, Rn. 108 – Haase/Deutschland: "The Court observes that the applicant's complaints under Article 6 largely coincide with their complaints under Article 8. The Court does not find it necessary to examine the facts also under Article 6 § 1 of the Convention".

Ergebnis verneinte, weil er die begehrten Unterlagen für die Durchsetzung der Ansprüche für nicht erforderlich hielt, stellte er doch fest, dass aus Art. 8 EMRK die positive Verpflichtung folge, ein geeignetes Verfahren zur Überprüfung staatlicher Handlungen zur Verfügung zur stellen. Wenn ein Staat gefährliche Aktivitäten vornehme, die versteckte Nebeneffekte auf die Gesundheit haben könnten, verlange die Achtung des Privat- und Familienlebens nach Art. 8 EMRK, dass ein effektives und zugängliches Verfahren errichtet werde, welches den betroffenen Personen ermögliche, alle relevanten und notwendigen Informationen zu erlangen[343].

2. Hatton u.a./Vereinigtes Königreich

Ausgehend von der in umweltbezogenen Fällen bestehenden Schutzpflicht der Staaten hat der Gerichtshof in den jüngsten Urteilen zu dieser Problematik die Verpflichtung zu einer Art Umweltverträglichkeitsprüfung und damit einen weiteren verfahrensrechtlichen Aspekt aus Art. 8 EMRK abgeleitet[344]. Die Entscheidung Hatton u.a./Vereinigtes Königreich betraf Beschwerden über Nachtfluglärm von Anwohnern, die in der Einflugschneise des Flughafens Heathrow wohnten. Der Heathrower Flughafen befindet sich weder im Staatseigentum noch hält der Staat Anteile an ihm. Insofern konnte der Nachtfluglärm nicht als staatlicher Eingriff im Sinne des Art. 8 Abs. 2 EMRK qualifiziert werden[345]. Vielmehr kam ein Verstoß gegen die positive Verpflichtung des Staates zur Gewährleistung der in Art. 8 Abs. 1 EMRK garantierten Rechte in Betracht, wobei nach Ansicht des EGMR die in Art. 8 Abs. 2 EMRK genannten Ziele bei der Interessenabwägung eine Rolle spielen und ein fairer Ausgleich erzielt werden müsse[346]. Die zuständige Kammer sah in ihrem Urteil vom 02.10.2001 schließlich einen Verstoß gegen Art. 8 Abs. 1 EMRK darin, dass es die britische Regierung versäumt hatte, ernsthaft die Auswirkungen der Nachtflüge auf das Schlafverhalten der Betroffenen zu erforschen und keine vergleichende Studie über die Vor- und Nachteile der Nachtflüge für die heimische Wirtschaft und die Schlafbedürfnisse der Anwohner in Auftrag gegeben hatte[347].

---

343 EGMR, Urt. v. 09.06.1998, Rn. 101 – McGinley und Egan/Vereinigtes Königreich: "Where a Government engages in hazardous activities,..., which might have hidden adverse consequences on the health of those involved in such activities, respect for private and family life under Art. 8 requires that an effective and accessible procedure be established which enables such persons to seek all relevant and appropriate information".

344 EGMR, Urt. v. 02.10.2001, Rn. 95 ff. – Hatton u.a./Vereinigtes Königreich; EGMR (Große Kammer), Urt. v. 08.07.2003, Rn. 128 – Hatton u.a./Vereinigtes Königreich.

345 EGMR, Urt. v. 02.10.2001, Rn. 95 – Hatton u.a./Vereinigtes Königreich.

346 EGMR, Urt. v. 02.10.2001, Rn. 96 – Hatton u.a./Vereinigtes Königreich.

347 EGMR, Urt. v. 02.10.2001, Rn. 95 ff. – Hatton u.a./Vereinigtes Königreich.

Diese Entscheidung, welche der Großen Kammer vorgelegt wurde, ist mit Urteil vom 08.07.2003 hinsichtlich der festgestellten Verletzung des Art. 8 EMRK in der Sache aufgehoben worden. Die Große Kammer wies dabei zunächst darauf hin, dass im Zusammenhang mit den verfahrensrechtlichen Anforderungen des Art. 8 EMRK in umweltbezogenen Fällen das Gericht alle verfahrensrechtlichen Aspekte, inklusive der Art der Entscheidungsfindung, den Umfang, in dem die Ansichten der Betroffenen in die Entscheidungsfindung mit einbezogen wurden, und die zur Verfügung stehenden verfahrensrechtlichen Schutzmaßnahmen berücksichtigen müsse[348]. Auch wenn kein direkter Eingriff der staatlichen Behörden vorläge, könne eine staatliche Verantwortung in umweltbezogenen Fällen und damit eine mangelnde Achtung der in Art. 8 Abs. 1 EMRK garantierten Rechte vorliegen, wenn es die Behörden unterließen, entsprechende Regelungen für die private Industrie zu treffen[349]. Im Rahmen eines angemessenen Interessenausgleiches müsste auch der Schutz der Umwelt in die Überlegungen der Regierung im Rahmen ihrer Entscheidung und des Gerichtshofs bei seiner Überprüfung mit einbezogen werden, wobei es jedoch für den EGMR nicht angemessen sei, hierbei einen Sonderweg unter Berufung auf einen speziellen Status umweltrechtlicher Menschenrechte einzuschlagen[350]. Im Prinzip könne der Staat zwischen verschiedenen Methoden und Wegen wählen, um seiner Schutzverpflichtung aus Art. 8 Abs. 1 EMRK nachzukommen[351]. Hinsichtlich der verfahrensrechtlichen Aspekte des Falles betont die Große Kammer schließlich, dass ein staatlicher Entscheidungsfindungsprozess, der komplexe Themen der Umwelt- und Wirtschaftspolitik betreffe, notwendigerweise angemessene Untersuchungen und Studien beinhalten müsse, um einen fairen Ausgleich der widerstreitenden Interessen zu erzielen[352].

Dies bedeute jedoch nicht, dass Entscheidungen nur dann getroffen werden könnten, wenn bezüglich jedes einzelnen zu entscheidenden Aspekts umfassen-

---

348 EGMR (Große Kammer), Urt. v. 08.07.2003, Rn. 104 – Hatton u.a./Vereinigtes Königreich.

349 EGMR (Große Kammer), Urt. v. 08.07.2003, Rn. 119 – Hatton u.a./Vereinigtes Königreich.

350 EGMR (Große Kammer), Urt. v. 08.07.2003, Rn. 122 – Hatton u.a./Vereinigtes Königreich: "Environmental protection should be taken into consideration by Governments in acting within their margin of appreciation and by the Court in its review, but it would not be appropriate for the Court to adopt a special approach in this respect by reference to a special status of environmental human rights".

351 EGMR (Große Kammer), Urt. v. 08.07.2003, Rn. 123 – Hatton u.a./Vereinigtes Königreich.

352 EGMR (Große Kammer), Urt. v. 08.07.2003, Rn. 128 – Hatton u.a./Vereinigtes Königreich.

de und messbare Daten zur Verfügung stünden[353]. Im vorliegenden Fall kam die Große Kammer in Anbetracht der Umstände zu dem Ergebnis, dass die Behörden im Rahmen ihres Ermessens eine angemessene und faire Interessenabwägung vorgenommen hätten, Art. 8 Abs. 1 EMRK mithin nicht verletzt worden sei[354]. Die Große Kammer bejahte jedoch einen Verstoß gegen Art. 13 EMRK, da den Betroffenen keine ausreichende Beschwerdemöglichkeit nach nationalem Recht zugestanden hätte[355].

In ihrer abweichenden Meinung weisen die Richter Costa, Ress, Türmen, Zupancic und Steiner auf die Rechtsprechungsentwicklung des EGMR in umweltbezogenen Sachen hin. Während das Gebiet der umweltbezogenen Menschenrechte zum Zeitpunkt der Ratifizierung der EMRK im Jahre 1950 praktisch noch unbekannt gewesen sei, hätten die Kommission und der Gerichtshof im Laufe der Jahre im verstärkten Maße die Ansicht vertreten, dass Art. 8 EMRK das Recht auf eine gesunde Umwelt mit einschließe und somit Schutz gegen Verschmutzungen und Lärmbelästigungen, die durch gefährliche Chemikalien, unerträglichen Gestank, Lärm etc. hervorgerufen würden, biete[356]. Der Gerichtshof hätte in den einstimmig ergangenen Entscheidungen López Ostra/Spanien und Guerra/Italien eindeutig bestätigt, dass Art. 8 EMRK das Recht auf eine gesunde Umwelt beinhalte[357]. Nach Ansicht der abweichenden Richter handele es sich bei dem Urteil der Großen Kammer, insoweit als es keine Verletzung des Art. 8 EMRK annimmt, nicht nur um ein Abweichen von der diesbezüglichen Rechtsprechungsentwicklung des EGMR, sondern um einen Rückschritt.

Diese Entscheidung gäbe den wirtschaftlichen Interessen gegenüber den Grundvoraussetzungen der gesundheitlichen Bedingungen den Vorrang, indem sie die „Lärmsensibilität" der Beschwerdeführer als das Problem einer kleinen

---

353 EGMR (Große Kammer), Urt. v. 08.07.2003, Rn. 128 – Hatton u.a./Vereinigtes Königreich.

354 EGMR (Große Kammer), Urt. v. 08.07.2003, Rn. 129 – Hatton u.a./Vereinigtes Königreich.

355 EGMR (Große Kammer), Urt. v. 08.07.2003, Rn. 137 ff. – Hatton u.a./Vereinigtes Königreich.

356 Abweichende Meinung der Richter Costa, Ress, Türmen, Zupancic und Steiner in: EGMR (Große Kammer), Urt. v. 08.07.2003, Rn. 2 – Hatton u.a./Vereinigtes Königreich.

357 Abweichende Meinung der Richter Costa, Ress, Türmen, Zupancic und Steiner in: EGMR (Große Kammer), Urt. v. 08.07.2003, Rn. 4 – Hatton u.a./Vereinigtes Königreich.

Minderheit einstufe[358]. Das Herunterspielen von Lärmbelästigungen und Schlafstörungen würde dem Trend eines wachsenden Bewusstseins von umweltbezogenen Themen nicht nur in Europa, sondern in der ganzen Welt entgegenlaufen[359]. In derart intimen und persönlichen Situationen wie der andauernden Störung der Nachtruhe durch Flugzeuggeräusche treffe den Staat, nach Ansicht der abweichenden Richter, die positive Verpflichtung, normale Schlafbedingungen zu gewährleisten[360]. Diese sei hier eindeutig verletzt worden, sodass die abweichenden Richter im Ergebnis einen Verstoß gegen Art. 8 Abs. 1 EMRK bejahten.

VI. Zusammenfassung der Entwicklung der Verfahrensdimension des Art. 8 EMRK

Der Gerichtshof leitete erstmals in den achtziger und neunziger Jahren aus den dem Art. 8 EMRK innewohnenden, positiven Verpflichtungen der Staaten konkrete Anforderungen an das Verfahren ab. Aufgrund der schwerwiegenden Natur der in Sorgerechtsfällen zu treffenden Entscheidungen verlangt Art. 8 EMRK, dass die Eltern an dem als Ganzes betrachteten Entscheidungsfindungsprozess in einem ausreichenden Maße beteiligt werden, um den erforderlichen Schutz ihrer Interessen zu gewährleisten[361]. Der Entscheidungsfindungsprozess, welcher zu eingreifenden Maßnahmen führt, muss fair sein und den von Art. 8 EMRK geschützten Interessen die gebührende Achtung erweisen[362]. Die Verfahrensfairness kann beispielsweise die Offenlegung und den Zugang zu wichtigen, den Fall betreffenden Dokumenten erfordern[363]. Eine effektive Achtung des Familienlebens setzt zudem voraus, dass künftige Beziehungen zwischen Eltern und ihren Kindern einzig und allein im Lichte aller relevanten Erwägungen bestimmt werden und nicht durch den bloßen Ablauf der Zeit. Da jede verfahrenstechnische Verzögerung zu einer faktischen Präjudizierung führen kann, verlangt Art. 8 EMRK demnach eine zügige Durchführung des be-

358 Abweichende Meinung der Richter Costa, Ress, Türmen, Zupancic und Steiner in: EGMR (Große Kammer), Urt. v. 08.07.2003, Rn. 5 – Hatton u.a./Vereinigtes Königreich.

359 Abweichende Meinung der Richter Costa, Ress, Türmen, Zupancic und Steiner in: EGMR (Große Kammer), Urt. v. 08.07.2003, Rn. 5 – Hatton u.a./Vereinigtes Königreich.

360 Abweichende Meinung der Richter Costa, Ress, Türmen, Zupancic und Steiner in: EGMR (Große Kammer), Urt. v. 08.07.2003, Rn. 12 – Hatton u.a./Vereinigtes Königreich.

361 EGMR, Urt. v. 08.07.1987, Rn. 65 – Blackham/Vereinigtes Königreich; EGMR, Urt. v. 08.07.1987, Rn. 69 – Rennix/Vereinigtes Königreich; EGMR, Urt. v. 08.07.1987, Rn. 64 – Williams/Vereinigtes Königreich.

362 EGMR, Urt. v. 24.02.1995, Rn. 87 – McMichael/Vereinigtes Königreich.

363 EGMR, Urt. v. 24.02.1995, Rn. 92 – McMichael/Vereinigtes Königreich.

hördlichen und gerichtlichen Verfahrens[364]. Auffallend an diesen ersten, die Verfahrensdimension des Art. 8 EMRK betreffenden Entscheidungen des Gerichtshofs ist die uneinheitliche Zuordnung des Aspekts der gerichtlichen Verfahrensdauer unter die Schutzbereiche der Art. 8 und 6 EMRK. Die Verfahrensdauer wird dabei teilweise ausschließlich im Rahmen der Garantie des Art. 6 EMRK auf Entscheidung in angemessener Frist[365] oder aber allein im Lichte der Verfahrensdimension des Art. 8 EMRK diskutiert[366]. Der Gerichtshof nimmt andererseits auch eine parallele Prüfung der Artikel 6 und 8 EMRK vor. Hierbei setzt er jedoch erkennbar den Schwerpunkt im Garantiegehalt des Art. 6 EMRK[367]. Eine einheitliche Struktur ist diesen Urteilen damit in Bezug auf die gerichtliche Verfahrensdauer nicht zu entnehmen.

In den jüngsten zu dieser Problematik ergangenen Urteilen verfährt der Gerichtshof dagegen anders. Seit dem Jahre 2000 ist der EGMR dazu übergegangen, die Aspekte der Verfahrensdauer und der Verfahrensfairness praktisch nur noch im Rahmen einer möglichen Verletzung des Art. 8 EMRK zu untersuchen. Dieser Prüfungsaufbau lässt die Bedeutung, die der Gerichtshof der von ihm entwickelten Verfahrensdimension des Art. 8 EMRK beimisst, nunmehr in aller Deutlichkeit hervortreten. Von den 14 untersuchten Fällen sind, bis auf die Entscheidung Mikulic/Kroatien, in welcher der Gerichtshof überraschenderweise den Aspekt der Verfahrensdauer ausschließlich unter Art. 6 EMRK prüfte[368], und dem Urteil P., C. und S./Vereinigtes Königreich, in dem der Gerichtshof den Aspekt der Verfahrensfairness gleichwertig im Rahmen beider Artikel prüfte[369], die übrigen Entscheidungen allesamt mit ihrem Prüfungsschwerpunkt im Schutzbereich des Art. 8 EMRK angesiedelt. Eine mögliche Verletzung des Art. 6 EMRK unter Verfahrensgesichtspunkten wird vielfach überhaupt nicht erwähnt[370] oder eine zusätzliche Prüfung neben Art. 8 EMRK für unnötig befun-

---

364 EGMR, Urt. v. 08.07.1987, Rn. 90 – Hyatt/Vereinigtes Königreich; EGMR, Urt. v. 08.07.1987, Rn. 70 – Rennix/Vereinigtes Königreich; EGMR, Urt. v. 08.07.1987, Rn. 65 – Williams/Vereinigtes Königreich.

365 EGMR, Urt. v. 22.06.1989, Rn. 76 – Eriksson/Schweden; EGMR, Urt. v. 07.08.1996, Rn. 87 – Johansen/Norwegen.

366 EGMR, Urt. v. 08.07.1987, Rn. 70 – Rennix/Vereinigtes Königreich; EGMR, Urt. v. 08.07.1987, Rn. 65 – Williams/Vereinigtes Königreich; EGMR, Urt. v. 24.02.1994, Rn. 55 – Keegan/Irland.

367 EGMR, Urt. v. 08.07.1987, Rn. 67 ff., 87 ff. – Hyatt/Vereinigtes Königreich; EGMR, Urt. v. 24.02.1995, Rn. 91 – McMichael/Vereinigtes Königreich.

368 EGMR, Urt. v. 07.02.2002, Rn. 44 ff. – Mikulic/Kroatien.

369 EGMR, Urt. v. 16.07.2002, Rn. 88 ff. und 119 ff. – P., C. und S./Vereinigtes Königreich.

370 EGMR, Urt. v. 25.01.2000 – Ignaccolo-Zenide/Rumänien; EGMR, Urt. v. 11.10.2001 – Sahin/Deutschland; EGMR (Große Kammer), Urt. v. 08.07.2003 – Sahin/Deutschland.

den[371], beziehungsweise allenfalls „überdies" und äußerst lapidar bejaht[372]. Zudem benutzt der Gerichtshof seine in der Entscheidung McMichael/Vereinigtes Königreich getroffene Feststellung, dass die unterschiedliche Schutzrichtung der beiden Artikel unter Umständen eine zusätzliche Prüfung des Art. 8 EMRK rechtfertigen könne, nunmehr, um neben Art. 8 EMRK die Anwendung des Art. 6 EMRK zu rechtfertigen[373].

Verfahrensfairness und -dauer bleiben auch in den jüngsten Entscheidungen des Gerichtshofs die Kernstücke der dem Art. 8 EMRK beigemessenen Verfahrensdimension. Die zwei Entscheidungen der Großen Kammer in der Sache Sahin/Deutschland und Sommerfeld/Deutschland verdeutlichen jedoch, dass der Umfang dieser Verfahrensdimension noch äußerst strittig ist. Die Mehrheit der Richter vertrat in beiden Urteilen die Ansicht, dass es zu weit ginge, den nationalen Gerichten in Sorgerechtsfällen die Anhörung des Kindes und die Einholung eines Sachverständigengutachtens zwingend vorzuschreiben. Diese Maßnahmen würden vielmehr von den spezifischen Umständen des Einzelfalles, insbesondere unter Berücksichtigung des Alters und der Reife des betroffenen Kindes, abhängen[374]. Im Gegensatz dazu vertraten drei Richter in ihrer gemeinsam abweichenden Meinung den Standpunkt, dass die Anforderungen, die Art. 8 EMRK an das Verfahren stellte, kumulativ die Anhörung des Kindes und die Einholung eines Sachverständigengutachtens verlangen[375]. Auch wenn somit die konkrete Ausgestaltung der Verfahrensdimension des Art. 8 EMRK nach wie vor in ihrer Entwicklung begriffen ist, zeigen die jüngsten Urteile bereits, wie stark Art. 6 EMRK in Ehe- und Kindschaftssachen seinen Anwendungsbereich zugunsten des Art. 8 EMRK eingebüßt hat.

Auch in umweltbezogenen Fällen hat der Gerichtshof aus Art. 8 EMRK in der jüngeren Zeit vermehrt verfahrensrechtliche Anforderungen abgeleitet. Aus Art. 8 EMRK folgt demnach die Pflicht, ein geeignetes Verfahren zur Überprüfung

---

371 EGMR, Urt. v. 26.02.2002, Rn. 57 – Kutzner/Deutschland; EGMR, Urt. v. 24.04.2003, Rn. 77 – Sylvester/Österreich; EGMR (Große Kammer), Urt. v. 08.07.2003, Rn. 100 – Sommerfeld/Deutschland; EGMR, Urt. v. 08.04.2004, Rn. 108 – Haase/Deutschland.

372 EGMR (Große Kammer), Urt. v. 13.07.2000, Rn. 66 – Elsholz/Deutschland; EGMR, Urt. v. 11.10.2001, Rn. 63 – Sommerfeld/Deutschland.

373 EGMR, Urt. v. 20.10.2001, Rn. 144 – Buchberger/Österreich; EGMR, Urt. v. 05.12.2002, Rn. 61 – Hoppe/Deutschland; EGMR, Urt. v. 24.04.2003, Rn. 76 – Sylvester/Österreich; EGMR, Urt. v. 26.02.2004, Rn. 58 – Görgülü/Deutschland.

374 EGMR (Große Kammer) Urt. v. 08.07.2003, Rn. 71 – Sommerfeld/Deutschland; EGMR (Große Kammer), Urt. v. 08.07.2003, Rn. 73 – Sahin/Deutschland.

375 Abweichende Meinung der Richter Ress, Pastor Ridruejo und Türmen in: EGMR (Große Kammer), Urt. v. 08.07.2003, Rn. 2 – Sommerfeld/Deutschland; EGMR (Große Kammer), Urt. v. 08.07.2003, Rn. 2 – Sahin/Deutschland.

möglicherweise gesundheitsschädlicher staatlicher Aktivitäten zu errichten[376]. Unabhängig davon, ob man die Entscheidung der Großen Kammer in der Sache Hatton u.a./Vereinigtes Königreich als einen Rückschritt auf dem Gebiet umweltbezogener Menschenrechte sieht[377], zeigen die beiden Urteile in der Sache Hatton u.a./Vereinigtes Königreich jedenfalls, dass dem Art. 8 EMRK auch in derartigen Fällen generell eine verfahrensrechtliche Verpflichtung zum Schutze der garantierten Rechte zukommt. Zwar lehnte die Große Kammer in der Entscheidung Hatton u.a./Vereinigtes Königreich eine Verletzung des Art. 8 EMRK in der Sache ab, bestätigte jedoch die verfahrensrechtliche Pflicht der Mitgliedsstaaten zu einer Art Umweltverträglichkeitsprüfung.

Abgeschwächt wird diese Bedingung jedoch durch die Feststellung, dass den Mitgliedstaaten dabei ein relativ weiter Ermessensspielraum zukommt, und sich insofern die Frage nach der Effektivität dieser Verfahrensanforderung stellt.

Da sich die verfahrensrechtliche Entwicklung des Art. 8 EMRK in umweltbezogenen Fällen, anders als in familienrechtlichen Angelegenheiten, noch in einem Anfangsstadium befindet, muss zunächst abgewartet werden, welchen Einfluss die Entscheidung der Großen Kammer in der Sache Hatton u.a./Vereinigtes Königreich auf nachfolgende umweltbezogene Fälle haben wird. Dies hängt sicherlich auch von dem zukünftigen Kräfteverhältnis innerhalb der Richterschaft ab, wie die Meinung der abweichenden fünf Richter eindrucksvoll verdeutlicht.

B. Die Verfahrensgarantien des Art. 2 EMRK

Nicht nur im Rahmen des von Art. 8 EMRK geschützten Familienlebens ist der EGMR verstärkt dazu übergegangen, materielle Konventionsverstöße durch die Verletzung verfahrensrechtlicher Garantien zu begründen. Insbesondere im Rahmen des Art. 2 EMRK zeichnet sich in den letzten Jahren deutlich die Entwicklung ab, einen Verstoß nicht allein durch die positiv festgestellte Tötung anzunehmen, sondern eine Verletzung auch oder ausschließlich darin zu sehen, dass es der Staat unterlassen hat, bei verdächtigen Todesfällen oder dem Verschwinden einer Person für gründliche, wirksame und unvoreingenommene Ermittlungen zu sorgen[378]. Darüber hinaus obliegt es nach der Rechtsprechung des Gerichtshofs dem Staat, in besonderen Gewahrsamssituationen, wie beispielsweise der Polizeihaft, in denen die Sicherung der Beweise in der Regel

376 EGMR, Urt. v. 09.06.1998, Rn. 101 – McGinely und Egan/Vereinigtes Königreich.

377 So Bourne in: New Law Journal 2003, 1262 f.

378 Grundlegend: EGMR, Urt. v. 27.09.1995, Rn. 161 – McCann u.a./Vereinigtes Königreich.

nur dem Staat selbst möglich ist, eine plausible Erklärung für die Ursachen von Verletzungen beziehungsweise der Tötung der betroffenen Person zu geben, wenn er eine Verurteilung durch den EGMR abwenden will[379]. In einer jüngeren, Art. 2 EMRK betreffenden Entscheidung, dem Fall Öcalan/Türkei, leitete der EGMR zudem ein Gebot der Verfahrensfairness aus Art. 2 EMRK ab[380]. Nach Ansicht des EGMR wäre der Vollzug der Todesstrafe an einer Person, die keinen fairen Prozess gehabt habe, konventionswidrig[381].

Diese noch nicht abgeschlossene Entwicklung verfahrensrechtlicher Garantien gilt es im Rahmen einer Rechtsprechungsanalyse aufzuzeigen und Sinn und Zweck dieser Garantien zu bestimmen.

I. Rechtsprechungsüberblick zur Verfahrensdimension des Art. 2 EMRK

1. McCann u.a./Vereinigtes Königreich

Das Urteil in der Sache McCann u.a./Vereinigtes Königreich vom 27.09.1995 bildete den Auftakt zu einer Reihe von Entscheidungen, in denen der EGMR wichtige Grundsätze zum Bedeutungsgehalt verfahrensrechtlicher Garantien des Art. 2 EMRK entwickelte. Nach Art. 2 Abs. 1 S. 1 EMRK wird das Recht jedes Menschen auf Leben gesetzlich geschützt. Niemand darf gemäß Art. 2 Abs. 1 S. 2 EMRK absichtlich getötet werden, außer durch Vollstreckung eines Todesurteils, welches ein Gericht wegen eines Verbrechens verhängt hat, für das die Todesstrafe gesetzlich vorgesehen ist. Art. 2 Abs. 2 EMRK regelt diejenigen Ausnahmen, bei denen eine Tötung nicht als Verletzung dieses Artikels betrachtet wird[382]. Der Gerichtshof stellte zunächst fest, dass Art. 2 EMRK, eben-

---

379 EGMR, Urt. v. 27.08.1992, Rn. 108-111 – Tomasi/Frankreich; EGMR, Urt. v. 04.12.1995, Rn. 34 – Ribitsch/Österreich; EGMR, Urt. v. 09.06.1998, Rn. 52 f. – Tekin/Türkei; EGMR (Große Kammer), Urt. v. 28.07.1999, Rn. 87 – Selmouni/Frankreich; EGMR, Urt. v. 18.05.2000, Rn. 70 – Velikova/Bulgarien; EGMR, Urt. v. 13.06.2000, Rn. 82 – Timurtas/Türkei; EGMR, Urt. v. 27.06.2000, Rn. 99 – Salman/Türkei; EGMR, Urt. v. 10.10.2000, Rn. 53 f. – Satik u.a./Türkei; EGMR, Urt. v. 14.11.2000, Rn. 63 – Tas/Türkei; EGMR, Urt. v. 27.02.2001, Rn. 145 – Cicek/Türkei; EGMR, Urt. v. 10.04.2001, Rn. 141 – Tanli/Türkei; EGMR, Urt. v. 31.05.2001, Rn. 85 – Akdeniz/Türkei; EGMR, Urt. v. 13.06.2002, Rn. 109 – Anguelova/Bulgarien; EGMR, Urt. v. 18.06.2002, Rn. 326 – Orhan/Türkei; EGMR, Urt. v. 24.04.2003, Rn. 290 – Aktas/Türkei; EGMR, Urt. v. 08.04.2004, Rn. 34 – Özalp/Türkei.

380 EGMR, Urt. v. 12.03.2003, Rn. 203 – Öcalan/Türkei. Dieser Fall wurde an die Große Kammer verwiesen. Eine Entscheidung lag zum Zeitpunkt der Bearbeitung noch nicht vor.

381 EGMR, Urt. v. 12.03.2003, Rn. 204 – Öcalan/Türkei.

382 Art. 2 Abs. 2 EMRK lautet: Eine Tötung wird nicht als Verletzung dieses Artikels betrachtet, wenn sie durch eine Gewaltanwendung verursacht wird, die unbedingt erforderlich ist, um a) jemanden gegen rechtswidrige Gewalt zu verteidigen; b) jemanden rechtmäßig festzunehmen oder jemanden, dem die Freiheit rechtmäßig

so wie Art. 3 EMRK, eine der fundamentalsten Bestimmungen der EMRK darstelle und grundlegende Werte der demokratischen Gesellschaft garantiere[383]. Die Auslegung des Art. 2 EMRK erfordere nach dem Sinn und Zweck der EMRK als Instrument des Menschenrechtsschutzes eine Interpretation und Anwendung, die einen effektiven und praktikablen Schutz gewährleiste[384].

Im Fall McCann u.a./Vereinigtes Königreich, der die Erschießung von Terroristen der irischen Untergrundbewegung IRA durch britische Soldaten in Gibraltar betraf, war unbestritten, dass die Soldaten die Absicht gehabt hatten, auf die Terroristen zu schießen, um diese zu töten. Den Anweisungen zufolge, welche die Soldaten erhalten hatten, planten die drei Terroristen, eine Autobombe in einem belebten Stadtgebiet mittels eines Fernzünders detonieren zu lassen. Aufgrund der vorhandenen Informationen wurde dabei angenommen, dass die Täter den Fernzünder bei sich tragen würden und dass dieser durch einfachen Knopfdruck die Bombe jederzeit zum Explodieren bringen könnte. Die britische Regierung sah die Erschießung der drei Terroristen als von Art. 2 Abs. 2 a) EMRK gedeckt, der die Tötung durch Gewaltanwendung, welche unbedingt erforderlich ist, um jemanden gegen rechtswidrige Gewalt zu verteidigen, nicht als Verletzung betrachtet. Der Gerichtshof urteilte indes, dass der Begriff „unbedingt erforderlich" in Art. 2 Abs. 2 EMRK zeige, dass der Gewalteinsatz strikt proportional zur Erreichung einer der unter Art. 2 Abs. 2 a) bis c) EMRK genannten Ziele erfolgen müsse[385]. Aufgrund dieser hohen Anforderungen sei es für die gewaltanwendenden Personen nicht ausreichend, lediglich ernsthaft zu glauben, ihre Handlungen seien gerechtfertigt. Dieser Glaube müsse vielmehr auf vernünftige Gründe im Lichte der zur relevanten Zeit verfügbaren Informationen gestützt werden[386]. Der Gerichtshof akzeptierte, dass den Soldaten diesbezüglich kein Vorwurf gemacht werden könne, da sie aufrichtig und vernünftigerweise geglaubt hätten, dass es notwendig sei, die Terroristen zu erschießen, um sie vom Zünden der Autobombe abzuhalten[387]. Er überprüfte jedoch anschließend die Operation in ihrer Gesamtheit, einschließlich der Vorgeschichte und ihrer Planung. Die Identitäten der drei Mitglieder der IRA seien den britischen Behörden bekannt gewesen. Auch waren sie über den Zeitpunkt und Ort der Einreise informiert. Insofern wäre es den Behörden möglich gewesen, diese bei Erreichung Gibraltars zu verhaften, noch bevor die Terroristen die Autobombe hätten deponieren können.

---

rechtmäßig festzunehmen oder jemanden, dem die Freiheit rechtmäßig entzogen ist, an der Flucht zu hindern; c) einen Aufruhr oder Aufstand rechtmäßig niederzuschlagen.

383 EGMR, Urt. v. 27.09.1995, Rn. 147 – McCann u.a./Vereinigtes Königreich.

384 EGMR, Urt. v. 27.09.1995, Rn. 146 – McCann u.a./Vereinigtes Königreich.

385 EGMR, Urt. v. 27.09.1995, Rn. 149 – McCann u.a./Vereinigtes Königreich.

386 EGMR, Urt. v. 27.09.1995, Rn. 200 – McCann u.a./Vereinigtes Königreich.

387 EGMR, Urt. v. 27.09.1995, Rn. 200 – McCann u.a./Vereinigtes Königreich.

Zudem erwies sich die Annahme, dass die Terroristen einen sofort aktivierbaren Fernzünder bei sich tragen würden, *ex post* als unbegründet, was ebenfalls als Indiz gegen die Rechtfertigung der Gewaltanwendung gewertet wurde. In Anbetracht dieser Umstände gelangte der EGMR zu dem Schluss, dass die Gewaltanwendung nicht unbedingt erforderlich gewesen sei und die Erschießungen zu einer Verletzung des Art. 2 EMRK geführt hätten[388].

Die Beschwerdeführer rügten zudem die Mangelhaftigkeit des nach der Erschießung eingeleiteten Untersuchungsverfahrens. Auch wenn der Gerichtshof die durchgeführten Untersuchungen im Ergebnis als ausreichend betrachtete, stellte er in diesem Zusammenhang erstmalig fest, dass jedes gesetzliche Verbot der willkürlichen Tötung durch Staatsbeamte in der Praxis ineffektiv wäre, wenn kein geeignetes Verfahren vorhanden sei, die Rechtmäßigkeit des Gebrauchs tödlicher Gewalt durch Bedienstete des Staates zu überprüfen[389]. Aus der Verpflichtung nach Art. 2 EMRK, das Recht auf Leben zu schützen, in Verbindung mit der allgemeinen Verpflichtung des Staates aus Art. 1 EMRK, allen seiner Hoheitsgewalt unterstehenden Personen die in Abschnitt I dieser Konvention bestimmten Rechte und Freiheiten zuzusichern, ergäbe sich die Pflicht, wirksame amtliche Ermittlungen anzustellen, wenn Gewaltanwendung, insbesondere durch Bedienstete des Staates, den Tod eines Menschen zur Folge gehabt habe[390].

In der erst neun Jahre zurückliegenden Entscheidung McCann u.a./Vereinigtes Königreich legte der Gerichtshof den Grundstein für die dem Art. 2 EMRK beigemessene Verfahrensdimension. Der EGMR leitete erstmals aus Art. 2 EMRK die Pflicht der Konventionsstaaten zur Ermittlung bei verdächtigen Todesfällen ab. Die nachfolgenden Fälle gaben dem EGMR anschließend die Gelegenheit, die Verfahrensdimension des Art. 2 EMRK auszugestalten und zu konkretisieren.

---

388 EGMR, Urt. v. 27.09.1995, Rn. 213 – McCann u.a./Vereinigtes Königreich.

389 EGMR, Urt. v. 27.09.1995, Rn. 161 – McCann u.a./Vereinigtes Königreich: "The Court confines itself noting that a general prohibition of arbitrary killing by the agents of the State would be ineffective, in practice, if there existed no procedure for reviewing the lawfulness of the use of lethal force by State authorities".

390 EGMR, Urt. v. 27.09.1995, Rn. 161 – McCann u.a./Vereinigtes Königreich: "The obligation to protect the right to life under this provision (art. 2), read in conjuntion with the State´s general duty under Art. 1 of the Convention to secure to everyone within their jurisdiction the rights and freedoms defined in the Convention, requires by implication that there should be some form of effective official investigation when individuals have been killed as a result of the use of force, by inter alios, agents of State".

2. Kaya/Türkei

Die in der Entscheidung McCann u.a./Vereinigtes Königreich begründete Ermittlungspflicht wurde durch das Urteil Kaya/Türkei weiter konkretisiert. In diesem Fall wurde der Bruder des Beschwerdeführers tot und von Kugeln durchlöchert nahe seines Dorfes im Südwesten der Türkei aufgefunden. Die türkische Regierung behauptete, dass der Verstorbene ein Terrorist gewesen sei, der während eines Gefechts mit Sicherheitskräften getötet worden sei. Zeugen aus dem Dorf, von denen jedoch keiner bereit war, vor der Delegation der seinerseits noch existierenden Europäischen Kommission für Menschenrechte auszusagen, trugen übereinstimmend vor, dass es sich bei dem Verstorbenen um einen gewöhnlichen und zudem unbewaffneten Bauern gehandelt hätte, der von den Sicherheitskräften ohne Rechtfertigung oder Provokation erschossen worden sei. Im Laufe des Verfahrens ist lediglich eine oberflächliche Obduktion durchgeführt worden, bevor der Leichnam zur Bestattung den Dorfbewohnern übergeben wurde. Der ermittelnde Staatsanwalt schien überdies die Version des Militärs hinsichtlich des Tathergangs anstandslos übernommen zu haben, ohne andere Zeugen zu befragen oder forensische Beweise zu sammeln. Der EGMR sah sich schließlich in Anbetracht der Umstände außerstande, den Sachverhalt umfassend aufzuklären. Dies führte er einerseits auf die zwischen der Tötung und dem Beginn des Verfahrens vor dem EGMR verstrichene Zeit zurück. Andererseits seien die Ermittlungen durch die mangelnde Aussagebereitschaft der Zeugen beeinträchtigt worden. Der EGMR betonte, dass er im Rahmen der Art. 2 und 3 EMRK den Beweismaßstab des „über jeden vernünftigen Zweifel erhabenen" Beweises anwende[391]. Dieses Erfordernis könne auch durch das Vorliegen von ausreichend gewichtigen, klaren und übereinstimmenden Indizien erfüllt werden. Im konkreten Fall sah sich der EGMR jedoch außerstande, eine Art. 2 EMRK verletzende Tötung positiv festzustellen[392].

Der Gerichtshof untersuchte anschließend die vom Beschwerdeführer gerügte Mangelhaftigkeit der durchgeführten Untersuchungen. Er bekräftigte hierbei die in der Sache McCann u.a./Vereinigtes Königreich getroffene Feststellung, dass jedes gesetzliche Verbot der willkürlichen Tötung durch Staatsbeamte in der Praxis ineffektiv wäre, wenn kein geeignetes Verfahren vorhanden sei, die Rechtmäßigkeit des Einsatzes tödlicher Gewalt durch staatliche Bedienstete zu

391 Dieser Beweismaßstab wurde erstmals im „Griechenland Fall", Yearbook of the European Convention on Human Rights, Vol. 12 (1969), S. 196, §30, angewandt und in EGMR, Urt. v. 18.01.1978, Rn. 161 – Irland/Vereinigtes Königreich bestätigt.

392 EGMR, Urt. v. 19.02.1998, Rn. 78 – Kaya/Türkei: "The Court considers that there is an insufficient factual and evidentiary basis on which to conclude that the applicant's brother was, beyond reasonable doubt, intentionally killed by the security forces in the circumstances alleged by the applicant".

überprüfen. Aus der Verpflichtung nach Art. 2 EMRK, das Recht auf Leben zu schützen, in Verbindung mit der allgemeinen Verpflichtung des Staates aus Art. 1 EMRK, allen seiner Hoheitsgewalt unterstehenden Personen die in Abschnitt I dieser Konvention bestimmten Rechte und Freiheiten zuzusichern, ergebe sich die Pflicht, wirksame amtliche Ermittlungen anzustellen, wenn Gewaltanwendung, insbesondere durch Bedienstete des Staates, den Tod eines Menschen zur Folge gehabt habe[393]. Der Gerichtshof betonte, dass der dem Art. 2 EMRK innewohnende verfahrensrechtliche Schutz die Verantwortlichkeit der Bediensteten des Staates für den Gebrauch tödlicher Gewalt dadurch sichern würde, dass der Staat ihre Handlungen einer unabhängigen und öffentlichen Untersuchung unterwerfe, die in der Lage sei zu bestimmen, ob der Einsatz der Gewalt im jeweiligen Einzelfall gerechtfertigt war oder nicht[394]. Auch wenn der Verlust des Lebens seit mehreren Jahren eine tragische und häufige Erscheinung im Südosten der Türkei sei, entbände diese Situation nicht von der Pflicht unter Art. 2 EMRK, für effektive und unabhängige Ermittlungen zu sorgen[395]. Im vorliegenden Fall sei der Staat dieser Art. 2 EMRK impliziten Pflicht zur effektiven Ermittlung der Todesumstände nicht nachgekommen und Art. 2 EMRK dadurch verletzt worden[396].

Der EGMR konkretisierte in der Sache Kaya/Türkei die in der Entscheidung McCann u.a./Vereinigtes Königreich begründete Ermittlungspflicht. Aus Art. 2 EMRK ergibt sich demnach, dass die notwendigen Untersuchungen amtlich, öffentlich und von einer unabhängigen Institution durchgeführt werden müssen. Dadurch soll sichergestellt werden, dass die Bediensteten des Staates im Falle ungerechtfertigter Gewaltanwendung zur Verantwortung gezogen werden.

3. Gülec/Türkei

Der Fall Gülec/Türkei betraf die Erschießung des fünfzehnjährigen Sohnes des Beschwerdeführers während einer unangemeldeten Demonstration mit mehr als 1000 Teilnehmern. Diese war in ihrem Verlauf in einen aufstandsähnlichen Zustand übergegangen, bei dem es zu erheblichen Ausschreitungen und Sachbeschädigungen kam. Die in der Unterzahl befindlichen Sicherheitskräfte forderten Verstärkung an, die in Form von zwei gepanzerten Fahrzeugen eintraf. Anschließend wurden von einem dieser Fahrzeuge Schüsse in die Menge abgegeben, durch die mehrere Personen verletzt und der Sohn des Beschwerdeführers tödlich getroffen wurde.

393 EGMR, Urt. v. 19.02.1998, Rn. 86 – Kaya/Türkei mit Verweis auf: EGMR, Urt. v. 27.09.1995, Rn. 161 – McCann u.a./Vereinigtes Königreich.

394 EGMR, Urt. v. 19.02.1998, Rn. 87 – Kaya/Türkei.

395 EGMR, Urt. v. 19.02.1998, Rn. 91 – Kaya/Türkei.

396 EGMR, Urt. v. 19.02.1998, Rn. 92 – Kaya/Türkei.

Der Gerichtshof betonte, dass im vorliegenden Fall eine Rechtfertigung nach Art. 2 Abs. 2 c) EMRK, der die Gewaltanwendung zur Niederschlagung eines Aufruhrs oder Aufstandes betrifft, in Betracht kommen könne[397]. In jedem Fall müsse aber ein angemessenes Gleichgewicht zwischen dem verfolgten Ziel und den eingesetzten Mitteln bestehen[398]. Die Gendarmen hätten sich einer sehr wirkungsvollen Waffe bedient, da ihnen keine Schlagstöcke, Schutzschilder, Wasserkanonen, Gummigeschosse oder Tränengas zur Verfügung standen.

Das Fehlen dieser Ausrüstung sei jedoch weder nachvollziehbar noch akzeptierbar, da in der Provinz, in der sich der Vorfall ereignete, der Ausnahmezustand ausgerufen worden sei, und Aufstände zu erwarten gewesen seien. Hinzu käme, dass es auf Seiten der Demonstranten zu keinem erwiesenen Schusswaffengebrauch gekommen sei. Der Gerichtshof kam deswegen zu dem Schluss, dass in Anbetracht der Tatumstände die eingesetzte Gewalt, welche zum Tode des Sohnes des Beschwerdeführers geführt hätte, zur Niederschlagung des Aufstands nicht „unbedingt erforderlich" im Sinne des Art. 2 Abs. 2 EMRK gewesen sei. Art. 2 EMRK sei mithin verletzt worden[399].

Nach dieser Prüfung widmete sich der Gerichtshof den im Anschluss an die Tötung durchgeführten Ermittlungen der nationalen Behörden. Er berief sich hierbei auf die in der Sache McCann u.a./Vereinigtes Königreich getroffene Feststellung, dass jedes gesetzliche Verbot der willkürlichen Tötung durch Staatsbeamte in der Praxis ineffektiv wäre, wenn kein geeignetes Verfahren vorhanden sei, die Rechtmäßigkeit des Gebrauchs tödlicher Gewalt durch staatliche Bedienstete zu überprüfen. Die nach Art. 2 EMRK bestehende Verpflichtung des Staates, das Recht auf Leben zu schützen, in Verbindung mit der generellen Verpflichtung aus Art. 1 EMRK, allen seiner Hoheitsgewalt unterstehenden Personen die in Abschnitt 1 der EMRK bestimmten Rechte und Freiheiten zuzusichern, erfordere implizit, dass es wirksame amtliche Untersuchungen geben müsse, wenn Individuen durch Gewaltanwendung, unter anderem durch Staatsbeamte, getötet worden sind[400]. Der dem Art. 2 EMRK innewohnende verfahrensrechtliche Schutz des Rechts auf Leben beinhalte, dass die Bediensteten des Staates für den Einsatz von tödlicher Gewalt zur Verantwortung gezogen würden. Ihre Handlungen müssten insofern einer unabhängigen und öffentlichen Untersuchung unterworfen werden, die in der Lage sei zu bestimmen, ob der

397 EGMR, Urt. v. 27.07.1998, Rn. 71 – Gülec/Türkei.
398 EGMR, Urt. v. 27.07.1998, Rn. 71 – Gülec/Türkei.
399 EGMR, Urt. v. 27.07.1998, Rn. 83 – Gülec/Türkei.
400 EGMR, Urt. v. 27.07.1998, Rn. 77 – Gülec/Türkei mit Verweis auf: EGMR, Urt. v. 27.09.1995, Rn. 161 – McCann u.a./Vereinigtes Königreich.

Einsatz der Gewalt im jeweiligen Einzelfall gerechtfertigt war oder nicht[401]. Im vorliegenden Fall seien die Ermittlungen weder gründlich noch von einer unabhängigen Behörde durchgeführt worden und, was erschwerend hinzukäme, ohne die Teilnahme des Beschwerdeführers und damit des Vaters des Verstorbenen[402]. Die mangelhaften Untersuchungen begründeten nach Ansicht des EGMR ebenfalls einen eigenständigen Verstoß gegen Art. 2 EMRK.

In der Entscheidung Gülec/Türkei kombinierte der Gerichtshof die Erkenntnisse aus den Urteilen McCann u.a./Vereinigtes Königreich sowie Kaya/Türkei. Die Verfahrensgarantien des Art. 2 EMRK verlangen demnach nach einem amtlichen und unabhängigen Ermittlungsverfahren, das dem gesetzlichen Verbot der willkürlichen Tötung zur seiner praktischen Effektivität verhilft. Des Weiteren betonte der EGMR die Notwendigkeit einer Teilnahme der Angehörigen an dem Ermittlungsverfahren zur Gewährleistung der ausreichenden Beteiligung der Öffentlichkeit.

4. Ergi/Türkei

Im Fall Ergi/Türkei kam es zu der Erschießung der Schwester des Beschwerdeführers. Zum nächtlichen Tatzeitpunkt schliefen beide auf dem Balkon ihres Hauses, welches sich in der Mitte eines kleinen Dorfes im Südosten der Türkei befand. Das Dorf stand längere Zeit unter Beschuss der türkischen Sicherheitskräfte, da diese dort Kämpfer der verbotenen Arbeiterpartei Kurdistans, PKK, vermuteten. Während die Regierung behauptete, die tödliche Kugel sei von einem der PKK-Kämpfer im Laufe des zwischen diesen und den türkischen Sicherheitskräften stattfindenden Schusswechsels abgefeuert worden, vertrat der Beschwerdeführer die Ansicht, das Dorf sei systematisch von den türkischen Sicherheitskräften unter Beschuss gesetzt worden, um sich für die einige Tage zuvor erfolgte Tötung eines kurdischen Kollaborateurs zu rächen. Seine Schwester sei folglich durch die Kugeln dieser türkischen Sicherheitskräfte erschossen worden. Nachdem der Tod den Behörden gemeldet worden war, kam es zu einer Tatortbegehung durch einen Staatsanwalt, in dessen Verlauf eine Autopsie durchgeführt und eine Kugel sichergestellt wurde, die zur gerichtsmedizinischen Untersuchung verschickt wurde. Die Staatsanwaltschaft lehnte später ihre Zuständigkeit ab, da sie der Meinung war, die Schwester des Beschwerdeführers sei durch PKK-Kämpfer getötet worden. Hierbei stützte sie sich auf einen Polizeibericht über den Tathergang, ohne jedoch selbst Zeugen zu befragen. Aus dem Polizeibericht ging indes nicht hervor, dass Mitglieder der PKK die tödlichen Kugeln abfeuert hatten. Auch der später veröffentlichte ballisti-

401 EGMR, Urt. v. 27.07.1998, Rn. 71 – Gülec/Türkei mit Verweis auf: Urt. v. 19.02.1998, Rn. 87 – Kaya/Türkei.

402 EGMR, Urt. v. 27.07.1998, Rn. 82 – Gülec/Türkei.

sche Bericht brachte diesbezüglich keine den Sachverhalt aufklärenden Ergebnisse. Weitere Untersuchungsmaßnahmen wurden nicht durchgeführt.

Der Beschwerdeführer rügte vor dem EGMR, dass seine Schwester von den türkischen Sicherheitskräften unter Verstoß gegen Art. 2 EMRK getötet worden sei. Der Gerichtshof wies zunächst auf die divergierenden Meinungen zum Tatherhang hin. Die zuvor befasste Europäische Kommission für Menschenrechte sei zu dem Schluss gelangt, dass es sich nicht feststellen ließe, ob es tatsächlich zu einem Gefecht zwischen den türkischen Sicherheitskräften und etwaigen PKK-Kämpfern gekommen sei oder ob das Dorf Ziel einer Vergeltungsaktion geworden sei[403]. Wie schon die Kommission nach ihrer Untersuchung des Sachverhaltes vertrat der EGMR die Ansicht, dass keine ausreichenden Beweise vorlägen, um die Tötung ohne vernünftige Zweifel den türkischen Sicherheitskräften zuzuordnen. Es bestünden berechtigte Zweifel hinsichtlich der Herkunft der Kugeln, welche die Schwester des Beschwerdeführers während des Gefechts getötet haben. Eine diesbezügliche Verletzung des Art. 2 EMRK lehnte der EGMR daher ab[404].

Anschließend untersuchte der EGMR die Planung und Durchführung der Operation. Der Gerichtshof wiederholte dabei zunächst die in der Entscheidung McCann u.a./Vereinigtes Königreich getroffene Feststellung, dass der Begriff „unbedingt erforderlich" in Art. 2 Abs. 2 EMRK zeige, dass der Gewalteinsatz strikt proportional zur Erreichung eines der unter Art. 2 Abs. 2 a) bis c) EMRK genannten Ziele erfolgen müsse[405].

Er wies er darauf hin, dass sich aus Art. 2 EMRK in Verbindung mit Art. 1 EMRK die positive Verpflichtung des Staates ergeben könnte, Maßnahmen zur Sicherung eines „effektiven Genusses des Rechts auf Leben" zu ergreifen[406]. In Anbetracht der Umstände gelangte der Gerichtshof zu dem Schluss, dass die verantwortlichen Behörden unzureichende Sicherheitsvorkehrungen zum Schutz der Zivilbevölkerung vorgenommen hätten. Es sei wahrscheinlich, dass die Kugel, welche die Schwester des Beschwerdeführers getötet habe, aus der Richtung, in der sich die Sicherheitskräfte befunden hätten, abgefeuert worden sei. Zudem habe ein reales Risiko für die Zivilbevölkerung bestanden, einem Kreuzfeuer zwischen den Sicherheitskräften und den PKK-Kämpfern ausgesetzt

403 EGMR, Urt. v. 28.07.1998, Rn. 77 – Ergi/Türkei.
404 EGMR, Urt. v. 28.07.1998, Rn. 78 – Ergi/Türkei.
405 EGMR, Urt. v. 28.07.1998, Rn. 79 – Ergi/Türkei.
406 EGMR, Urt. v. 28.07.1998, Rn. 79 – Ergi/Türkei.

zu werden[407]. Die dem Art. 2 EMRK innewohnende positive Verpflichtung zum Schutz des Lebens sei mithin ebenfalls verletzt worden[408].

In einem weiteren Prüfungsschritt widmete sich der Gerichtshof den verfahrensrechtlichen Anforderungen des Art. 2 EMRK, wobei er diesen besonderes Gewicht beimaß[409]. Zunächst wies er auf die in der Entscheidung McCann u.a./Vereinigtes Königreich begründete Obliegenheit hin, dass die Verpflichtung zum Schutz des Rechts auf Leben unter Art. 2 EMRK in Verbindung mit Art. 1 EMRK voraussetze, dass es eine unabhängige und effektive Untersuchung gäbe, wenn Individuen durch Gewaltanwendung getötet worden seien[410]. Diese Verpflichtung beschränke sich jedoch nicht auf diejenigen Fälle, in denen es erwiesen sei, dass die Tötung durch Bedienstete des Staates erfolgt sei[411]. Es sei auch nicht entscheidend, ob Familienmitglieder des Verstorbenen eine formelle Beschwerde bei der zuständigen Behörde über die Tötung eingelegt hätten[412]. Im vorliegenden Fall hätte die bloße Kenntnis der Behörden von der erfolgten Tötung von sich aus die Verpflichtung unter Art. 2 EMRK begründet, effektive Ermittlungen zu den Todesumständen durchzuführen[413].

Die von der Staatsanwaltschaft eingeleiteten Untersuchungen hätten diesen Anforderungen jedoch in keiner Weise genügt. Der Staatsanwalt hätte sich ohne Hinterfragung auf den Polizeibericht verlassen, der von einem beim Tatgeschehen persönlich nicht anwesenden Polizisten aufgrund von Funknachrichten zusammengefasst worden war. Der Gerichtshof bemängelte weiter, dass der Staatsanwalt anscheinend die Auffassung vertreten habe, dass es Sache des Beschwerdeführers sei, ihn auf etwaiges Fehlverhalten der Sicherheitskräfte hinzuweisen. Da der Beschwerdeführer dieses jedoch unterließ, habe sich der Staatsanwalt für unzuständig erklärt. Obwohl der Staatsanwalt keinerlei Zeugenbefragungen vorgenommen hätte, habe er ohne weiteres die Ansicht vertreten, dass die PKK der Tötung verdächtig sei. In Anbetracht dieser Tatsachen kam der Gerichtshof zu dem Schluss, dass die Behörden es unterlassen hätten, eine effektive Untersuchung der Tatumstände durchzuführen[414]. Art. 2 EMRK

407 EGMR, Urt. v. 28.07.1998, Rn. 81 – Ergi/Türkei.
408 EGMR, Urt. v. 28.07.1998, Rn. 86 – Ergi/Türkei.
409 EGMR, Urt. v. 28.07.1998, Rn. 82 – Ergi/Türkei: "In addition, the Court attached particular weight to the procedural requirement implicit in Art. 2 of the Convention".
410 EGMR, Urt. v. 28.07.1998, Rn. 82 – Ergi/Türkei mit Verweis auf: EGMR, Urt. v. 27.09.1995, Rn. 161 – McCann u.a./Vereinigtes Königreich und EGMR, Urt. v. 19.02.1998, Rn. 78 und 86 – Kaya/Türkei.
411 EGMR, Urt. v. 28.07.1998, Rn. 82 – Ergi/Türkei.
412 EGMR, Urt. v. 28.07.1998, Rn. 82 – Ergi/Türkei.
413 EGMR, Urt. v. 28.07.1998, Rn. 82 – Ergi/Türkei.
414 EGMR, Urt. v. 28.07.1998, Rn. 85 – Ergi/Türkei.

war somit auch aufgrund des Verstoßes gegen die diesem Artikel innewohnenden Verfahrensgarantien verletzt worden.

Die Entscheidung Ergi/Türkei ist in vielerlei Hinsicht interessant. Zum einen bestätigt sie die den Staaten obliegende verfahrensrechtliche Verpflichtung, in verdächtigen Todesfällen effektive Ermittlungen anzustellen. Des Weiteren dehnt der EGMR den Anwendungsbereich dieser Ermittlungen auf Todesfälle aus, in denen nicht von vornherein erwiesen ist, dass die Verantwortlichen auf Seiten der Staatsmacht stehen. Diese Erweiterung des Schutzbereiches war bereits in der Entscheidung McCann u.a./Vereinigtes Königreich angedeutet worden, die hinsichtlich der Ermittlungspflicht von Gewaltanwendung sprach, die „inter alios" von Bediensteten des Staates verübt worden sei[415].

In der Entscheidung McCann u.a./Vereinigtes Königreich bedurfte es jedoch noch keiner näheren Erläuterung, weil es sich um britische Soldaten handelte, die für die erfolgte Tötung verantwortlich waren. Für die Pflicht zur Ermittlung kommt es nach Ansicht des EGMR nicht darauf an, dass die Angehörigen des Verstorbenen eine formelle Beschwerde eingelegt haben. Vielmehr genügt bereits die bloße behördliche Kenntnis einer erfolgten Tötung, um eine Untersuchungspflicht zu begründen.

Beachtung verdient zudem der dreistufige Prüfungsaufbau des Art. 2 EMRK, in dem der Gerichtshof ausdrücklich betont, dass er der Verfahrensdimension des Art. 2 EMRK besonderes Gewicht beimisst. Zunächst untersucht der EGMR, ob eine dem Staat zuzurechnende ungerechtfertigte Tötung im Sinne des Art. 2 EMRK vorliegt. Hier ist Art. 2 EMRK in seiner Funktion als Abwehrrecht angesprochen. In einem weiteren Schritt kommt der Gerichtshof auf die aus Art. 2 EMRK resultierende positive Verpflichtung, das Leben zu schützen, zu sprechen. Eine Verletzung des Art. 2 EMRK bejaht der EGMR unter diesem Gesichtspunkt, weil es die staatlichen Behörden unterlassen hätten, ausreichende Sicherheitsvorkehrungen zum Schutz der Zivilbevölkerung zu unternehmen.

Schließlich, und unter besonderer Betonung ihres Stellenwertes, widmet sich der Gerichtshof der Verfahrensdimension des Art. 2 EMRK. Auch hier bejaht er eine Verletzung, weil die nach der Tötung erfolgten Untersuchungen nicht den verfahrensrechtlichen Anforderungen des Art. 2 EMRK an eine effektive Ermittlung genügt hätten. Art. 2 EMRK war demnach einerseits wegen Verstoßes gegen die aus Art. 2 EMRK abgeleitete positive Verpflichtung zum Schutz des Lebens und andererseits wegen Verstoßes gegen die verfahrensrechtliche Ermittlungspflicht verletzt worden.

---

415 EGMR, Urt. v. 27.09.1995, Rn. 161 – McCann u.a./Vereinigtes Königreich.

5. Yasa/Türkei

Die in der Sache Ergi/Türkei begründete Pflicht, unabhängig von einer formellen Beschwerde der Angehörigen auch dann zu ermitteln, wenn nicht von vornherein klar ist, ob die Tötung, beziehungsweise deren Versuch, durch Bedienstete des Staates erfolgte, wurde in der Entscheidung Yasa/Türkei bestätigt. Zudem deutete der EGMR bereits das Erfordernis prompter und zügiger Ermittlungen an.

Der Fall Yasa/Türkei handelte von einem auf den Beschwerdeführer verübten Anschlag sowie der Erschießung seines Onkels. Der Beschwerdeführer war Pächter eines Verkaufshäuschens, in welchem er die pro-kurdische Zeitung „Özgür Gündem" vertrieb. Nach mehreren Todesdrohungen wurde der Kiosk von Unbekannten angezündet und zerstört. Nach Angaben des Beschwerdeführers hätten ihn eine Woche vor der Brandlegung zwei Polizeibeamte aufgesucht und ihm mit der Niederbrennung seines Verkaufshäuschens gedroht, wenn er die besagte Zeitung weiterverkaufen würde. Ungefähr zwei Monate nach dem Anschlag auf den Kiosk wurde der Beschwerdeführer auf offener Straße von zwei Unbekannten überfallen und durch acht Kugelschüsse schwer verletzt. Die unmittelbar daraufhin eingeleiteten Untersuchungen wurden bereits zwei Tage später mit dem Ergebnis, dass es derzeit nicht möglich sei, die Attentäter zu identifizieren, vorläufig beendet. Der zuständige Staatsanwalt gab jedoch die Anweisung, mit den Untersuchungen fortzufahren und etwaige Verdächtige zu verhaften. Des Weiteren ordnete er an, ihn alle drei Monate bis zur gesetzlichen Verjährung der Tat über den Ermittlungsstand auf dem Laufenden zu halten. Ein halbes Jahr nach dem Anschlag wurde der Onkel des Beschwerdeführers, der den Kiosk inzwischen übernommen hatte, von zwei Unbekannten auf offener Straße erschossen. Die daraufhin eingeleiteten siebentägigen Untersuchungen beinhalteten unter anderem die Durchführung einer Autopsie, die Einholung eines ballistischen Gutachtens sowie die Befragung von drei Zeugen, blieben aber im Ergebnis erfolglos.

Der Beschwerdeführer rügte vor dem EGMR eine Verletzung des Art. 2 EMRK, da seiner Ansicht nach Mitglieder der türkischen Sicherheitskräfte versucht hätten, ihn zu ermorden und seinen Onkel getötet hätten. Des Weiteren sei Art. 2 EMRK verletzt, weil es die türkischen Behörden in beiden Fällen unterlassen hätten, angemessene und effektive Ermittlungen durchzuführen. Beide Behauptungen wurden von der türkischen Regierung bestritten.

Der Gerichtshof kam in seiner Bewertung des Sachverhaltes zu dem Schluss, dass es nicht ohne vernünftige Zweifel bewiesen werden könnte, dass die beiden Anschläge tatsächlich von türkischen Sicherheitskräften verübt worden seien, und verneinte aus diesem Grund eine Verletzung des Art. 2 EMRK[416]. Anschließend befasste er sich mit der gerügten Mangelhaftigkeit der Ermittlungen, wobei er wiederum auf die in der Sache McCann u.a./Vereinigtes Königreich getroffene Feststellung, dass Art. 2 EMRK in Verbindung mit Art. 1 EMRK die Durchführung eines effektiven, amtlichen Ermittlungsverfahrens voraussetze, hinwies[417]. Der Gerichtshof betonte, dass sich diese Ermittlungspflicht nicht auf Fälle beschränke, in denen es erwiesen sei, dass die Tötung durch Bedienstete des Staates erfolgte. Es sei auch nicht entscheidend, ob Familienmitglieder des Verstorbenen eine formelle Beschwerde bei der zuständigen Behörde über die Tötung eingelegt hätten. Im vorliegenden Fall hätte das bloße Wissen der Behörden von der versuchten, beziehungsweise der erfolgten Tötung von sich aus die Verpflichtung aus Art. 2 EMRK begründet, wirksame Ermittlungen zu den Tatumständen durchzuführen[418]. Bis auf die unmittelbar nach den jeweiligen Verbrechen durchgeführten Untersuchungen hätte die Regierung jedoch keine weiteren Ermittlungen mehr vorgenommen. Alle Aufforderungen der Kommission zum Zeitpunkt des etwa fünf Jahre nach den Taten stattfindenden Verfahrens vor dem EGMR, sie über den laufenden Stand der Ermittlungen zu informieren, seien ergebnislos geblieben[419]. Auch wenn der EGMR anerkannte, dass die zum Tatzeitpunkt herrschenden Umstände, welche durch Gewaltaktionen der PKK gekennzeichnet waren, die Suche nach stichhaltigen Beweisen behindert haben könnte, würden diese Umstände die Regierung dennoch nicht von ihrer unter Art. 2 EMRK bestehenden Ermittlungspflicht entbinden[420]. Darüber hinaus bemängelte der EGMR insbesondere, dass die Ermittlungsbehörden anscheinend von vornherein die Möglichkeit, dass Bedienstete des Staates die Anschläge verübt haben könnten, ausgeschlossen hätten[421]. In Anbetracht der Umstände und der Tatsache, dass es im Südosten der Türkei wiederholt zu Übergriffen auf kurdische Journalisten, Kioskbesitzer und Zeitungsvertriebe gekommen sei und diese die Befürchtungen geäußert hätten, dass die Übergriffe von Seiten des Staates stillschweigend geduldet oder sogar gutgeheißen würden, hätten die Ermittlungsbehörden die Pflicht gehabt, in ihre Ermittlungen die Möglichkeit, dass Bedienstete des Staates involviert gewesen seien, einzubeziehen[422]. Weil die Behörden die Möglichkeit einer staatlichen Beteiligung jedoch von Anfang an ausschlossen und die durchgeführten Ermittlungen bis zum Zeitpunkt des Verfahrens vor dem EGMR, mehr als fünf Jahre nach der Tat,

416 EGMR, Urt. v. 02.09.1998, Rn. 93 – Yasa/Türkei.
417 EGMR, Urt. v. 02.09.1998, Rn. 98 – Yasa/Türkei.
418 EGMR, Urt. v. 02.09.1998, Rn. 100 – Yasa/Türkei mit Verweis auf: EGMR, Urt. v. 28.07.1998, Rn. 82 – Ergi/Türkei.
419 EGMR, Urt. v. 02.09.1998, Rn. 103 – Yasa/Türkei.
420 EGMR, Urt. v. 02.09.1998, Rn. 104 – Yasa/Türkei.
421 EGMR, Urt. v. 02.09.1998, Rn. 105 – Yasa/Türkei.
422 EGMR, Urt. v. 02.09.1998, Rn. 106 – Yasa/Türkei.

keinen konkreten und glaubwürdigen Fortschritt erkennen ließen, könnten die durchgeführten Untersuchungen nicht als effektiv im Sinne der Verfahrensgarantie des Art. 2 EMRK angesehen werden. Art. 2 EMRK sei mithin verletzt[423].

6. Ögur/Türkei

In der Entscheidung Ögur/Türkei waren die Todesumstände des Sohnes der Beschwerdeführerin strittig. Während einer Operation der türkischen Sicherheitskräfte auf der Baustelle eines Bergbauunternehmers in einer Provinz, für die der Ausnahmezustand erklärt worden war, wurde der Sohn der Beschwerdeführerin getötet. Dieser arbeitete auf der Baustelle als Nachtwächter und wurde um 6.30 Uhr erschossen, als er seinen Dienst beendete. Die Regierung behauptete, der Ort des Geschehens habe vier PKK-Terroristen, darunter dem Sohn der Beschwerdeführerin, als Zuflucht gedient. Bei den zum Tode führenden Schüssen habe es sich um Warnschüsse gehandelt. Die Beschwerdeführerin trug vor, dass ihr Sohn lediglich auf der Baustelle des Bergbauunternehmers seinen Wachdienst geleistet habe und ohne Warnung von den Sicherheitskräften erschossen worden sei. Die von der Staatsanwaltschaft eingeleiteten Ermittlungen ergaben, dass es zu der Operation aufgrund von Informationen gekommen sei, wonach ein verwundeter Terrorist, in der Nähe des Bergbauunternehmens Unterschlupf gefunden hätte.

Als der Sohn der Beschwerdeführerin diesen Unterschlupf verlassen habe, hätten die Sicherheitskräfte den Eindruck gehabt, dieser wolle fliehen und daraufhin das Feuer eröffnet. Nachdem sich der Staatsanwalt aufgrund der im Ausnahmezustand geltenden Sondergesetze für unzuständig erklärt hatte, entschied der Verwaltungsrat der Provinz mit Beschluss, der dem Anwalt der Beschwerdeführerin jedoch nicht zugestellt wurde, kein Strafverfahren gegen die an der Operation teilnehmenden Sicherheitskräfte einzuleiten. In dem Beschluss hieß es, dass der Sohn der Beschwerdeführerin als verdächtig gegolten habe und durch Warnschüsse zu Tode gekommen sei. Weder die Aktenlage noch eine etwaige Zeugenbefragung würden es erlauben, denjenigen mit Gewissheit zu identifizieren, der geschossen habe. Während des gesamten Verfahrens vor dem Verwaltungsrat hatten die Angehörigen des Verstorbenen keinen Zugang zu den Akten.

Die Beschwerdeführerin rügte vor dem EGMR eine Verletzung des Art. 2 EMRK, da die Sicherheitskräfte ihren Sohn getötet hätten und anschließend keine angemessenen, wirksamen gerichtlichen Ermittlungen durchgeführt worden wären.

423 EGMR, Urt. v. 02.09.1998, Rn. 107 – Yasa/Türkei.

Der Gerichtshof hielt zunächst fest, dass im vorliegenden Fall nicht nur die Umstände, unter denen geschossen worden war, streitig seien, sondern auch, ob es sich bei dem tödlichen Schuss um einem Warnschuss oder einem gezielten Schuss gehandelt hätte. Nach umgehender Sachverhaltsanalyse kam er diesbezüglich zu dem Ergebnis, dass der Schuss, angenommen es habe sich tatsächlich nur um einen Warnschuss gehandelt, so schlecht ausgeführt worden sei, dass grobe Fahrlässigkeit gegeben wäre[424]. Die bei der Planung und Durchführung der fraglichen Operation festgestellten Fehler reichten aus, um zu dem Ergebnis zu kommen, dass die Gewaltanwendung gegenüber dem Getöteten nicht verhältnismäßig und daher auch nicht „unbedingt erforderlich" im Sinne der Rechtfertigungsmöglichkeiten des Art. 2 Abs. 2 EMRK gewesen sei[425].

Nachdem der EGMR eine Verletzung des Art. 2 EMRK aus diesem Grunde bejaht hatte, beschäftigte er sich mit den von der Beschwerdeführerin gerügten Verfahrensmängeln. Er wiederholte, dass die nach Art. 2 EMRK bestehende Verpflichtung des Staates, das Recht auf Leben zu schützen, in Verbindung mit der allgemeinen Verpflichtung aus Art. 1 EMRK, allen seiner Hoheitsgewalt unterstehenden Personen die in Abschnitt I. der EMRK bestimmten Rechte und Freiheiten zuzusichern, implizit erfordere, dass es wirksame und amtliche Untersuchungen geben müsse, wenn Gewaltanwendung, insbesondere durch Bedienstete des Staates, den Tod eines Menschen zur Folge gehabt hatte[426]. Diese Ermittlungen müssten zur Identifizierung und Bestrafung der Verantwortlichen führen können[427]. Der Gerichtshof bemängelte anschließend die äußerst oberflächlichen Untersuchungen des Staatsanwaltes, insbesondere dass er es unterlassen habe, eine Obduktion sowie einen ballistischen Test durchzuführen, welche wichtige Erkenntnisse über den tatsächlichen Tathergang hätten liefern können. Die Ermittlungen des Verwaltungsrates hätten diese Mängel ebenfalls nicht beseitigt. Es sei kein Angehöriger der Sicherheitskräfte befragt worden, obwohl deren Namen bekannt gewesen seien, und es sei nicht ernsthaft versucht worden, den Todesschützen ausfindig zu machen. Anschließend lag das Augenmerk des EGMR insbesondere auf dem aus Art. 2 EMRK resultierenden Unabhängigkeitserfordernis der Untersuchungsorgane. Insofern äußerte der Gerichtshof erhebliche Zweifel an der Unabhängigkeit der Verwaltungsbehörden[428]. In diesem Zusammenhang stellte der Gerichtshof fest, dass der vom Präfekten ernannte Untersuchungsbeamte ein Oberstleutnant der Gendarmerie ge-

---

424 EGMR, Urt. v. 20.05.1999, Rn. 83 – Ögur/Türkei.
425 EGMR, Urt. v. 20.05.1999, Rn. 84 – Ögur/Türkei.
426 EGMR, Urt. v. 20.05.1999, Rn. 88 – Ögur/Türkei mit Verweis auf: EGMR, 02.08.1998, Rn. 98 – Yasa/Türkei; EGMR, Urt. v. 28.09.1998, Rn. 102 – Assenov u.a./Bulgarien.
427 EGMR, Urt. v. 20.05.1999, Rn. 88 – Ögur/Türkei.
428 EGMR, Urt. v. 20.05.1999, Rn. 91 – Ögur/Türkei.

wesen sei und er als solcher derselben Befehlsgewalt unterlegen hätte wie die Sicherheitskräfte, auf die sich seine Untersuchung erstreckte. Des Weiteren hätte der Präfekt dem Verwaltungsausschuss vorgesessen, der darüber zu entscheiden hatte, ob ein Verfahren gegen die betroffenen Sicherheitskräfte eingeleitet werde. Nach Aussage eines Ausschussmitgliedes sei es unmöglich gewesen, sich dem Präfekten zu widersetzen. Wenn eine Person seinen vorbereiteten Beschluss nicht unterschrieben hätte, wäre diese durch andere Mitglieder ersetzt worden. Auch hätten die Angehörigen des Erschossenen während der Untersuchung durch die Verwaltung keinen Aktenzugang erhalten. Der EGMR kam daher zu dem Ergebnis, dass die Untersuchungen in diesem Fall nicht als wirksame Ermittlungen angesehen werden könnten, die geeignet gewesen seien, zu einer Identifizierung und Bestrafung der für die fraglichen Geschehnisse Verantwortlichen zu führen[429]. Art. 2 EMRK war demnach auch in seiner Verfahrensdimension verletzt worden.

In der Entscheidung Ögur/Türkei wird erstmals das in späteren Entscheidungen noch deutlicher formulierte Erfordernis einer gründlichen und umfassenden Untersuchung der Todesursache und ihrer Umstände genannt, welche gegebenenfalls die Durchführung einer Obduktion voraussetze[430]. Wie bereits in dem Urteil Gülec/Türkei betonte der EGMR die Notwendigkeit der ausreichenden Beteiligung der Angehörigen und damit der Öffentlichkeit.

7. Tanrikulu/Türkei

Das Erfordernis der gründlichen und angemessenen Durchführung der Ermittlungen, die unter Umständen eine Autopsie beinhalten muss, hob der Gerichtshof ebenfalls in der Entscheidung Tanrikulu/Türkei hervor.

Im Fall Tanrikulu/Türkei ist der Ehemann der Beschwerdeführerin, der Arzt in einem staatlichen Krankenhaus war, im September 1993 auf offener Straße erschossen worden. Die Todesumstände waren umstritten. Während die Beschwerdeführerin vortrug, dass türkische Sicherheitskräfte, die sich in unmittelbarer Nähe des Tatorts aufhielten, ihren Mann erschossen hätten, behauptete die Regierung, dass der Arzt ein gutes Verhältnis zu den staatlichen Behörden gehabt hätte. Untersuchungen hätten gezeigt, dass viele Attentate auf Personen, die im Dienste des Staates gestanden hätten, von militanten Kämpfern der PKK

429 EGMR, Urt. v. 20.05.1999, Rn. 93 – Ögur/Türkei.

430 Siehe dazu insbesondere: EGMR, Urt. v. 14.12.2000, Rn. 89 – Gül/Türkei: „Der Zweck einer solchen postmortalen Untersuchung ist es, die genauen Todesumstände aufzuhellen, einschließlich eines vollständigen und genauen Berichts über mögliche Anzeichen vom Misshandlungen und Verletzungen sowie einer objektiven Analyse der klinischen Befunde."

begangen worden wären. In seiner Eigenschaft als Arzt behandelte der Mann der Beschwerdeführerin in seiner Abteilung diejenigen Personen, die aus der Haft entlassen worden waren und fertigte medizinische Gutachten über diese an. Nach dem Attentat untersuchten Polizeibeamten den Tatort, sammelten leere Patronenhülsen ein und notierten sich die Namen von Personen, die sich zur Tatzeit in der Nähe des Tatortes befunden hatten. Diese Liste ist jedoch nicht aufbewahrt worden. In dem diesbezüglichen Polizeibericht heißt es, dass Zeugen die zwei Attentäter als hagere Männer in T-Shirts und Turnschuhen beschrieben hätten. In einer nach der Tötung erfolgten ärztlichen Untersuchung wurden 13 Einschusswunden festgestellt. Eine vollständige Autopsie wurde jedoch nicht für nötig befunden. Ein ballistischer Test ergab, dass die Kugeln aus einer einzigen Waffe abgefeuert worden waren. Der zunächst ermittelnde Staatsanwalt gab die Ermittlungen schließlich an den Staatsanwalt des Gerichts für Nationale Sicherheit mit der Begründung ab, dass die Natur des Verbrechens, die Art und Weise, wie es ausgeführt worden war, sowie die vorliegenden Beweise einen terroristischen Akt vermuten ließen. Die daraufhin durchgeführten Untersuchungen, die nach zwei unbekannten Personen fahndeten, waren zum Zeitpunkt des Verfahrens vor dem EGMR noch nicht offiziell abgeschlossen.

Die Beschwerdeführerin rügte vor dem EGMR eine Verletzung des Art. 2 EMRK, weil ihr Mann von türkischen Sicherheitskräften erschossen worden sei. Darüber hinaus sei Art. 2 EMRK aufgrund der mangelhaft durchgeführten Untersuchungen verletzt worden.

Hinsichtlich der behaupteten Tötung des Ehemannes der Beschwerdeführerin kam der EGMR nach Beurteilung des Sachverhaltes zu dem Schluss, dass die vorliegenden Beweise nicht ausreichten, um über jeden vernünftigen Zweifel erhaben festzustellen, dass der Mann von türkischen Sicherheitskräften ermordet worden sei. In dieser Hinsicht sei Art. 2 EMRK mithin nicht verletzt worden[431].

Anschließend beschäftigte sich der Gerichtshof mit den von den türkischen Behörden durchgeführten Untersuchungen. Er wiederholte zunächst, dass die nach Art. 2 EMRK bestehende Verpflichtung des Staates, das Recht auf Leben zu schützen, in Verbindung mit der allgemeinen Verpflichtung aus Art. 1 EMRK, allen seiner Hoheitsgewalt unterstehenden Personen die in Abschnitt 1 der EMRK bestimmten Rechte und Freiheiten zuzusichern, implizit erfordere, dass es wirksame und amtliche Untersuchungen geben müsse, wenn Gewaltanwendung, insbesondere durch Bedienstete des Staates, den Tod eines Menschen zur

431 EGMR, Urt. v. 08.07.1999, Rn. 99 – Tanrikulu/Türkei.

Folge gehabt hätte[432]. Diese Verpflichtung beschränke sich nicht auf Fälle, in denen es erwiesen sei, dass die Tötung durch Bedienstete des Staates erfolgt sei. Es sei auch nicht entscheidend, ob Familienmitglieder des Verstorbenen eine formelle Beschwerde bei der zuständigen Behörde über die Tötung eingelegt hätten. Im vorliegenden Fall hätte das bloße Wissen der Behörden von der erfolgten Tötung von sich aus die Verpflichtung unter Art. 2 EMRK begründet, effektive Ermittlungen zu den Todesumständen durchzuführen[433]. Der Gerichtshof hob anschließend hervor, dass die Beweiswürdigung der Kommission behindert worden sei, da die Regierung ihr keine Informationen übermittelt hätte und die beiden ermittelnden Staatsanwälte nicht zur Anhörung erschienen seien[434]. Des Weiteren bemängelte der Gerichtshof insbesondere die nur oberflächlich durchgeführte Tatortsicherung durch die Polizisten, die beispielsweise keinerlei Fotografien angefertigt hätten. Die gesamten Ermittlungen zeichneten sich durch unangemessene und ungenaue Dokumentation der durchgeführten Schritte aus[435]. Es sei bedauerlich, dass nur eine oberflächliche postmortale Untersuchung, ohne Anwesenheit eines forensischen Experten, und keine Autopsie durchgeführt worden sei[436]. Überdies sei es erstaunlich, dass der leitende Staatsanwalt die Ermittlungen an den Ermittler des Gerichts für nationale Sicherheit abgegeben hätte, was das Vorliegen eines terroristischen Aktes suggeriere[437]. Der Gerichtshof vertrat die Ansicht, dass die gesammelten Beweise praktisch keinerlei Hinweise über die Art und Weise, in der das Verbrechen begangen worden war, geliefert hätten. Jedenfalls seien diese Beweise aber nicht ausreichend gewesen, um etwaige Terroristen für die Tat verantwortlich zu machen[438].

Der Meinung des EGMR nach veranschauliche der vorliegende Fall die Notwendigkeit der Kooperation der Konventionsstaaten mit der Kommission. Wären die beiden Staatsanwälte zur Anhörung erschienen, hätten sie vielleicht erläutern können, weshalb ein Terrorakt in Erwägung gezogen worden sei[439]. Im Übrigen gäbe es keine Beweise, dass außer den bereits angeführten Untersuchungen weitere Ermittlungen angestellt worden seien. Obwohl die Regierung behaupte, dass immer noch ermittelt werde, hätte sie über den Fortschritt der

---

432 EGMR, Urt. v. 08.07.1999, Rn. 101 – Tanrikulu/Türkei mit Verweis auf: EGMR, Urt. v. 27.09.1995, Rn. 161 – McCann u.a./Vereinigtes Königreich.

433 EGMR, Urt. v. 08.07.1999, Rn. 103 – Tanrikulu/Türkei mit Verweis auf: EGMR, Urt. v. 28.07.1998, Rn. 82 – Ergi/Türkei.

434 EGMR, Urt. v. 08.07.1999, Rn. 104 – Tanrikulu/Türkei.

435 EGMR, Urt. v. 08.07.1999, Rn. 105 – Tanrikulu/Türkei

436 EGMR, Urt. v. 08.07.1999, Rn. 106 – Tanrikulu/Türkei.

437 EGMR, Urt. v. 08.07.1999, Rn. 108 – Tanrikulu/Türkei.

438 EGMR, Urt. v. 08.07.1999, Rn. 108 – Tanrikulu/Türkei.

439 EGMR, Urt. v. 08.07.1999, Rn. 108 – Tanrikulu/Türkei.

Ermittlungen keinerlei Belege vorgelegt[440]. In Anbetracht dieser Tatsachen kam der Gerichtshof zu dem Schluss, dass es die Behörden versäumt hätten, wirksame Ermittlungen zu den Todesumständen des Ehemannes der Beschwerdeführerin durchzuführen. Vielmehr hätten die mit dem Fall beschäftigten Behörden die ihnen obliegende Verantwortung ignoriert[441]. Wie der EGMR bereits in den Urteilen Kaya/Türkei, Ergi/Türkei und Yasa/Türkei festgestellt hatte, würde die momentane Sicherheitssituation im Südosten der Türkei den Staat nicht von seiner Pflicht unter Art. 2 EMRK zur effektiven Untersuchung entbinden[442]. Art. 2 EMRK sei demnach wegen des Verstoßes gegen die ihm immanenten Verfahrensgarantien verletzt worden.

8. Cakici/Türkei

Eine weitere wichtige Fallgruppe im Rahmen des Art. 2 EMRK bilden diejenigen Fälle, in denen die Betroffenen in Zusammenhang mit einer Verhaftung oder Inhaftierung auf ungeklärte Weise verschwinden. In der Rechtssache Cakici/Türkei trug der Beschwerdeführer vor, dass sein Bruder bei einem Einsatz der türkischen Sicherheitskräfte und der Polizei im November 1993 festgenommen worden sei. Anschließend hätte er sich für mehrere Monate in Polizeihaft befunden, wo er von mehreren Zeugen gesehen worden sei. In dieser Zeit soll es nach Zeugenaussagen auch zu Folterungen seines Bruders gekommen sein. Im Mai 1996 erfuhr der Beschwerdeführer zum ersten Mal von Seiten der Regierung, dass die Behörden behaupten würden, dass sein Bruder bei einem Zusammenstoß im Februar 1995 gestorben sei. Die Identifizierung des Toten basierte dabei ausschließlich darauf, dass bei einem der Toten die Ausweispapiere des Bruders des Beschwerdeführers gefunden worden waren. Nach Ansicht der Regierung hätte es sich bei dem Bruder des Beschwerdeführers um einen militanten PKK-Kämpfer gehandelt, der nach einem Zusammenstoß von türkischen Sicherheitskräften mit Kämpfern der PKK im Februar 1995 zusammen mit 55 anderen PKK-Kämpfern tot aufgefunden worden sei. Die einzigen Schritte, die von den Behörden unternommen wurden, nachdem der Beschwerdeführer und sein Vater eine Anfrage über den Verbleib des Bruders beim Gericht für Nationale Sicherheit gestellt hatten, waren eine Überprüfung, ob das Strafregister den Namen des Bruders enthielt. Es wurden jedoch weder die Inhaftierungsunterlagen überprüft noch untersucht, ob sich der Bruder des Beschwerdeführers tatsächlich unter den im Februar 1995 getöteten PKK-Kämpfern befunden hatte.

440 EGMR, Urt. v. 08.07.1999, Rn. 109 – Tanrikulu/Türkei.
441 EGMR, Urt. v. 08.07.1999, Rn. 110 – Tanrikulu/Türkei,
442 EGMR, Urt. v. 08.07.1999, Rn. 110 – Tanrikulu/Türkei.

Der Beschwerdeführer rügte vor dem Gerichtshof eine Verletzung des Art. 2 EMRK, weil sein Bruder inhaftiert wurde und anschließend verschwunden sei. Des Weiteren sei Art. 3 EMRK verletzt, weil sein Bruder während der Haft gefoltert worden sei.

Der Gerichtshof sah es aufgrund der von der Kommission gesammelten Beweise, insbesondere der Zeugenaussagen der Mitinsassen, als erwiesen an, dass der Bruder des Beschwerdeführers inhaftiert und ernsthaft misshandelt worden sei[443]. Insofern könne ohne vernünftige Zweifel angenommen werden, dass der Bruder des Beschwerdeführers während der Haftzeit durch Sicherheitskräfte getötet worden sei[444]. Der Gerichtshof wiederholte in diesem Zusammenhang, dass Art. 2 EMRK, welcher das Recht auf Leben schütze, eine der fundamentalsten Bestimmungen der Konvention sei und zusammen mit Art. 3 EMRK einen der Grundwerte der demokratischen Gesellschaft bewahre[445]. Aus Art. 2 Abs. 1 EMRK ergäbe sich für die Konventionsstaaten eine positive Verpflichtung zum gesetzlichen Schutz des Lebens[446]. Diese erfordere implizit, dass wirksame und amtliche Untersuchungen durchgeführt werden, wenn eine Person aufgrund von Gewaltanwendung getötet worden sei[447]. Weil angenommen werde müsse, dass der Bruder des Beschwerdeführers nach der erfolgten Inhaftierung durch türkische Sicherheitskräfte verstorben sei, sah der EGMR die Verantwortlichkeit für den Tod beim türkischen Staat. Der Gerichtshof betonte, dass die Behörden keinerlei Erklärungen darüber abgegeben hätten, was nach der Inhaftierung geschehen sei, noch sei eine Rechtfertigung für die Gewaltanwendung erfolgt[448]. Die Verantwortung für den Tod des Bruders des Beschwerdeführers sei demzufolge dem türkischen Staat zuzuschreiben und Art. 2 EMRK aus diesem Grund verletzt worden[449]. Die unangemessene Untersuchung des Falles, sowohl nach dem Verschwinden des Opfers als auch nach dem Auffinden des Leichnams, sei ein Beleg für das Fehlen wirksamer verfahrensrechtlicher Schutzmechanismen. Nach Ansicht des EGMR sei mithin die aus Art. 2 EMRK resultierende Pflicht verletzt worden, das Recht auf Leben zu schützen[450].

---

443 EGMR, Urt. v. 08.07.1999, Rn. 85 – Cakici/Türkei.

444 EGMR, Urt. v. 08.07.1999, Rn. 85 – Cakici/Türkei.

445 EGMR, Urt. v. 08.07.1999, Rn. 86 – Cakici/Türkei.

446 EGMR, Urt. v. 08.07.1999, Rn. 86 – Cakici/Türkei.

447 EGMR, Urt. v. 08.07.1999, Rn. 86 – Cakici/Türkei mit Verweis auf: EGMR, Urt. v. 02.09.1998, Rn. 98 – Yasa/Türkei.

448 EGMR, Urt. v. 08.07.1999, Rn. 87 – Cakici/Türkei.

449 EGMR, Urt. v. 08.07.1999, Rn. 87 – Cakici/Türkei.

450 EGMR, Urt. v. 08.07.1999, Rn. 87 – Cakici/Türkei.

9. Kilic/Türkei und Mahmut Kaya/Türkei

In den Entscheidungen Kilic/Türkei und Mahmut Kaya/Türkei unternahm der EGMR wiederum eine dreistufige Prüfung des Art. 2 EMRK. In den Fällen ging es um die Ermordung eines Journalisten, der für eine pro-kurdische Zeitung gearbeitet hatte, sowie eines Arztes, der dafür bekannt war, dass er Mitglieder der PKK medizinisch behandelte. In beiden Fällen trugen die Beschwerdeführer vor, dass ihre Brüder von Mitgliedern der türkischen Sicherheitskräfte ermordet worden seien. Der EGMR konnte jedoch in keinem der Fälle eine solche Beteiligung ohne vernünftige Zweifel feststellen[451]. Sowohl in der Sache Kilic/Türkei als auch im Fall Mahmut Kaya/Türkei bejahte der EGMR in einem zweiten Prüfungsschritt eine Verletzung gegen die aus Art. 2 EMRK resultierende positive Verpflichtung der Staaten, innerhalb ihrer Hoheitsgewalt angemessene Schritte zum Schutz des Rechts auf Leben zu unternehmen[452]. Der Konventionsstaat sei verpflichtet, das menschliche Leben wirksam zu schützen, insbesondere durch den Erlass effektiver Strafvorschriften mit abschreckender Wirkung sowie durch die Organisation einer Strafverfolgung mit dem Ziel der Prävention, Unterbindung und Bestrafung bei Verstößen gegen diese strafrechtlichen Normen[453]. Aus Art. 2 EMRK könne sich zudem unter gewissen Voraussetzungen die positive Verpflichtung ergeben, vorbeugende Schutzmaßnahmen zu ergreifen, um den vermeidbaren Verlust des Lebens durch Straftaten Dritter zu verhindern[454]. In beiden Fällen sei es den Behörden bewusst gewesen, dass Journalisten und Mediziner, die mit der PKK in Verbindung gebracht würden, ernsthaften Übergriffen und Bedrohungen ausgesetzt gewesen seien, die möglicherweise unter Mitwirkung oder jedenfalls Duldung der Sicherheitskräfte verübt würden[455]. Obwohl es ein Grundgerüst an Gesetzen gäbe, die den Schutz des Lebens bezwecken sollen, würde die effektive Umsetzung der bestehenden Strafvorschriften im Südosten der Türkei durch eine Reihe von Notstandsgesetzen untergraben.

Diese Notstandsgesetze beinhalteten eine Zuständigkeitsverlagerung von den ordentlichen Gerichten zu speziellen Sicherheitsbehörden, welche im Zusam-

---

451 EGMR, Urt. v. 28.03.2000, Rn. 64 – Kilic/Türkei; EGMR, Urt. v. 28.03.2000, Rn. 87 – Mahmut Kaya/Türkei.

452 EGMR, Urt. v. 28.03.2000, Rn. 77 – Kilic/Türkei; EGMR, Urt. v. 28.03.2000, Rn. 104 – Mahmut Kaya/Türkei.

453 EGMR, Urt. v. 28.03.2000, Rn. 62 – Kilic/Türkei; EGMR, Urt. v. 28.03.2000, Rn. 101 – Mahmut Kaya/Türkei.

454 EGMR, Urt. v. 28.03.2000, Rn. 62 – Kilic/Türkei; EGMR, Urt. v. 28.03.2000, Rn. 87 – Mahmut Kaya/Türkei mit Verweis jeweils auf: EGMR, Urt. v. 28.10.1998, Rn. 115 – Osman/Vereinigtes Königreich.

455 EGMR, Urt. v. 28.03.2000, Rn. 68 – Kilic/Türkei; EGMR, Urt. v. 28.03.2000, Rn. 91 – Mahmut Kaya/Türkei.

menhang mit möglichen Beteiligungen von Sicherheitskräften an Straftaten durch eine Serie von unterlassenen Ermittlungen in Erscheinung traten[456]. Diese Situation führe zu einem gefährlichen Mangel an Verantwortungsbewusstsein innerhalb der Mitglieder der Sicherheitskräfte und beseitigte denjenigen Schutz, welcher den beiden Brüdern der Beschwerdeführer von Gesetzes wegen zugestanden hätte[457].

In einem dritten Prüfungsschritt untersuchte der EGMR schließlich die gerügte Unzulänglichkeit der behördlichen Untersuchungen. Dabei stellte der Gerichtshof zunächst in beiden Entscheidungen fest, dass sich aus der Verpflichtung nach Art. 2 EMRK, das Recht auf Leben zu schützen, in Verbindung mit der allgemeinen Verpflichtung des Staates aus Art. 1 EMRK, allen seiner Hoheitsgewalt unterstehenden Personen die in Abschnitt I dieser Konvention bestimmten Rechte und Freiheiten zuzusichern, die Pflicht ergäbe, wirksame amtliche Ermittlungen anzustellen, wenn Gewaltanwendung, insbesondere durch Bedienstete des Staates, den Tod eines Menschen zur Folge gehabt habe[458]. Im Rahmen der anschließenden Einschätzung der im Falle Kilic/Türkei durchgeführten Untersuchungen urteilte der Gerichtshof, dass die eingeschränkte Reichweite der Ermittlungen und deren kurze Dauer zu einer Verletzung des Art. 2 EMRK geführt hätte, weil es die Behörden unterlassen hätten, wirksame Untersuchungen durchzuführen[459].

Der EGMR zeigte sich in der Sache Mahmut Kaya/Türkei davon überzeugt, dass die durchgeführten Ermittlungen hinsichtlich des Todes des Arztes weder adäquat noch effektiv gewesen seien[460]. In dem durchgeführten Ermittlungsverfahren hätte viermal der Ermittler gewechselt, des Weiteren seien zwei Autopsien durchgeführt worden, von denen die erste zu dem erstaunlichen Ergebnis gekommen sei, dass keine Spuren einer Gewaltanwendung vorhanden wären. Die zweite Autopsie habe zwar diese Fehlinterpretation beseitigt, jedoch keinerlei Gründe für die vorhandenen Verletzungen geliefert. Zudem habe es keine

456 EGMR, Urt. v. 28.03.2000, Rn. 73 – Kilic/Türkei; EGMR, Urt. v. 28.03.2000, Rn. 96 – Mahmut Kaya/Türkei jeweils mit Verweis hinsichtlich des Art. 2 EMRK auf: EGMR, Urt. v. 19.02.1998, Rn. 86-92 – Kaya/Türkei; EGMR, Urt. v. 28.07.1998, Rn. 82-85 – Ergi/Türkei; EGMR, Urt. v. 02.09.1998, Rn. 98-108 – Yasa/Türkei; EGMR, Urt. v. 08.07.1999, Rn. 87 – Cakici/Türkei; EGMR, Urt. v. 08.07.1999, Rn. 101-111 – Tanrikulu/Türkei.

457 EGMR, Urt. v. 28.03.2000, Rn. 75, 76 – Kilic/Türkei; EGMR, Urt. v. 28.03.2000, Rn. 98, 99 – Mahmut Kaya/Türkei.

458 EGMR, Urt. v. 28.03.2000, Rn. 78 – Kilic/Türkei mit Verweis auf: EGMR, Urt. v. 27.09.1995, Rn. 161 – McCann u.a./Vereinigtes Königreich und EGMR, Urt. v. 19.02.1998, Rn. 105 – Kaya/Türkei.

459 EGMR, Urt. v. 28.03.2000, Rn. 83 – Kilic/Türkei.

460 EGMR, Urt. v. 28.03.2000, Rn. 103 ff. – Mahmut Kaya/Türkei.

forensische Untersuchung des Ortes, an dem die Leichen gefunden worden waren, gegeben. Auch seien Informationen, die den Behörden von den Angehörigen übermittelt worden waren und eine Beteiligung von „Kontra Guerillas" und Sicherheitskräften betrafen, offensichtlich nicht nachgegangen worden. Überdies sei es zu erheblichen Verzögerungen des Verfahrens gekommen. So dauerte es in einem Fall etwa sechs Monate, bis von einem Zeugen eine ausführlichere Aussage eingeholt worden war. Es hätte mehrmonatige Phasen gegeben, in denen die Ermittlungen gänzlich ruhten. Zwar sei sich der Gerichtshof der Probleme, mit denen die Staatsanwaltschaft im Südosten der Türkei konfrontiert werde, durchaus bewusst. Nichtsdestoweniger sei es die Pflicht der Behörden, aktiv und mit der nötigen Zügigkeit auf ernsthafte Behauptungen eines Fehlverhaltens oder einer ungesetzlichen Schadenszufügung durch staatliche Sicherheitskräfte zu reagieren[461]. Während der Untersuchungen sei es versäumt worden, bedeutsame Elemente des Tatherganges zu ermitteln. Überdies seien sie nicht mit derjenigen Sorgfalt durchgeführt worden, die nötig gewesen sei, um eine realistische Chance zu bekommen, die Täter zu identifizieren und festnehmen zu können[462]. Art 2 EMRK sei mithin verletzt worden.

Wie die Entscheidungen Kilic/Türkei und Mahmut Kaya/Türkei zeigen, begnügt sich der EGMR in beiden Fällen nicht mit der Feststellung eines Verstoßes gegen die dem Art. 2 EMRK innewohnende positive Verpflichtung zum Schutz des Lebens, sondern prüft zudem einen möglichen Verstoß gegen die dem Art. 2 EMRK beigemessene Verfahrensdimension. Hierbei rügte er im Urteil Mahmut Kaya/Türkei insbesondere, dass die Behörden Hinweisen einer Beteiligung der Sicherheitskräfte an den Morden offensichtlich nicht nachgegangen seien. Des Weiteren seien die Behörden dem aus Art. 2 EMRK abgeleiteten Erfordernis gründlicher und zügiger Ermittlungen nicht nachgekommen und die Ermittlungen insgesamt als inadäquat und ineffektiv einzustufen.

10. Ertak/Türkei

In der Rechtssache Ertak/Türkei behauptete der Beschwerdeführer, dass sein Sohn in Polizeigewahrsam genommen, im Laufe der erfolgten Verhöre aller Wahrscheinlichkeit nach von der Polizei oder Sicherheitskräften getötet worden und seitdem verschwunden sei. Während die Regierung dies bestritt, sah es der EGMR aufgrund der vorgelegten Beweise, insbesondere der Aussage mehrerer Zeugen, die den Sohn des Beschwerdeführers während der Haftzeit sowohl lebendig als auch tot gesehen hatten, als erwiesen an, dass dieser in Polizeige-

461 EGMR, Urt. v. 28.03.2000, Rn. 107 – Mahmut Kaya/Türkei mit Verweis, *mutatis mutandis*, auf: EGMR (Große Kammer), Urt. v. 28.07.1999, Rn. 76-79 – Selmouni/Frankreich.

462 EGMR, Urt. v. 28.03.2000, Rn. 108 – Mahmut Kaya/Türkei.

wahrsam genommen und anschließend während der Haftzeit schweren Misshandlungen ausgesetzt worden sei, die zum Tode geführt hätten[463]. Indem der Gerichtshof die Pflicht der Staaten hervorhob, Rechenschaft über das Wohlergehen derjenigen Personen abzugeben, über die sie Kontrolle ausübten, bemängelte er, dass von Seiten der Regierung keinerlei Erklärungen abgegeben worden seien, was mit dem Sohn des Beschwerdeführers nach seiner Inhaftierung geschehen sei[464]. Dementsprechend trüge die Regierung im vorliegenden Fall die Verantwortung für den Tod des Sohnes des Beschwerdeführers, welcher durch Bedienstete des Staates nach seiner Inhaftierung verursacht worden sei. Art. 2 EMRK sei insofern verletzt worden[465]. Anschließend wiederholte der EGMR im Rahmen seiner Untersuchung einer Verletzung der aus Art. 2 EMRK resultierenden Ermittlungspflicht, dass Art. 2 EMRK eine der fundamentalsten Bestimmungen der Konvention darstelle und zusammen mit Art. 3 EMRK einen der Grundwerte der demokratischen Gesellschaft schütze[466]. Die Artikel 2 EMRK innewohnende Verpflichtung beschränke sich nicht darauf, das absichtliche Töten zu unterlassen, sondern führe zudem zu der positiven Verpflichtung, das Recht auf Leben durch Gesetze zu schützen. Letztere Verpflichtung setze implizit voraus, dass adäquate und wirksame amtliche Ermittlungen durchgeführt würden, wenn Personen durch Gewaltanwendung getötet worden seien[467]. Der dem Art. 2 EMRK immanente verfahrensrechtliche Schutz des Lebens beinhalte die Pflicht des Staates, über den Einsatz von Gewalt durch Staatsbedienstete Rechenschaft abzulegen, indem deren Handlungen einer unabhängigen und amtlichen Untersuchung unterzogen würden, die geeignet sei zu bestimmen, ob der Einsatz der Gewalt im jeweiligen Einzelfall gerechtfertigt gewesen sei oder nicht[468].

Im vorliegenden Fall seien die von den nationalen Behörden durchgeführten Ermittlungen jedoch zum einen nicht von einer unabhängigen Institution durchgeführt worden, da der ermittelnde Offizier zur gleichen Verwaltungshierarchie gehörte wie diejenigen Personen, gegen die er zu ermitteln hatte.

Zum anderen hätte der Verwaltungsrat, der die Einstellung des Verfahrens beschlossen hatte, unter anderem aus Personen bestanden, die im Endeffekt die rechtliche Verantwortung für das Verhalten der Polizeibeamten hätten über-

---

463 EGMR, Urt. v. 09.05.2000, Rn. 131 – Ertak/Türkei.

464 EGMR, Urt. v. 09.05.2000, Rn. 132 – Ertak/Türkei.

465 EGMR, Urt. v. 09.05.2000, Rn. 133 – Ertak/Türkei.

466 EGMR, Urt. v. 09.05.2000, Rn. 134 – Ertak/Türkei.

467 EGMR, Urt. v. 09.05.2000, Rn. 134 – Ertak/Türkei mit Verweis auf: EGMR, Urt. v. 02.09.1998, Rn. 98 – Yasa/Türkei.

468 EGMR, Urt. v. 09.05.2000, Rn. 134 – Ertak/Türkei mit Verweis auf: EGMR, Urt. v. 19.02.1998, Rn. 87 – Kaya/Türkei.

nehmen müssen.[469]. Überdies seien die Untersuchungen nicht gründlich gewesen und hätten dem Beschwerdeführer keinerlei Möglichkeit gegeben, an dem Untersuchungsprozess teilzunehmen[470].

Der Gerichtshof bejahte deshalb einen Verstoß gegen Art. 2 EMRK, da der Staat es unterlassen habe, seiner Pflicht zur angemessenen und wirksamen Untersuchung der Todesumstände nachzukommen.

11.Timurtas/Türkei

Im Fall Timurtas/Türkei war es fraglich, ob der Sohn des Beschwerdeführers während der von der Regierung bestrittenen Haftzeit verstorben und der Staat für dessen Tod verantwortlich war. Der Leichnam des Verschwundenen war nicht auffindbar. Aufgrund der Feststellung des Sachverhaltes durch die Kommission sah es der EGMR als erwiesen an, dass der betroffene Sohn von Gendarmen festgenommen und inhaftiert worden war[471]. Mehr als sechs Jahre waren zum Zeitpunkt des Verfahrens vor dem EGMR verstrichen, ohne dass es Hinweise über den Verbleib des Sohnes des Beschwerdeführers gegeben hatte. Es stellte sich somit nach Ansicht des EGMR die Frage, ob die nationalen Behörden ihre aus Art. 2 EMRK resultierende Pflicht zum Schutz des Lebens in diesem Falle verletzt hätten. Der EGMR wies darauf hin, dass er bereits in vorangegangenen Entscheidungen zu Art. 3 EMRK geurteilt hätte, dass, wenn eine Person in gutem Gesundheitszustand festgenommen werde und bei ihrer Entlassung Verletzungen aufweise, es dem Staat obliege, eine plausible Erklärung für diese Verletzungen zu geben[472]. Auf dieselbe Art und Weise würde Art. 5 EMRK dem Staat die Pflicht auferlegen, über den Verbleib von inhaftierten Personen, die seiner Kontrolle unterliegen, Rechenschaft abzulegen[473]. Ob das Unterlassen der Behörden, eine plausible Erklärung über das Schicksal eines Inhaftierten abzugeben, dessen Körper nicht auffindbar sei, auch im Rahmen des Art. 2 EMRK zu behandeln sei, hänge vom Vorliegen ausreichender Indizienbeweise ab.

---

469 EGMR, Urt. v. 09.05.2000, Rn. 92, 135 – Ertak/Türkei.

470 EGMR, Urt. v. 09.05.2000, Rn. 135 – Ertak/Türkei.

471 EGMR, Urt. v. 13.06.2000, Rn. 81 – Timurtas/Türkei.

472 EGMR, Urt. v. 13.06.2000, Rn. 82 – Timurtas/Türkei mit Verweis auf: EGMR, Urt. v. 27.08.1992, Rn. 108-111 – Tomasi/Frankreich; EGMR, Urt. v. 04.12.1995, Rn. 34 – Ribitsch/Österreich; EGMR (Große Kammer), Urt. v. 28.07.1999, Rn. 87 – Selmouni/Frankreich.

473 EGMR, Urt. v. 13.06.2000, Rn. 82 – Timurtas/Türkei mit Verweis auf: EGMR, Urt. v. 25.05.1998, Rn. 124 – Kurt/Türkei.

Diese müssten auf konkreten Elementen basieren, aus denen, unter Berücksichtigung des notwendigen Beweismaßstabes, geschlossen werden könnte, dass der Inhaftierte während der Haft verstorben sei[474]. In diesem Zusammenhang würde die Zeit, die seit der Inhaftierung vergangen sei, einen relevanten, wenn auch nicht allein entscheidenden Faktor darstellen. Je mehr Zeit ohne Neuigkeiten von der betroffenen Person vergangen sei, umso wahrscheinlicher werde es, dass die inhaftierte Person verstorben sei[475].

Im vorliegenden Fall war der EGMR davon überzeugt, dass der Sohn des Beschwerdeführers nach der erfolgten Inhaftierung verstorben sei. Konsequenterweise wäre die Verantwortlichkeit des Staates für dessen Tod begründet[476]. Im vorliegenden Fall hätten die Behörden jedoch weder Erklärungen darüber geliefert, was mit dem Sohn des Beschwerdeführers nach der Inhaftierung geschehen sei, noch Rechtfertigungsgründe für eine erfolgte Gewaltanwendung durch Bedienstete des Staates vorgetragen. Aus diesem Grunde sei dem Staat der Tod des Sohnes zuzurechnen und Art. 2 EMRK mithin verletzt worden[477].

Anschließend untersuchte der EGMR die im Zusammenhang mit dem Verschwinden des Sohnes unternommenen Ermittlungen. Er wiederholte zunächst, dass sich aus der Verpflichtung nach Art. 2 EMRK, das Recht auf Leben zu schützen, in Verbindung mit der allgemeinen Verpflichtung des Staates aus Art. 1 EMRK, allen seiner Hoheitsgewalt unterstehenden Personen die in Abschnitt I dieser Konvention bestimmten Rechte und Freiheiten zuzusichern, die Pflicht ergebe, wirksame amtliche Ermittlungen anzustellen, wenn Gewaltanwendung, insbesondere durch Bedienstete des Staates, den Tod eines Menschen zur Folge gehabt habe[478].

Anschließend begründete der Gerichtshof einen Verstoß gegen die aus Art. 2 EMRK resultierenden Verfahrensanforderungen, indem er sich zunächst der Meinung der Kommission anschloss, welche die Ermittlungen für schleppend und oberflächlich befunden hatte. Die durchgeführte Untersuchung hätte keinen ernsthaften Versuch dargestellt herauszufinden, was mit dem Sohn des Beschwerdeführers geschehen sei. Der Gerichtshof bemängelte insbesondere die

---

474 EGMR, Urt. v. 13.06.2000, Rn. 82 – Timurtas/Türkei mit Verweis auf: EGMR, Urt. v. 09.05.2000, Rn. 131 – Ertak/Türkei; EGMR, Urt. v. 08.07.1999, Rn. 85 – Caki-ci/Türkei.

475 EGMR, Urt. v. 13.06.2000, Rn. 83 – Timurtas/Türkei.

476 EGMR, Urt. v. 13.06.2000, Rn. 86 – Timurtas/Türkei.

477 EGMR, Urt. v. 13.06.2000, Rn. 86 – Timurtas/Türkei.

478 EGMR, Urt. v. 13.06.2000, Rn. 87 – Timurtas/Türkei mit Verweis auf: EGMR, Urt. v. 27.09.1995, Rn. 161 – McCann u.a./Vereinigtes Königreich; EGMR, Urt. v. 19.02.1998, Rn. 105 – Kaya/Türkei.

Zeit, die es gedauert habe, bevor amtliche Ermittlungen eingeleitet und Zeugenaussagen eingeholt worden seien. Des Weiteren seien die Zeugenbefragungen unangemessen gewesen, relevante Informationen ignoriert und anschließend von den Ermittlungsbehörden verleugnet worden[479]. Die von den Ermittlungsbehörden an den Tag gelegte Lethargie würde auf anschauliche Weise die Bedeutung zügiger juristischer Intervention im Sinne des Art. 5 Abs. 3 und 4 EGMR, die zur Aufdeckung und Vorbeugung von lebensgefährdenden Maßnahmen führen könnte, hervorheben[480]. Der Gerichtshof sah Art. 2 EMRK demnach als verletzt an, weil die von den Behörden hinsichtlich des Verschwindens des Sohnes durchgeführten Untersuchungen unangemessen gewesen seien[481].

In der Entscheidung Timurtas/Türkei übertrug der EGMR seine Rechtsprechung zu Art. 3 und 5 EMRK hinsichtlich der Beweislasterleichterung für während der Haft aufgetretene Verletzungen[482] beziehungsweise den Verbleib von Personen auf Art. 2 EMRK. Sofern ausreichende Indizienbeweise vorliegen, die es als wahrscheinlich erscheinen lassen, dass der Betroffene während der Haft verstorben ist, obliegt es demnach dem Staat, eine plausible Erklärung über den Verbleib dieser Person abzugeben. Gelingt ihm dieses nicht, so kann es durch die dem Art. 2 EMRK beigemessene verfahrensrechtliche Beweislasterleichterung zu einer Verurteilung des Staates kommen, und zwar auch dann, wenn der Leichnam des Betroffenen nicht auffindbar ist. Hinsichtlich der verfahrensrechtlichen Ermittlungspflicht des Art. 2 EMRK betonte der EGMR erneut die dringende Notwendigkeit zügiger Ermittlungen.

12. Salman/Türkei

In dem Urteil Salman/Türkei stand wiederum die Verantwortlichkeit des Staates für eine während der Polizeihaft misshandelte und anschließend verstorbene Person in Frage. Die Beschwerdeführerin behauptete, dass ihr Ehemann in Folge von Folterungen durch Beamte der Sicherheitspolizei gestorben sei. Des Weiteren beschwerte sie sich über das Fehlen wirksamer Ermittlungen in Bezug auf die Todesumstände. Der Gerichtshof betonte bei seiner Untersuchung zunächst, dass er, unter Berücksichtigung des von Art. 2 EMRK gewährleisteten Schutzes, Fälle von Tötungen außerordentlich sorgfältig prüfen müsse und da-

---

479 EGMR, Urt. v. 13.06.2000, Rn. 89 – Timurtas/Türkei.

480 EGMR, Urt. v. 13.06.2000, Rn. 89 – Timurtas/Türkei.

481 EGMR, Urt. v. 13.06.2000, Rn. 90 – Timurtas/Türkei.

482 Der Begriff „Beweislast" wird hier im untechnischen Sinne verwendet, weil der Beschwerdeführer vor dem EGMR keine eigentliche Beweispflicht hat. Dieser Begriff umschreibt vielmehr den Umstand, dass der EGMR dem Vortrag des Beschwerdeführers grundsätzlich dann Glauben schenkt, wenn dieser belegen kann, dass die Verletzungen während seiner Haftzeit aufgetreten sind.

bei nicht nur die Handlungen der Bediensteten des Staates, sondern auch alle Begleitumstände berücksichtigen müsse. Personen in Haft seien in einer verletzbaren Lage und die Behörden deshalb verpflichtet, sie zu schützen[483]. Wenn eine Person bei guter Gesundheit in Polizeihaft genommen werde und man bei ihrer Entlassung Verletzungen feststelle, obliege es dem Staat, eine plausible Erklärung für den Grund der Verletzungen zu geben[484]. Diese Verpflichtung der Behörden sei umso größer, wenn die betroffene Person gestorben sei[485]. Bei der Beweiswürdigung hätte der Gerichtshof bisher generell das Kriterium des „über jeden vernünftigen Zweifel erhabenen" Beweises angewendet. Ein solcher Beweis könne sich jedoch auch aus einer Mehrzahl von Indizien oder unwiderlegten Vermutungen ergeben, die ausreichend beweiskräftig, genau und überzeugend seien[486].

Sofern die fraglichen Umstände ganz oder zu einem wesentlichen Teil ausschließlich den Behörden bekannt seien, beispielsweise in Fällen, in denen die Personen staatlicher Gewalt in der Haft unterworfen seien, habe das Vorliegen von Verletzungen, beziehungsweise der während der Haftzeit eingetretene Tod, eine starke Tatsachenvermutung zur Folge. In diesem Fall liege die Beweislast bei den Behörden, die eine ausreichende und überzeugende Erklärung geben müssten[487]. Nach eingehender Würdigung der Beweislage kam der EGMR anschließend zu dem Ergebnis, dass die Behörden keine ausreichende Erklärung für die Verletzungen und den eingetretenen Tod des Ehemannes der Beschwerdeführerin geliefert hätten und diese deswegen für seinen Tod verantwortlich seien. Art. 2 EMRK sei mithin verletzt worden[488].

Hinsichtlich der gerügten Unzulänglichkeit der Ermittlungen erinnerte der Gerichtshof zunächst an die aus Art. 2 EMRK in Verbindung mit Art. 1 EMRK resultierende Pflicht, wirksame Ermittlungen durchzuführen, wenn Gewaltanwendung den Tod eines Menschen zur Folge gehabt hätte[489]. Der EGMR unterstrich in diesem Zusammenhang, dass diese Verpflichtung nicht nur für den Fall gelte, dass der Tod erwiesenermaßen durch einen Bediensteten des Staates herbeigeführt worden sei. Vielmehr lasse die bloße Tatsache, dass die Behörden über den während der Haft eingetretenen Tod des Ehemannes der Beschwerde-

483 EGMR, Urt. v. 27.06.2000, Rn. 99 – Salman/Türkei.
484 EGMR, Urt. v. 27.06.2000, Rn. 99 – Salman/Türkei mit Verweis auf: EGMR, Urt. v. 28.07.1999, Rn. 87 – Selmouni/Frankreich.
485 EGMR, Urt. v. 27.06.2000, Rn. 99 – Salman/Türkei.
486 EGMR, Urt. v. 27.06.2000, Rn. 100 – Salman/Türkei.
487 EGMR, Urt. v. 27.06.2000, Rn. 100 – Salman/Türkei.
488 EGMR, Urt. v. 27.06.2000, Rn. 103 – Salman/Türkei.
489 EGMR, Urt. v. 27.06.2000, Rn. 104 – Salman/Türkei mit Verweis auf: EGMR, Urt. v. 27.09.1995, Rn. 161 – McCann u.a./Vereinigtes Königreich; EGMR, Urt. v. 19.02.1998, Rn. 105 – Kaya/Türkei.

führerin informiert worden waren, ohne weiteres die Verpflichtung aus Art. 2 EMRK entstehen, wirksame Ermittlungen über die Todesumstände anzustellen[490]. Dieses schließe gegebenenfalls eine Autopsie mit einem vollständigen und genauen Bericht über mögliche Anzeichen von Misshandlungen und Verletzungen sowie eine objektive Analyse der klinischen Befunde, die Todesursache inbegriffen, mit ein[491].

Im vorliegenden Fall bemerkte der Gerichtshof, dass eine umfassende Autopsie entscheidende Bedeutung für die Aufklärung der Todesumstände gehabt hätte. Die Lücken bei der durchgeführten Autopsie hätten jedoch jeden Versuch, die Verantwortung der Polizisten für den Tod des Ehemannes der Beschwerdeführerin nachzuweisen, vereitelt[492]. Aus diesem Grunde bejahte der EGMR einen Verstoß gegen die aus Art. 2 EMRK resultierende verfahrensrechtliche Ermittlungspflicht. Er sah es zudem als erwiesen an, dass der Ehemann der Beschwerdeführerin während der Haft gefoltert worden sei, und bejahte einen Verstoß gegen Art. 3 EMRK. Hinsichtlich der behaupteten Lückenhaftigkeit der Ermittlungen hielt es der Gerichtshof allerdings im Rahmen des Art. 3 EMRK für unnötig, darüber gesondert zu entscheiden[493].

In der Entscheidung Salman/Türkei bestätigt der EGMR die Beweislasterleichterung hinsichtlich während der Haft erlittener Verletzungen beziehungsweise eines eingetretenen Todes. Des Weiteren konkretisiert er die Verfahrensdimension des Art. 2 EMRK. Das Erfordernis, wirksame Ermittlungen durchzuführen, könne gegebenenfalls die Pflicht mit einschließen, eine gründliche Autopsie durchzuführen, um die Todesumstände zu erforschen.

13.Tas/Türkei

In der Entscheidung Tas/Türkei war der Verbleib des Sohnes des Beschwerdeführers nach erfolgter Inhaftierung durch türkische Sicherheitskräfte strittig. Dieser war nach einem Einsatz der Polizei im Südosten der Türkei, bei welchem ihm das Knie durchschossen wurde, festgenommen worden. Noch am selben Tag wurde er wegen der Knieverletzung in einem Krankenhaus behandelt. Die betreffenden Krankenhausakten stellten eine Ein- und Austrittswunde am Knie sowie eine Verletzung des vorderen Kniegelenks fest. Der Sohn des Beschwerdeführers war zu diesem Zweitpunkt bei Bewusstsein und außer Lebensgefahr. Über die anschließende Inhaftierungszeit gab es keinerlei amtliche Aufzeich-

490 EGMR, Urt. v. 27.06.2000, Rn. 105 – Salman/Türkei mit Verweis auf: EGMR, Urt. v. 28.07.1998, Rn. 82 – Ergi/Türkei; EGMR, Urt. v. 02.09.1998, Rn. 100 – Yasa/Türkei.
491 EGMR, Urt. v. 27.06.2000, Rn. 105 – Salman/Türkei.
492 EGMR, Urt. v. 27.06.2000, Rn. 106, 107 – Salman/Türkei.
493 EGMR, Urt. v. 27.06.2000, Rn. 117 – Salman/Türkei.

nungen, weder über die verschiedenen Orte der Inhaftierung noch über etwaige Vernehmungen. Einem handschriftlichen Bericht zufolge, der von drei Offizieren unterzeichnet worden war, ist der Sohn des Beschwerdeführers rund einen Monat nach seiner Inhaftierung bei einer Operation der Sicherheitskräfte in den Gabar Bergen, bei der dieser bei der Auffindung von Verstecken der PKK helfen sollte, geflohen. Obwohl der Beschwerdeführer den zuständigen Staatsanwalt darüber informiert hatte, dass er diesem Bericht nicht glaube und fürchte, dass sein Sohn gefoltert und getötet worden sei, leitete der Staatsanwalt keinerlei Untersuchungen ein, weder hinsichtlich der behaupteten Tötung noch aufgrund der Tatsache, dass einem mutmaßlichen PKK-Kämpfer während der Haft die Flucht gelungen sei. Erst zwei Jahre später, der Fall war mittlerweile an den Verwaltungsrat abgegeben worden, kam es zu Ermittlungen, die jedoch zu keinerlei Ergebnissen führten. Insbesondere war bis zum Zeitpunkt des Verfahrens vor dem EGMR die Identität der drei Offiziere, die nach Angaben der Regierung Kodenamen bei der Unterschrift des Fluchtberichts verwendet hatten, nicht aufgeklärt worden.

Der Beschwerdeführer rügte vor dem EGMR, dass es die Behörden versäumt hätten, eine plausible Erklärung für das Verschwinden seines Sohnes während der Haft zu geben. Es sei anzunehmen, dass er unter Umständen gestorben sei, für welche die Behörden, unter Verletzung der aus Art. 2 EMRK resultierenden Pflicht, das Recht auf Leben zu schützen, verantwortlich seien. Des Weiteren sei es zu keinen effektiven Ermittlungen hinsichtlich der Ermordung seines Sohnes gekommen.

Der EGMR bemerkte bei der Untersuchung einer Verletzung des Art. 2 EMRK zunächst, dass keinerlei Aufzeichnungen über den Verbleib des Sohnes des Beschwerdeführers nach seiner Inhaftierung vorliegen würden und dass der handschriftliche Bericht, der die Flucht des Sohnes festhielt, unglaubwürdig und unzuverlässig sei[494]. Insofern stelle sich die Frage, ob der türkische Staat versäumt hätte, seiner aus Art. 2 EMRK resultierenden Verpflichtung, das Recht des Sohnes des Beschwerdeführers auf Leben zu schützen, nachzukommen. Wie der Gerichtshof bereits zuvor geurteilt hätte, obläge es dem Staat, eine plausible Erklärung für den Grund von Verletzungen zu geben, wenn eine Person bei guter Gesundheit in Polizeihaft genommen werde und man bei ihrer Entlassung Verletzungen feststellte. Gelänge ihm dies nicht, müsse er eine Verurteilung nach Art. 3 EMRK befürchten[495]. Die Verpflichtung der Behörden, die Behand-

---

494 EGMR, Urt. v. 14.11.2000, Rn. 62 – Tas/Türkei.

495 EGMR, Urt. v. 14.11.2000, Rn. 63 – Tas/Türkei mit Verweis auf: EGMR; Urt. v. 27.08.1992, Rn. 108-111 – Tomasi/Frankreich; EGMR, Urt. v. 04.12.1995, Rn. 34 – Ribitsch/Österreich; EGMR (Große Kammer), Urt. v. 28.07.1999, Rn. 87 – Selmouni/Frankreich.

lung einer in Haft befindlichen Person zu rechtfertigen, sei umso größer, wenn die betroffene Person gestorben sei. Ob das Unterlassen der Behörden, eine plausible Erklärung über das Schicksal eines Inhaftierten abzugeben, dessen Körper nicht auffindbar sei, auch im Rahmen des Art. 2 EMRK zu behandeln sei, hänge vom Vorliegen ausreichender Indizienbeweise ab, die auf konkreten Elementen basieren müssten, aus denen unter Berücksichtigung des notwendigen Beweismaßstabes geschlossen werden könnte, dass der Inhaftierte während der Haft verstorben sei[496]. In diesem Zusammenhang würde die Zeit, die seit der Inhaftierung vergangen sei, einen relevanten, wenn auch nicht allein entscheidenden Faktor darstellen. Je mehr Zeit ohne Neuigkeiten von der betroffenen Person vergangen sei, desto wahrscheinlicher werde es, dass die inhaftierte Person verstorben sei[497].

Der Gerichtshof stellte anschließend fest, dass, obwohl der Sohn des Beschwerdeführers inhaftiert worden war, keinerlei Eintragungen in die Haftregister gemacht worden seien und keine verlässlichen Beweise über seinen Verbleib vorgelegt worden seien. Obwohl er eine Knieverletzung erlitten hätte, gebe es, außer über die Erstbehandlung am Tage der Inhaftierung, keine Aufzeichnungen über weitere medizinische Behandlungen oder Untersuchungen. Die Behauptung der erfolgten Flucht, die auf einem Bericht von drei Offizieren beruhe, welche Kodenamen benutzt hätten und von der Regierung nicht identifiziert werden konnten, sei vollkommen unglaubwürdig und durch keinerlei verlässliche Beweise unterstützt worden[498]. Der Gerichtshof sah es als besonders erschwerenden Umstand an, dass keinerlei Aufzeichnungen über den Haftaufenthalt des Sohnes des Beschwerdeführers vorlägen und sich die Regierung als unfähig erwiesen hätte, eine plausible und nachvollziehbare Erklärung darüber abzugeben, was mit dem Sohn des Beschwerdeführers geschehen sei[499]. Wie der EGMR bereits in den Urteilen Kilic/Türkei und Mahmut Kaya/Türkei festgestellt hätte, führe die Untergrabung der effektiven Umsetzung der bestehenden Strafvorschriften im Südosten der Türkei zu einem gefährlichen Mangel an Verantwortungsbewusstsein unter den Mitgliedern der Sicherheitskräfte[500]. Aus diesem Grund sei anzunehmen, dass der Sohn des Beschwerdeführers nach der Inhaftierung durch die Sicherheitskräfte verstorben sei. Konsequenterweise sei

---

496 EGMR, Urt. v. 14.11.2000, Rn. 63 – Tas/Türkei mit Verweis auf: EGMR, Urt. v. 13.06.2000, Rn. 82-86 – Timurtas/Türkei; EGMR, Urt. v. 09.05.2000, Rn. 131 – Ertak/Türkei; EGMR, Urt. v. 08.07.1999, Rn. 85 – Cakici/Türkei.

497 EGMR, Urt. v. 14.11.2000, Rn. 64 – Tas/Türkei.

498 EGMR, Urt. v. 14.11.2000, Rn. 65 – Tas/Türkei.

499 EGMR, Urt. v. 14.11.2000, Rn. 66 – Tas/Türkei.

500 EGMR, Urt. v. 14.11.2000, Rn. 66 – Tas/Türkei mit Verweis auf: EGMR, Urt. v. 28.03.2000, Rn. 75 – Kilic/Türkei; EGMR, Urt. v. 28.03.2000, Rn. 98 – Mahmut Kaya/Türkei.

damit die Verantwortung des Staates für seinen Tod begründet. Da die Behörden keine Rechenschaft darüber abgelegt hätten, was während der Haftzeit geschehen sei, und sich auch nicht auf etwaige Rechtfertigungsgründe für eine Gewaltanwendung berufen hätten, sei daher die Verantwortung für den Tod der Regierung zuzurechnen und Art. 2 EMRK aus diesem Grunde verletzt worden[501].

Hinsichtlich der gerügten Unangemessenheit der durchgeführten Ermittlungen berief sich der EGMR zunächst auf die aus Art. 2 und Art. 1 EMRK resultierende Verpflichtung, wirksame amtliche Ermittlungen durchzuführen, wenn Personen durch Gewaltanwendung getötet worden seien[502]. Im vorliegenden Fall hätte der Staatsanwalt keinerlei ermittelnde Schritte unternommen, nachdem der Beschwerdeführer ihm gegenüber die Befürchtung geäußert hatte, dass sein Sohn während der Haft getötet worden sei. Der Gerichtshof hob dabei hervor, dass die zuständigen Behörden zu gewährleisten hätten, dass einer inhaftierten Person derjenige Schutz zukomme, der ihr von Gesetzes wegen zustehe[503].

Das Fehlen jeglicher Reaktion auf einen Bericht, dass Sicherheitskräfte eine Person während der Haftzeit „verloren" hätten, die unter dem Verdacht stand, schwerwiegende Verbrechen begangen zu haben, sei mit dieser Pflicht nicht zu vereinbaren. Auch die zwei Jahre nach dem Vorfall durchgeführten Untersuchungen durch den Verwaltungsrat würden dem Verfahrenserfordernis des Art. 2 EMRK nicht genügen. So sei beispielsweise kein Versuch unternommen worden, die für die Inhaftierung Verantwortlichen zu befragen oder die Identität der drei Offiziere herauszufinden. Überdies hätte der EGMR bereits wiederholt festgestellt, dass die Durchführung von Ermittlungen bezüglich ungesetzlicher Tötungen durch provinzielle Verwaltungsräte nicht dem Erfordernis des Art. 2 EMRK an eine unabhängige Ermittlungsbehörde genügten, weil diese unter der Befehlsgewalt des Gouverneurs stünden, der ebenfalls für die Sicherheitskräfte, gegen die ermittelt wurde, verantwortlich sei[504]. Im Lichte des Vorangegangenen seien die durchgeführten Ermittlungen weder zügig, adäquat noch effektiv gewesen und stellten daher einen Verstoß des Staates gegen die verfahrens-

501 EGMR, Urt. v. 14.11.2000, Rn. 67 – Tas/Türkei.
502 EGMR, Urt. v. 14.11.2000, Rn. 68 – Tas/Türkei mit Verweis auf: EGMR, Urt. v. 27.09.1995, Rn. 161 – McCann u.a./Vereinigtes Königreich; EGMR, Urt. v. 19.02.1998, Rn. 105 – Kaya/Türkei.
503 EGMR, Urt. v. 14.11.2000, Rn. 69 – Tas/Türkei.
504 EGMR, Urt. v. 14.11.2000, Rn. 71 – Tas/Türkei mit Verweis auf: EGMR; Urt. v. 27.07.1998, Rn. 80, 81 – Gülec/Türkei; EGMR, Urt. v. 20.05.1999, Rn. 91, 92 – Ögur/Türkei.

rechtliche Verpflichtung dar, das Recht auf Leben zu schützen[505]. Aus diesem Grund sei Art. 2 EMRK ebenfalls verletzt worden.

14.Gül/Türkei

Im Fall Gül/Türkei ging es um die Tötung des Sohnes des Beschwerdeführers durch Polizeibeamte, die bei der Durchsuchung eines Wohnblocks nach mutmaßlichen PKK-Kämpfern durch die Apartmenttür auf den sich hinter dieser Tür befindlichen Sohn geschossen hatten. Der genaue Tathergang war umstritten und die diesbezüglichen Aussagen widersprüchlich.

Nachdem der Gerichtshof nach eingehender Analyse des Sachverhaltes zunächst einen Verstoß gegen Art. 2 EMRK dahingehend bejaht hatte, dass die von den Polizisten eingesetzte Gewalt im vorliegenden Fall nicht „unbedingt erforderlich" und damit ungerechtfertigt im Sinne des Art. 2 Abs. 2 EMRK gewesen sei[506], widmete er sich den im Anschluss an die Erschießung durchgeführten Ermittlungen. Ausgangspunkt war wiederum die aus Art. 2 EMRK und Art. 1 EMRK resultierende Verpflichtung, wirksame amtliche Untersuchungen durchzuführen, wenn eine Person durch Gewaltanwendung getötet worden war[507]. Die vom Staatsanwalt durchgeführten Ermittlungen hätten jedoch nach Ansicht des EGMR eine Reihe von bedeutsamen Lücken aufgewiesen[508]. Zunächst einmal sei es unterlassen worden, nach der Kugel zu suchen, mit welcher der Sohn des Beschwerdeführers angeblich auf die Polizisten geschossen hätte, obwohl diese Behauptung die Hauptrechtfertigung der Polizisten für die angewendete Gewalt gewesen sei. Des Weiteren gäbe es keine vernünftigen Aufzeichnungen über die angeblich in der Wohnung gefundenen zwei Pistolen sowie die Patronenhülse, auf deren Gebrauch sich die Polizisten ebenfalls zur Rechtfertigung des Schusswaffengebrauchs berufen hätten. Zwar wäre eine der Waffen untersucht worden, um zu beweisen, dass sie erst kürzlich verwendet worden sei, es sei jedoch keine Untersuchung der Hände des Getöteten nach Schmauchspuren oder der Waffe nach Fingerabdrücken unternommen worden, um zu zeigen, dass dieser die Waffe benutzt hatte. Zudem seien keine Fotografien vom Fundort der Waffen angefertigt worden. Die unterbliebene Durchfüh-

---

505 EGMR, Urt. v. 14.11.2000, Rn. 72 – Tas/Türkei: "In the light of the forgoing, the Court finds that the investigations carried out into the disappearance of the applicants' son was neither prompt, adequate nor effective and therefore discloses a breach of the State's procedural obligations to protect the right to life".

506 EGMR, Urt. v. 14.12.2000, Rn. 80-83 – Gül/Türkei.

507 EGMR, Urt. v. 14.12.2000, Rn. 88 – Gül/Türkei mit Verweis auf: EGMR, Urt. v. 27.09.1995, Rn. 161 – McCann u.a./Vereinigtes Königreich; EGMR, Urt. v. 19.02.1998, Rn. 105 – Kaya/Türkei.

508 EGMR, Urt. v. 14.12.2000, Rn. 89 ff. – Gül/Türkei.

rung einer Autopsie, hinsichtlich aller dem Sohn des Beschwerdeführers zugefügten Verletzungen, hätte die Einschätzung behindert, unter welchen Umständen dieser im Kugelhagel umgekommen sei. Der Zweck einer solchen postmortalen Untersuchung, die einen vollständigen und genauen Bericht über mögliche Anzeichen vom Misshandlungen und Verletzungen sowie eine objektive Analyse der klinischen Befunde beinhalten sollte, sei es, die genauen Todesumstände aufzuhellen[509]. Obwohl die Handlungen der Polizisten eine sorgfältige und zügige Untersuchung durch die verantwortlichen Behörden erforderlich gemacht hätten, habe der ermittelnde Staatsanwalt keinerlei Aussagen der Beteiligten zu Protokoll genommen. Ein weiterer Mangel des nach dem Zwischenfall eingeleiteten Verfahrens sei das Fehlen jeglicher Rechenschaftspflicht für den Gebrauch der Schusswaffen gewesen[510]. Weder seien die Waffen der Polizisten untersucht worden noch habe man festgehalten, wie viel Schuss Munition verbraucht worden seien. Erst zwei Monate nach der Erschießung des Sohnes des Beschwerdeführers seien überhaupt Aussagen der Polizisten aufgenommen worden. Darüber hinaus bemängelte der EGMR, wie bereits im Fall Gülec/Türkei, dass Untersuchungen des Verwaltungsrates hinsichtlich der durch Sicherheitskräfte verursachten Tötungen nicht die verfahrenrechtlichen Anforderungen des Art. 2 EMRK an eine unabhängige Ermittlung erfüllten, insbesondere weil sowohl der Verwaltungsrat als auch die Polizisten dem Gouverneur hierarchisch untergeordnet seien[511]. In Anbetracht dieser Umstände kam der EGMR zu dem Schluss, dass ein Verstoß gegen die aus Art. 2 EMRK resultierende wirksame Ermittlungspflicht vorläge[512].

15. Cicek/Türkei

In der Entscheidung Cicek/Türkei war der Verbleib zweier Personen strittig, nachdem diese zuletzt im Gewahrsam türkischer Sicherheitskräfte gesehen worden waren. Die beiden Söhne der Beschwerdeführerin waren nach einem Einsatz türkischer Soldaten in ihrem Heimatdorf im Südosten der Türkei zusammen mit vier anderen Personen nach Feststellung ihrer Personalien festgenommen und in ein nahe gelegenes Internat zur Vernehmung gebracht worden. Der EGMR sah es aufgrund von Zeugenaussagen als erwiesen an, dass die zwei Söhne zusammen mit den anderen vier Personen dort für zwei Tage festgehalten worden waren. Während dieser Zeit seien die sechs Gefangenen zusammen in einem Raum untergebracht gewesen. Am zweiten Tag ihrer Haft hätten die Gefangenen eine Stimme gehört, die gesagt hätte, dass die zwei Söhne der Be-

509 EGMR, Urt. v. 14.12.2000, Rn. 89 – Gül/Türkei.

510 EGMR, Urt. v. 14.12.2000, Rn. 90 – Gül/Türkei.

511 EGMR, Urt. v. 14.12.2000, Rn. 91 – Gül/Türkei mit Verweis auf EGMR, Urt. v. 27.07.1998, Rn. 80-82 – Gülec/Türkei.

512 EGMR, Urt. v. 14.12.2000, Rn. 95 – Gül/Türkei.

schwerdeführerin ihre Ausweise nehmen könnten und frei seien. Daraufhin hätten diese den Raum verlassen. Ein paar Minuten später hätte ein Soldat den Raum betreten und den Mantel einer der Söhne, auf dem ein anderer Gefangener saß, abgeholt. Am darauf folgenden Tag wurden auch die restlichen Personen entlassen. Seitdem gab es von den beiden Söhnen der Beschwerdeführerin keine Spuren mehr. Zum Zeitpunkt des Verfahrens vor dem EGMR waren sechseinhalb Jahre vergangen. Der gesamte Vorgang wurde von der Regierung bestritten, wobei sie sich maßgeblich darauf berief, dass das Haftregister keinen der sechs angeblich Gefangenen aufführen würde. Die Beschwerdeführerin machte dagegen eine Verletzung des Art. 2 EMRK geltend. Ihre beiden Söhne seien zuletzt nach der erfolgten Verhaftung in der Gewalt von Sicherheitskräften gesehen worden. Der Staat sei mithin für das Schicksal ihrer Söhne verantwortlich und hätte es versäumt, eine plausible Erklärung für deren Verschwinden zu geben.

Der Gerichtshof untersuchte zunächst, ob die beiden Söhne der Beschwerdeführerin für tot erklärt werden müssten. In diesem Zusammenhang zitierte er wörtlich die Entscheidung Timurtas/Türkei, in welcher er geurteilt hatte, dass, wenn eine Person in gutem Gesundheitszustand festgenommen werde und bei ihrer Entlassung Verletzungen festgestellt werden, es dem Staat obliege, eine plausible Erklärung für diese Verletzungen zu geben. Auf dieselbe Art und Weise würde Art. 5 EMRK dem Staat die Pflicht auferlegen, über den Verbleib von seiner Kontrolle unterliegenden, inhaftierten Personen Rechenschaft abzulegen. Ob das Unterlassen der Behörden, eine plausible Erklärung über das Schicksal eines Inhaftierten abzugeben, dessen Körper nicht auffindbar sei, auch im Rahmen des Art. 2 EMRK zu behandeln sei, hänge vom Vorliegen ausreichender Indizienbeweise ab, die auf konkreten Elementen basieren würden, aus denen, unter Berücksichtigung des notwendigen Beweismaßstabes, geschlossen werden könnte, dass der Inhaftierte während der Haft verstorben sei. In diesem Zusammenhang würde die Zeit, die seit der Inhaftierung vergangen sei, einen relevanten, wenn auch nicht allein entscheidenden Faktor darstellen. Je mehr Zeit ohne Neuigkeiten von der betroffenen Person vergangen sei, umso wahrscheinlicher werde es, dass die inhaftierte Person verstorben sei[513].

Im vorliegenden Fall hätte es seit sechseinhalb Jahren kein Lebenszeichen von den beiden Söhnen der Beschwerdeführerin mehr gegeben. Es sei erwiesen, dass sich die beiden Söhne vor ihrem Verschwinden im Gewahrsam der türkischen Sicherheitskräfte befunden hätten. Die Tatsache, dass die beiden Söhne nicht zusammen mit den anderen vier Gefangenen entlassen worden seien, lege

513 EGMR, Urt. v. 27.02.2001, Rn. 145 – Cicek/Türkei mit wörtlichem Zitat aus: EGMR, Urt. v. 13.06.2000, Rn. 82, 83 – Timurtas/Türkei. Dieselbe Vorgehensweise findet sich in: EGMR, Urt. v. 18.06.2002, Rn. 329 – Orhan/Türkei.

den Verdacht nahe, dass die Behörden diese als verdächtige Terroristen eingestuft hätten. Aufgrund der allgemeinen Situation im Südosten der Türkei könne nicht ausgeschlossen werden, dass eine uneingestandene Verhaftung eine Lebensbedrohung für die Betroffenen darstellen könne[514]. Aus den genannten Gründen und unter Berücksichtigung der Tatsache, dass es seit sechseinhalb Jahren keine Informationen über den Verbleib der beiden Söhne gäbe, müsste angenommen werden, dass diese nach der uneingestandenen Verhaftung durch die Sicherheitskräfte verstorben seien. Da die Behörden keine Rechenschaft darüber abgelegt hätten, was nach der Inhaftierung geschehen sei und sich auch nicht auf etwaige Rechtfertigungsgründe für eine Gewaltanwendung berufen hätten, liege die Verantwortung für den Tod bei der Regierung und Art. 2 EMRK sei aus diesem Grunde verletzt worden[515].

Hinsichtlich der gerügten Verfahrensmängel berief sich der EGMR zunächst auf die aus Art. 2 und Art. 1 EMRK resultierende Verpflichtung, wirksame amtliche Ermittlungen durchzuführen, wenn Personen durch Gewaltanwendung getötet worden sind[516]. Im konkreten Fall bemängelte der EGMR insbesondere das anderthalbjährige Untätigbleiben der Behörden, bevor eine offizielle Ermittlung hinsichtlich des Verbleibs der zwei Söhne eingeleitet worden sei. Überdies hätte der leitende Staatsanwalt erst dreieinhalb Jahre nach dem Zwischenfall die Mitinsassen als Zeugen vernommen. Auch habe der Staatsanwalt keinen Versuch unternommen, die Richtigkeit der Informationen hinsichtlich der Inhaftierungsunterlagen zu untersuchen[517]. Der Gerichtshof kam deshalb zu dem Ergebnis, dass die durchgeführten Ermittlungen unangemessen gewesen seien und deswegen gegen die verfahrensrechtliche Verpflichtung des Art. 2 EMRK, das Recht auf Leben zu schützen, verstoßen hätten[518].

Die Entscheidung Cicek/Türkei lässt sich als gutes Beispiel dafür heranziehen, wie der EGMR Problemen bei der positiven Feststellung einer Tötung begegnet. In diesem äußerst fragwürdigen Fall gab es keinerlei Beweise, dass die Betroffenen von Bediensteten des Staates getötet worden waren. Vielmehr schien es so, als wären diese tatsächlich wieder freigelassen worden. In derartigen Fällen behilft sich der EGMR mit der ursprünglich für Art. 3 EMRK entwickelten Beweislasterleichterung. Demnach obliegt es dem Staat, den Gegenbeweis zu

---

514 EGMR, Urt. v. 27.02.2001, Rn. 147 – Cicek/Türkei.

515 EGMR, Urt. v. 27.02.2001, Rn. 147 – Cicek/Türkei mit Verweis auf: EGMR, Urt. v. 13.06.2000, Rn. 86 – Timurtas/Türkei.

516 EGMR, Urt. v. 27.02.2001, Rn. 148 – Cicek/Türkei mit Verweis auf: EGMR, Urt. v. 27.09.1995, Rn. 161 – McCann u.a./Vereinigtes Königreich; EGMR, Urt. v. 19.02.1998, Rn. 105 – Kaya/Türkei.

517 EGMR, Urt. v. 27.02.2001, Rn. 149 – Cicek/Türkei.

518 EGMR, Urt. v. 27.02.2001, Rn. 150 – Cicek/Türkei.

führen, dass einer verschwundenen Person nichts zugestoßen ist, sofern diese zuletzt in staatlichem Gewahrsam gesehen wurde. Gelingt ihm dies nicht, kann das eine Verurteilung nach Art. 2 EMRK nach sich ziehen.

16. Hugh Jordan/Vereinigtes Königreich; McKerr/Vereinigtes Königreich; Kelly u.a./Vereinigtes Königreich; Shanaghan/Vereinigtes Königreich

In vier am 04.05.2001 ergangenen Entscheidungen des EGMR, welche die Tötung mehrerer Personen durch britische Sicherheitskräfte in Nordirland betrafen, fasste der EGMR unter der Überschrift „General principles" in wortgleichen Passagen die wichtigsten Grundzüge der von ihm bislang entwickelten verfahrensrechtlichen Dimension des Art. 2 EGMR zusammen. Im Fall Hugh Jordan/Vereinigtes Königreich war der Sohn des Beschwerdeführers, ein mutmaßliches Mitglied der irischen Terrororganisation IRA, von britischen Sicherheitskräften erschossen worden, nachdem diese sein Auto gestoppt hatten. Wie sich herausstellte, war der Erschossene unbewaffnet, und auch in dem Auto ließen sich keinerlei Waffen auffinden. Im Fall McKerr/Vereinigtes Königreich feuerten britische Sicherheitskräfte 109 Schüsse auf das Auto des Vaters des Beschwerdeführers ab, wodurch dieser und zwei weitere Mitfahrer, allesamt mutmaßliche IRA-Terroristen, starben. Alle Insassen waren unbewaffnet. Die Entscheidung Shanaghan/Vereinigtes Königreich hatte die Erschießung des Sohnes des Beschwerdeführers, einem mutmaßlichen Mitglied der IRA, durch zwei maskierte Personen, deren Identität nicht geklärt werden konnte, zum Gegenstand. Zu dem Attentat bekannten sich später die „Ulster Freedom Fighters", eine paramilitärische, regierungstreue Organisation. Im Fall Kelly u.a./Vereinigtes Königreich ging es um die Rechtmäßigkeit der Erschießung mehrerer IRA-Terroristen sowie eines unbeteiligten Zivilisten während des Anschlages der Terroristen auf eine Bahnhofsstation. In allen vier Fällen rügten die Beschwerdeführer, dass ihre Angehörigen rechtswidrig getötet worden seien und dass es keine wirksamen Untersuchungen hinsichtlich der Todesumstände gegeben habe.

Der EGMR hielt zunächst fest, dass Art. 2 EMRK, der das Recht auf Leben schützt und diejenigen Umstände bestimmt, in denen eine Tötung gerechtfertigt sein kann, eine der fundamentalsten Bestimmungen der EMRK darstelle, von der in Friedenszeiten nicht nach Art. 15 EMRK abgewichen werden dürfe. Zusammen mit Art. 3 EMRK garantiere Art. 2 EMRK einen der Grundwerte der demokratischen Gesellschaft, die den Europäischen Rat ausmache[519]. Die Um-

519 EGMR, Urt. v. 04.05.2001, Rn. 102 – Hugh Jordan/Vereinigtes Königreich; EGMR, Urt. v. 04.05.2001, Rn. 108 – McKerr/Vereinigtes Königreich; EGMR, Urt. v. 04.05.2001, Rn. 91 – Kelly u.a./Vereinigtes Königreich; EGMR, Urt. v. 04.05.2001, Rn. 85 – Shanaghan/Vereinigtes Königreich.

stände, in denen der Entzug des Lebens gerechtfertigt sein könnte, müssten daher streng ausgelegt werden. Sinn und Zweck der EMRK als Instrument des Menschenrechtsschutzes erforderten eine Auslegung und Anwendung des Art. 2 EMRK, die einen effektiven und praktikablen Schutz gewährleiste[520]. Aufgrund der Bedeutung des durch Art. 2 EMRK gewährleisteten Schutzes müsse der Gerichtshof Fälle von Tötungen einer besonders sorgfältigen Untersuchung unterziehen, die nicht nur die Handlungen der staatlichen Bediensteten, sondern auch alle Begleitumstände berücksichtige. Sofern die fraglichen Umstände ganz oder zu einem wesentlichen Teil ausschließlich den Behörden bekannt seien, beispielsweise in Fällen, in denen die Personen staatlicher Gewalt in der Haft unterworfen sind, habe das Vorliegen von Verletzungen beziehungsweise der während der Haftzeit eingetretene Tod eine starke Tatsachenvermutung zur Folge. In diesem Fall liege die Beweislast bei den Behörden, die eine ausreichende und überzeugende Erklärung geben müssten[521]. Anschließend wiederholte der EGMR die in der Entscheidung McCann u.a./Vereinigtes Königreich erstmals getroffene Feststellung, dass sich aus der Verpflichtung nach Art. 2 EMRK, das Recht auf Leben zu schützen, in Verbindung mit der allgemeinen Verpflichtung des Staates aus Art. 1 EMRK, allen seiner Hoheitsgewalt unterstehenden Personen die in Abschnitt I dieser Konvention bestimmten Rechte und Freiheiten zuzusichern, die Pflicht ergebe, wirksame amtliche Ermittlungen anzustellen, wenn Gewaltanwendung, insbesondere durch Bedienstete des Staates, den Tod eines Menschen zur Folge gehabt habe[522]. Der wesentliche Zweck solcher Untersuchungen sei es, die wirksame Umsetzung nationaler Gesetze, welche das Recht auf Leben schützen, zu sichern und in Fällen, in denen staatliche Bedienstete oder Einrichtungen involviert seien, deren Verantwortlichkeit

---

520 EGMR, Urt. v. 04.05.2001, Rn. 102 – Hugh Jordan/Vereinigtes Königreich; EGMR, Urt. v. 04.05.2001, Rn. 108 – McKerr/Vereinigtes Königreich; EGMR, Urt. v. 04.05.2001, Rn. 91 – Kelly u.a./Vereinigtes Königreich; EGMR, Urt. v. 04.05.2001, Rn. 85 – Shanaghan/Vereinigtes Königreich mit Verweis jeweils auf: EGMR, Urt. v. 27.09.1995, Rn. 146, 147 – McCann u.a./Vereinigtes Königreich.

521 EGMR, Urt. v. 04.05.2001, Rn. 103 – Hugh Jordan/Vereinigtes Königreich; EGMR, Urt. v. 04.05.2001, Rn. 109 – McKerr/Vereinigtes Königreich; EGMR, Urt. v. 04.05.2001, Rn. 92 – Kelly u.a./Vereinigtes Königreich; EGMR, Urt. v. 04.05.2001, Rn. 86 – Shanaghan/Vereinigtes Königreich mit Verweis jeweils auf: EGMR, Urt. v. 27.06.2000, Rn. 100 – Salman/Türkei; EGMR, Urt. v. 08.07.1999, Rn. 85 – Cakici/Türkei; EGMR, Urt. v. 09.05.2000, Rn. 32 – Ertak/Türkei; EGMR, Urt. v. 13.06.2000, Rn. 82 – Timurtas/Türkei.

522 EGMR, Urt. v. 04.05.2001, Rn. 105 – Hugh Jordan/Vereinigtes Königreich; EGMR, Urt. v. 04.05.2001, Rn. 111 – McKerr/Vereinigtes Königreich; EGMR, Urt. v. 04.05.2001, Rn. 94 – Kelly u.a./Vereinigtes Königreich; EGMR, Urt. v. 04.05.2001, Rn. 88 – Shanaghan/Vereinigtes Königreich mit Verweis jeweils auf: EGMR, Urt. v. 27.09.1995, Rn. 161 – McCann u.a./Vereinigtes Königreich; EGMR, Urt. v. 19.02.1998, Rn. 86 – Kaya/Türkei.

für unter ihrem Einflussbereich eingetretene Todesfälle zu gewährleisten[523]. Welche Form von Untersuchung diesen Zielen gerecht werde, könne von Fall zu Fall variieren. Jedoch müssten die Behörden in jedem Fall von Amts wegen tätig werden, wenn ihnen ein solcher Fall bekannt würde.

Insofern dürften es die Behörden nicht der Initiative der Angehörigen überlassen, die Verantwortung für die Durchführung jeglicher investigativer Maßnamen zu übernehmen oder eine formelle Beschwerde einzureichen[524]. Damit die Ermittlungen hinsichtlich der behaupteten ungesetzlichen Tötungen durch Bedienstete des Staates auch wirksam seien, betont der Gerichtshof die Notwendigkeit, dass die für die Ermittlungen verantwortlichen Personen von denjenigen unabhängig sind, welche in den Zwischenfall involviert sind[525]. Dieses Erfordernis würde nicht nur das Fehlen jeglicher hierarischer oder institutioneller Verbindung, sondern auch eine tatsächliche Unabhängigkeit voraussetzen[526]. Des Weiteren müssten die Ermittlungen insofern wirksam sein, dass sie geeignet sind zu bestimmen, ob die eingesetzte Gewalt jeweils gerechtfertigt war oder nicht[527], und zur Identifizierung und Bestrafung der Verantwortlichen füh-

---

523 EGMR, Urt. v. 04.05.2001, Rn. 105 – Hugh Jordan/Vereinigtes Königreich; EGMR, Urt. v. 04.05.2001, Rn. 111 – McKerr/Vereinigtes Königreich; EGMR, Urt. v. 04.05.2001, Rn. 94 – Kelly u.a./Vereinigtes Königreich; EGMR, Urt. v. 04.05.2001, Rn. 88 – Shanaghan/Vereinigtes Königreich.

524 EGMR, Urt. v. 04.05.2001, Rn. 105 – Hugh Jordan/Vereinigtes Königreich; EGMR, Urt. v. 04.05.2001, Rn. 111 – McKerr/Vereinigtes Königreich; EGMR, Urt. v. 04.05.2001, Rn. 94 – Kelly u.a./Vereinigtes Königreich; EGMR, Urt. v. 04.05.2001, Rn. 88 – Shanaghan/Vereinigtes Königreich mit Verweis jeweils auf: EGMR, 27.06.2000, Rn. 63 – Ihlan/Türkei.

525 EGMR, Urt. v. 04.05.2001, Rn. 106 – Hugh Jordan/Vereinigtes Königreich; EGMR, Urt. v. 04.05.2001, Rn. 112 – McKerr/Vereinigtes Königreich; EGMR, Urt. v. 04.05.2001, Rn. 95 – Kelly u.a./Vereinigtes Königreich; EGMR, Urt. v. 04.05.2001, Rn. 89 – Shanaghan/Vereinigtes Königreich mit Verweis jeweils auf: EGMR, Urt. v. 27.07.1998, Rn. 81, 82 – Gülec/Türkei; EGMR, Urt. v. 20.05.1999, Rn. 91, 92 – Ögur/Türkei.

526 EGMR, Urt. v. 04.05.2001, Rn. 106 – Hugh Jordan/Vereinigtes Königreich; EGMR, Urt. v. 04.05.2001, Rn. 112 – McKerr/Vereinigtes Königreich; EGMR, Urt. v. 04.05.2001, Rn. 95 – Kelly u.a./Vereinigtes Königreich; EGMR, Urt. v. 04.05.2001, Rn. 89 – Shanaghan/Vereinigtes Königreich. mit Verweis jeweils auf: EGMR, Urt. v. 28.07.1998, Rn. 83, 84 – Ergi/Türkei. In der Entscheidung Ergi/Türkei fehlte dem ermittelnden Staatsanwalt, nach Ansicht des EGMR, insofern die nötige Unabhängigkeit, als er sich ausschließlich auf Informationen gestützt hatte, die ihm von den an dem Zwischenfall beteiligten Polizisten zur Verfügung gestellt worden waren.

527 EGMR, Urt. v. 04.05.2001, Rn. 107 – Hugh Jordan/Vereinigtes Königreich; EGMR, Urt. v. 04.05.2001, Rn. 113 – McKerr/Vereinigtes Königreich; EGMR, Urt. v. 04.05.2001, Rn. 96 – Kelly u.a./Vereinigtes Königreich; EGMR, Urt. v. 04.05.2001, Rn. 90 – Shanaghan/Vereinigtes Königreich mit Verweis jeweils auf: EGMR, Urt. v. 19.02.1998, Rn. 87 – Kaya/Türkei.

ren können[528]. Hierbei handele es sich nicht um eine Verpflichtung zur Herbeiführung eines bestimmten Erfolges, sondern um die Pflicht zum Einsatz angemessener Mittel. Die Behörden müssten die ihnen zur Verfügung stehenden vernünftigen Schritte unternommen haben, um die den Zwischenfall betreffenden Beweise zu sichern, was unter anderem Augenzeugenaussagen, forensische Beweise und - falls notwendig - eine Autopsie miteinschließe, welche einen kompletten und genauen Bericht über die erlittenen Verletzungen und eine objektive Analyse der klinischen Befunde, inklusive der Todesursache, liefere. Jegliches Defizit der Untersuchungen, welches die Feststellung der Todesursache beziehungsweise der verstorbene Person oder der für den Tod Verantwortlichen verhindert, könnte dazu führen, dass die Ermittlungen nicht dem von Art. 2 EMRK bedingten Standard genügten[529]. Das Erfordernis prompter und angemessen schneller Ermittlungen sei in diesem Zusammenhang implizit[530]. Es müsse zwar akzeptiert werden, dass es Hindernisse oder Schwierigkeiten gebe, die den Fortschritt einer Ermittlung behindern könnten. Die Durchführung von Ermittlungen als sofortige Reaktion der Behörden im Falle des Gebrauchs von tödlicher Gewalt sei jedoch wesentlich, um das öffentliche Vertrauen in die Rechtssituation aufrechtzuerhalten und nicht den Anschein einer Kollusion oder Duldung rechtswidriger Handlungen zu erwecken[531]. Aus demselben Grund sei es erforderlich, dass die Ermittlungen oder ihr Ergebnis ausreichend durch die Öffentlichkeit überprüft werden können, um die Verantwortlichkeit der Täter praktisch und theoretisch sicherzustellen. Die Anforderungen an eine öffentliche Überprüfung könnten von Fall zu Fall variieren. In jedem Fall müssten die

528 EGMR, Urt. v. 04.05.2001, Rn. 107 – Hugh Jordan/Vereinigtes Königreich; EGMR, Urt. v. 04.05.2001, Rn. 113 – McKerr/Vereinigtes Königreich; EGMR, Urt. v. 04.05.2001, Rn. 96 – Kelly u.a./Vereinigtes Königreich; EGMR, Urt. v. 04.05.2001, Rn. 90 – Shanaghan/Vereinigtes Königreich mit Verweis jeweils auf: EGMR, Urt. v. 20.05.1999, Rn. 88 – Ögur/Türkei.

529 EGMR, Urt. v. 04.05.2001, Rn. 107 – Hugh Jordan/Vereinigtes Königreich; EGMR, Urt. v. 04.05.2001, Rn. 113 – McKerr/Vereinigtes Königreich; EGMR, Urt. v. 04.05.2001, Rn. 96 – Kelly u.a./Vereinigtes Königreich; EGMR, Urt. v. 04.05.2001, Rn. 90 – Shanaghan/Vereinigtes Königreich.

530 EGMR, Urt. v. 04.05.2001, Rn. 108 – Hugh Jordan/Vereinigtes Königreich; EGMR, Urt. v. 04.05.2001, Rn. 114 – McKerr/Vereinigtes Königreich; EGMR, Urt. v. 04.05.2001, Rn. 97 – Kelly u.a./Vereinigtes Königreich; EGMR, Urt. v. 04.05.2001, Rn. 91 – Shanaghan/Vereinigtes Königreich mit Verweis jeweils auf: EGMR, Urt. v. 02.09.1998, Rn. 102-104 – Yasa/Türkei; EGMR, Urt. v. 08.07.1999, Rn. 80, 87, 106 – Cakici/Türkei; EGMR, Urt. v. 08.07.1999, Rn. 109 – Tanrikulu/Türkei; EGMR, Urt. v. 28.03.2000, Rn. 106, 107 – Mahmut Kaya/Türkei.

531 EGMR, Urt. v. 04.05.2001, Rn. 108 – Hugh Jordan/Vereinigtes Königreich; EGMR, Urt. v. 04.05.2001, Rn. 114 – McKerr/Vereinigtes Königreich; EGMR, Urt. v. 04.05.2001, Rn. 97 – Kelly u.a./Vereinigtes Königreich; EGMR, Urt. v. 04.05.2001, Rn. 91 – Shanaghan/Vereinigtes Königreich.

Angehörigen der Opfer ausreichend beteiligt werden, um ihre legitimen Interessen zu schützen[532].

Anschließend an diese grundlegenden Prinzipien untersuchte der EGMR ihre konkrete Beachtung im Einzelfall. Im Fall Hugh Jordan/Vereinigtes Königreich stellte der Gerichtshof zunächst die mangelnde Unabhängigkeit der polizeilichen Ermittlungsbehörde fest[533]. Des Weiteren sei keine wirksame Überprüfung der Ermittlungen durch die Öffentlichkeit möglich gewesen und den Angehörigen des Opfers seien keine ausreichenden Informationen zur Verfügung gestellt worden[534]. Überdies seien die Ermittlungen nicht prompt und mit der angemessenen Schnelligkeit durchgeführt worden, insbesondere da der Prozess nach mehr als acht Jahren immer noch nicht zu einem Abschluss gekommen war[535]. Weiterhin bemängelte der EGMR die mangelnden Kompetenzen der gerichtlichen Untersuchungsbehörde. In Nordirland können Ermittlungen in Todesfällen durch eine spezielle Form der gerichtlichen Untersuchung vorgenommen werden. Diese besteht aus öffentlichen Anhörungen durch so genannte „Coroner", die unabhängige juristische Beamte sind und normalerweise durch eine Jury unterstützt werden.

Das Problematische an diesen gerichtlichen Untersuchungen in Nordirland ist jedoch, dass der Tatverdächtige nicht zu einer Aussage gezwungen werden kann und vielfach an der Verhandlung nicht persönlich teilnimmt. Zulässig sind in diesem Falle nur schriftliche Aussagen oder Niederschriften von Befragungen. Im Fall Hugh Jordan/Vereinigtes Königreich hatte der Tatverdächtige ebenfalls nicht persönlich im Prozess ausgesagt und konnte deswegen auch nicht zum Tathergang befragt werden. Der Gerichtshof stellte insofern fest, dass diese Verfahrensregelung keine angemessene Bewertung der Verlässlichkeit und Glaubwürdigkeit des Tatverdächtigen zuließe[536]. Diese Verfahrensregelung würde die Fähigkeit der Ermittlungsbehörde, die den Tod unmittelbar betreffenden Fakten zu ergründen, erheblich schmälern, insbesondere die Frage nach der Rechtmäßigkeit der Gewaltanwendung, und dadurch zugleich auch das Er-

---

532 EGMR, Urt. v. 04.05.2001, Rn. 109 – Hugh Jordan/Vereinigtes Königreich; EGMR, Urt. v. 04.05.2001, Rn. 115 – McKerr/Vereinigtes Königreich; EGMR, Urt. v. 04.05.2001, Rn. 98 – Kelly u.a./Vereinigtes Königreich; EGMR, Urt. v. 04.05.2001, Rn. 92 – Shanaghan/Vereinigtes Königreich mit Verweis jeweils auf: EGMR, Urt. v. 27.07.1998, Rn. 82 – Gülec/Türkei; EGMR, Urt. v. 20.05.1999, Rn. 92 – Ögur/Türkei; EGMR, Urt. v. 14.12.2000, Rn. 93 – Gül/Türkei.

533 EGMR, Urt. v. 04.05.2001, Rn. 118 ff. – Hugh Jordan/Vereinigtes Königreich.

534 EGMR, Urt. v. 04.05.2001, Rn. 121 und 133 ff. – Hugh Jordan/Vereinigtes Königreich.

535 EGMR, Urt. v. 04.05.2001, Rn. 136 ff. – Hugh Jordan/Vereinigtes Königreich.

536 EGMR, Urt. v. 04.05.2001, Rn. 127 – Hugh Jordan/Vereinigtes Königreich.

reichen eines der von Art. 2 EMRK bedingten Ziele beeinträchtigen[537]. Überdies bemängelte der EGMR, dass die gerichtliche Ermittlungsbehörde nicht die Kompetenz besäße, den Verdächtigten gegebenenfalls der ungesetzlichen Tötung schuldig zu sprechen. Sie habe vielmehr nur die Möglichkeit, die Identität des Verstorbenen festzustellen sowie Tatzeit, Tatort und Todesursache. Da diese Form der gerichtlichen Untersuchung deshalb keine effektive Rolle bei der Identifizierung und strafrechtlichen Verfolgung eines Verbrechens spielen könne, genüge sie insgesamt nicht den verfahrensrechtlichen Erfordernissen des Art. 2 EMRK[538]. Im Ergebnis sah der Gerichtshof die verfahrensrechtlichen Anforderungen des Art. 2 EMRK an wirksame Ermittlungen im Fall Hugh Jordan/Vereinigtes Königreich nicht als erfüllt an und stellte eine Verletzung des Art. 2 EMRK fest.

Aus denselben Gründen bejahte der EGMR in den Fällen McKerr/Vereinigtes Königreich[539], Shanaghan/Vereinigtes Königreich[540] und Kelly u.a./Vereinigtes Königreich[541] eine Verletzung des Art. 2 EMRK.

17.Zypern/Türkei

In der Entscheidung Zypern/Türkei, die das ungeklärte Verschwinden von über 1000 Bewohnern Zyperns mit griechischer Staatsangehörigkeit betraf, für welches die türkische Regierung verantwortlich gemacht wurde, verwies der EGMR bei seiner Untersuchung zunächst auf die aus Art. 2 EMRK resultierende Pflicht zur wirksamen, amtlichen Ermittlung in Fällen, in denen Personen durch Gewaltanwendung von Staatsbediensteten getötet worden sind[542]. Im vorliegenden Fall gab es keinerlei Beweise, dass eine der vermissten Personen tatsächlich getötet worden war. Der Gerichtshof entschied jedoch, dass die aus Art. 2 EMRK resultierende verfahrensrechtliche Ermittlungspflicht auch dann bestehe, wenn eine Person auf vertretbare Weise geltend mache, dass jemand, der zuletzt im Gewahrsam des Staates gesehen worden war, später unter Umständen verschwunden ist, die als lebensbedrohend angesehen werden könnten[543]. Diese Pflicht wurde nach Ansicht des EGMR verletzt, weil die Behörden

537 EGMR, Urt. v. 04.05.2001, Rn. 127 – Hugh Jordan/Vereinigtes Königreich.

538 EGMR, Urt. v. 04.05.2001, Rn. 130 – Hugh Jordan/Vereinigtes Königreich.

539 EGMR, Urt. v. 04.05.2001, Rn. 157 ff. – McKerr/Vereinigtes Königreich.

540 EGMR, Urt. v. 04.05.2001, Rn. 122 ff. – Shanaghan/Vereinigtes Königreich.

541 EGMR, Urt. v. 04.05.2001, Rn. 136 ff. – Kelly u.a./Vereinigtes Königreich.

542 EGMR, Urt. v. 10.05.2001, Rn. 131 – Zypern/Türkei mit Verweis auf: EGMR, Urt. v. 27.09.1995, Rn. 161 – McCann u.a./Vereinigtes Königreich; EGMR, Urt. v. 19.02.1998, Rn. 86 – Kaya/Türkei.

543 EGMR, Urt. v. 10.05.2001, Rn. 132 – Zypern/Türkei: "The above mentioned procedural obligation also arises upon proof of an arguable claim that an individual, who

trotz Beschwerden der Angehörigen in keinem der Fälle Untersuchungen durchgeführt hätten[544].

In der Entscheidung Zypern/Türkei konkretisiert der EGMR mithin den Umfang der aus Art. 2 EMRK resultierenden Ermittlungspflicht. Dem Staat obliegt es demnach nicht nur in denjenigen Fällen zu ermitteln, in welchen die Behörden von dem Tod einer Person positiv Kenntnis erlangt haben, sondern bereits, wenn auf vertretbare Weise geltend gemacht wird, dass eine Person, die sich zuletzt in Staatsgewalt befunden hatte, unter lebensbedrohenden Umständen verschwunden ist.

18.Paul und Audrey Edwards/Vereinigtes Königreich

Einen weiteren Beleg für die Bedeutung und Eigenständigkeit der Verfahrensdimension findet sich in der Entscheidung Paul und Audrey Edwards/Vereinigtes Königreich vom 14.03.2000. In der Sache ging es um die Tötung des Sohnes der beiden Beschwerdeführer, Christopher Edwards, in einem englischen Gefängnis durch einen Zelleninsassen. Christopher Edwards galt als geistig krank mit dem Verdacht auf Schizophrenie. Er war im Alter von 30 Jahren verhaftet worden, nachdem er auf der Straße Frauen belästigt hatte. Auf der Polizeistation kam es zu einer erneuten Belästigung einer Polizistin. Ein hinzugezogener Sozialarbeiter befragte Christopher Edwards und hielt nach telefonischer Rücksprache mit einem Psychologen fest, dass es Hinweise auf eine sich entwickelnde Schizophrenie bei dem Sohn der Beschwerdeführer gäbe. Christopher Edwards bedürfte jedoch seiner Ansicht nach keiner sofortigen medizinischen Behandlung und könnte auf der Polizeistation belassen werden. Die zuständige Polizistin unterließ es aufgrund der Stellungnahme des Sozialarbeiters, ein Formblatt auszufüllen, das Christopher Edwards als „außergewöhnliches Risiko" aufgrund geistiger Krankheit eingestuft hätte. Diese Beurteilung hätte dazu geführt, dass Christopher Edwards unter medizinische Aufsicht gestellt worden wäre. In einer vertraulichen Notiz hielt die Polizistin jedoch fest, dass sie der Ansicht sei, dass Christopher Edwards, wenn er nicht medizinisch untersucht und behandelt werde, eine Frau ernsthaft verletzen könnte. Sie war sich dabei nicht bewusst, dass bereits dieser Verdacht ausgereicht hätte, um den Sohn der Beschwerdeführer als „außergewöhnliches Risiko" einzustufen. Christopher Edwards wurde einen Tag später einem Richter vorgeführt. In diesem Zusammenhang belästigte er wiederum eine Gefängniswärterin und gab Obszönitäten von sich. Der zuständige Richter entschied, nachdem der Staatsanwalt darauf hingewiesen hatte, dass Christopher Edwards möglicherweise eine Ge-

---

was last seen in the custody of agents of the State, disappeared in a context which may be considered life-threatening".

544 EGMR, Urt. v. 10.05.2001, Rn. 134, 136 – Zypern/Türkei

fahr für Frauen darstelle, diesen bis zu der drei Tage später anberaumten Hauptverhandlung im Gefängnis zu belassen. Aufgrund eines Raummangels wurde Christopher Edwards mit einem anderen Häftling zusammengelegt, der als gewalttätig und schizophren galt, bei seiner Einlieferung von dem telefonisch konsultierten Psychologen jedoch als haftfähig eingestuft worden war. Ein Tag nach seiner Inhaftierung ist der Sohn der Beschwerdeführer in der Gefängniszelle von seinem Mitinsassen zu Tode getreten worden. Der Mitinsasse trug vor, dass er von bösen Geistern und Teufeln besessen gewesen sei. Wie sich anschließend herausstellte, war der in der Zelle installierte Alarmknopf defekt, der im Falle einer Betätigung sowohl ein Warnlicht in der Zentrale hätte aufleuchten lassen, als auch ein Akustiksignal abgegeben hätte. Der Defekt war einem der Gefängniswärter zwar aufgefallen, er hatte es jedoch unterlassen, diesen Fehler zu melden.

Die anschließend eingeleitete nationale Untersuchung beschäftigte sich vor allem damit, ob den Behörden vorzuwerfen sei, dass sie die Gefahr, die von dem Mitinsassen des Sohnes der Beschwerdeführer ausging, unterschätzt hätten, ferner warum Christopher Edwards in einer normalen Gefängniszelle, und nicht aufgrund seiner vermuteten geistigen Krankheit in der Krankenabteilung des Gefängnisses, untergebracht worden sei, ob das in der Zelle installierte Alarmsystem ineffektiv gewesen sei und inwieweit der mangelhafte Informationsaustausch zwischen den medizinischen Fachkräften, der Polizeibehörde und schließlich der Gefängnisbehörde für den Tod Christopher Edwards mitverantwortlich gewesen sei. Die Ermittlungen kamen zu dem Ergebnis, dass Christopher Edwards und sein Mitinsasse keine Gefängniszelle hätten teilen dürfen. Es sei darüber hinaus zu einem systematischen Kollaps der Schutzmechanismen gekommen, die den Sohn der Beschwerdeführer schützen sollten. Zudem wurden die ungenügenden Haftaufzeichnungen, die unterbliebene medizinische Untersuchung Christopher Edwards bei seiner Inhaftierung, die unangemessene Kommunikation und beschränkte Zusammenarbeit zwischen den Behörden bemängelt sowie die Reihe von verpassten Gelegenheiten, den Tod des Sohnes zu verhindern. Trotz dieser Fehler entschied die Untersuchungsbehörde, dass das vorliegende Material nicht ausreichen würde, um eine strafrechtliche Verantwortung aufgrund grober Fahrlässigkeit der beteiligten Beamten oder der Behörde an sich zu begründen. Der Mitinsasse von Christopher Edwards plädierte in dem gegen ihn eingeleiteten Strafverfahren auf Totschlag aufgrund verminderter Schuldfähigkeit und wurde durch Gerichtsbeschluss in ein Krankenhaus eingeliefert.

Im Verfahren vor dem Gerichtshof rügten die Beschwerdeführer eine Verletzung des Art. 2 EMRK, weil die Beamten es unterlassen hätten, das Leben ihres Sohnes ausreichend zu schützen und die anschließend durchgeführten Ermittlungen nicht den Anforderungen des Art. 2 EMRK genügt hätten. Der Gerichtshof stellte zunächst unter der Überschrift „A. Concerning the positiv obligation to protect life" einen Verstoß gegen Art. 2 EMRK fest. Inhaftierte Personen befänden sich in einer verwundbaren Situation, und die Behörden seien deshalb verpflichtet, sie zu schützen. Die Verpflichtung des Staates, über während der Haft erlittene Verletzungen Rechenschaft abzugeben, sei umso größer, wenn die betroffene Person sterbe[545]. Der Gerichtshof vertrat die Ansicht, dass genügend Informationen vorhanden gewesen wären, die belegten, dass der Mitinsasse von Christopher Edwards schizophren gewesen sei mit einem Hang zu Gewalt und er aufgrund des von ihm während seiner Verhaftung an den Tag gelegten Verhaltens demonstriert hätte, dass er eine reale und ernsthafte Gefahr für andere darstelle. Der mangelhafte Informationsaustausch zwischen den einzelnen Behörden, die Kontakt mit dem Mitinsassen gehabt hätten, insbesondere die unterbliebene Unterrichtung der Gefängnisbehörden über dessen vermutete Gefährlichkeit, das Fehlen einer medizinischen Untersuchung von Christopher Edwards, welche im Falle ihrer Vornahme dazu geführt hätte, dass er in einem Krankenhaus oder zumindest in der Krankenabteilung des Gefängnisses untergebracht worden wäre, sowie das fehlerhafte Alarmsystem in der Zelle führten nach Ansicht des EGMR zu einer Verletzung der aus Art. 2 EMRK resultierenden positiven Verpflichtung des Staates, das Leben des Sohnes des Beschwerdeführers ausreichend zu schützen[546].

Im Anschluss daran widmete sich der Gerichtshof unter der Überschrift „B. The procedural obligation to carry out effective investigations" der nach dem Tod Christopher Edwards durchgeführten Untersuchung. Wie bereits in den Nordirland-Fällen[547] fasste der EGMR dabei zunächst die „General principles" der aus Art. 2 EMRK in Verbindung mit Art. 1 EMRK resultierenden Verfahrensdimension zusammen, bevor er sich dem konkreten Fall widmete. Aus Art. 2 EMRK ergebe sich die Pflicht zur Durchführung wirksamer und amtlicher Ermittlungen, wenn eine Person durch Gewaltanwendung zu Tode gekommen sei[548].

545 EGMR, Urt. v. 14.03.2002, Rn. 56 – Paul und Audrey Edwards/Vereinigtes Königreich mit Verweis auf: EGMR, Urt. v. 27.06.2000, Rn. 99 – Salman/Türkei.

546 EGMR, Urt. v. 14.03.2002, Rn. 57-64 – Paul und Audrey Edwards/Vereinigtes Königreich.

547 EGMR, Urt. v. 04.05.2001 – Hugh Jordan/Vereinigtes Königreich; EGMR, Urt. v. 04.05.2001 – McKerr/Vereinigtes Königreich; EGMR, Urt. v. 04.05.2001 – Kelly u.a./Vereinigtes Königreich; EGMR, Urt. v. 04.05.2001 – Shanaghan/Vereinigtes Königreich.

548 EGMR, Urt. v. 14.03.2002, Rn. 69 – Paul und Audrey Edwards/Vereinigtes Königreich mit Verweis auf: EGMR, Urt. v. 27.09.1995, Rn. 161 – McCann u.a./Vereinigtes Königreich; EGMR, Urt. v. 19.02.1998, Rn. 105 – Kaya/Türkei.

Der essentielle Zweck solcher Untersuchungen sei es, die wirksame Umsetzung nationaler Gesetze, welche das Recht auf Leben schützen, zu sichern und in Fällen, in denen staatliche Bedienstete oder Einrichtungen involviert seien, ihre Verantwortlichkeit für unter ihrem Einflussbereich aufgetretene Todesfälle zu sichern. Die Behörden müssten insofern von Amts wegen ermitteln, sobald sie von dem Vorfall erfahren haben, und dürften es nicht von der Initiative der Angehörigen abhängig machen, eine formelle Beschwerde einzulegen oder die Verantwortung für die Ermittlungen zu übernehmen[549]. Zur Wirksamkeit der Ermittlungen gehöre es, dass diejenigen Personen, welche für die Ermittlungen verantwortlich seien, unabhängig von denjenigen sind, die in den Zwischenfall involviert waren[550]. Dieses Erfordernis würde nicht nur das Fehlen jeglicher hierarischer oder institutioneller Verbindung, sondern auch eine tatsächliche Unabhängigkeit voraussetzen[551]. Des Weiteren müssten die Ermittlungen insofern wirksam sein, dass sie geeignet sind, zur Identifizierung und Bestrafung der Verantwortlichen zu führen[552]. Dieses Erfordernis beinhalte dabei keine Verpflichtung zur Herbeiführung eines bestimmten Erfolges, sondern eine Verpflichtung zum Einsatz angemessener Mittel.

Die Behörden müssten die ihnen zur Verfügung stehenden, vernünftigen Schritte unternehmen, um die den Zwischenfall betreffenden Beweise zu sichern, was unter anderem Augenzeugenaussagen, forensische Beweise und, falls notwendig, eine Autopsie miteinschlösse, welche einen kompletten und genauen Bericht über die erlittenen Verletzungen und eine objektive Analyse der klinischen Befunde, inklusive der Todesursache, liefere[553]. Jegliches Defizit der Untersuchungen, welches die Möglichkeit untergrabe, die Todesursache beziehungsweise die verstorbene Person oder die für den Tod Verantwortlichen festzustellen, könnte dazu führen, dass die Ermittlungen nicht dem von Art. 2 EMRK be-

549 EGMR, Urt. v. 14.03.2002, Rn. 69 – Paul und Audrey Edwards/Vereinigtes Königreich mit Verweis, *mutatis mutandis*, auf: EGMR, Urt. v. 27.06.2000, Rn. 63 – Ihlan/Türkei.

550 EGMR, Urt. v. 14.03.2002, Rn. 70 – Paul und Audrey Edwards/Vereinigtes Königreich mit Verweis auf: EGMR, Urt. v. 27.07.1998, Rn. 81, 82 – Gülec/Türkei; EGMR, Urt. v. 20.05.1999, Rn. 91-92 – Ögur/Türkei.

551 EGMR, Urt. v. 14.03.2002, Rn. 70 – Paul und Audrey Edwards/Vereinigtes Königreich mit Verweis auf: EGMR, Urt. v. 28.07.1998, Rn. 83, 84 – Ergi/Türkei; EGMR, Urt. v. 04.05.2001, Rn. 120 – Hugh Jordan/Vereinigtes Königreich; EGMR, Urt. v. 04.05.2001, Rn. 114 – Kelly u.a./Vereinigtes Königreich.

552 EGMR, Urt. v. 14.03.2002, Rn. 71 – Paul und Audrey Edwards/Vereinigtes Königreich mit Verweis auf: EGMR, Urt. v. 20.05.1999, Rn. 88 – Ögur/Türkei.

553 EGMR, Urt. v. 14.03.2002, Rn. 71 – Paul und Audrey Edwards/Vereinigtes Königreich mit Verweis auf: EGMR, Urt. v. 27.06.2000, Rn. 106 – Salman/Türkei; EGMR, Urt. v. 08.07.1999, Rn. 109 – Tanrikulu/Türkei; EGMR, Urt. v. 14.12.2000, Rn. 89 – Gül/Türkei.

dingten Standard genügten[554]. In diesem Zusammenhang sei das Erfordernis einer unverzüglichen Einleitung und zügigen Durchführung der Ermittlungen impliziert[555]. Der Gerichtshof betonte die Notwendigkeit, dass die Ermittlungen oder ihr Ergebnis ausreichend durch die Öffentlichkeit überprüft werden könnten. Dadurch würde die Verantwortlichkeit der Täter praktisch und theoretisch sichergestellt. Es gelte das öffentliche Vertrauen in die Rechtssituation aufrechtzuerhalten, und nicht den Anschein einer Kollusion oder Duldung rechtswidriger Handlungen zu erwecken. Die Anforderungen an eine öffentliche Überprüfung könnten dabei variieren. In jedem Fall müssten die Angehörigen der Opfer ausreichend beteiligt worden sein, um ihre legitimen Interessen zu schützen[556].

Nach eingehender Untersuchung des gesamten Ermittlungsverfahrens kam der EGMR zu dem Schluss, dass dieses aus zwei Gründen nicht den Anforderungen des Art. 2 EMRK genügt hätte. Zum einen hätte es, wie in den Nordirland-Fällen[557], keinerlei Möglichkeit gegeben, die Zeugen zu einer mündlichen Aussage zu verpflichten. Die persönliche Anhörung eines der zwei Gefängnisbeamten, die aus diesem Grunde am Verfahren nicht direkt teilnahmen, sondern nur eine schriftliche Aussage machten, wäre aber von entscheidender Bedeutung gewesen, da dieser Beamte noch kurz vor dem Tod Christopher Edwards an dessen Zelle vorbeigegangen sei. Die fehlende Anhörungsmöglichkeit hätte die Effektivität des Ermittlungsverfahrens erheblich verringert und verhindert, alle für den Tod relevanten Umstände zu ermitteln[558]. Zudem sei das Verfahren unter Ausschluss der Öffentlichkeit durchgeführt worden. Zwar seien alle Ergebnisse anschließend veröffentlicht worden, die Bedeutung des Falles hätte jedoch eine Beteiligung der Öffentlichkeit verlangt. Des Weiteren hätten die Beschwerdeführer keinerlei Möglichkeit gehabt, aktiv an dem Prozess teilzuneh-

554 EGMR, Urt. v. 14.03.2002, Rn. 71 – Paul und Audrey Edwards/Vereinigtes Königreich mit Verweis auf: EGMR, Urt. v. 04.05.2001, Rn. 127 – Hugh Jordan/Vereinigtes Königreich.

555 EGMR, Urt. v. 14.03.2002, Rn. 72 – Paul und Audrey Edwards/Vereinigtes Königreich mit Verweis auf: EGMR, Urt. v. 02.09.1998, Rn. 102-104 – Yasa/Türkei; EGMR, Urt. v. 08.07.1999, Rn. 80, 87, 106 – Cakici/Türkei; EGMR, Urt. v. 08.07.1999, Rn. 109 – Tanirukulu/Türkei; EGMR, Urt. v. 28.03.2000, Rn. 106, 107 – Mahmut Kaya/Türkei; EGMR, Urt. v. 04.05.2001, Rn. 108, 136-140 – Hugh Jordan/Vereinigtes Königreich.

556 EGMR, Urt. v. 14.03.2002, Rn. 73 – Paul und Audrey Edwards/Vereinigtes Königreich mit Verweis auf: EGMR, Urt. v. 27.07.1998, Rn. 82 – Gülec/Türkei; EGMR, Urt. v. 20.05.1999, Rn. 92 – Ögur/Türkei; EGMR, Urt. v. 14.12.2000, Rn. 93 – Gül/Türkei; EGMR, Urt. v. 04.05.2001, Rn. 111-115 – McKerr/Vereinigtes Königreich.

557 Siehe dazu: 2. Kap., B I 16.

558 EGMR, Urt. v. 14.03.2002, Rn. 78, 79 – Paul und Audrey Edwards/Vereinigtes Königreich.

men. Sie seien lediglich als Zeugen gehört worden, ohne jedoch selbst Zeugen befragen zu können. Insofern seien die Beschwerdeführer nicht in einer Weise an dem Verfahren beteiligt worden, die ihnen den notwendigen Schutz ihrer Interessen gewährleistet hätte[559]. Der Gerichtshof entschied, dass die fehlende Möglichkeit, Zeugen zu einer persönlichen Aussage zu verpflichten, sowie die mangelhafte Beteiligung der Öffentlichkeit an dem Verfahren gegen die verfahrensrechtliche Verpflichtung des Art. 2 EMRK verstoßen haben[560].

Obwohl der EGMR in der Entscheidung Paul und Audrey Edwards/Vereinigtes Königreich der Verfahrensdimension des Art. 2 EMRK keine neuen verfahrensrechtlichen Anforderungen entnimmt, sondern diese vielmehr zusammenfasst, ist diese Entscheidung ein weiterer Beleg für die Bedeutung und vor allem die Eigenständigkeit der Verfahrensdimension des Art. 2 EMRK.

Indem der Gerichtshof die verfahrensrechtliche Pflicht zur Durchführung effektiver Ermittlungen in seiner Überschriftengliederung auf die gleiche Ebene setzt wie die positive Verpflichtung, das Recht auf Leben zu schützen, unterstreicht er, dass es sich hierbei um einen selbständigen Aspekt des Art. 2 EMRK handelt und nicht bloß einen Unterpunkt der Schutzpflicht.

19. Anguelova/Bulgarien

In der Entscheidung Anguelova/Bulgarien[561] rügte der Beschwerdeführer eine Verletzung des Art. 2 EMRK, nachdem sein siebzehnjähriger Sohn während eines mehrstündigen Polizeigewahrsams verstorben war. Im Rahmen der Untersuchung der Todesumstände bekräftigte der EGMR zunächst, dass Art. 2 EMRK so ausgelegt und angewendet werden müsse, dass er einen praktikablen und effektiven Schutz des Rechts auf Leben gewährleiste[562]. Da sich inhaftierte Personen in einer verwundbaren Position befänden, hätte die Behörden die Pflicht, die Verantwortung für seine Behandlung zu übernehmen. Wenn eine Person daher in gutem Gesundheitszustand in Haft komme und anschließend sterbe, obliege es dem Staat, eine plausible Erklärung für die Todesumstände zu

559 EGMR, Urt. v. 14.03.2002, Rn. 82-84 – Paul und Audrey Edwards/Vereinigtes Königreich.

560 EGMR, Urt. v. 14.03.2002, Rn. 87 – Paul und Audrey Edwards/Vereinigtes Königreich.

561 EGMR, Urt. v. 13.06.2002 – Anguelova/Bulgarien.

562 EGMR, Urt. v. 13.06.2002, Rn. 109 – Anguelova/Bulgarien mit Verweis auf: EGMR, Urt. v. 27.09.1995, Rn. 146, 147 – McCann u.a./Vereinigtes Königreich; EGMR, Urt. v. 27.06.2000, Rn. 97 – Salman/Türkei; EGMR, Urt. v. 18.05.2000 – Velikova/Bulgarien.

geben[563]. Bei der Beweiswürdigung wende der EGMR das Kriterium des „über jeden vernünftigen Zweifel erhabenen" Beweises als Maßstab an. Ein solcher Beweis könne sich jedoch auch aus einer Mehrzahl von Indizien oder nicht widerlegten Vermutungen ergeben, die ausreichend beweiskräftig, genau und überzeugend seien.

Sofern die fraglichen Umstände ganz oder zu einem wesentlichen Teil ausschließlich den Behörden bekannt seien, beispielsweise in Fällen, in denen die Personen staatlicher Gewalt in der Haft unterworfen seien, hätte das Vorliegen von Verletzungen, beziehungsweise der während der Haftzeit eingetretene Tod, eine starke Tatsachenvermutung zur Folge. In diesem Fall liege die Beweislast bei den Behörden, die eine ausreichende und überzeugende Erklärung geben müssten[564].

Im vorliegenden Fall sah es der Gerichtshof nach eingehender Beweiswürdigung als erwiesen an, dass der Sohn des Beschwerdeführers an den ihm während des Polizeigewahrsams zugefügten Verletzungen verstorben sei. In Ermangelung einer glaubwürdigen Erklärung hinsichtlich der Todesursache seitens der Regierung entschied der EGMR, dass Art. 2 EGMR verletzt worden sei[565].

Hinsichtlich der gerügten Mangelhaftigkeit der Ermittlungen fasste der EGMR, wie bereits in anderen Entscheidungen zuvor, zunächst unter der Überschrift „General principles" die dem Art. 2 EMRK durch die Rechtsprechung des Gerichtshofs beigemessenen verfahrensrechtlichen Anforderungen zusammen. Der Gerichtshof wiederholte in diesem Zusammenhang seine hinsichtlich des Sinn und Zwecks der Verfahrensdimension getroffenen Feststellungen[566] und ihre Anforderungen, wenn eine Person durch Gewaltanwendung getötet worden ist[567].

---

563 EGMR, Urt. v. 13.06.2002, Rn. 109 – Anguelova/Bulgarien mit Verweis auf: EGMR, Urt. v. 28.07.1999, Rn. 97 – Selmouni/Frankreich; EGMR, Urt. v. 27.06.2000 – Salman/Türkei; EGMR, Urt. v. 18.05.2000 – Velikova/Blugarien.

564 EGMR, Urt. v. 13.06.2002, Rn. 111 – Anguelova/Bulgarien mit Verweis auf: EGMR, Urt. v. 27.06.2000, Rn. 100 – Salman/Türkei.

565 EGMR, Urt. v. 13.06.2002, Rn. 121 f. – Anguelova/Bulgarien.

566 EGMR, Urt. v. 13.06.2002, Rn. 137 – Anguelova/Bulgarien (Effektive Umsetzung der Strafvorschriften und Bestrafung der Verantwortlichen).

567 EGMR, Urt. v. 13.06.2002, Rn. 138 ff. – Anguelova/Bulgarien mit Verweis auf: EGMR, Urt. v. 27.07.1998, Rn. 81, 82 – Gülec/Türkei; EGMR, Urt. v. 20.05.1999, Rn. 91, 92 – Ögür/Türkei; EGMR, Urt. v. 28.07.1998, Rn. 83, 84 – Ergi/Türkei (hinsichtlich des Erfordernisses der Unabhängigkeit der Ermittlungsbehörden); EGMR, Urt. v. 27.06.2000, Rn. 106 – Salman/Türkei; EGMR, Urt. v. 08.07.1999, Rn. 109 – Tanrikulu/Türkei; EGMR, Urt. v. 14.12.2000, Rn. 89 – Gül/Türkei (hinsichtlich des Erforder-

Im vorliegenden Fall sah der EGMR Art. 2 EMRK als verletzt an, weil die Ermittlungen nicht mit der nötigen Objektivität und Gründlichkeit durchgeführt worden seien. So seien beispielsweise während der Autopsie keine morphologischen Daten festgehalten worden und es sei daher unmöglich, die tatsächliche Ursache der tödlichen Verletzungen festzustellen. Hinzu kamen schwerwiegende Ermittlungsfehler, wie die fehlende Befragung der verantwortlichen Polizisten hinsichtlich des Tathergangs[568].

20.Orhan/Türkei

Der Fall Orhan/Türkei betraf das ungeklärte Verschwinden zweier Brüder des Beschwerdeführers sowie seines Sohnes, nachdem diese von türkischen Sicherheitskräften festgenommen worden waren. Der Beschwerdeführer machte eine Verletzung des Art. 2 EMRK geltend, weil seine verschwundenen Angehörigen durch türkische Sicherheitsbeamte während ihrer Gefangenschaft getötet worden seien. Zudem hätten es die zuständigen Behörden unterlassen, wirksame Ermittlungen durchzuführen.

Der EGMR untersuchte zunächst, ob die drei Angehörigen des Beschwerdeführers für tot erklärt werden müssten. Dabei wies er darauf hin, dass es dem Staat obliege, eine plausible Erklärung für die Todesumstände zu geben, wenn eine Person in gutem Gesundheitszustand in Haft komme und bei ihrer Entlassung Verletzungen aufweise[569]. Diese Verpflichtung sei umso größer, wenn die betroffene Person gestorben sei. Sofern die fraglichen Umstände ganz oder zu einem wesentlichen Teil ausschließlich den Behörden bekannt seien, beispielsweise in Fällen, in denen die Personen staatlicher Gewalt in der Haft unterworfen seien, hätte das Vorliegen von Verletzungen, beziehungsweise der während der Haftzeit eingetretene Tod, eine starke Tatsachenvermutung zur Folge. In diesem Fall liege die Beweislast bei den Behörden, die eine ausreichende und überzeugende Erklärung geben müssten[570].

---

nisses der Identifizierung und Bestrafung der Verantwortlichen sowie der Beweissicherung); EGMR, Urt. v. 27.07.1998, Rn. 82 – Gülec/Türkei; EGMR, Urt. v. 20.05.1999, Rn. 92 – Ögür/Türkei; EGMR, Urt. v. 14.12.2000, Rn. 93 – Gül/Türkei; EGMR, Urt. v. 04.05.2001, Rn. 148 – McKerr/Vereinigtes Königreich (hinsichtlich des Erfordernisses der angemessenen Beteiligung der Öffentlichkeit).

568 EGMR, Urt. v. 13.06.2002, Rn. 144 – Anguelova/Bulgarien.

569 EGMR, Urt. v. 18.06.2002, Rn. 326 – Orhan/Türkei.

570 EGMR, Urt. v. 18.06.2002, Rn. 327 – Orhan/Türkei mit Verweis auf: EGMR, 08.07.1999, Rn. 85 – Cakici/Türkei; EGMR, Urt. v. 27.06.2000, Rn. 100 – Salman/Türkei; EGMR, 09.05.2000, Rn. 32 – Ertak/Türkei; EGMR, Urt. v. 13.06.2000, Rn. 82 – Timurtas/Türkei.

Anschließend zitierte der Gerichtshof, wie bereits in der Entscheidung Cicek/Türkei, diejenigen Passagen des Urteils in der Sache Timurtas/Türkei, in denen er geurteilt hatte, dass es von dem Vorliegen ausreichender Indizienbeweise abhänge, ob das Unterlassen der Behörden, eine plausible Erklärung über das Schicksal eines Inhaftierten abzugeben, dessen Körper nicht auffindbar sei, auch im Rahmen des Art. 2 EMRK zu behandeln sei. In diesem Zusammenhang würde die Zeit, die seit der Inhaftierung vergangen sei, einen relevanten, wenn auch nicht allein entscheidenden Faktor darstellen. Je mehr Zeit ohne Neuigkeiten von der betroffenen Person vergangen sei, umso wahrscheinlicher werde es, dass die inhaftierte Person verstorben sei[571].

Unter erneutem Verweis auf die angespannte Situation im Südosten der Türkei und in Anbetracht der Tatsache, dass die seit mehr als acht Jahren verschwundenen Angehörigen des Beschwerdeführers zuletzt gesehen worden waren, wie sie von staatlichen Bediensteten gefangen genommen wurden, kam der EGMR zu dem Schluss, dass anzunehmen sei, dass die drei Personen nach erfolgter Gefangennahme verstarben. Folglich sei die Verantwortlichkeit des Staates begründet. Die Behörden hätten jedoch weder Erklärungen darüber geliefert, was nach der Gefangennahme mit den drei Personen geschehen sei, noch Rechtfertigungsgründe für eine erfolgte Gewaltanwendung durch Bedienstete des Staates vorgetragen. Insofern sei der Tod der drei Angehörigen des Beschwerdeführers dem Staat zuzurechnen und Art. 2 EMRK aus diesem Grunde verletzt.

Hinsichtlich der gerügten Mangelhaftigkeit der Ermittlungen bestätigte der EGMR einmal mehr die Anforderungen an die aus Art. 2 EMRK resultierende Pflicht zur wirksamen und amtlichen Ermittlung. In einer nahezu wortgleichen Wiedergabe der „General Principles" der Nordirland-Entscheidungen[572] wiederholt der Gerichtshof Sinn und Zweck der Ermittlungen und deren konkrete Ausgestaltung. Diese müssten demnach insbesondere effektiv, amtlich und unabhängig sein, prompt und zügig durchgeführt werden sowie die Umsetzung der nationalen Gesetze zum Schutz des Lebens gewährleisten. In Fällen staatlicher Beteiligung müssten die Ermittlungen dazu führen, dass die Täter zur Verantwortung gezogen werden, und dazu geeignet sein, herauszufinden, ob die angewendete Gewalt im Sinne des Art. 2 Abs. 2 EMRK möglicherweise gerecht-

---

571 EGMR, Urt. v. 18.06.2002, Rn. 329 – Orhan/Türkei mit wörtlichem Zitat aus: EGMR, Urt. v. 13.06.2000, Rn. 82, 83 – Timurtas/Türkei (Derselbe Begründungsansatz und Prüfungsaufbau findet sich ebenfalls in: EGMR, Urt. v. 17.07.2001, Rn. 138, 139 – Bilgin/Türkei).

572 EGMR, Urt. v. 04.05.2001, Rn. 102 ff. – Hugh Jordan/Vereinigtes Königreich; EGMR, Urt. v. 04.05.2001, Rn. 108 ff. – McKerr/Vereinigtes Königreich; EGMR, Urt. v. 04.05.2001, Rn. 91 ff. – Kelly u.a./Vereinigtes Königreich; EGMR, Urt. v. 04.05.2001, Rn. 85 ff. – Shanaghan/Vereinigtes Königreich.

fertigt war oder nicht. Die sofortige Reaktion der Behörden durch Ermittlungen im Falle des Gebrauchs von tödlicher Gewalt sei wesentlich, um das öffentliche Vertrauen in die Rechtssituation aufrechtzuerhalten und nicht den Anschein einer Kollusion oder Duldung rechtswidriger Handlungen zu erwecken[573].

Nach eingehender Untersuchung der konkreten Ermittlungen, wobei der Gerichtshof insbesondere die mangelnde Unabhängigkeit der Untersuchungsbehörde, die Oberflächlichkeit und Unvollständigkeit sowie die Länge des gesamten Ermittlungsprozesses bemängelte, bejahte er eine Verletzung der aus Art. 2 EMRK resultierenden verfahrensrechtlichen Ermittlungspflicht[574].

21.Öcalan/Türkei

Die Entscheidung Öcalan/Türkei vom 12.03.2003 hatte die spektakuläre Gefangennahme des PKK-Führers, Abdullah Öcalan, durch türkische Sicherheitskräfte am 15.2.1999 und das anschließende Strafverfahren in der Türkei, welches mit der Verhängung der Todesstrafe endete, zum Gegenstand. Nach einer Odyssee durch Russland, Italien und Griechenland war Öcalan durch Beamte des griechischen Auswärtigen Amtes von Griechenland unter falschem Namen in die griechische Botschaft nach Nairobi in Kenia gebracht worden. Nachdem der kenianische Außenminister von dem Aufenthalt Öcalans in seinem Land erfahren hatte, forderte er den griechischen Botschafter auf, Öcalan wieder außer Landes zu schaffen. Auf dem Weg zum Flughafen verließ ein von Kenianern gefahrener Wagen mit Öcalan den Konvoi und brachte diesen nicht zu einem griechischen, sondern zu einem türkischen Flugzeug, in welchem er von türkischen Beamten umgehend verhaftet und in die Türkei geflogen wurde. Wie es zu dieser „Auslieferung" Öcalans kommen konnte, ist bis heute ungeklärt.

Öcalan wurde nach einem viermonatigen Strafverfahren am 29.06.1999 für schuldig befunden, Handlungen begangen zu haben, um die Abspaltung eines Teiles des türkischen Territoriums zur Errichtung eines kurdischen Staates zu erreichen und zu diesem Zwecke eine Gruppe bewaffneter Terroristen ausgebildet und angeführt zu haben. Das Gericht sah es als erwiesen an, dass die PKK, aufgrund von Entscheidungen und Befehlen Öcalans, zahlreiche bewaffnete Überfälle, Bombenanschläge, Sabotageakte und Raubüberfälle begangen habe, bei denen Tausende von Zivilisten, Soldaten, Polizisten und Staatsbeamte getötet worden seien. Aus diesem Grund wurde Öcalan nach Art. 125 des türkischen Strafgesetzbuches zum Tode verurteilt. Eine gegen diese Entscheidung eingelegte Berufung blieb ohne Erfolg. Am 02.08.2002 wurde die Todesstrafe in der Türkei jedoch abgeschafft und am 03.10.2002 das Todesurteil per Gerichtsbe-

---

573 EGMR, Urt. v. 18.06.2002, Rn. 333 ff. – Orhan/Türkei.

574 EGMR, Urt. v. 18.06.2002, Rn. 348 – Orhan/Türkei.

schluss in eine lebenslängliche Haft umgewandelt. Die Türkei unterzeichnete überdies am 15.01.2003 das Zusatzprotokoll Nr. 6 zur EMRK, in welchem sich die ratifizierenden Staaten zur Abschaffung der Todesstrafe verpflichten. Eine Ratifizierung seitens der Türkei ist bislang noch nicht erfolgt.

In dem Verfahren vor dem EGMR rügte der Beschwerdeführer unter anderem eine Verletzung der Art. 6, 2 und 3 EMRK.
Hinsichtlich der beanstandeten Verletzung des Art. 6 EMRK bejahte der Gerichtshof zunächst einen Verstoß, weil die strafrechtliche Anklage Öcalans nicht von einem unabhängigen und unparteiischen Gericht verhandelt worden sei[575]. Diese Feststellung begründete der EGMR damit, dass ein Militärrichter an dem Verfahren teilgenommen habe, der erst eine Woche vor der Verurteilung des Beschwerdeführers durch einen zuvor nur beisitzenden Zivilrichter ersetzt worden sei. Während der Gerichtshof offen ließ, ob dieser Militärrichter möglicherweise die anderen Richter während des Prozesses beeinflusst habe, vertrat er die Ansicht, dass die bloße Anwesenheit des Militärrichters vor seiner Ersetzung das eigentliche „Problem" gewesen sei[576]. Die außergewöhnliche Natur des Verfahrens, welches einen Angeklagten von hohem Profil betreffe, der in längerem bewaffneten Konflikt mit dem türkischen Militär engagiert gewesen sei und dem die Todesstrafe drohe, dürfe bei der Bewertung des Sachverhaltes nicht übersehen werden. Deswegen könne die Gegenwart eines Militärrichters, welche zweifellos wegen seiner Kompetenz und Erfahrung in militärischen Dingen für erforderlich gehalten worden sei, nur dazu gedient haben, beim Angeklagten Zweifel an der Unabhängigkeit und Unparteilichkeit des Gerichts aufkommen zu lassen[577]. Vor diesem Hintergrund befand der EGMR, dass das türkische Gericht, welches den Beschwerdeführer verurteilte, nicht unabhängig und unparteiisch im Sinne des Art. 6 Abs. 1 EMRK gewesen sei[578].

Des Weiteren sei das Verfahren auch nicht „fair" im Sinne des Art. 6 Abs. 1 EMRK in Verbindung mit Art. 6 Abs. 3 b), c) EMRK gewesen. Der Angeklagte habe während der erfolgten Haft zunächst sieben Tage lang keinen Zugang zu seinem Anwalt gehabt[579]. Die dann erfolgten Verteidigerbesuche seien überwacht worden[580] sowie zeitlich und ihrer Anzahl nach begrenzt gewesen[581]. Schließlich hätten der Beschwerdeführer und seine Anwälte erst sehr spät Ein-

575 EGMR, Urt. v. 12.03.2003, Rn. 118 ff. – Öcalan/Türkei.
576 EGMR, Urt. v. 12.03.2003, Rn. 118 – Öcalan/Türkei.
577 EGMR, Urt. v. 12.03.2003, Rn. 120 – Öcalan/Türkei.
578 EGMR, Urt. v. 12.03.2003, Rn. 121 – Öcalan/Türkei.
579 EGMR, Urt. v. 12.03.2003, Rn. 140 ff. – Öcalan/Türkei.
580 EGMR, Urt. v. 12.03.2003, Rn. 144 ff. – Öcalan/Türkei.
581 EGMR, Urt. v. 12.03.2003, Rn. 152 ff. – Öcalan/Türkei.

blick in die Akten bekommen, wodurch ihnen keine ausreichende Vorbereitungsmöglichkeit für den Prozess geblieben sei[582].

Nachdem der EGMR einen Verstoß gegen Art. 6 EMRK bejaht hatte, widmete er sich der gerügten Verletzung des Art. 2 EMRK. Dabei unterschied der Gerichtshof zunächst zwischen der Verhängung der Todesstrafe und deren Vollstreckung.

Hinsichtlich der Vollstreckung stellte der EGMR fest, dass die Todesstrafe am 02.08.2002 in der Türkei abgeschafft worden sei und diese das Zusatzprotokoll Nr. 6 zur EMRK unterzeichnet hätte. Daraufhin sei die gegen den Beschwerdeführer zunächst verhängte Todesstrafe am 03.10.2002 in eine lebenslängliche Haft umgewandelt worden. Vor diesem Hintergrund sah der EGMR die Gefahr einer tatsächlichen Vollstreckung der Todesstrafe für den Zeitraum nach der Abschaffung der Todesstrafe und der Unterzeichnung des 6. Zusatzprotokolls als beseitigt an[583] und betrachtete weder Art. 2 EMRK noch Art. 3 EMRK als verletzt[584].

Anschließend untersuchte der EGMR, ob nicht bereits die Verhängung der Todesstrafe zu einer Verletzung der EMRK geführt haben könnte. Der Gerichtshof vertrat dabei die Ansicht, dass sich keine unterschiedlichen Fragen hinsichtlich Art. 2 EMRK ergeben würden und er es deshalb vorziehe, diese Frage unter dem Gesichtspunkt einer möglichen Verletzung des Art. 3 EMRK zu prüfen[585]. Daraufhin wiederholte der EGMR unter der Überschrift: „Art. 3 EMRK ausgelegt vor dem Hintergrund des Art. 2 EMRK“[586], dass die Konvention als Ganzes gesehen werden müsse und dass Art. 3 EMRK in Harmonie mit Art. 2 EMRK auszulegen sei[587].

Wenn Art. 2 EMRK so zu verstehen sei, dass er die Todesstrafe erlaube, unabhängig davon, dass sie in Europa fast vollständig abgeschafft worden sei, dann könne Art. 3 EMRK nicht dahingehend ausgelegt werden, die Todesstrafe zu

---

582 EGMR, Urt. v. 12.03.2003, Rn. 158 ff. – Öcalan/Türkei.

583 Für den Zeitraum vor der Abschaffung der Todesstrafe und Unterzeichnung des 6. Zusatzprotokolles kommt eine Verletzung des Art. 2 EMRK in Hinblick auf die möglich gewesene Vollstreckung nicht in Betracht, weil dieser die Todesstrafe in Art. 2 Abs. 1 S. 2 EMRK vom Verbot der Tötung ausnimmt, soweit nicht das 6. Zusatzprotokoll unterzeichnet worden ist.

584 EGMR, Urt. v. 12.03.2003, Rn. 184-186 – Öcalan/Türkei.

585 EGMR, Urt. v. 12.03.2003, Rn. 188 – Öcalan/Türkei.

586 EGMR, Urt. v. 12.03.2003, Überschrift vor Rn. 189 – Öcalan/Türkei: "Article 3 read against the background of Article 2".

587 EGMR, Urt. v. 12.03.2003, Rn. 189 – Öcalan/Türkei.

verbieten, weil dieses einer Nichtigerklärung des klaren Wortlautes des Art. 2 EMRK gleichkäme[588].

Jedoch habe der Gerichtshof in der Entscheidung Soering/Vereinigtes Königreich akzeptiert, dass eine anhaltende Praxis der Vertragsstaaten zu einer Änderung der Konvention führen könne. Eine solche Praxis innerhalb der nationalen Strafpolitik, in Form der generellen Abschaffung der Todesstrafe, könnte als ein Abkommen der Vertragsstaaten angesehen werden, die Ausnahme des Art. 2 Abs. 1 S. 2 EMRK außer Kraft zu setzen und dadurch die Wortlautgrenze bei der Auslegung des Art. 3 EMRK zu beseitigen[589]. In der Entscheidung Soering/Vereinigtes Königreich hätte der Gerichtshof jedoch entschieden, dass das Zusatzprotokoll Nr. 6 die Absicht der Staaten zeige, die herkömmliche Methode eines Zusatzes zur Konvention anzuwenden, um eine neue Verpflichtung zur Abschaffung der Todesstrafe in Friedenszeiten zu etablieren. Durch die Optionalität des Protokolls bliebe es den Staaten überlassen, wann sie sich dieser Verpflichtung unterwerfen wollen. Vor diesem Hintergrund entschied der EGMR, dass Art. 3 EMRK nicht dahingehend ausgelegt werden könne, dass er die Todesstrafe grundsätzlich verbiete[590]. Anschließend bekräftigt der EGMR, dass er die Konvention als „lebendiges Instrument" verstehe, welches im Lichte der heutigen Verhältnisse interpretiert werden müsse, und dass die zunehmenden hohen Anforderungen an den Schutz der Menschenrechte und Grundfreiheiten entsprechend und unvermeidlich eine größere Strenge bei der Bewertung der Verletzungen von Grundwerten der demokratischen Gesellschaften erfordern würden[591]. Insofern könne die Bewertung, ob eine bestimmte Behandlung oder Bestrafung als unmenschlich oder erniedrigend im Sinne des Art. 3 EMRK einzustufen sei, nicht von den Entwicklungen und gemeinhin akzeptierten Standards in der Strafpolitik der Mitgliedsstaaten unbeeinflusst bleiben.

Vielmehr hätte sich das Prinzip der unmenschlichen und erniedrigenden Behandlung oder Bestrafung seit dem Inkrafttreten der EMRK, aber auch seit der Entscheidung Soering/Vereinigtes Königreich beträchtlich entwickelt[592]. Im gleichen Maße hätte sich die rechtliche Position in Bezug auf die Todesstrafe seit dem Urteil in der Sache Soering/Vereinigtes Königreich in beträchtlichem Maße entwickelt. Die bereits 1989 festgestellte *de facto*-Abschaffung der To-

---

588 EGMR, Urt. v. 12.03.2003, Rn. 189 – Öcalan/Türkei mit Verweis aus: EGMR, Urt. v. 07.07.1989, Rn. 103 – Soering/Vereinigtes Königreich.

589 EGMR, Urt. v. 12.03.2003, Rn. 191 – Öcalan/ Türkei mit Verweis aus: EGMR, Urt. v. 07.07.1989, Rn. 103 – Soering/Vereinigtes Königreich.

590 EGMR, Urt. v. 12.03.2003, Rn. 191 – Öcalan/ Türkei mit Verweis aus: EGMR, Urt. v. 07.07.1989, Rn. 103, 104 – Soering/Vereinigtes Königreich.

591 EGMR, Urt. v. 12.03.2003, Rn. 193 – Öcalan/ Türkei.

592 EGMR, Urt. v. 12.03.2003, Rn. 194 – Öcalan/ Türkei.

desstrafe in 22 Vertragsstaaten habe sich zu einer *de jure*-Abschaffung in 43 der 44 momentanen Vertragsstaaten entwickelt, einschließlich der Türkei und einem verbleibenden „Aufschub" der Todesstrafe in Russland. Diese fast vollständige Verbannung der Todesstrafe zu Friedenszeiten in Europa wird durch den Umstand reflektiert, dass alle Vertragsstaaten das Zusatzprotokoll Nr. 6 unterzeichnet und 41 Staaten es bereits ratifiziert hätten, die Türkei, Armenien und Russland ausgenommen. Des Weiteren erfordere es die Politik des Europarates, dass sich angehende Mitgliedsstaaten zur Abschaffung der Todesstrafe verpflichten. Europa sei mithin ein Gebiet frei von Todesstrafe geworden[593]. Diese Entwicklung könnte als Signal angesehen werden, dass die Vertragsstaaten ein Abkommen über die Außerkraftsetzung oder zumindest die Modifizierung des Art. 2 Abs. 2 S. 2 EMRK geschlossen haben, insbesondere weil nunmehr alle Vertragsstaaten das Zusatzprotokoll Nr. 6 unterzeichnet und 41 Vertragsstaaten es ratifiziert hätten[594]. Insofern ließe sich die Frage aufwerfen, ob es überhaupt notwendig sei, die Ratifizierung durch die drei verbleibenden Staaten abzuwarten, bevor man die in Art. 2 EMRK enthaltene Ausnahme der Todesstrafe als geändert betrachten könnte. Vor einem solchen übereinstimmenden Hintergrund könne man sagen, dass die Todesstrafe in Friedenszeiten jedenfalls als inakzeptable, wenn nicht sogar als unmenschliche Form der Strafe betrachtet werde, die nicht länger im Rahmen des Art. 2 EMRK zulässig sei[595]. Der Gerichtshof wies allerdings darauf hin, dass die Eröffnung zur Unterzeichnung des Zusatzprotokolls Nr. 13 dahingehend verstanden werden könne, dass die Vertragsstaaten den traditionellen Weg des Konventionszusatzes gewählt hätten, um eine Abschaffung zu erreichen. Das Protokoll sehe jedoch eine vollkommene Abschaffung der Todesstrafe sowohl in Friedens- als auch in Kriegszeiten vor. Dieser endgültige Schritt könne daher auch als Bestätigung des Abschaffungstrends durch die bestehende Staatenpraxis gesehen werden und stehe deswegen nicht im Widerspruch dazu, dass Art. 2 EMRK möglicherweise bereits insoweit außer Kraft gesetzt worden sein könnte, als er die Todesstrafe zu Friedenszeiten erlaube[596]. Der Gerichtshof schließt diese grundsätzlichen Betrachtungen damit, dass es im Lichte der auf diesem Gebiet stattgefundenen Entwicklungen nicht ausgeschlossen werden könne, dass die Staaten durch ihre Praxis einer Änderung des Art. 2 Abs. 1 S. 2 EMRK, soweit er die Todesstrafe in Friedenszeiten erlaube, zugestimmt hätten. Vor diesem Hintergrund könne man argumentieren, dass die Verhängung der Todesstrafe eine unmenschliche und erniedrigende Behandlung im Sinne des Art. 3 EMRK darstelle[597]. Der Gerichtshof sieht es anschließend jedoch als unnötig an, hier eine endgültige Schlussfolgerung zu

593 EGMR, Urt. v. 12.03.2003, Rn. 195 – Öcalan/ Türkei.
594 EGMR, Urt. v. 12.03.2003, Rn. 196 – Öcalan/ Türkei
595 EGMR, Urt. v. 12.03.2003, Rn. 196 – Öcalan/ Türkei.
596 EGMR, Urt. v. 12.03.2003, Rn. 197 – Öcalan/ Türkei.
597 EGMR, Urt. v. 12.03.2003, Rn. 198 – Öcalan/ Türkei.

treffen, da die Vollstreckung der Todesstrafe unter den Bedingungen eines vorangegangenen unfairen Verfahrens auch dann konventionswidrig wäre, wenn man Art. 2 EMRK dahingehend auslegen würde, dass er die Vollstreckung der Todesstrafe nach wie vor erlaube[598].

Im Anschluss an diese getroffene Feststellung hebt der EGMR hervor, dass selbst wenn die Todesstrafe unter Art. 2 EMRK noch zulässig wäre, der willkürliche Entzug des Lebens verboten sei. Dieses folge aus der Anforderung, dass „das Recht jedes Menschen auf Leben gesetzlich geschützt ist". Ein willkürlicher Akt könne nicht gesetzmäßig im Sinne der Konvention sein[599]. Aus der Anforderung des Art. 2 Abs. 1 EMRK, dass der Entzug des Lebens nur durch Vollstreckung eines Gerichtsurteils erfolgen dürfe, folge, dass das Gericht, welches die Strafe verhänge, unabhängig und unparteiisch im Sinne der Rechtsprechung des EGMR sein müsse und dass die höchsten Standards der Fairness in dem Strafverfahren eingehalten werden müssten[600]. Da die Vollstreckung der Todesstrafe unwiderruflich sei, könne nur durch die Anwendung solcher Standards eine willkürliche und ungesetzliche Tötung vermieden werden. Aus dieser Konstruktion des Art. 2 EMRK folge, dass die Vollstreckung der Todesstrafe an einer Person, die keinen fairen Prozess gehabt habe, in diesem Fall nicht erlaubt sei[601]. Diese Schlussfolgerung hinsichtlich der Interpretation des Art. 2 EMRK gelte es nun im Rahmen der Untersuchung des Art. 3 EMRK mit einzubeziehen.

Nach Ansicht des Gerichts würde die Verhängung der Todesstrafe nach einem unfair verlaufenden Verfahren bei dem Betroffenen die Furcht hervorrufen, dass er exekutiert werden würde. Diese Furcht und Ungewissheit über die eigene Zukunft, hervorgerufen durch das Todesurteil und unter Umständen, in denen eine real existierende Möglichkeit der Vollstreckung bestünde, würde zu einem bedeutsamen Maß an menschlichen Qualen und damit im konkreten Fall zu einer Art. 3 EMRK verletzenden unmenschlichen Behandlung führen[602].

In einer Zusammenfassung stellt der EGMR anschließend fest, dass trotz des in der Türkei bestehenden komplizierten Verfahrens zur Vollstreckung eines To-

---

598 EGMR, Urt. v. 12.03.2003, Rn. 198 – Öcalan/ Türkei.

599 EGMR, Urt. v. 12.03.2003, Rn. 202 – Öcalan/ Türkei mit Verweis auf: EGMR; Urt. v. 18.12.1986, Rn. 54, 59 – Bolzano/Frankreich.

600 EGMR, Urt. v. 12.03.2003, Rn. 203 – Öcalan/ Türkei mit Verweis auf: EGMR, Urt. v. 09.06.1998, – Incal/Türkei; EGMR, Urt. v. 28.10.1998, – Ciraklar/Türkei; EGMR, Urt. v. 25.02.1997 – Findlay/Vereinigtes Königreich; EGMR, Urt. v. 24.05.1989 – Hauschildt/Dänemark.

601 EGMR, Urt. v. 12.03.2003, Rn. 204 – Öcalan/ Türkei.

602 EGMR, Urt. v. 12.03.2003, Rn. 207 – Öcalan/ Türkei.

desurteils und trotz des jahrelangen Verzichts der Türkei auf die Vollstreckung, diese im Falle Öcalan/Türkei wegen der Besonderheit des Verbrechens nicht unwahrscheinlich gewesen sei und dass dieses Risiko drei Jahre lang real existiert hätte[603]. Anschließend wies der Gerichtshof auf seine unter Art. 6 EMRK hinsichtlich der Verfahrensmängel getroffenen Feststellungen hin, dass das Gericht weder unabhängig noch unparteiisch gewesen sei und dass das Verfahren insgesamt nicht dem Gebot der Fairness entsprochen hätte[604].

Aus diesem Grunde urteilte der EGMR anschließend, dass die Todesstrafe aufgrund eines unfairen Verfahrens verhängt worden sei, welches den strengen Standards der Fairness nicht genügt hätte. Mithin sei Art. 3 EMRK verletzt worden[605].

22. Aktas/Türkei

Der Fall Aktas/Türkei betraf die Todesumstände des Bruders des Beschwerdeführers, nachdem dieser verhaftet worden war. Der Bruder des Beschwerdeführers wurde im Anschluss an seine Verhaftung ärztlich untersucht und ein Zertifikat bestätigte, dass keine Anzeichen dafür bestünden, dass er geschlagen oder sonstiger Gewalt ausgesetzt worden sei. Auch ein anderer Bruder des Beschwerdeführers, der seinen inhaftierten Bruder am Tag nach dessen Festnahme besucht hatte, bestätigte, dass sich dieser bei guter Gesundheit befunden hätte. Der inhaftierte Bruder des Beschwerdeführers ist nach diesem Besuch in ein Befragungszentrum überstellt worden, in dem er von zwei Offizieren bis zu seinem sechs Tage später eingetretenen Tod befragt worden war. Noch am Todestage wurden eine postmortale Untersuchung und eine vollständige Obduktion vorgenommen, die jedoch zu keinem Ergebnis hinsichtlich der exakten Todesursache geführt hatten. Daraufhin wurden die zwei Untersuchungsberichte und Proben, die dem Leichnam entnommen worden waren, zum Gerichtsmedizinischen Institut des Justizministeriums geschickt. Die gerichtsmedizinische Untersuchung ergab, dass es anhand der vorhandenen Informationen nicht möglich sei, die exakte Todesursache festzustellen. Der Leichnam wurde daraufhin dem Beschwerdeführer und anderen Familienmitgliedern zur Bestattung übergeben. Der Beschwerdeführer reichte am Tage nach dem Tod seines Bruders eine Beschwerde beim Staatsanwalt ein. Dieser erklärte sich jedoch für örtlich unzuständig, weil sich das Befragungszentrum, in welchem der Beschwerdeführer verstorben war, in einem anderen Bezirk befand. Die Akte wurde daraufhin dem Staatsanwalt in diesem Bezirk übermittelt, der sich für sachlich unzuständig erklärte und die Sache an den dortigen Verwaltungsrat weiterleitete. Der mit der

603 EGMR, Urt. v. 12.03.2003, Rn. 210 – Öcalan/ Türkei.
604 EGMR, Urt. v. 12.03.2003, Rn. 211 – Öcalan/ Türkei.
605 EGMR, Urt. v. 12.03.2003, Rn. 212, 213 – Öcalan/ Türkei.

Untersuchung beauftragte Major nahm erst mehrere Monate nach dem Vorfall die Stellungnahmen mehrerer Personen, unter anderem auch des Beschwerdeführers, entgegen und empfahl schließlich in seinem Bericht, dass die beiden verdächtigen Offiziere nicht angeklagt werden sollten. Dieser Empfehlung schloss sich der Verwaltungsrat in seiner Entscheidung an, die jedoch aufgrund einer automatischen Berufung anschließend wieder aufgehoben wurde. Das Berufungsgericht vertrat die Ansicht, dass die Berichte der postmortalen Untersuchung und der Autopsie belegten, dass der Tod des Sohnes des Beschwerdeführers durch Schläge verursacht worden sei, die ihm die zwei Offiziere zugefügt hätten. In dem daraufhin gegen die beiden Personen durchgeführten Strafverfahren wurden diese freigesprochen.

Der Beschwerdeführer rügte vor dem EGMR eine Verletzung der Art. 2 und 3 EMRK, weil sein Bruder durch Folterung während der Polizeihaft getötet worden sei.

Der Gerichtshof wies bei seiner Untersuchung zunächst auf den bei der Bewertung des Beweismaterials anzuwendenden Maßstab des „über jeden vernünftigen Zweifel erhabenen" Beweises hin[606]. Der Gerichtshof sah es aufgrund der vorliegenden Beweise als erwiesen an, insbesondere nach der Befragung des Präsidenten des Gerichtsmedizinischen Instituts zum Inhalt der Berichte von der postmortalen Untersuchung und der durchgeführten Autopsie, dass der Beschwerdeführer bei guter Gesundheit in Haft kam und während seiner Haftzeit, vermutlich durch eine erzwungene Erstickung, getötet worden sei[607]. Insofern bekräftigte der Gerichtshof die von ihm entwickelte Beweislasterleichterung hinsichtlich derjenigen Fälle, in denen eine Person nach ihrer Haftzeit Verletzungen aufweise, die nicht aus der Zeit vor ihrer Haft stammen können. In derartigen Fällen obliege es dem Staat, eine plausible Erklärung für die Ursache der Verletzungen zu geben[608]. Diese Verpflichtung sei umso größer, wenn die betroffene Person gestorben sei.

Sofern die fraglichen Umstände ganz oder zu einem wesentlichen Teil ausschließlich den Behörden bekannt seien, beispielsweise in Fällen, in denen die Personen staatlicher Gewalt in der Haft unterworfen seien, hätte das Vorliegen von Verletzungen, beziehungsweise der während der Haftzeit eingetretene Tod, eine starke Tatsachenvermutung zur Folge. In diesem Fall liege die Beweislast bei den Behörden, die eine ausreichende und überzeugende Erklärung geben

606 EGMR, Urt. v. 24.04.2003, Rn. 270 – Aktas/Türkei.
607 EGMR, Urt. v. 24.04.2003, Rn. 280-283 – Aktas/Türkei.
608 EGMR, Urt. v. 24.04.2003, Rn. 270 – Aktas/Türkei.

müssten[609]. Im vorliegenden Fall habe die Regierung jedoch keinerlei Erklärung für den während der Haft eingetretenen Tod des Bruders des Beschwerdeführers geliefert. Vielmehr ließe sich die genaue Todesursache, so der Gerichtshof, nach wie vor nicht klären, weil die Regierung es unterlassen hätte, den Arzt, der den Bruder des Beschwerdeführers für tot erklärt hatte, ausfindig zu machen[610]. Der Gerichtshof bejahte mithin einen materiellen Verstoß gegen Art. 2 EMRK[611].

Im Anschluss daran untersuchte der EGMR die gerügte Mangelhaftigkeit der Ermittlungen. Dabei wies er einmal mehr auf die aus Art. 2 EMRK in Verbindung mit Art. 1 EMRK resultierende Ermittlungspflicht[612], ihren Sinn und Zweck[613] und ihre Anforderungen[614] hin, wenn eine Person durch Gewaltanwendung getötet worden sei[615]. Insbesondere müssten die Behörden aus eigenem Antrieb tätig werden, wenn sie von einem Todesfall Kenntnis erlangt hätten, und dürften es nicht der Initiative der Angehörigen überlassen, eine formelle Beschwerde einzureichen[616]. Im konkreten Fall bemängelte der Gerichtshof vor allem die fehlende Unabhängigkeit der Ermittlungsbehörden, da die ermittelnden Personen selbst Mitglieder der betroffenen Polizeistation gewesen seien. Des Weiteren hätte keiner der Vorgesetzten der Polizeistation eine Untersuchung des Vorfalles eingeleitet.

---

609 EGMR, Urt. v. 24.04.2003, Rn. 290, 291 – Aktas/Türkei mit Verweis auf: EGMR, Urt. v. 18.06.2002, Rn. 327 – Orhan/Türkei; EGMR, Urt. v. 27.06.2000, Rn. 100 – Salman/Türkei; EGMR, 08.07.1999, Rn. 85 – Cakici/Türkei; EGMR, Urt. v. 09.05.2000, Rn. 32 – Ertak/Türkei; EGMR, Urt. v. 13.06.2000, Rn. 82 – Timurtas/Türkei.

610 EGMR, Urt. v. 24.04.2003, Rn. 290 – Aktas/Türkei.

611 EGMR, Urt. v. 24.04.2003, Rn. 295 – Aktas/Türkei.

612 EGMR, Urt. v. 24.04.2003, Rn. 299 – Aktas/Türkei mit Verweis auf: EGMR, Urt. v. 27.09.1995, Rn. 161 – McCann u.a./Vereinigtes Königreich; EGMR, Urt. v. 19.02.1998, Rn. 105 – Kaya/Türkei.

613 EGMR, Urt. v. 24.04.2003, Rn. 299 – Aktas/Türkei (Effektive Umsetzung der Strafvorschriften und Bestrafung der Verantwortlichen).

614 EGMR, Urt. v. 24.04.2003, Rn. 300 – Aktas/Türkei.

615 Insofern wiederholt der Gerichtshof seine bereits in früheren Entscheidungen getroffenen Feststellungen mit Verweis auf: EGMR, Urt. v. 27.07.1998, Rn. 81, 82 – Gülec/Türkei und EGMR, Urt. v. 20.05.1999, Rn. 91, 92 – Ögür/Türkei (Unabhängigkeit der Ermittlungsbehörden); EGMR, Urt. v. 19.02.1998, Rn. 87 – Kaya/Türkei (Rechtfertigung der Gewaltanwendung); EGMR, Urt. v. 20.05.1999, Rn. 88 – Ögür/Türkei (Identifizierung und Bestrafung der Verantwortlichen); EGMR, Urt. v. 08.07.1999, Rn. 109 – Tanrikulu/Türkei; EGMR, Urt. v. 18.06.2002, Rn. 355 – Orhan/Türkei (Beweissicherung).

616 EGMR, Urt. v. 24.04.2003, Rn. 299 – Aktas/Türkei mit Verweis, *mutatis mutandis*, auf: EGMR, Urt. v. 27.06.2000, Rn. 63 – Ihlan/Türkei.

Vielmehr sei der Staatsanwalt erst vier Tage nach dem Todesfall aufgrund des Antrags des Beschwerdeführers tätig geworden. Schließlich sei die erfolgte Befragung ohne ersichtlichen Grund erst nach einer erheblichen Verzögerung durchgeführt worden[617]. Der Gerichtshof entschied deswegen, dass die erfolgte Untersuchung weder dazu geeignet gewesen sei, genügend Beweise zu sammeln, um die Täter zur Verantwortung zu ziehen, noch diejenigen Informationen zu erlangen, die notwendig gewesen seien um zu klären, ob die Gewaltanwendung möglicherweise im Sinne des Art. 2 EMRK gerechtfertigt gewesen sei[618]. Art. 2 EMRK sei demnach auch in seiner verfahrensrechtlichen Dimension verletzt worden[619].

23.Ipek/Türkei

In der am 17.02.2004 ergangenen Entscheidung in der Sache Ipek/Türkei rügte der Beschwerdeführer eine Verletzung des Art. 2 EMRK, nachdem seine beiden Söhne nach einer Militäroperation verschollen waren. Das Dorf des Beschwerdeführers wurde im Jahre 1994 von Soldaten fast vollständig durch das Abbrennen der Häuser zerstört, nachdem man die Bewohner zusammen getrieben hatte, um sie am Löschen ihrer Häuser zu hindern. Von den männlichen Dorfbewohnern wurden anschließend sechs Personen ausgewählt, die den Soldaten beim Tragen ihrer Rucksäcke zu einem bestimmten Treffpunkt helfen sollten.

Den sechs Männern, unter denen sich auch die beiden Söhne des Beschwerdeführers befanden, wurde versichert, dass sie anschließend wieder in ihr Dorf zurückkehren dürften. Nachdem die sechs Männer den Treffpunkt erreicht hatten, wurden sie am Abend zu einem Militärstützpunkt gefahren. Dort wurden die beiden Söhne des Beschwerdeführers und eine weitere Person von den anderen drei Männern getrennt. Am nächsten Morgen wurden diese drei Männer wieder entlassen. Von den Söhnen des Beschwerdeführers und der dritten Person fehlt seit dieser Nacht jede Spur.

Während der Beschwerdeführer vor dem Gerichtshof eine Verletzung des Art. 2 EMRK rügte, bestritt die türkische Regierung, dass die besagte Militäraktion überhaupt stattgefunden habe, da alle Einsätze der türkischen Sicherheitskräfte in einem Logbuch verzeichnet würden und sich in diesem diesbezüglich keinerlei Einträge befänden.

Der Gerichtshof widmete sich bei seiner Untersuchung zunächst der Frage, ob davon ausgegangen werden müsse, dass die beiden Söhne des Beschwerdefüh-

---

617 EGMR, Urt. v. 24.04.2003, Rn. 301-306 – Aktas/Türkei.
618 EGMR, Urt. v. 24.04.2003, Rn. 307 – Aktas/Türkei.
619 Zur ebenfalls bejahten Verletzung des Art. 3 EMRK siehe: 2. Kap., C III 4.

rers zu Tode gekommen seien. In diesem Zusammenhang wies der EGMR erneut daraufhin, dass sich inhaftierte Personen in einer verwundbaren Situation befänden und die Behörden verpflichtet seien, diese Personen zu schützen. Konsequenterweise obliege es dem Staat, eine plausible Erklärung für die Ursache von Verletzungen zu geben, wenn eine Person bei guter Gesundheit in Haft komme und bei ihrer Entlassung Verletzungen aufweise. Diese Verpflichtung sei umso größer, wenn die betroffene Person gestorben sei[620]. Sofern die fraglichen Umstände ganz oder zu einem wesentlichen Teil ausschließlich den Behörden bekannt seien, beispielsweise in Fällen, in denen die Personen staatlicher Gewalt in der Haft unterworfen seien, hätte das Vorliegen von Verletzungen, beziehungsweise der während der Haftzeit eingetretene Tod, eine starke Tatsachenvermutung zur Folge. In diesem Fall liege die Beweislast bei den Behörden, die eine ausreichende und überzeugende Erklärung geben müssten[621].

Der Gerichtshof zitierte, wie bereits zuvor in den Urteilen Orhan/Türkei und Cicek/Türkei, diejenigen Abschnitte der Entscheidung Timurtas/Türkei, in denen er entschieden hatte, dass es von dem Vorliegen ausreichender Indizienbeweise abhänge, ob das Unterlassen der Behörden, eine plausible Erklärung über das Schicksal eines Inhaftierten abzugeben, dessen Körper nicht auffindbar sei, auch im Rahmen des Art. 2 EMRK zu behandeln sei. In diesem Zusammenhang würde die Zeit, die seit der Inhaftierung vergangen sei, einen relevanten, wenn auch nicht allein entscheidenden Faktor darstellen. Je mehr Zeit ohne Neuigkeiten von der betroffenen Person vergangen sei, umso wahrscheinlicher werde es, dass die inhaftierte Person verstorben sei[622].

Der Gerichtshof sah es anschließend aufgrund seiner Beurteilung der Geschehnisse als erwiesen an, dass sich die beiden Söhne des Beschwerdeführers zuletzt in den Händen von Sicherheitskräften in einem Militärstützpunkt befunden hätten. Auch wenn sich der Gerichtshof außerstande sah, eine Aussage über den weiteren Verbleib der Söhne zu machen, würde die generelle Situation im Südosten der Türkei zum relevanten Zeitpunkt den Schluss zulassen, dass die unbestätigte Gefangennahme der Betroffenen lebensbedrohlich gewesen sei[623].

---

620 EGMR, Urt. v. 17.02.2004, Rn. 164 – Ipek/Türkei mit Verweis auf: EGMR, Urt. v. 18.06.2002, Rn. 326 – Orhan/Türkei.

621 EGMR, Urt. v. 17.02.2004, Rn. 164 – Ipek/Türkei mit Verweis auf: EGMR, Urt. v. 18.06.2002, Rn. 327 – Orhan/Türkei; EGMR, Urt. v. 27.06.2000, Rn. 100 – Salman/Türkei; EGMR, 08.07.1999, Rn. 85 – Cakici/Türkei; EGMR, 09.05.2000, Rn. 32 – Ertak/Türkei; EGMR, Urt. v. 13.06.2000, Rn. 82 – Timurtas/Türkei.

622 EGMR, Urt. v. 17.02.2004, Rn. 166 – Ipek/Türkei mit wörtlichem Zitat aus: EGMR, Urt. v. 13.06.2000, Rn. 82, 83 – Timurtas/Türkei.

623 EGMR, Urt. v. 17.02.2004, Rn. 164 – Ipek/Türkei mit Verweis auf: EGMR, Urt. v. 18.06.2002, Rn. 330 – Orhan/Türkei; EGMR, Urt. v. 13.06.2000, Rn. 85 – Timurtas/Türkei; EGMR, Urt. v. 27.02.2001, Rn. 146 – Cicek/Türkei.

Erneut wies der Gerichtshof darauf hin, dass Unzulänglichkeiten, welche die Effektivität des strafrechtlichen Schutzes im Südosten der Türkei zu dieser Zeit untergraben hätten, das Fehlen einer Verantwortlichkeit der Sicherheitskräfte für ihre Aktionen erlaubt oder zumindest gefördert hätten[624]. Aus diesem Grund und aufgrund der Tatsache, dass es seit neun Jahren kein Lebenszeichen von den beiden Söhnen mehr gegeben hätte, müsste angenommen werden, dass sie nach ihrer Gefangennahme durch die Sicherheitskräfte gestorben seien. Folglich sei die Verantwortlichkeit des beklagten Staates für ihren Tod begründet.

Mangels einer Erklärung von Seiten der Regierung, was nach der Gefangennahme mit den beiden Söhnen geschehen sei, oder einer möglichen Rechtfertigung für die Gewaltanwendung entschied der Gerichtshof, dass der Tod der Regierung zuzurechnen und Art. 2 EMRK aus diesem Grunde verletzt worden sei[625].

Anschließend widmete sich der Gerichtshof der ebenfalls gerügten Mangelhaftigkeit der Ermittlungen. Er fasste dabei, wie bereits in anderen Entscheidungen zuvor, zunächst die dem Art. 2 EMRK durch die Rechtsprechung des Gerichtshofs beigemessenen verfahrensrechtlichen Anforderungen zusammen. Der Gerichtshof wiederholte in diesem Zusammenhang seine Feststellungen hinsichtlich des Sinn und Zwecks der Verfahrensdimension[626] und ihrer Anforderungen, wenn eine Person durch Gewaltanwendung getötet worden ist[627]. Im vorliegenden Fall hätten die zuständigen Behörden trotz mehrfacher Petitionen des Beschwerdeführers nichts unternommen, um dem Verbleib der Söhne nachzugehen. Vielmehr hätten die Behörden bestritten, dass die besagte Militäraktion in

---

624 EGMR, Urt. v. 17.02.2004, Rn. 167 – Ipek/Türkei mit Verweis auf: EGMR, Urt. v. 28.03.2000, Rn. 98 – Mahmut Kaya/Türkei.

625 EGMR, Urt. v. 17.02.2004, Rn. 167 – Ipek/Türkei mit Verweis auf: EGMR, Urt. v. 18.06.2002, Rn. 331 – Orhan/Türkei; EGMR, Urt. v. 13.06.2000, Rn. 86 – Timurtas/Türkei; EGMR, Urt. v. 27.02.2001, Rn. 147 – Cicek/Türkei.

626 EGMR, Urt. v. 17.02.2004, Rn. 169 – Ipek/Türkei (Effektive Umsetzung der Strafvorschriften und Bestrafung der Verantwortlichen).

627 EGMR, Urt. v. 17.02.2004, Rn. 167 – Ipek/Türkei mit Verweis auf: EGMR, Urt. v. 27.07.1998, Rn. 81, 82 – Gülec/Türkei; EGMR, Urt. v. 20.05.1999, Rn. 91, 92 – Ögür/Türkei (hinsichtlich des Erfordernisses der Unabhängigkeit der Ermittlungsbehörden); EGMR, Urt. v. 08.07.1999, Rn. 109 – Tanrikulu/Türkei; EGMR, Urt. v. 20.05.1999, Rn. 88 – Ögür/Türkei (hinsichtlich des Erfordernisses der Identifizierung und Bestrafung der Verantwortlichen sowie der Beweissicherung); EGMR, Urt. v. 02.09.1998, Rn. 102-104 – Yasa/Türkei; EGMR, Urt. v. 08.07.1999, Rn. 80, 87, 106 – Cakici/Türkei; EGMR, Urt. v. 08.07.1999, Rn. 109 – Tanrikulu/Türkei; EGMR, Urt. v. 28.03.2000, Rn. 106, 107 – Mahmut Kaya/Türkei; EGMR, Urt. v. 04.05.2001, Rn. 108-115 – McKerr/Vereinigtes Königreich (hinsichtlich des Erfordernisses der prompten Einleitung der Ermittlungen und ihrer Durchführung mit angemessener Schnelligkeit).

dem Dorf überhaupt stattgefunden habe und dass die beiden Söhne gefangen genommen worden seien. Die Ermittlungen des Staatsanwaltes hätten sich darauf beschränkt, eine Bestätigung einzuholen, dass die Namen der beiden Söhne weder in den Gefängnisakten noch auf der „Gesucht"-Liste der Sicherheitsbehörden verzeichnet worden seien. Auch eine im Laufe des Verfahrens vor dem EGMR durchgeführte Untersuchung sei von schwerwiegenden Versäumnissen und Fehlern geprägt gewesen. Zudem hätten die Ermittlungsbehörden keinen ernsthaften Versuch unternommen, den Beschwerdeführer oder etwaige Augenzeugen hinsichtlich des Vorgangs zu befragen beziehungsweise das Dorf in Augenschein zu nehmen, um gegebenenfalls weitere Beweise sicherzustellen. Schließlich hätte es sich bei der Untersuchungsbehörde um einen Verwaltungsrat gehandelt, der bereits in früheren Entscheidungen wegen seiner fehlenden Unabhängigkeit bemängelt worden sei[628]. Aus diesen Gründen entschied der Gerichtshof, dass die durchgeführten Ermittlungen nicht den verfahrensrechtlichen Anforderungen des Art. 2 EMRK genügt hätten und bejahte eine Verletzung des Art. 2 EMRK in seiner Verfahrensdimension[629].

24.Nuray Sen/Türkei

Die Entführung des Ehemannes der Beschwerdeführerin, einem aktiven Mitglied der Demokratischen Partei, aus einem Cafe und dessen anschließender Tod bildeten den Beschwerdegegenstand in der Entscheidung Nuray Sen/Türkei. Die Beschwerdeführerin rügte unter anderem eine Verletzung des Art. 2 EMRK, weil ihr Mann von türkischen Sicherheitskräften entführt und anschließend getötet worden sei. Der Gerichtshof sah sich nach einer umfangreichen Analyse des Sachverhaltes und der Beweismittel jedoch außerstande, eine materiellrechtliche Verletzung der Art. 2 und 3 EMRK zweifelsfrei festzustellen[630]. Aus den vorgelegten Beweismitteln ergebe sich, dass keiner der Augenzeugen die Kidnapper und Mörder des Ehemannes der Beschwerdeführerin identifizieren konnte. Insbesondere ließe sich nicht feststellen, ob an dem Geschehen staatliche Bedienstete beteiligt gewesen seien. Die Zeugen, auf die sich die Beschwerdeführerin gestützt hatte, hätten zudem nach Ansicht des Gerichts keine schlüssigen Aussagen gegenüber der Polizei gemacht und es versäumt, vor den Gesandten der Kommission auszusagen. Die einzigen verfügbaren Beweise seien demnach Hörensagen-Beweise von der Beschwerdeführerin selbst

628 EGMR, Urt. v. 17.02.2004, Rn. 172-176 – Ipek/Türkei mit Verweis hinsichtlich der mangelnden Unabhängigkeit der Ermittlungsbehörde auf: EGMR, Urt. v. 27.07.1998, Rn. 77-82 – Gülec/Türkei; EGMR, Urt. v. 20.05.1999, Rn. 85-93 – Ögür/Türkei; EGMR, Urt. v. 18.06.2002, Rn. 342 – Orhan/Türkei.

629 EGMR, Urt. v. 17.02.2004, Rn. 177 – Ipek/Türkei.

630 EGMR, Urt. v. 30.03.2004, Rn. 154 ff. – Nuray Sen/Türkei.

gewesen. Aus diesem Grund verneinte der Gerichtshof aufgrund des hohen Beweismaßstabes eine Verletzung des Art. 2 EMRK[631].

Hinsichtlich der ebenfalls gerügten Mangelhaftigkeit der Ermittlungen betrachtete der Gerichtshof jedoch Art. 2 EMRK in seiner Verfahrensdimension als verletzt. Aus der Verpflichtung nach Art. 2 EMRK, das Recht auf Leben zu schützen, in Verbindung mit der allgemeinen Verpflichtung des Staates aus Art. 1 EMRK, allen seiner Hoheitsgewalt unterstehenden Personen die in Abschnitt I dieser Konvention bestimmten Rechte und Freiheiten zuzusichern, ergebe sich die Pflicht, wirksame amtliche Ermittlungen anzustellen, wenn Gewaltanwendung, insbesondere durch Bedienstete des Staates, den Tod eines Menschen zur Folge gehabt habe[632]. Die vorgenommenen Ermittlungen seien jedoch durch schwerwiegende Versäumnisse gekennzeichnet gewesen. So hätte es keine wirkliche Koordination zwischen den unterschiedlichen, mit dem Fall betrauten Polizeibehörden gegeben[633]. Zudem sei keine forensische Untersuchung des Toten oder seiner Kleidung vorgenommen worden[634]. Schließlich hätten es die untersuchenden Staatsanwälte versäumt, Aussagen von den Augenzeugen der Entführung aufzunehmen[635]. In Anbetracht der Schwere des Verbrechens hätten die von den Ermittlungsbehörden durchgeführten Untersuchungen damit insgesamt nicht den verfahrensrechtlichen Anforderungen des Art. 2 EMRK genügt und dieser sei in seiner Verfahrensdimension verletzt worden[636].

25.Özalp u.a./Türkei

Die Entscheidung Özalp u.a./Türkei beschäftigte sich mit dem Tod des Mannes der Beschwerdeführerin während seines staatlichen Gewahrsams. Dieser war wegen des Verdachts der Mitgliedschaft in der PKK verhaftet worden. Nachdem er den Sicherheitskräften den Ort eines Verstecks der PKK in der Nähe eines Dorfes genannt hatte, begleiteten ihn diese dorthin. Die Soldaten postierten sich daraufhin in einem sicheren Abstand um das Versteck und forderten ihn auf, dieses zu öffnen. Als der Mann der Beschwerdeführerin dieses tat, kam es zu einer Explosion, welche ihn sofort tötete. In dem Versteck befanden sich unter anderem Waffen, Kleidung und Medizin.

631 EGMR, Urt. v. 30.03.2004, Rn. 160 – Nuray Sen/Türkei.
632 EGMR, Urt. v. 30.03.2004, Rn. 174 – Nuray Sen/Türkei mit Verweis auf: EGMR, Urt. v. 27.09.1995, Rn. 161 – McCann u.a./Vereinigtes Königreich.
633 EGMR, Urt. v. 30.03.2004, Rn. 176 – Nuray Sen/Türkei.
634 EGMR, Urt. v. 30.03.2004, Rn. 177 – Nuray Sen/Türkei.
635 EGMR, Urt. v. 30.03.2004, Rn. 177 – Nuray Sen/Türkei.
636 EGMR, Urt. v. 30.03.2004, Rn. 179 – Nuray Sen/Türkei.

Noch am selben Tag wurde eine Tatortbesichtigung durch einen Staatsanwalt und einen Doktor vorgenommen, der nach einer Inaugenscheinnahme des Leichnams eine vollständige Autopsie für unnötig hielt. Daraufhin wurde ein interner Bericht angefertigt, der von drei Offizieren und einem Major unterzeichnet wurde. Im Laufe der anschließend eingeleiteten Untersuchung klagte der Staatsanwalt den für den Einsatz verantwortlichen Offizier wegen fahrlässiger Tötung an. Mangels Befugnis des Staatsanwaltes, Anklagen gegen einen Offizier einleiten zu dürfen, wurde die Sache jedoch an den provinziellen Verwaltungsrat verwiesen. Dieser beauftragte einen Major mit der Durchführung der Untersuchungen. Nach Befragung des Offiziers und zweier weiterer Soldaten wurden die Ermittlungen nach kurzer Zeit mit dem Ergebnis eingestellt, dass der Mann der Beschwerdeführerin aufgrund einer Explosion verstorben sei und den Mitgliedern der Sicherheitseinheiten diesbezüglich keine Pflichtverletzung vorgeworfen werden könne.

Die Beschwerdeführerin rügte vor dem Gerichtshof unter anderem eine Verletzung des Art. 2 EMRK, weil ihr Mann während des staatlichen Gewahrsams durch Sicherheitskräfte getötet worden sei und keine effektiven Ermittlungen durchgeführt worden seien.

Nachdem der Gerichtshof abermals auf die fundamentale Bedeutung des Art. 2 EMRK hingewiesen hatte, wiederholte er, dass sich Personen in Haft in einer verwundbaren Situation befänden und die Behörden deshalb verpflichtet seien, sie zu schützen[637]. Es obläge dem Staat, eine plausible Erklärung für den Grund von Verletzungen zu geben, wenn eine Person bei guter Gesundheit in Polizeihaft genommen werde und bei ihrer Entlassung Verletzungen aufweise. Diese Verpflichtung der Behörden, die Behandlung einer in Haft befindlichen Person zu rechtfertigen, sei umso größer, wenn die betroffene Person gestorben sei[638]. Insofern könne die Verantwortlichkeit des Staates dann begründet sein, wenn dieser es unterlassen habe, alle möglichen Vorsichtsmaßnahmen bei der Wahl der Art und Weise eines Sicherheitseinsatzes in Hinblick auf die Vermeidung oder jedenfalls Minimierung eines unbeabsichtigten Todes von Zivilpersonen zu treffen[639]. Auch wenn nicht jede Bedrohung des Lebens die Behörden dazu verpflichte, Schutzmaßnahmen zu ergreifen, sei die Situation dann anders, wenn es erwiesen sei, dass die Behörden wussten oder hätten wissen müssen, dass zu einem bestimmten Zeitpunkt eine real existierende Gefahr für das Leben einer

637 EGMR, Urt. v. 08.04.2004, Rn. 34 – Özalp u.a./Türkei mit Verweis auf: EGMR, Urt. v. 27.06.2000, Rn. 99 – Salman/Türkei.

638 EGMR, Urt. v. 08.04.2004, Rn. 34 – Özalp u.a./Türkei mit Verweis auf: EGMR, Urt. v. 27.06.2000, Rn. 99 – Salman/Türkei.

639 EGMR, Urt. v. 08.04.2004, Rn. 34 – Özalp u.a./Türkei mit Verweis auf: EGMR, Urt. v. 28.07.1998, Rn. 79 – Ergi/Türkei.

Person bestanden hätte und sie es unterließen, im Rahmen ihrer Möglichkeiten schützend tätig zu werden[640].

Der Gerichtshof bejahte anschließend aufgrund der ihm vorliegenden Materialien eine Verletzung der aus Art. 2 EMRK resultierenden positiven Verpflichtung, das Leben zu schützen, da die Sicherheitskräfte von der Gefahr einer möglichen Explosion gewusst hätten, als sie dem Mann der Beschwerdeführerin befahlen, die Tür des Verstecks zu öffnen[641]. Insofern hätten es die zuständigen Behörden versäumt, präventive Maßnahmen zum Schutz seines Lebens zu ergreifen[642].

Hinsichtlich der ebenfalls gerügten Mangelhaftigkeit der Ermittlungen wies der Gerichtshof zunächst auf die aus Art. 2 EMRK in Verbindung mit Art. 1 EMRK resultierende Pflicht zur Durchführung effektiver amtlicher Ermittlungen in Todesfällen durch Gewaltanwendung hin[643]. Der EGMR betonte in diesem Zusammenhang nachdrücklich, dass die Ermittlungspflicht nicht auf Fälle beschränkt sei, in denen es erwiesen sei, dass die Tötung durch Staatsbedienstete erfolgte. Im vorliegenden Fall begründete der bloße Umstand, dass die Behörden über den Tod informiert worden seien, *ipso facto* die Verpflichtung zur Ermittlung im Rahmen des Art. 2 EMRK[644]. Anschließend äußerte der Gerichtshof, aufgrund der Natur und Zusammensetzung der provinziellen Verwaltungsräte, schwerwiegende Zweifel an deren Fähigkeit, eine unabhängige Ermittlung durchführen zu können[645]. Schließlich bemängelte der EGMR insbesondere, dass sich der ermittelnde Major ausschließlich auf die Aussagen der drei Offiziere und den internen Bericht gestützt hätte, ohne weitere Expertengutachten einzuholen oder die Angehörigen des Verstorbenen zu befragen. Die nationalen Behörden schienen insofern ohne jegliche Zweifel und ohne die Anhörung weiterer Zeugen die Version der angeklagten Offiziere vom Tathergang akzeptiert zu haben[646]. Aus diesem Grund bejahte der Gerichtshof eine Verletzung des

---

640 EGMR, Urt. v. 08.04.2004, Rn. 34 – Özalp u.a./Türkei mit Verweis *mutatis mutandis* auf: EGMR, Urt. v. 28.10.1998, Rn. 115 – Osman/Vereinigtes Königreich.

641 EGMR, Urt. v. 08.04.2004, Rn. 37 – Özalp u.a./Türkei.

642 EGMR, Urt. v. 08.04.2004, Rn. 38 – Özalp u.a./Türkei.

643 EGMR, Urt. v. 08.04.2004, Rn. 40 – Özalp u.a./Türkei mit Verweis auf: EGMR, Urt. v. 08.07.1999, Rn. 101 – Tanrikulu/Türkei.

644 EGMR, Urt. v. 08.04.2004, Rn. 42 – Özalp u.a./Türkei mit Verweis auf: EGMR, Urt. v. 08.07.1999, Rn. 103 – Tanrikulu/Türkei.

645 EGMR, Urt. v. 08.04.2004, Rn. 43 – Özalp u.a./Türkei mit Verweis auf: EGMR, Urt. v. 27.07.1998, Rn. 80 – Gülec/Türkei; EGMR, Urt. v. 20.05.1999, Rn. 91 – Ögur/Türkei.

646 EGMR, Urt. v. 08.04.2004, Rn. 44, 45 – Özalp u.a./Türkei.

Art. 2 EMRK, weil die Behörden es unterlassen hätten, die Todesumstände des Mannes der Beschwerdeführerin effektiv zu ermitteln[647].

Die Entscheidung Özalp u.a./Türkei bestätigt mithin die aus Art. 2 EMRK resultierende positive Verpflichtung der Staaten, das Leben effektiv zu schützen, wenn die Behörden von einer bestehenden Gefahr Kenntnis hatten oder hätten haben müssen. Die aus Art. 2 EMRK abgeleitete Pflicht zur Durchführung effektiver amtlicher Ermittlungen entsteht darüber hinaus *ipso facto*, sobald die Behörden über den Tod informiert worden sind.

26. Buldan/Türkei

In der Rechtssache Buldan/Türkei war strittig, ob die Ermordung des Bruders des Beschwerdeführers und seiner zwei Freunde durch Bedienstete des Staates erfolgt war. Die drei Männer waren gegen 4.30 Uhr aus einem Hotel-Casino gekommen und dort von sieben oder acht Personen mit Funkgeräten, Schusswaffen und schusssicheren Westen, die sich als Polizisten ausgaben, aufgehalten und anschließend gezwungen worden, in drei Autos zu steigen. Diese Entführung wurde von dem Türsteher und dem Sicherheitsbeauftragten des Hotels sowie einem vor dem Hotel in seinem Auto wartenden Taxifahrer beobachtet. Der Türsteher konnte sich an eines der amtlichen Autokennzeichen erinnern. Der Beschwerdeführer, der etwa um 5.00 Uhr von dem Zwischenfall erfuhr, begab sich mit seiner Familie und Freunden umgehend auf die Suche nach den Entführten. Diese führte sie zu einem Nationalpark, in dem sich nach Angaben des Beschwerdeführers ein abgeriegelter Schießplatz der Sicherheitskräfte befand. Dort trafen sie einen Wachmann des Nationalparks, der ihnen berichtete, dass zehn oder elf Personen in drei Autos den Schießplatz um etwa 7.30 Uhr erreicht hätten. Die Beschreibung der drei Autos stimmte mit den Aussagen der drei Augenzeugen der Entführung überein. Die Regierung bestreitet die Existenz des Schießplatzes. Da die Suche nach den drei Vermissten erfolglos verlief, informierte der Beschwerdeführer unmittelbar danach unter anderem Parlamentsmitglieder, den Gouverneur von Istanbul, das Büro des Premierministers, die Staatsanwaltschaft und die Presse. Eine zunächst durch die Behörden eingeleitete Anfrage ergab, dass die drei Vermissten nicht in Gewahrsam genommen worden seien. Um 9 Uhr desselben Tages wurden die drei Leichname der Vermissten 270 km vom Entführungsort entfernt von einem Angler in der Nähe eines Flusses gefunden. Wie eine medizinische Untersuchung ergab, waren die drei Personen aus nächster Nähe erschossen worden. Die von der Staatsanwaltschaft eingeleiteten Ermittlungen verliefen ergebnislos.

647 EGMR, Urt. v. 08.04.2004, Rn. 47 – Özalp u.a./Türkei.

Der Beschwerdeführer rügte vor dem EGMR eine Verletzung des Art. 2 EMRK, da sein Bruder durch Staatsbedienstete ermordet worden sei, sowie die Mangelhaftigkeit der anschließend durchgeführten Ermittlungen.

Nach eingehender Prüfung des Sachverhaltes vereinte der Gerichtshof jedoch eine Verletzung des Art. 2 EMRK aufgrund der erfolgten Ermordung. Es könne vielmehr nicht ohne vernünftige Zweifel bewiesen werden, dass der Bruder des Beschwerdeführers durch Bedienstete des Staates ermordet worden sei. So hätte es unter anderem keinerlei Anzeichen dafür gegeben, dass das Leben des Bruders des Beschwerdeführers vor seiner Entführung in Gefahr gewesen sei. Auch gebe es keine Augenzeugen der Ermordung, weswegen die tatsächlichen Todesumstände mithin bloße Spekulation blieben[648].

In einem weiteren Prüfungsschritt untersuchte der Gerichtshof die durchgeführten Ermittlungen. Hinsichtlich der aus Art. 2 EMRK resultierenden Pflicht zur Durchführung effektiver amtlicher Ermittlungen betonte der Gerichtshof insbesondere, dass die Behörden aus eigenem Antrieb tätig werden müssten, wenn sie über einen Todesfall in Kenntnis gesetzt würden, und es nicht der Initiative der Angehörigen überlassen dürften, eine formelle Beschwerde einzureichen. Insofern begründete der bloße Umstand, dass die Behörden über den Tod informiert worden seien, *ipso facto* die Verpflichtung zur Ermittlung im Rahmen des Art. 2 EMRK[649]. Zu den Anforderungen an die Ermittlungen gehöre insbesondere, dass sie prompt und mit angemessener Schnelligkeit durchgeführt werden[650]. Die sofortige Reaktion der Behörden durch die Einleitung von Ermittlungen im Falle des Gebrauchs von tödlicher Gewalt sei unbedingt erforderlich, um das öffentliche Vertrauen in die Rechtssituation aufrechtzuerhalten und nicht den Anschein einer Kollusion oder Duldung rechtswidriger Handlungen zu erwecken[651].

Im konkreten Fall bemängelte der Gerichtshof, dass die durchgeführte Ermittlung schwerwiegende Versäumnisse aufweise. So hätten die Ermittlungsbehörden keinen ernsthaften Versuch unternommen, die mögliche Beteiligung von Staatsbediensteten an der Tötung des Beschwerdeführers zu untersuchen. Des

648 EGMR, Urt. v. 20.04.2004, Rn. 78-82 – Buldan/Türkei.

649 EGMR, Urt. v. 20.04.2004, Rn. 83 – Buldan/Türkei mit Verweis auf: EGMR, Urt. v. 08.07.1999, Rn. 101-103 – Tanrikulu/Türkei.

650 EGMR, Urt. v. 20.04.2004, Rn. 84 – Buldan/Türkei mit Verweis auf: EGMR, Urt. v. 02.09.1998, Rn. 102-104 – Yasa/Türkei; EGMR, Urt. v. 08.07.1999, Rn. 80, 87, 106 – Cakici/Türkei; EGMR, Urt. v. 08.07.1999, Rn. 109 – Tanrikulu/Türkei; EGMR, Urt. v. 28.03.2000, Rn. 106-107 – Mahmut Kaya/Türkei.

651 EGMR, Urt. v. 20.04.2004, Rn. 84 – Buldan/Türkei mit Verweis auf: EGMR, Urt. v. 04.05.2001, Rn. 108-115 – McKerr/Vereinigtes Königreich; EGMR, Urt. v. 10.07.2001, Rn. 390-395 – Avsar/Türkei.

Weiteren hätten die Behörden keinerlei Informationen über den Eigner des Autos zur Verfügung gestellt, welches als eines der Tatautos identifiziert worden sei. Schließlich hätte es keine Koordination zwischen den verschiedenen mit der Untersuchung befassten Staatsanwälten gegeben, was die Promptheit und die notwendige Schnelligkeit der Durchführung der Ermittlungen behindert hätte[652]. Aus diesem Grund entschied der Gerichtshof, dass die von den nationalen Behörden durchgeführten Ermittlungen weder adäquat noch effektiv gewesen seien und Art. 2 EMRK verletzt worden sei[653].

II. Der Einfluss des Art. 2 EMRK auf die Anforderungen des Art. 13 EMRK

In den zuvor untersuchten Urteilen des Gerichtshof hat dieser in der überwiegenden Mehrheit der Fälle neben der verfahrensrechtlichen Verletzung des Art. 2 EMRK auch einen Verstoß gegen Art. 13 EMRK bejaht[654]. Art. 13 EMRK bestimmt, dass bei einer Verletzung der Konventionsrechte der Betroffene das Recht hat, eine wirksame Beschwerde bei einer nationalen Instanz einzulegen. Die Verfahrensgarantie des Art. 13 EMRK ist akzessorisch und bezieht sich nur auf die im Abschnitt I der EMRK und in den Zusatzprotokollen gewährleisteten Konventionsrechte[655].

Im Urteil Klaas/Deutschland hat der Gerichtshof betont, dass Art. 13 EMRK verlange, dass eine Person, welche die Verletzung eines Konventionsrechts behauptet, ein wirksames Rechtsmittel vor einem nationalen Organ zur Verfügung haben müsse, das über seine Behauptung entscheide und, falls nötig, Abhilfe gewähre[656]. Daraus folgt, dass die Staaten zur Einrichtung von Rechtsbehelfen verpflichtet sind, mit denen dieser Anspruch verfolgt werden kann. Die Anwen-

---

652 EGMR, Urt. v. 20.04.2004, Rn. 85, 89 – Buldan/Türkei.

653 EGMR, Urt. v. 20.04.2004, Rn. 90 – Buldan/Türkei.

654 EGMR, Urt. v. 19.02.1998, Rn. 108 – Kaya/Türkei; EGMR, Urt. v. 28.07.1998, Rn. 98 – Ergi/Türkei; EGMR, Urt. v. 02.09.1998, Rn. 115 – Yasa/Türkei; EGMR, Urt. v. 08.07.1999, Rn. 119 – Tanrikulu/Türkei; EGMR, Urt. v. 08.07.1999, Rn. 114 – Cakici/Türkei; EGMR, Urt. v. 28.03.2000, Rn. 93 – Kilic/Türkei; EGMR, Urt. v. 28.03.2000, Rn. 126 – Mahmut Kaya/Türkei; EGMR, Urt. v. 13.06.2000, Rn. 113 – Timurtas/Türkei; EGMR, Urt. v. 18.05.2000, Rn. 90 – Velikova/Bulgarien; EGMR, Urt. v. 27.06.2000, Rn. 123 – Salman/Türkei; EGMR, Urt. v. 14.12.2000, Rn. 102 – Gül/Türkei; EGMR, Urt. v. 14.11.2000, Rn. 93 – Tas/Türkei; EGMR, Urt. v. 27.02.2001, Rn. 181 – Cicek/Türkei; EGMR, Urt. v. 10.04.2001, Rn. 173, 174 – Tanli/Türkei; EGMR, Urt. v. 31.05.2001, Rn. 114 – Akdeniz u.a./Türkei; EGMR, Urt. v. 14.03.2002, Rn. 101, 102 – Paul und Audrey Edwards/Vereinigtes Königreich; EGMR, Urt. v. 13.06.2002, Rn. 162 – Anguelova/Bulgarien; EGMR, Urt. v. 16.07.2002, Rn. 159, 160 – Ülkü Ekinci/Türkei; EGMR, Urt. v. 24.04.2003, Rn. 333, 334 – Aktas/Türkei; EGMR, Urt. v. 08.04.2004, Rn. 65 – Özalp/Türkei.

655 Frowein/Peukert, EMRK-Kommentar, Art. 13, Rn. 1.

656 EGMR, Urt. v. 06.09.1979, Rn. 64 – Klaas/Deutschland.

dung des Art. 13 EMRK setzt jedoch nicht notwendigerweise, wie es der Wortlaut vermuten ließe, eine festgestellte Verletzung eines Konventionsrechts voraus. In der Entscheidung Silver/Vereinigtes Königreich stellte der Gerichtshof vielmehr klar, dass es genüge, wenn die betroffene Person die Verletzung in „vertretbarer Weise" behaupte[657]. Die Tragweite der sich aus Art. 13 EMRK ergebenen Verpflichtung ist je nach der Natur der auf die Konvention gestützten Beschwerde unterschiedlich. Jedenfalls muss aber die von Art. 13 EMRK verlangte Beschwerde in der Praxis und nach dem Recht „wirksam" sein, und zwar insbesondere in dem Sinne, dass ihre Ausübung nicht auf ungerechtfertigte Weise durch Handlungen oder Unterlassungen von Behörden des beklagten Staates behindert werden darf[658]. Angesichts der grundsätzlichen Bedeutung des Rechts auf Leben verlangt Art. 13 EMRK gründliche und wirksame Ermittlungen, die dazu geeignet sind, die für den Tod Verantwortlichen zu identifizieren und zu bestrafen, einschließlich eines wirksamen Zugangs des Beschwerdeführers zu dem Ermittlungsverfahren sowie gegebenenfalls die Leistung von Schadensersatz[659]. Nach Ansicht des Gerichtshofs sind die Anforderungen des Art. 13 EMRK damit „weiter" als die verfahrensrechtliche Ermittlungspflicht der Vertragsstaaten nach Art. 2 EMRK[660]. Letztere Äußerung bezieht sich auf die Möglichkeit, dass der Staat im Rahmen des Art. 13 EMRK auch Entschädigungen gewähren muss.

Wenn der Gerichtshof eine Verletzung des Art. 2 EMRK in seiner verfahrensrechtlichen Dimension aufgrund mangelhafter Ermittlungen bejaht, liegt somit grundsätzlich auch ein Verstoß gegen das Recht auf eine wirksame Beschwerde des Art. 13 EMRK vor, weil dieser Artikel, im Zusammenhang mit einer behaupteten Verletzung des Art. 2 EMRK, ebenfalls die Durchführung eines effektiven und wirksamen Ermittlungsverfahrens verlangt[661]. Der Gerichtshof prüft einen möglichen Verstoß gegen Art. 13 EMRK jedoch nur, wenn der Beschwerdeführer eine Verletzung desselben gerügt hat[662]. Eine Verletzung der Verfahrensdimension des Art. 2 EMRK muss nicht in jedem Fall gleichzeitig auch einen Verstoß gegen Art. 13 EMRK darstellen. Ein Beispiel dafür bilden insofern die Nordirland-Fälle[663], in denen der Gerichtshof eine Verletzung des

657 EGMR, Urt. v. 25.03.1983, Rn. 113 – Silver u.a./Vereinigtes Königreich.
658 Grundlegend: EGMR, Urt. v. 19.02.1998, Rn. 106 – Kaya/Türkei.
659 Grundlegend: EGMR, Urt. v. 19.02.1998, Rn. 107 – Kaya/Türkei.
660 Grundlegend: EGMR, Urt. v. 19.02.1998, Rn. 107 – Kaya/Türkei: "Seen in these terms the requirements of Art. 13 are broader than a Contracting State's procedural obligation under Art. 2 to conduct an effective investigation".
661 Grundlegend: EGMR, Urt. v. 19.02.1998, Rn. 107 – Kaya/Türkei.
662 Siehe hierzu Strasser in: Studies in honour of G. J. Wiarda, S. 601.
663 EGMR, Urt. v. 04.05.2001 – Hugh Jordan/Vereinigtes Königreich; EGMR, Urt. v. 04.05.2001 – McKerr/Vereinigtes Königreich; EGMR, Urt. v. 04.05.2001 – Kelly

Art. 13 EMRK trotz des zuvor festgestellten verfahrensrechtlichen Verstoßes gegen Art. 2 EMRK verneinte. Zum Zeitpunkt des Verfahrens vor dem EGMR waren die strafrechtlichen Untersuchungen, die der Gerichtshof als unvereinbar mit der aus Art. 2 EMRK resultierenden Pflicht zur Durchführung wirksamer und effektiver Ermittlungen betrachtet hatte, bereits abgeschlossen, ein zivilrechtlicher Prozess jedoch noch anhängig[664]. Der Gerichtshof begründete seine Ansicht damit, dass im Vereinigten Königreich die Zivilprozesse vollkommen unabhängig von strafrechtlichen Ermittlungen seien und ihre Effektivität nicht von der ordnungsgemäßen Durchführung der strafrechtlichen Untersuchungen oder der Strafverfolgung abhänge[665]. Dadurch würden sich die Nordirland-Fälle von den die Türkei betreffenden Fällen unterscheiden, weil im türkischen Rechtssystem ein enger Zusammenhang zwischen straf- und zivilrechtlichen Verfahren bestehe. Die Sachverhaltsfeststellung des türkischen Staatsanwaltes sei insofern oftmals von entscheidender Bedeutung für jeglichen Versuch, ein zivilrechtliches Verfahren anzustrengen[666]. Der Gerichtshof entschied anschließend, dass es keinerlei Anzeichen gäbe, dass die noch anhängigen Zivilverfahren nicht die angestrebte Entschädigung für die erfolgte Gewaltanwendung gewährleisten würden[667]. Im Hinblick auf die gerügte Mangelhaftigkeit der Ermittlungen bemerkte das Gericht, dass diese bereits im Rahmen des verfahrensrechtlichen Aspekts des Art. 2 EMRK untersucht worden seien und insofern keiner gesonderten Prüfung mehr bedürften[668].

---

u.a./Vereinigtes Königreich; EGMR, Urt. v. 04.05.2001 – Shanaghan/Vereinigtes Königreich.

664 Zum Sachverhalt siehe: 2. Kap., B I 16.

665 EGMR, Urt. v. 04.05.2001, Rn. 162 – Hugh Jordan/Vereinigtes Königreich; EGMR, Urt. v. 04.05.2001, Rn. 173 – McKerr/Vereinigtes Königreich; EGMR, Urt. v. 04.05.2001, Rn. 156 – Kelly u.a./Vereinigtes Königreich; EGMR, Urt. v. 04.05.2001, Rn. 137 – Shanaghan/Vereinigtes Königreich.

666 EGMR, Urt. v. 04.05.2001, Rn. 161 – Hugh Jordan/Vereinigtes Königreich; EGMR, Urt. v. 04.05.2001, Rn. 172 – McKerr/Vereinigtes Königreich; EGMR, Urt. v. 04.05.2001, Rn 155 – Kelly u.a./Vereinigtes Königreich; EGMR, Urt. v. 04.05.2001, Rn. 136 – Shanaghan/Vereinigtes Königreich.

667 EGMR, Urt. v. 04.05.2001, Rn. 163 – Hugh Jordan/Vereinigtes Königreich; EGMR, Urt. v. 04.05.2001, Rn. 174 – McKerr/Vereinigtes Königreich; EGMR, Urt. v. 04.05.2001, Rn. 157 – Kelly u.a./Vereinigtes Königreich; EGMR, Urt. v. 04.05.2001, Rn. 138 – Shanaghan/Vereinigtes Königreich.

668 EGMR, Urt. v. 04.05.2001, Rn. 164 – Hugh Jordan/Vereinigtes Königreich; EGMR, Urt. v. 04.05.2001, 175 – McKerr/Vereinigtes Königreich; EGMR, Urt. v. 04.05.2001, Rn. 158 – Kelly u.a./Vereinigtes Königreich; EGMR, Urt. v. 04.05.2001, Rn. 139 – Shanaghan/Vereinigtes Königreich: "As regards the applicant's complaints concerning the investigation into the death carried out by the authorities, these have been examined above under the procedural aspect of Art. 2. The Court finds that no separate issue arises in the present case".

Festzuhalten bleibt, dass die mangelhafte Durchführung der von Art. 2 EMRK bedingten Untersuchungen ebenfalls, sofern vom Beschwerdeführer gerügt, zu einer Verletzung des Art. 13 EMRK führen kann. Insofern als Art. 13 EMRK neben der Untersuchungspflicht auch noch Entschädigungszahlungen beinhaltet, sind die Anforderungen des Art. 13 EMRK weiter als die verfahrensrechtlichen Pflichten des Art. 2 EMRK[669].

III. Zusammenfassung

Der EGMR hat Art. 2 EMRK eine bedeutsame verfahrensrechtliche Dimension verliehen. Erstmals in der Entscheidung McCann u.a./Vereinigtes Königreich äußerte der EGMR die Auffassung, dass jedes gesetzliche Verbot der willkürlichen Tötung durch Staatsbeamte in der Praxis ineffektiv sei, wenn kein geeignetes Verfahren vorhanden sei, die Rechtmäßigkeit der Gewaltanwendung zu überprüfen[670]. Aus diesem Grunde leitete er anschließend aus der Verpflichtung des Art. 2 EMRK, das Recht auf Leben zu schützen, in Verbindung mit der allgemeinen Verpflichtung des Staates aus Art. 1 EMRK, allen seiner Hoheitsgewalt unterstehenden Personen die in Abschnitt I dieser Konvention bestimmten Rechte und Freiheiten zuzusichern, die Pflicht ab, wirksame amtliche Ermittlungen anzustellen, wenn Gewaltanwendung, insbesondere durch Bedienstete des Staates, den Tod eines Menschen zur Folge gehabt habe[671]. Den wesentlichen Zweck solcher Untersuchungen sieht der EGMR darin, die wirksame Umsetzung nationaler Gesetze, welche das Recht auf Leben schützen, zu sichern, und in Fällen, an denen staatliche Bedienstete oder Einrichtungen beteiligt sind, deren Verantwortlichkeit zu gewährleisten[672]. In zahlreichen Entscheidungen konkretisierte und gestaltete der Gerichtshof diese aus Art. 2 EMRK resultierende verfahrensrechtliche Verpflichtung. So müssen die Ermittlungen prompt und mit angemessener Schnelligkeit durchgeführt werden[673]. Sobald die Behör-

---

669 Auf das Verhältnis von Art. 2 EMRK zu 13 EMRK wird im Rahmen der Untersuchung der Gründe für die Verfahrensdimension der Art. 2 und 3 EMRK noch näher eingegangen. Siehe hierzu: 3. Kap., B II 4.

670 EGMR, Urt. v. 27.09.1995, Rn. 161 – McCann u.a./Vereinigtes Königreich.

671 EGMR, Urt. v. 27.09.1995, Rn. 161 – McCann u.a./Vereinigtes Königreich.

672 EGMR, Urt. v. 04.05.2001, Rn. 105 – Hugh Jordan/Vereinigtes Königreich.

673 EGMR, Urt. v. 02.09.1998, Rn. 102-104 – Yasa/Türkei; EGMR, Urt. v. 08.07.1999, Rn. 80, 87, 106 – Cakici/Türkei; EGMR, Urt. v. 08.07.1999, Rn. 109 – Tanrikulu/Türkei EGMR, Urt. v. 28.03.2000, Rn. 106, 107 – Mahmut Kaya/Türkei; EGMR, Urt. v. 04.05.2001, Rn. 108 – Hugh Jordan/Vereinigtes Königreich; EGMR, Urt. v. 04.05.2001, Rn. 114 – McKerr/Vereinigtes Königreich; EGMR, Urt. v. 04.05.2001, Rn. 97 – Kelly u.a./Vereinigtes Königreich; EGMR, Urt. v. 04.05.2001, Rn. 91 – Shanaghan/Vereinigtes Königreich; EGMR, Urt. v. 14.03.2002, Rn. 72 – Paul und Audrey Edwards/Vereinigtes Königreich; EGMR, Urt. v. 17.02.2004, Rn. 171 – Ipek/Türkei; EGMR, Urt. v. 20.04.2004, Rn. 84 – Buldan/Türkei.

den Kenntnis von einer Tötung erlangen, ist in jedem Fall von Amts wegen zu ermitteln. Die Einleitung einer Untersuchung darf insofern nicht davon abhängig gemacht werden, ob die Angehörigen eine formelle Beschwerde eingelegt haben[674]. Die aus Art. 2 EMRK resultierende Ermittlungspflicht ist nicht auf Fälle beschränkt, in denen es erwiesen ist, dass die Tötung durch Bedienstete des Staates erfolgte[675]. Sie besteht zudem auch dann, wenn eine Person in vertretbarer Weise geltend macht, dass jemand, der zuletzt im Gewahrsam des Staates gesehen worden war, später unter Umständen verschwunden ist, die als lebensbedrohlich anzusehen sind[676]. Weiterhin ist es von besonderer Wichtigkeit, dass die ermittelnden Organe unabhängig von denjenigen Personen sind, gegen die in dem betreffenden Fall ermittelt wird[677]. Dieses setzt nicht nur das Fehlen jeglicher hierarchischer oder institutioneller Verbindung voraus, sondern auch eine tatsächliche Unabhängigkeit[678]. Damit die Untersuchung wirksam ist, muss sie zum einen dazu geeignet sein, die Identifizierung und Bestrafung der Verantwortlichen zu ermöglichen[679], und zum anderen Aufschluss darüber geben können, ob die eingesetzte Gewalt jeweils gerechtfertigt war oder nicht[680].

---

674 EGMR, Urt. v. 28.07.1998, Rn. 82 – Ergi/Türkei; EGMR, Urt. v. 08.07.1999, Rn. 103 – Tanrikulu/Türkei; EGMR, Urt. v. 04.05.2001, Rn. 105 – Hugh Jordan/Vereinigtes Königreich; EGMR, Urt. v. 04.05.2001, Rn. 111 – McKerr/Vereinigtes Königreich; EGMR, Urt. v. 04.05.2001, Rn. 94 – Kelly u.a./Vereinigtes Königreich; EGMR, Urt. v. 04.05.2001, Rn. 88 – Shanaghan/Vereinigtes Königreich; EGMR, 27.06.2000, Rn. 63 – Ihlan/Türkei; EGMR, Urt. v. 08.04.2004, Rn. 42 – Özalp u.a./Türkei; EGMR, Urt. v. 20.04.2004, Rn. 83 – Buldan/Türkei.

675 EGMR, Urt. v. 28.07.1998, Rn. 82 – Ergi/Türkei; EGMR, Urt. v. 08.07.1999, Rn. 103 – Tanrikulu/Türkei.

676 EGMR, Urt. v. 10.05.2001, Rn. 132 – Zypern/Türkei.

677 EGMR, Urt. v. 27.07.1998, Rn. 81-82 – Gülec/Türkei; EGMR, Urt. v. 20.05.1999, Rn. 91-92 – Ögur/Türkei; EGMR, Urt. v. 04.05.2001, Rn. 106 – Hugh Jordan/Vereinigtes Königreich; EGMR, Urt. v. 04.05.2001, Rn. 112 – McKerr/Vereinigtes Königreich; EGMR, Urt. v. 04.05.2001, Rn. 95 – Kelly u.a./Vereinigtes Königreich; EGMR, Urt. v. 04.05.2001, Rn. 89 – Shanaghan/Vereinigtes Königreich; EGMR, Urt. v. 14.03.2002, Rn. 70 – Paul und Audrey Edwards/Vereinigtes Königreich.

678 EGMR, Urt. v. 28.07.1998, Rn. 83, 84 – Ergi/Türkei; EGMR, Urt. v. 04.05.2001, Rn. 106 – Hugh Jordan/Vereinigtes Königreich; EGMR, Urt. v. 04.05.2001, Rn. 112 – McKerr/Vereinigtes Königreich; EGMR, Urt. v. 04.05.2001, Rn. 95 – Kelly u.a./Vereinigtes Königreich; EGMR, Urt. v. 04.05.2001, Rn. 89 – Shanaghan/Vereinigtes Königreich.

679 EGMR, Urt. v. 20.05.1999, Rn. 88 – Ögur/Türkei; EGMR, Urt. v. 04.05.2001, Rn. 107 – Hugh Jordan/Vereinigtes Königreich; EGMR, Urt. v. 04.05.2001, Rn. 113 – McKerr/Vereinigtes Königreich; EGMR, Urt. v. 04.05.2001, Rn. 96 – Kelly u.a./Vereinigtes Königreich; EGMR, Urt. v. 04.05.2001, Rn. 90 – Shanaghan/Vereinigtes Königreich.

680 EGMR, Urt. v. 19.02.1998, Rn. 87 – Kaya/Türkei; EGMR, Urt. v. 04.05.2001, Rn. 107 – Hugh Jordan/Vereinigtes Königreich; EGMR, Urt. v. 04.05.2001, Rn. 113 – McKerr/Vereinigtes Königreich; EGMR, Urt. v. 04.05.2001, Rn. 96 – Kelly

Der EGMR betont insofern, dass es sich hierbei um eine Verpflichtung zum Einsatz angemessener Mittel und nicht zur Herbeiführung eines bestimmten Erfolges handelt[681]. Eine wirksame Ermittlung im Sinne der Verfahrensgarantie des Art. 2 EMRK beinhaltet, dass die Behörden die ihnen zur Verfügung stehenden vernünftigen Schritte unternommen haben, um die den Zwischenfall betreffenden Beweise zu sichern[682]. Dazu gehören unter anderem die Protokollierung von Augenzeugenaussagen, die Sicherung forensischer Beweise und - falls notwendig - die Durchführung einer Autopsie, welche einen kompletten und genauen Bericht über die erlittenen Verletzungen und eine objektive Analyse der klinischen Befunde inklusive der Todesursache liefert[683]. Jegliches Defizit der Untersuchungen, welches die Möglichkeit, die Tötung aufzuklären, behindert oder vereitelt, kann nach Ansicht des EGMR dazu führen, dass die Ermittlungen nicht dem von Art. 2 EMRK bedingten Standard genügen[684]. Der EGMR betrachtet die sofortige Reaktion der Behörden durch Ermittlungen im Falle des Gebrauchs von tödlicher Gewalt als unbedingt erforderlich, um das öffentliche Vertrauen in die Rechtssituation aufrechtzuerhalten und nicht den Anschein einer Kollusion oder Duldung rechtswidriger Handlungen zu erwecken[685]. Aus demselben Grund leitet der EGMR aus Art. 2 EMRK das Erfordernis ab, dass die Ermittlungen oder ihr Ergebnis ausreichend durch die Öffentlichkeit geprüft werden können. Die Anforderungen an eine öffentliche Überprüfung können dabei variieren. In jedem Fall müssen aber die Angehörigen der Opfer ausreichend beteiligt worden sein, um ihre legitimen Interessen zu schützen[686]. Darüber hinaus obliegt es nach der Rechtsprechung des Gerichtshofs

---

u.a./Vereinigtes Königreich; EGMR, Urt. v. 04.05.2001, Rn. 90 – Shanaghan/Vereinigtes Königreich.

681 EGMR, Urt. v. 04.05.2001, Rn. 107 – Hugh Jordan/Vereinigtes Königreich; EGMR, Urt. v. 14.03.2002, Rn. 71 – Paul und Audrey Edwards/Vereinigtes Königreich.

682 EGMR, Urt. v. 04.05.2001, Rn. 107 – Hugh Jordan/Vereinigtes Königreich; EGMR, Urt. v. 14.03.2002, Rn. 71 – Paul und Audrey Edwards/Vereinigtes Königreich.

683 EGMR, Urt. v. 27.06.2000, Rn. 105 – Salman/Türkei; EGMR, Urt. v. 14.12.2000, Rn. 89 – Gül/Türkei; EGMR, Urt. v. 04.05.2001, Rn. 107 – Hugh Jordan/Vereinigtes Königreich.

684 EGMR, Urt. v. 04.05.2001, Rn. 107 – Hugh Jordan/Vereinigtes Königreich; EGMR, Urt. v. 04.05.2001, Rn. 113 – McKerr/Vereinigtes Königreich; EGMR, Urt. v. 04.05.2001, Rn. 96 – Kelly u.a./Vereinigtes Königreich; EGMR, Urt. v. 04.05.2001, Rn. 90 – Shanaghan/Vereinigtes Königreich.

685 EGMR, Urt. v. 04.05.2001, Rn. 108 – Hugh Jordan/Vereinigtes Königreich; EGMR, Urt. v. 04.05.2001, Rn. 114 – McKerr/Vereinigtes Königreich; EGMR, Urt. v. 04.05.2001, Rn. 97 – Kelly u.a./Vereinigtes Königreich; EGMR, Urt. v. 04.05.2001, Rn. 91 – Shanaghan/Vereinigtes Königreich.

686 EGMR, Urt. v. 27.07.1998, Rn. 82 – Gülec/Türkei; EGMR, Urt. v. 20.05.1999, Rn. 92 – Ögur/Türkei; EGMR, Urt. v. 14.12.2000, Rn. 93 – Gül/Türkei; EGMR, Urt. v. 04.05.2001, Rn. 109 – Hugh Jordan/Vereinigtes Königreich; EGMR, Urt. v. 04.05.2001, Rn. 115 – McKerr/Vereinigtes Königreich; EGMR, Urt. v. 04.05.2001,

dem Staat, in besonderen Gewahrsamssituationen, wie beispielsweise der Polizeihaft, in denen die Sicherung der Beweise in der Regel nur dem Staat selbst möglich ist, eine plausible Erklärung für die Ursache von Verletzungen beziehungsweise der Tötung der betroffenen Person oder ihres Verschwindens zu geben[687]. In der Entscheidung Öcalan/Türkei leitete der EGMR zudem ein Gebot der Verfahrensfairness aus Art. 2 EMRK ab[688]. Nach Ansicht des EGMR wäre die Vollstreckung der Todesstrafe an einer Person, die keinen fairen Prozess gehabt habe, konventionswidrig[689]. Ist Art. 2 EMRK in seiner Verfahrensdimension verletzt, liegt in der Regel auch ein Verstoß gegen das Recht auf wirksame Beschwerde des Art. 13 EMRK vor, der ebenfalls die Durchführung effektiver und wirksamer Ermittlungen verlangt[690].

Rn. 98 – Kelly u.a./Vereinigtes Königreich; EGMR, Urt. v. 04.05.2001, Rn. 92 – Shanaghan/Vereinigtes Königreich; EGMR, Urt. v. 14.03.2002, Rn. 73 – Paul und Audrey Edwards/Vereinigtes Königreich.

687 EGMR, Urt. v. 27.08.1992, Rn. 108, 111 – Tomasi/Frankreich; EGMR, Urt. v. 04.12.1995, Rn. 34 – Ribitsch/Österreich; EGMR, Urt. v. 09.06.1998, Rn. 52 f. – Tekin/Türkei; EGMR (Große Kammer), Urt. v. 28.07.1999, Rn. 87 – Selmouni/Frankreich; EGMR, Urt. v. 18.05.2000, Rn. 70 – Velikova/Bulgarien; EGMR, Urt. v. 13.06.2000, Rn. 82 – Timurtas/Türkei; EGMR, Urt. v. 27.06.2000, Rn. 99 – Salman/Türkei; EGMR, Urt. v. 10.10.2000, Rn. 53 f. – Satik u.a./Türkei; EGMR, Urt. v. 14.11.2000, Rn. 63 – Tas/Türkei; EGMR, Urt. v. 27.02.2001, Rn. 145 – Cicek/Türkei; EGMR, Urt. v. 10.04.2001, Rn. 141 – Tanli/Türkei; EGMR, Urt. v. 31.05.2001, Rn. 85 – Akdeniz u.a./Türkei; EGMR, Urt. v. 13.06.2002, Rn. 109 – Anguelova/Bulgarien; EGMR, Urt. v. 18.06.2002, Rn. 326 – Orhan/Türkei; EGMR, Urt. v. 24.04.2003, Rn. 290 – Aktas/Türkei; EGMR, Urt. v. 08.04.2004, Rn. 34 – Özalp/Türkei.

688 EGMR, Urt. v. 12.03.2003, Rn. 203 – Öcalan/Türkei. Siehe auch: EGMR, Urt. v. 05.10.1999, S. 10 – Grams/Deutschland. In dieser Urteil entschied der Gerichtshof, dass der für Art. 6 EMRK aufgestellte Grundsatz, dass das Verfahren insgesamt fair sein müsse, *mutatis mutandis*, auch auf Art. 2 EMRK Anwendung findet.

689 EGMR, Urt. v. 12.03.2003, Rn. 204 – Öcalan/Türkei.

690 EGMR, Urt. v. 19.02.1998, Rn. 108 – Kaya/Türkei; EGMR, Urt. v. 28.07.1998, Rn. 98 – Ergi/Türkei; EGMR, Urt. v. 02.09.1998, Rn. 115 – Yasa/Türkei; EGMR, Urt. v. 08.07.1999, Rn. 119 – Tanrikulu/Türkei; EGMR, Urt. v. 08.07.1999, Rn. 114 – Cakici/Türkei; EGMR, Urt. v. 28.03.2000, Rn. 93 – Kilic/Türkei; EGMR, Urt. v. 28.03.2000, Rn. 126 – Mahmut Kaya/Türkei; EGMR, Urt. v. 13.06.2000, Rn. 113 – Timurtas/Türkei; EGMR, Urt. v. 18.05.2000, Rn. 90 – Velikova/Bulgarien; EGMR, Urt. v. 27.06.2000, Rn. 123 – Salman/Türkei; EGMR, Urt. v. 14.12.2000, Rn. 102 – Gül/Türkei; EGMR, Urt. v. 14.11.2000, Rn. 93 – Tas/Türkei; EGMR, Urt. v. 27.02.2001, Rn. 181 – Cicek/Türkei; EGMR, Urt. v. 10.04.2001, Rn. 173, 174 – Tanli/Türkei; EGMR, Urt. v. 31.05.2001, Rn. 114 – Akdeniz u.a./Türkei; EGMR, Urt. v. 14.03.2002, Rn. 101, 102 – Paul und Audrey Edwards/Vereinigtes Königreich; EGMR, Urt. v. 13.06.2002, Rn. 162 – Anguelova/Bulgarien; EGMR, Urt. v. 16.07.2002, Rn. 159, 160 – Ülkü Ekinci/Türkei; EGMR, Urt. v. 24.04.2003, Rn. 333, 334 – Aktas/Türkei; EGMR, Urt. v. 08.04.2004, Rn. 64, 65 – Özalp/Türkei.

C. Die Verfahrensgarantien des Art. 3 EMRK

Individualbeschwerden, die sich gegen eine Verletzung des Art. 3 EMRK richten, insbesondere im Falle von Folterhandlungen, werden häufig von dem betroffenen Staat nicht unter juristischen, sondern unter faktischen Gesichtspunkten angegriffen, indem das Vorliegen einer Art. 3 EMRK verletzenden Handlung bestritten wird. Hier steht oftmals die Aussage des Beschwerdeführers gegen die der angeblichen Täter. Um jedoch in dem äußerst sensiblen Bereich des Art. 3 EMRK eine Verletzung feststellen zu können, muss grundsätzlich der vom EGMR angewandte hohe Beweismaßstab des „über jeden vernünftigen Zweifel erhabenen" Beweises erfüllt werden[691]. Dabei ist eine Beweissicherung in besonderen Gewahrsamssituationen, wie der Polizei- oder Gefängnishaft, oftmals äußerst schwierig, wenn nicht gänzlich unmöglich. Aus diesem Grunde behilft sich der EGMR in solchen Situationen mit einer Beweislasterleichterung zu Gunsten der betroffenen Individuen[692]. So lässt er es in Fällen des Polizeigewahrsams oder bei Gefängnishaft für eine Verletzung des Art. 3 EMRK genügen, wenn der Beschwerdeführer glaubhaft belegen kann, dass er nach der Haftentlassung Verletzungen aufwies, die er vor der Festnahme nicht hatte und die er sich folglich nur während des staatlichen Gewahrsams zugezogen haben kann[693]. In einem solchen Fall muss dann der Staat eine plausible Erklärung dafür liefern, dass ihm die während des Gewahrsams aufgetretenen Verletzungen nicht zuzurechnen sind[694].

Vielfach lässt sich jedoch auch mit der Beweislasterleichterung aufgrund des hohen Beweismaßstabes eine Verletzung des Art. 3 EMRK nicht zweifelsfrei feststellen. Vor diesem Hintergrund hat der Gerichtshof in den letzten Jahren aus Art. 3 EMRK bedeutende verfahrensrechtliche Anforderungen hergeleitet, welche die Pflicht zur Durchführung wirksamer, gründlicher und unvoreingenommener Ermittlungen umfasst. Wenn eine Person glaubwürdig versichert,

---

691 Grundlegend: EGMR, Urt. v. 18.01.1978, Rn. 161 – Irland/Vereinigtes Königreich.

692 EGMR, Urt. v. 27.08.1992, Rn. 110, 115 – Tomasi/Frankreich; EGMR, Urt. v. 04.12.1995, Rn. 34 – Ribitsch/Österreich; EGMR, Urt. v. 18.12.1996, Rn. 61 – Aksoy/Türkei; EGMR (Große Kammer), Urt. v. 28.07.1999, Rn. 87 – Selmouni/Frankreich; EGMR, Urt. v. 08.01.2004, Rn. 30, 31 – Colak und Filizer/Türkei.

693 Der Begriff „Beweislast" wird hier im untechnischen Sinne verwendet, weil der Beschwerdeführer vor dem EGMR keine eigentliche Beweispflicht hat. Dieser Begriff umschreibt vielmehr den Umstand, dass der EGMR dem Vortrag des Beschwerdeführers grundsätzlich dann Glauben schenkt, wenn dieser belegen kann, dass die Verletzungen während seiner Haftzeit aufgetreten sind.

694 EGMR, Urt. v. 27.08.1992, Rn. 108-111 – Tomasi/Frankreich; EGMR, Urt. v. 04.12.1995, Rn. 34 – Ribitsch/Österreich; EGMR, Urt. v. 18.12.1996, Rn. 61 – Aksoy/Türkei; EGMR (Große Kammer), Urt. v. 28.07.1999, Rn. 98 – Selmouni/Frankreich; EGMR, Urt. v. 08.01.2004, Rn. 30, 31 – Colak und Filizer/Türkei.

dass sie einer ihre Rechte aus Art. 3 EMRK verletzenden Behandlung ausgesetzt wurde, ist es demnach die Pflicht des Staates, effektive amtliche Untersuchungen durchzuführen[695]. Diese Verpflichtung der Staaten ist zudem nicht auf diejenigen Fälle beschränkt, in denen die Misshandlung durch Bedienstete des Staates erfolgte[696]. Anders als im Rahmen des Art. 2 EMRK prüft jedoch der EGMR, wenn er einen Verstoß gegen Art. 3 EMRK durch erwiesene Folterhandlungen beziehungsweise unmenschliche und erniedrigende Strafe oder Behandlungen festgestellt hat, grundsätzlich nicht, ob darüber hinaus auch die aus Art. 3 EMRK resultierende Ermittlungspflicht verletzt ist[697].

Die nachfolgende Betrachtung widmet sich zunächst der vom EGMR entwickelten Beweislasterleichterung, um den Hintergrund für die verfahrensrechtlichen Anforderungen des Art. 3 EMRK herauszuarbeiten. Anhand einer Rechtsprechungsanalyse der grundlegenden Entscheidungen wird anschließend die Entwicklung der Verfahrensdimension des Art. 3 EMRK aufgezeigt.

I. Beweismaßstab und Beweislasterleichterung des EGMR im Rahmen des Art. 3 EMRK

1. Irland/Vereinigtes Königreich

In der Sache Irland/Vereinigtes Königreich beschäftigte sich der EGMR bereits 1978 im Rahmen des Art. 3 EMRK mit Fragen des Beweismaßstabes. Art. 3 EMRK verbietet in seinem Anwendungsbereich jegliche Folter oder unmenschliche oder erniedrigende Strafe oder Behandlung[698]. Gegenstand der Entscheidung war die Behandlung festgenommener, inhaftierter und internierter Personen in Nordirland. Hierbei ging es insbesondere um die Rechtmäßigkeit bestimmter Vernehmungstechniken, wie das „Gegen-die-Wand-Stehen", bei dem die Häftlinge gezwungen wurden, für mehrere Stunden in einer Anspannungsposition zu verbleiben, sowie den Entzug von Schlaf, Essen und Trinken oder den Einsatz von Lärm und das Überstreifen von Kapuzen. Der EGMR stellte hierzu fest, dass er in Hinblick auf das Vorliegen einer Verletzung des Art. 3 EMRK bei der Bewertung des Beweismaterials den Maßstab des „über jeden

695 EGMR, Urt. v. 28.09.1998, Rn. 102 – Assenov u.a./Bulgarien; EGMR, Urt. v. 06.04.2000, Rn. 131 – Labita/Italien; EGMR, Urt. v. 11.04.2000, Rn. 32 – Sevtap Veznedaroglu/Türkei; EGMR, Urt. v. 20.07.2000, Rn. 89 – Caloc/Frankreich; EGMR, Urt. v. 08.01.2004, Rn. 41 – Sadik Önder/Türkei.

696 EGMR, Urt. v. 04.12.2003, Rn. 151 – M.C./Bulgarien.

697 In diesen Fällen hat die unter Art. 3 EMRK festgestellte Verletzung jedoch Auswirkungen auf die Verfahrensanforderungen des Art. 13 EMRK. Siehe hierzu: 2. Kap., C. III.

698 Siehe hinsichtlich der Definition von Folter und unmenschlicher oder erniedrigender Strafe oder Behandlung: Frowein/Peukert, EMRK-Kommentar, Art. 3, Rn. 1 ff.

vernünftigen Zweifel erhabenen" Beweises anwende[699]. Ein derartiger Beweis könne sich aus dem gemeinsamen Vorliegen hinreichend überzeugender, klarer und übereinstimmender Indizien oder aus ähnlichen, unwiderlegten Tatsachenvermutungen ergeben[700]. In diesem Zusammenhang sei auch das Parteiverhalten bei der Beweiserlangung zu berücksichtigen. Im konkreten Fall sah es der Gerichtshof als erwiesen an, dass die besagten Vernehmungstechniken angewandt worden waren und befand, dass diese eine unmenschliche und erniedrigende Behandlung im Sinne des Art. 3 EMRK darstellten.

Der EGMR wies zudem darauf hin, dass Art. 3 EMRK einen der Grundwerte der demokratischen Gesellschaft schütze. Selbst unter den schwierigsten Bedingungen, wie beispielsweise dem Kampf gegen Terrorismus oder organisiertes Verbrechen, verbiete die Konvention Folter und unmenschliche oder erniedrigende Strafe oder Behandlung. Art. 3 EMRK ließe keine Einschränkungen zu, wodurch sich diese Vorschrift von der Mehrzahl der Garantien der EMRK unterscheide. Zudem erlaube Art. 15 Abs. 2 EMRK selbst im Falle einer allgemeinen Gefahr, die das Leben der Nation bedrohe, keine Abweichung von Art. 3 EMRK[701].

2. Tomasi/Frankreich

Der Gerichtshof hat den in der Entscheidung Irland/Vereinigtes Königreich bestätigten Beweismaßstab jedoch in der Folgezeit nicht immer konsequent angewandt[702] beziehungsweise in besonderen Gewahrsamssituationen, wie etwa der Polizeihaft, Beweislasterleichterungen entwickelt. In der Rechtssache Tomasi/Frankreich rügte der Beschwerdeführer, welcher unter dem Verdacht stand, an dem Attentat einer verbotenen korsischen Befreiungsbewegung beteiligt gewesen zu sein, dass er während seiner 48stündigen Polizeihaft von den ihn vernehmenden Polizeibeamten geschlagen, misshandelt und bedroht worden sei. Er habe nichts zu essen bekommen, ferner habe man ihn daran gehindert zu schlafen, und er hätte stundenlang mit gefesselten Händen aufrecht stehen müssen, davon mehrere Stunden nackt vor einem offenen Fenster bei kühler Witterung. Aufgrund der während und unmittelbar nach der Polizeihaft durchgeführten

699 Dieser Beweismaßstab wurde erstmals im „Griechenland Fall", Yearbook of the European Convention on Human Rights, Vol. 12 (1969), S. 196, §30 angewandt.

700 EGMR, Urt. v. 18.01.1978, Rn. 161 – Irland/Vereinigtes Königreich.

701 EGMR, Urt. v. 18.01.1978, Rn. 163 – Irland/Vereinigtes Königreich.

702 Siehe beispielsweise: EGMR, Urt. 25.04.1983, Rn. 34 – Pakelli/Deutschland = EuGRZ 1983, 344 ff. Der EGMR hielt das relevante Vorbringen des Beschwerdeführers nicht für zweifelsfrei bewiesen, ließ es aber in Ermangelung von gegenteiligen Anzeichen genügen. Ebenso: EGMR, Urt. v. 18.12.1986, Rn. 59 Bozano/Frankreich = EuGRZ 1987, 101 ff.

medizinischen Untersuchungen konnten Abschürfungen und Hämatome festgestellt werden. Die beteiligten Polizeibeamten, die im Auftrag des Untersuchungsrichters von der polizeiinternen Aufsichtsbehörde vernommen wurden, bestritten jedoch, den Beschwerdeführer misshandelt zu haben. Der Untersuchungsrichter stellte daraufhin das Verfahren gegen sie ein. In dem Verfahren vor dem EGMR trug die französische Regierung vor, dass sie zwar keine Erklärung für die Ursache der Verletzungen geben könnte, behauptete aber, dass diese jedenfalls nicht von den vernehmenden Polizeibeamten hervorgerufen worden wären.

In seiner Untersuchung bemerkte der Gerichtshof zunächst, dass von keiner Seite die Ansicht geäußert worden sei, dass die Verletzungen am Körper des Beschwerdeführers möglicherweise aus einer Zeit vor seiner Inhaftierung stammten oder dass er sich diese selbst zugefügt habe beziehungsweise die Verletzungen das Ergebnis eines Fluchtversuches gewesen seien[703]. Vielmehr hätten die von vier verschiedenen Ärzten während und unmittelbar im Anschluss an die Haft durchgeführten Untersuchungen ergeben, dass die vorhandenen Verletzungen zur Zeit der Haft aufgetreten sein müssen[704]. Überdies hätte der Beschwerdeführer die Verletzungen auch sofort dem Untersuchungsrichter gezeigt[705]. Aufgrund dieser Sachverhaltslage und der vier medizinischen Gutachten kam der EGMR zu dem Schluss, dass der Beschwerdeführer während der Polizeihaft einer unmenschlichen und erniedrigenden Behandlung ausgesetzt gewesen und Art. 3 EMRK mithin verletzt worden sei[706].

In der Entscheidung Tomasi/Frankreich legte der EGMR den Grundstein für die später in zahlreichen Entscheidungen bekräftigte Beweislasterleichterung für während der Haft erlittene Verletzungen. Wenn eine Person, wie im Falle Tomasi/Frankreich, belegen kann, dass die vorhandenen Verletzungen während der Haftzeit erfolgt sind, dann obliegt es dem Staat zu beweisen, warum er für diese Verletzungen nicht verantwortlich sei. Ist er dazu außerstande, wird eine Verletzung des Art. 3 EMRK angenommen.

3. Klaas/Deutschland

Gelingt es dem Staat indes, eine plausible Erklärung für während einer Festnahme aufgetretene Verletzungen zu liefern, so verneint der EGMR eine Verletzung des Art. 3 EMRK. Der Fall Klaas/Deutschland aus dem Jahre 1993 betraf die angebliche Misshandlung der Beschwerdeführerin in Anwesenheit ihrer

703 EGMR, Urt. v. 27.08.1992, Rn. 110 – Tomasi/Frankreich.
704 EGMR, Urt. v. 27.08.1992, Rn. 110 – Tomasi/Frankreich.
705 EGMR, Urt. v. 27.08.1992, Rn. 110 – Tomasi/Frankreich.
706 EGMR, Urt. v. 27.08.1992, Rn. 115 – Tomasi/Frankreich.

minderjährigen Tochter anlässlich ihrer Verhaftung wegen eines Verkehrsdelikts. Die Beschwerdeführerin war vor ihrem Haus von zwei Polizisten zur Durchführung eines Alkoholtests aufgefordert worden, nachdem diese das Auto verlassen hatte. Da dieser Test trotz mehrerer Versuche misslang, forderten die Polizeibeamten die Beschwerdeführerin auf, sie zu einer Blutentnahme ins Krankenhaus zu begleiten. Dazu sprachen sie eine förmliche Festnahme aus. Der weitere Sachverhalt war strittig. Während die Beschwerdeführerin vortrug, die Polizisten hätten ihr verweigert, ihre Tochter bei einer Nachbarin unterzubringen, behauptete die Regierung, sie habe sich einer Amtshandlung widersetzt und einen Fluchtversuch unternommen. Die Beschwerdeführerin sei daraufhin von den Polizisten gepackt, einer ihrer Arme nach hinten gedreht und mit Handschellen gefesselt worden. In diesem Zusammenhang sei sie mit dem Gesicht an eine Fenstereinfassung geschlagen. In den anschließenden nationalen Gerichtsverfahren schlossen sich die Gerichte der von den Polizisten vertretenen Version des Tatherganges an und urteilten, dass die angewendete Gewalt in Anbetracht der Umstände gerechtfertigt und verhältnismäßig gewesen sei.

Die Kommission erinnerte nach erfolgter Untersuchung daran, dass in Fällen, in denen Verletzungen während einer Polizeihaft erfolgen, die Regierung Beweise vorlegen müsse, welche Zweifel an der mit dem medizinischen Befund übereinstimmenden Darstellung des Opfers begründen. Solche Erwägungen würden auch für diejenigen Fälle gelten, in denen Personen von Polizeibehörden festgenommen werden und damit unter ihre Gewalt gelangen. Im vorliegenden Fall hielt die Kommission den Vortrag der Beschwerdeführerin hinsichtlich der erlittenen Verletzungen angesichts des Fehlens von Beweisen oder einer anderen überzeugenden Erklärung für plausibel[707]. Während die Kommission eine Verletzung des Art. 3 EMRK bejahte, schloss sich der Gerichtshof dieser Ansicht nicht an. Der EGMR stellte bei seiner Untersuchung zunächst fest, dass es zwischen den Parteien des innerstaatlichen Verfahrens unbestritten gewesen sei, dass die durch ärztliche Atteste nachgewiesenen und durch Fotos belegten Verletzungen tatsächlich bei der Festnahme zugefügt worden waren[708]. Anschließend erinnerte er daran, dass die Feststellung und Überprüfung des Sachverhaltes in erster Linie der Kommission obliege, der Gerichtshof jedoch an deren gezogene Schlüsse nicht gebunden sei und zu einer eigenen Einschätzung kommen könne. Daraufhin stellte er fest, dass es normalerweise nicht Sache des Gerichtshofs sei, die Sachverhaltswürdigung der innerstaatlichen Gerichte durch seine eigene zu ersetzen, sondern dass die Beweiswürdigung im Allgemeinen diesen Gerichten obläge[709]. Die Verletzungen, welche die Beschwerdeführerin

707 Siehe hierzu den Rechtsprechungsbericht zum Fall Klaas/Deutschland in: EuGRZ 1994, 143 (148).

708 EGMR, Urt. v. 22.09.1993, Rn. 26 – Klaas/Deutschland.

709 EGMR, Urt. v. 22.09.1993, Rn. 29 – Klaas/Deutschland.

zugegebenermaßen erlitten habe, seien sowohl mit ihrer eigenen als auch mit der Darstellung der Polizeibeamten vereinbar. Die innerstaatlichen Gerichte, welche die verschiedenen Zeugenaussagen unmittelbar haben wahrnehmen und auf ihre Glaubwürdigkeit abschätzen können, seien zu dem Schluss gekommen, dass die Beschwerdeführerin sich selbst durch ihren Widerstand bei der Festnahme verletzt habe und dass die einschreitenden Beamten keine übermäßige Gewalt angewandt hätten. Im Zuge des Straßburger Verfahrens sei kein Beweismittel vorgelegt worden, welches die Feststellungen der nationalen Gerichte in Frage stellen könnte und den Behauptungen der Beschwerdeführerin zusätzliches Gewicht verleihen würde[710]. Aus diesem Grund unterschied der EGMR anschließend den konkreten Fall von der Rechtssache Tomasi/Frankreich, „wo gewisse Schlüsse aus dem Umstand hätten gezogen werden können, dass Herr Tomasi während seiner 48stündigen Polizeihaft Verletzungen erlitten hatte, für die keine Erklärungen abgegeben wurden"[711]. Da jedoch in der Sache Klaas/Deutschland keine zwingenden Beweise vorgelegt worden seien, die den EGMR veranlassen könnten, von den Feststellungen der nationalen Gerichte abzugehen, verneinte der EGMR mit 6:3 Stimmen eine Verletzung des Art. 3 EMRK[712].

In ihren abweichenden Meinungen vertraten die Richter Pettiti, Walsh und Spielmann jeweils gesondert die Ansicht, dass die Beweislast hinsichtlich der zugefügten Verletzungen, wie im Falle Tomasi/Frankreich, den staatlichen Behörden obliege. Richter Pettiti wies darauf hin, dass es Aufgabe der Polizei sei, die Bevölkerung vor Gewalttaten zu schützen, und sie Gewalt nur in Fällen der Notwehr und des Widerstandes anwenden dürfe, die zudem verhältnismäßig sein müsse. Insofern obliege der Polizei der Beweis, dass eine Notwehr- oder Widerstandssituation vorgelegen habe. Andernfalls bestünde die Gefahr, dass diese fast immer gefahrlos das Vorliegen einer solchen Situation behaupten könne und dadurch das Opfer der Gewalt vor die fast unmögliche Aufgabe gestellt werden würde, das Gegenteil zu beweisen[713]. Auch Richter Walsh sah die Beweislast wie im Falle Tomasi/Frankreich bei der Polizei. Durch die förmliche Festnahme habe sich die Beschwerdeführerin anschließend in Polizeihaft befunden und während dieser Haft Verletzungen erlitten. Insofern sei hier keine Abweichung zum Fall Tomasi/Frankreich festzustellen, da es keinen Unter-

710 EGMR, Urt. v. 22.09.1993, Rn. 30 – Klaas/Deutschland.

711 EGMR, Urt. v. 22.09.1993, Rn. 30 – Klaas/Deutschland: "The Court would distinguish the present case from that of Tomasi/France, where certain inferences could be made from the fact that Mr. Tomasi had sustained unexplained injuries during forty-eight hours spent in police custody".

712 EGMR, Urt. v. 22.09.1993, Rn. 31 – Klaas/Deutschland.

713 Abweichende Meinung des Richters Pettiti in: EGMR, Urt. v. 22.09.1993 – Klaas/Deutschland.

schied mache, ob die Haft kurz oder lang dauere. Wenn aber jemand in Polizeihaft Verletzungen erleide, obläge der Polizei die Beweislast dafür, dass die Verletzungen nicht durch Handlungen oder Sorgfaltsverletzungen der Polizei herbeigeführt worden seien[714]. Richter Spielmann sah dagegen keinen wesentlichen Unterschied zwischen Verletzungen, die während einer Polizeihaft und solchen, die bei einer Festnahme erfolgen. In beiden Fällen befände sich der Betroffene in der Gewalt der Polizei. Angesichts der ärztlich attestierten Verletzungen obliege es deswegen der Regierung zu beweisen, dass das Einschreiten der Polizei nicht unverhältnismäßig zu der begangenen Straftat gewesen sei. Diesen Beweis hätte die Regierung nicht erbracht und auch nicht erbringen können[715]. Die drei abweichenden Richter bejahten aus den vorgenannten Gründen eine Verletzung des Art. 3 EMRK.

In der Entscheidung Klaas/Deutschland wendete der EGMR somit die in dem Urteil Tomasi/Frankreich entwickelte Beweislasterleichterung zugunsten des Beschwerdeführers nicht an. Der Gerichtshof begründet seine Ansicht damit, dass sich in der Sache Klaas/Deutschland, anders als im Falle Tomasi/Frankreich, in dem der Staat keinerlei Erklärungen für die erlittenen Verletzungen abgeben konnte, zwei plausible, aber entgegengesetzte Aussagen hinsichtlich des Tatherganges gegenüber gestanden hätten und er mangels neuer Beweise keinen Anlass sehe, von den Entscheidungen der nationalen Gerichte abzuweichen[716].

4. Ribitsch/Österreich

Im Fall Ribitsch/Österreich kam es zu einer Verurteilung des betroffenen Staates, weil dieser, anders als in der Entscheidung Klaas/Deutschland, keine zufrieden stellende Erklärung für die während des Polizeigewahrsams des Beschwerdeführers erlittenen Verletzungen liefern konnte. Der Beschwerdeführer war als Beschuldigter in einem Drogendelikt von der Polizei ohne Haftbefehl festgenommen und anschließend zwei Tage lang zur Vernehmung in Polizeigewahrsam genommen worden. Unmittelbar nach der Entlassung durchgeführte medizinische Untersuchungen stellten mehrere Blutergüsse an der Innen- und Außenseite des Oberarmes fest. Der Bericht des Hausarztes hielt weiterhin fest,

714 Abweichende Meinung des Richters Walsh in: EGMR, Urt. v. 22.09.1993 – Klaas/Deutschland.

715 Abweichende Meinung des Richters Spielmann in: EGMR, Urt. v. 22.09.1993 – Klaas/Deutschland.

716 Siehe hierzu auch: EGMR, Urt. v. 28.11.2000, Rn. 68 ff. – Rehbock/Slovenien. In diesem Fall konnte der betroffene Staat keine plausible Erklärung für die Verletzungen liefern, die der Beschwerdeführer während seiner Festnahme erlitten hatte. Der Gerichtshof betrachtete Art. 3 EMRK in diesem Fall als verletzt.

dass der Beschwerdeführer charakteristische Symptome eines Halswirbelsyndroms aufwies, unter Erbrechen und schweren Kopfschmerzen leide und eine erhöhte Temperatur habe. Über die Geschehnisse im Polizeigewahrsam gab es zwei Versionen. Während der Beschwerdeführer behauptete, von Polizeibeamten misshandelt worden zu sein, war der mit Handschellen gefesselte Beschwerdeführer, nach Darstellung des beschuldigten Polizeibeamten, beim Aussteigen aus einem Polizeifahrzeug gestolpert und gegen den Rahmen der Fahrzeugtür geschlagen. Dabei habe der Polizist ihn noch an seinem Arm greifen und den Fall zwar nicht mehr verhindern, jedoch weitestgehend abfangen können. In den Verfahren vor den nationalen Gerichten wurde der beschuldige Polizist vom erstinstanzlich befassten Gericht zu einer Bewährungsstrafe verurteilt, die das Rechtsmittelgericht später wieder aufhob. Das Rechtsmittelgericht stützte sich dabei insbesondere auf einen gerichtsmedizinischen Bericht, nach dem es nicht unmöglich gewesen sei, dass die an der Außenseite des Oberarmes erlittenen Verletzungen durch den Sturz verursacht worden seien und dass die übrigen Symptome auch Anzeichen eines Allgemeininfekts gewesen sein könnten. Diesbezüglich erschienen beide Versionen gleichermaßen plausibel. Das Rechtsmittelgericht berücksichtigte jedoch nicht, dass der im Berufungsverfahren gehörte Sachverständige erklärt hatte, dass ein derartiger Sturz nur eine von mehreren erlittenen Verletzungen erklären könnte, obwohl der Beschwerdeführer eine Anzahl von Blutergüssen sowohl an der Innen- als auch der Außenseite des Armes hatte. Aufgrund des für eine strafrechtliche Verurteilung vom Rechtsmittelgericht anzuwendenden hohen Beweismaßstabes kam das nationale Gericht zu dem Schluss, dass es nicht mit der erforderlichern Sicherheit feststellen könne, welche Version der Wahrheit entspreche, und sprach den Polizisten frei.

Der EGMR wies in seiner Untersuchung zunächst darauf hin, dass der Beschwerdeführer unstreitig seine Verletzungen im rechtswidrigen Polizeigewahrsam erlitten habe, in welchem er vollständig unter der Kontrolle der Polizeibeamten stand. Der Freispruch des Polizeibeamten durch ein Gericht, das durch das Prinzip der Unschuldsvermutung gebunden sei, würde den betroffenen Staat nicht von seiner Verantwortlichkeit nach der EMRK befreien[717]. Die Regierung sei daher verpflichtet gewesen, die Gründe für die Verletzung des Beschwerdeführers plausibel zu erklären und nicht lediglich auf das Ergebnis des innerstaatlichen Verfahrens zu verweisen, in welchem der angewandte hohe Beweismaßstab für eine strafrechtliche Verurteilung nicht erfüllt gewesen sei[718]. Der Gerichtshof hielt es nicht für überzeugend, dass die Verletzungen durch den Sturz verursacht worden seien, weil diese Erklärung, auch wenn der Beschwerdeführer tatsächlich gestürzt sein sollte, die erlittenen Verletzungen nur

717 EGMR, Urt. v. 04.12.1995, Rn. 34 – Ribitsch/Österreich.
718 EGMR, Urt. v. 04.12.1995, Rn. 34 – Ribitsch/Österreich.

teilweise und daher unvollständig erklärten[719]. Auf der Basis der dem Gerichtshof vorliegenden Beweismittel gelangte der EGMR zu dem Ergebnis, dass die Regierung nicht in zufrieden stellender Weise dargetan habe, dass die Verletzungen des Beschwerdeführers ganz, hauptsächlich oder teilweise auf andere Art verursacht worden seien als durch die Behandlung, welcher der Beschwerdeführer im Polizeigewahrsam ausgesetzt gewesen sei[720]. Aufgrund der vom EGMR ebenfalls bejahten erforderlichen Schwere der Verletzungen gelangte er zu dem Schluss, dass Art. 3 EMRK verletzt sei[721].

Im Fall Ribitsch/Österreich machte der EGMR von der Möglichkeit Gebrauch, seine eigene Tatsachenbewertung an die Stelle der innerstaatlichen Gerichte zu setzen. Der Gerichtshof bemängelte insbesondere, dass die Regierung es unterlassen hätte, für alle erlittenen Verletzungen eine plausible Erklärung zu liefern. Zwar gebe es für einen Teil der Verletzungen zwei plausible Möglichkeiten, die Regierung könne jedoch mit ihrer Version nicht auf zufrieden stellende Weise die Herkunft der gesamten Verletzungen belegen. Da es jedoch in dem konkreten Fall unstreitig gewesen sei, dass die Verletzungen allesamt während des Polizeigewahrsams aufgetreten seien, bejahte der EGMR letztendlich eine Verletzung des Art. 3 EMRK. Insofern folgt der EGMR seiner in den Entscheidungen Tomasi/Frankreich und Klaas/Deutschland begründeten Argumentation, dass der Staat über alle während des staatlichen Gewahrsams erlittenen Verletzungen Rechenschaft ablegen muss.

5. Aksoy/Türkei

Der Grundsatz, dass ein Staat eine plausible Erklärung über die Ursachen von Verletzungen geben muss, wenn eine Person bei guter Gesundheit festgenommen wird und bei ihrer Entlassung Verletzungen aufweist, wird ebenfalls in der Rechtssache Aksoy/Türkei vom EGMR bestätigt. Der Beschwerdeführer war unstreitig von türkischen Polizisten wegen des Verdachts der Mitgliedschaft in der verbotenen Kurdenpartei PKK festgenommen und für mindestens 14 Tage inhaftiert worden. Während dieser Haftzeit soll der Beschwerdeführer schwer misshandelt worden sein, indem er unter anderem nackt und mit auf den Rücken verbundenen Händen an den Armen aufgehängt worden sei, eine Form der Folter, die unter dem Namen „Palestinian hanging" bekannt ist. Eine nach seiner Entlassung durchgeführte medizinische Untersuchung diagnostizierte beim Beschwerdeführer eine beidseitige Lähmung der Arme. Es gab keinerlei Hinweise, dass der Beschwerdeführer irgendwelche Behinderungen vor seiner Haft gehabt hatte noch dass sich irgendein Unglücksfall innerhalb der fünf Tage zwischen

719 EGMR, Urt. v. 04.12.1995, Rn. 34 – Ribitsch/Österreich.
720 EGMR, Urt. v. 04.12.1995, Rn. 34 – Ribitsch/Österreich.
721 EGMR, Urt. v. 04.12.1995, Rn. 40 – Ribitsch/Österreich.

seiner Entlassung und der erfolgten medizinischen Untersuchung ereignet hätte. Die medizinischen Befunde ergaben weiterhin, dass die Verletzung des Beschwerdeführers mehrere Ursachen haben könnte, inklusive eines Traumas, welches eine Person erleiden kann, wenn sie an den Armen aufgehängt wird. Überdies sei die beidseitige Lähmung der Arme ein seltener Befund, der aber mit der Methode des „Palestinian hanging" vereinbar sei. Die türkische Regierung lieferte keine Erklärung für die während der Haft erlittenen Verletzungen, bestritt jedoch jegliche Verantwortung.

Der Gerichtshof sah es aufgrund der vorgelegten Beweise, insbesondere der medizinischen Gutachten, als erwiesen an, dass die Verletzungen des Beschwerdeführers während der Haftzeit aufgetreten seien. Anschließend entschied er, dass ein Staat eine plausible Erklärung über die Ursachen von Verletzungen geben müsse, wenn eine Person bei guter Gesundheit festgenommen werde und bei ihrer Entlassung Verletzungen aufweise. Andernfalls sei Art. 3 EMRK anwendbar[722]. Da die erlittene Behandlung als Folter einzustufen sei und der betroffene Staat keinerlei Erklärung für die Verletzungen abgegeben hätte, bejahte der Gerichtshof eine Verletzung des Art. 3 EMRK[723].

Der Gerichtshof wendet damit auch im Falle Aksoy/Türkei die Beweislasterleichterung zugunsten des Beschwerdeführers an.

6. Selmouni/Frankreich

In der Entscheidung Selmouni/Frankreich war strittig, ob der wegen des Verdachts des Drogenhandels festgenommene Beschwerdeführer während seiner mehrtägigen Polizeihaft erniedrigt und schwer misshandelt worden war. Der Beschwerdeführer war über mehrere Tage verhört und während dieser Zeit täglich ärztlich untersucht worden, wobei jedes Mal neue Prellungen und Blutergüsse am ganzen Körper festgestellt wurden. Auf Veranlassung des Untersuchungsrichters wurde der Beschwerdeführer schließlich von einem Gerichtsmediziner untersucht, der in seinem Bericht zahlreiche Prellungen und Hämatome, eine Narbe im Augenbereich sowie Hautabschürfungen feststellte. In der Schlussfolgerung dieses Berichts heißt es, dass der Beschwerdeführer Hautverletzungen traumatischen Ursprungs zeige, deren Entstehungszeit mit der Zeit seiner Haft übereinstimme. Während der Beschwerdeführer im weiteren Verfahrensverlauf wegen Drogenhandels zu 13 Jahren Gefängnis verurteilt wurde, sind die beschuldigten Polizisten in dem von ihm angestrengten Strafverfahren

722 EGMR, Urt. v. 18.12.1996, Rn. 61 – Aksoy/Türkei mit Verweis auf: EGMR, Urt. v. 27.08.1992, Rn. 108-111 – Tomasi/Frankreich; EGMR, Urt. v. 04.12.1995, Rn. 34 – Ribitsch/Österreich.

723 EGMR, Urt. v. 18.12.1996, Rn. 64 – Aksoy/Türkei.

zu Gefängnisstrafen zwischen 12 und 18 Monaten verurteilt worden. Der Beschwerdeführer rügte vor dem EGMR unter anderem eine Verletzung des Art. 3 EMRK, weil er in der Polizeihaft mehrfach misshandelt und erniedrigt worden sei.

Der Gerichtshof bekräftigte bei seiner Untersuchung des Sachverhaltes wiederum die Auffassung, dass es dem Staat obliege, eine plausible Erklärung für die Ursachen von Verletzungen zu geben, wenn eine Person in gutem Gesundheitszustand in Polizeihaft genommen worden sei und man bei ihrer Entlassung Verletzungen feststelle. Wenn das nicht geschehe, sei Art. 3 EMRK offensichtlich anwendbar[724]. Die Ergebnisse der innerstaatlichen Verfahren, unabhängig davon ob eine Schuld festgestellt werde oder nicht, können den beklagten Staat nicht von seiner Verantwortung nach der Konvention befreien. Insofern müsse er nach wie vor eine plausible Erklärung für die Ursachen der Verletzungen des Beschwerdeführers geben[725]. Im vorliegenden Fall war der EGMR angesichts der von ihm gewürdigten Beweise davon überzeugt, dass die Behauptungen des Beschwerdeführers hinsichtlich der Misshandlungen über jeden vernünftigen Zweifel erhaben seien, wobei ein solcher Beweis das Ergebnis vieler ausreichend gewichtiger, genauer und übereinstimmender Anhaltspunkte sein könnte[726]. Im konkreten Fall würde dies durch mehrere ärztliche Zeugnisse mit genauen und übereinstimmenden Angaben sowie das Fehlen einer plausiblen Erklärung für die Ursachen der Verletzung seitens der Regierung belegt[727]. Der Gerichtshof sah auch die nötige Schwere der Verletzungen als gegeben an und stellte einen Verstoß gegen das Folterverbot des Art. 3 EMRK fest[728].

7. Satik u.a./Türkei

Der Fall Satik u.a./Türkei ist beispielhaft für die Anwendung der Beweislasterleichterung bei während der Gefängnishaft erlittenen Verletzungen[729]. Der Sachverhalt war strittig. Der Vorfall spielte sich in einem Gefängnishof ab, zu dem die Beschwerdeführer gebracht worden waren, um sie anschließend zu einem bevorstehenden Gerichtsverfahren zu fahren. Die zehn Beschwerdeführer

---

724 EGMR (Große Kammer), Urt. v. 28.07.1999, Rn. 87 – Selmouni/Frankreich mit Verweis auf: EGMR, Urt. v. 27.08.1992, Rn. 108-111 – Tomasi/Frankreich; EGMR, Urt. v. 04.12.1995, Rn. 34 – Ribitsch/Österreich.

725 EGMR (Große Kammer), Urt. v. 28.07.1999, Rn. 87 – Selmouni/Frankreich mit Verweis auf: EGMR, Urt. v. 04.12.1995, Rn. 34 – Ribitsch/Österreich.

726 EGMR (Große Kammer), Urt. v. 28.07.1999, Rn. 88 – Selmouni/Frankreich mit Verweis auf: EGMR, Urt. v. 18.01.1978, Rn. 161 – Irland/Vereinigtes Königreich; EGMR, Urt. v. 25.09.1997, Rn. 73 – Aydin/Türkei.

727 EGMR (Große Kammer), Urt. v. 28.07.1999, Rn. 88 – Selmouni/Frankreich.

728 EGMR (Große Kammer), Urt. v. 28.07.1999, Rn. 105, 106 – Selmouni/Frankreich.

729 EGMR, Urt. v. 10.10.2000 – Satik u.a./Türkei.

trugen vor, dass sie und 12 weitere Häftlinge von 15 Gendarmen und 30 Gefängniswärtern mit Schlagstöcken und Holzplanken angegriffen worden waren, weil sie sich einer Leibesvisitation verweigert hätten. Die Regierung behauptete dagegen, dass die Häftlinge eine Untersuchung verweigert hätten, die vor dem Verbringen zum Gericht durchgeführt werden sollte. Die Gefangenen hätten daraufhin eine menschliche Kette gebildet und seien auf den Ausgang der Haftanstalt zugeschritten. Während sie die auf diesem Weg befindlichen Stufen herabstiegen, wobei sie immer noch ineinander verkettet waren, seien sie plötzlich allesamt umgefallen und einer auf den anderen gestürzt. Dabei hätten sie sich an der Wand und dem Geländer gestoßen.

Vor dem EGMR rügten die Beschwerdeführer eine Verletzung des Art. 3 EMRK, weil sie von den Gefängniswärtern und Gendarmen misshandelt worden seien.

Der EGMR erinnerte bei seiner Untersuchung zunächst daran, dass es dem Staat obliege, eine plausible Erklärung für die Ursachen von Verletzungen zu geben, wenn eine Person in gutem Gesundheitszustand in Polizeihaft genommen werde und man bei ihrer Entlassung Verletzungen feststelle. Wenn das nicht geschehe, sei Art. 3 EMRK offensichtlich anwendbar[730]. Nach Ansicht des Gerichtshofs sei dieser Grundsatz auch auf Gefängnishäftlinge anzuwenden, weil diese während der Haft ihrer Freiheit beraubt würden und der Kontrolle und Verantwortung der Gefängnisverwaltung unterlägen[731]. Wenn eine so der Freiheit beraubte Person körperlicher Gewalt ausgesetzt werde, welche nicht aufgrund ihres eigenen Verhaltens absolut notwendig sei, setze dies die Menschenwürde herab und stelle insofern grundsätzlich eine Verletzung der in Art. 3 EMRK geschützten Rechte dar[732]. In diesem Zusammenhang betonte der EGMR, dass die Behauptung von Misshandlungen durch geeignete Beweise unterstützt werden müssten[733]. Bei der Bewertung des Beweismaterials wende der Gerichtshof den Maßstab des „über jeden vernünftigen Zweifel erhabenen" Beweises an, wobei ein derartiger Beweis sich auch aus dem gemeinsamen Vorliegen hinreichend überzeugender, klarer und übereinstimmender Indizien oder aus ähnlichen, unwiderlegten Tatsachenvermutungen ergeben könne[734].

---

730 EGMR, Urt. v. 10.10.2000, Rn. 54 – Satik u.a./Türkei mit Verweis auf: EGMR (Große Kammer), Urt. v. 28.07.1999, Rn. 87 – Selmouni/Frankreich.

731 EGMR, Urt. v. 10.10.2000, Rn. 54 – Satik u.a./Türkei.

732 EGMR, Urt. v. 10.10.2000, Rn. 54 – Satik u.a./Türkei mit Verweis auf EGMR, Urt. v. 09.06.1998, Rn. 52 f. – Tekin/Türkei.

733 EGMR, Urt. v. 10.10.2000, Rn. 55 – Satik u.a./Türkei mit Verweis, *mutatis mutandis*, auf: EGMR, Urt. v. 22.09.1993, Rn. 30 – Klaas/Deutschland.

734 EGMR, Urt. v. 10.10.2000, Rn. 55 – Satik u.a./Türkei mit Verweis auf: EGMR, Urt. v. 18.01.1978, Rn. 161 – Irland/Vereinigtes Königreich.

Im vorliegenden Fall schenkte der EGMR der Version der Regierung keinen Glauben, weil diese mit der Natur der erlittenen Verletzungen nicht in Einklang zu bringen sei. So hätten die medizinischen Untersuchungen, die noch am Tage des Zwischenfalls durchgeführt worden seien, ergeben, dass die Beschwerdeführer Schläge auf den Kopf und andere Körperteile erhalten hätten. Bei einem der Beschwerdeführer sei später festgestellt worden, dass er ein allgemeines Körpertrauma in Folge einer Schlägerei erlitten hätte[735]. Die Regierung habe dagegen keinerlei Beweise vorgelegt, welche die Vermutung widerlegt hätten, dass die Beschwerdeführer absichtlich geschlagen worden seien. Insbesondere hätte sie nicht vorgetragen, dass das Eingreifen der Gendarmen notwendig gewesen sei, um einen Aufstand oder geplanten Angriff auf die innere Sicherheit des Gefängnisses abzuwehren[736].

Aufgrund des Fehlens einer plausiblen Erklärung von Seiten der Behörden sah sich der EGMR schließlich dazu veranlasst, eine Verletzung des Art. 3 EMRK darin zu sehen, dass die Beschwerdeführer von Bediensteten des Staates geschlagen und verletzt worden seien[737]. Überdies bemängelte der Gerichtshof die groben Versäumnisse bei den hinsichtlich des Zwischenfalls durchgeführten Ermittlungen, ohne jedoch deswegen eine gesonderte Verletzung des Art. 3 EMRK festzustellen[738].

8. Colak und Filizer/Türkei

Die Entscheidung Colak und Filizer/Türkei ist ein weiteres Beispiel für die vom Gerichtshof angewandte Beweislasterleichterung in besonderen Gewahrsamssituationen. Die beiden Beschwerdeführer waren aufgrund des Verdachts der Mitgliedschaft in der PKK inhaftiert worden. Beide trugen vor, dass sie während ihrer Haftzeit schwerwiegend misshandelt worden seien. Dem Beschwerdeführer Colak sei zudem durch Polizisten damit gedroht worden, dass er das gleiche Schicksal erleiden könne wie andere Personen, die während der Polizeihaft verschwunden seien. Beide Beschwerdeführer seien gezwungen worden, einen Polizeibericht über ihre Aktivitäten innerhalb der PKK und über ihre Verbindungen zu anderen PKK-Mitgliedern zu unterzeichnen. Knapp eine Woche nach ihrer Inhaftierung wurden die beiden Beschwerdeführer medizinisch untersucht. Bei dieser Untersuchung konnten jedoch bei keinem der beiden An-

735 EGMR, Urt. v. 10.10.2000, Rn. 56 – Satik u.a./Türkei.
736 EGMR, Urt. v. 10.10.2000, Rn. 56 – Satik u.a./Türkei.
737 EGMR, Urt. v. 10.10.2000, Rn. 61 – Satik u.a./Türkei.
738 EGMR, Urt. v. 10.10.2000, Rn. 62 – Satik u.a./Türkei: "The inadequacy of that investigation is in itself inconsistent with the duty devolving on the authorities of a respondent State under Article 3 of the Convention to initiate an investigation into an arguable claim that an individual has been seriously ill-treated at the hands of its agents".

zeichen für eine erfolgte Gewaltanwendung festgestellt werden. Eine zweieinhalb Wochen später anberaumte medizinische Untersuchung der Beschwerdeführer durch den Gefängnisarzt gelangte zu dem Ergebnis, dass der Beschwerdeführer Colak mehrere Blutergüsse an seinem Körper und Hautblutungen an seinem linken Fuß aufwies, aufgrund derer er für zwei Tage krankgeschrieben werden würde. Die Untersuchung des Beschwerdeführers Filizer ergab, dass er Hautabschürfungen an seinem Genital aufwies, Schmerzen in der Brust sowie eine Hautblutung unter seinem linken Auge hatte. Dieser Bericht hielt zudem fest, dass der Beschwerdeführer angegeben habe, dass er Probleme beim Kauen hätte und, dass seine Schultern schmerzten. Die Beschwerdeführer erhoben Beschwerde vor den nationalen Gerichten gegen die betreffenden Polizisten, die jedoch im Laufe des Verfahrens aus Mangel an Beweisen freigesprochen wurden. Vor dem Gerichtshof rügten die Beschwerdeführer jeweils eine Verletzung des Art. 3 EMRK aufgrund der erfolgten Misshandlungen.

Der Gerichtshof wiederholte bei seiner Untersuchung des Falles zunächst, dass es dem Staat obliege, eine plausible Erklärung für die Ursache der Verletzungen zu liefern, wenn eine Person in guter Gesundheit in Haft komme und nach ihrer Entlassung Verletzungen aufweise. Der Staat müsse insofern Beweismittel vorlegen, die Zweifel an den Behauptungen des Opfers aufkommen ließen, insbesondere wenn diese Vorwürfe durch medizinische Gutachten untermauert würden[739]. Der Gerichtshof wende bei seiner Beweiswürdigung grundsätzlich den Beweismaßstab des „über jeden vernünftigen Zweifel erhabenen" Beweises an. Ein derartiger Beweis könne sich allenfalls aus dem gemeinsamen Vorliegen hinreichend überzeugender, klarer und übereinstimmender Indizien oder aus ähnlichen, unwiderlegten Tatsachenvermutungen ergeben. Sofern die fraglichen Umstände ganz oder zu einem wesentlichen Teil ausschließlich den Behörden bekannt seien wie in dem Fall von Personen, die staatlicher Gewalt in der Haft unterworfen sind, hätten während der Haft erlittene Verletzungen eine starke Tatsachenvermutung zur Folge. In diesem Fall liege die Beweislast bei den Behörden, die eine ausreichende und überzeugende Erklärung geben müssten[740]. Im vorliegenden Fall seien die Beschwerdeführer weder zu Beginn ihrer Haftzeit untersucht worden noch hätten sie während ihrer Haft Zugang zu einem Anwalt oder einem Arzt gehabt. Die während ihrer Haftzeit erfolgten medizinischen Untersuchungen seien zudem zu widersprüchlichen Ergebnissen gelangt.

739 EGMR, Urt. v. 08.01.2004, Rn. 30 – Colak und Filizer/Türkei mit Verweis auf: EGMR, Urt. v. 27.08.1992, Rn. 108-111 – Tomasi/Frankreich; EGMR, Urt. v. 04.12.1995, Rn. 34 – Ribitsch/Österreich; EGMR, Urt. v. 18.12.1996, Rn. 61 – Aksoy/Türkei; EGMR (Große Kammer), Urt. v. 28.07.1999, Rn. 98 – Selmouni/Frankreich.

740 EGMR, Urt. v. 08.01.2004, Rn. 31 – Colak und Filizer/Türkei mit Verweis auf: EGMR, Urt. v. 27.06.2000, Rn. 100 – Salman/Türkei.

In diesem Zusammenhang bemerkte der Gerichtshof, dass die Regierung keine plausible Erklärung für die Verletzungen der beiden Beschwerdeführer abgegeben habe, die im Rahmen der zweiten Untersuchung festgestellt worden waren[741].

Überdies hätte die Regierung nicht vorgetragen, dass die erlittenen Verletzungen möglicherweise aus der Zeit vor der Haft stammen könnten[742]. Der Gerichtshof wies in diesem Zusammenhang darauf hin, dass der Staat die Verantwortung für jede inhaftierte Person trage, da sie sich in einer verletzbaren Situation befände und dass die Behörden die Pflicht hätten, diese Person zu schützen[743]. Aus diesem Grund und in Ermangelung einer glaubwürdigen Erklärung für die Verletzungen befand der Gerichtshof, dass die Symptome, die der Arzt in seinem Bericht festgestellt hatte, das Ergebnis einer Behandlung seien, für die der beklagte Staat die Verantwortung trage. Art. 3 EMRK sei mithin verletzt worden[744].

9. Zwischenergebnis

Im Hinblick auf das Vorliegen einer Verletzung des Art. 3 EMRK legt der Gerichtshof bei der Bewertung des Beweismaterials den sehr hohen Maßstab des „über jeden vernünftigen Zweifel erhabenen" Beweises an, betont aber gleichzeitig, dass sich ein derartiger Beweis auch aus dem gemeinsamen Vorliegen hinreichend überzeugender, klarer und übereinstimmender Indizien oder aus ähnlichen, unwiderlegten Tatsachenvermutungen ergeben könne[745]. In besonderen Gewahrsamssituationen, wie der Polizei- oder Gefängnishaft, ist es jedoch für die misshandelte Person äußerst schwierig, wenn nicht gänzlich unmöglich, stichhaltige Beweise sicherzustellen[746]. Aus diesem Grunde arbeitet der EGMR in solchen Situationen mit einer Beweislasterleichterung zu Gunsten der betroffenen Individualpersonen[747]. Wenn eine Person in guter Gesundheit in Haft kommt und nach ihrer Entlassung Verletzungen aufweist, obliegt es nach der Rechtsprechung des EGMR dem Staat, eine plausible Erklärung für die Ursache

741 EGMR, Urt. v. 08.01.2004, Rn. 32 – Colak und Filizer/Türkei.
742 EGMR, Urt. v. 08.01.2004, Rn. 32 – Colak und Filizer/Türkei.
743 EGMR, Urt. v. 08.01.2004, Rn. 33 – Colak und Filizer/Türkei.
744 EGMR, Urt. v. 08.01.2004, Rn. 34 – Colak und Filizer/Türkei.
745 EGMR, Urt. v. 18.01.1978, Rn. 161 – Irland/Vereinigtes Königreich.
746 Siehe hierzu auch: Kokott, S. 398 ff.; Rudolf, EuGRZ 1996, 497 (499 f.).
747 EGMR, Urt. v. 27.08.1992, Rn. 110, 115 – Tomasi/Frankreich; EGMR, Urt. v. 04.12.1995, Rn. 34 – Ribitsch/Österreich; EGMR, Urt. v. 18.12.1996, Rn. 61 – Aksoy/Türkei; EGMR (Große Kammer), Urt. v. 28.07.1999, Rn. 97 – Selmouni/Frankreich; EGMR, Urt. v. 08.01.2004, Rn. 30, 31 – Colak und Filizer/Türkei.

der Verletzungen zu liefern[748]. Dieser Grundsatz ist auch auf Gefängnishäftlinge anzuwenden, weil diese während der Haft ihrer Freiheit beraubt werden und der Kontrolle und Verantwortung der Gefängnisverwaltung unterliegen[749]. Der Staat kann sich zudem nicht unter Hinweis auf die durchgeführten innerstaatlichen Strafverfahren seiner Verantwortung nach der Konvention entziehen, da diese unabhängig davon ist, ob von den nationalen Gerichten eine Schuld festgestellt wurde oder nicht[750]. Gelingt es dem Staat dagegen, eine nachvollziehbare Erklärung für die erlittenen Verletzungen zu liefern, und stehen sich somit zwei plausible, aber entgegengesetzte Aussagen hinsichtlich des Tatherganges gegenüber, so verneint der EGMR eine Verletzung des Art. 3 EMRK dann, wenn keine neuen, zwingenden Beweise vorgelegt werden, die eine Abweichung von den Feststellungen der nationalen Gerichte rechtfertigen würde[751].

II. Rechtsprechungsüberblick zur Verfahrensdimension des Art. 3 EMRK

In zahlreichen Fällen lässt sich eine Verletzung des Art. 3 EMRK durch Folterhandlungen, unmenschliche oder erniedrigende Strafe beziehungsweise Behandlung trotz Beweislasterleichterung nicht „über jeden vernünftigen Zweifel erhaben" feststellen. In diesem Zusammenhang gewinnt die dem Art. 3 EMRK in den letzten Jahren verstärkt beigemessene Verfahrensdimension, mit ihrer Pflicht zur Durchführung wirksamer, gründlicher und unvoreingenommener Ermittlungen, verstärkt an Bedeutung. Versäumt es der betroffene Staat seiner Ermittlungspflicht nachzukommen, so verstößt er ebenfalls gegen Art. 3 EMRK.

1. Assenov u.a./Bulgarien

Der EGMR leitete erstmals in dem Urteil Assenov u.a./Bulgarien die Pflicht zur Durchführung effektiver Ermittlungen aus Art. 3 EMRK ab. In dieser Entscheidung waren die Umstände strittig, unter denen der Beschwerdeführer Verletzungen erlitten hatte. Dieser war im Alter von 14 Jahren von einem Polizisten beim Betteln aufgegriffen und zu einer nahe gelegenen Busstation gebracht worden, um Verstärkung anzufordern. Betteln ist nach bulgarischem Recht eine Ordnungswidrigkeit, für die Personen unter 16 Jahren jedoch nicht haftbar gemacht werden. Einige Zeit später kamen auch die Eltern hinzu und baten um die

748 EGMR, Urt. v. 27.08.1992, Rn. 108-111 – Tomasi/Frankreich; EGMR, Urt. v. 04.12.1995, Rn. 34 – Ribitsch/Österreich; EGMR, Urt. v. 18.12.1996, Rn. 61 – Aksoy/Türkei; EGMR (Große Kammer), Urt. v. 28.07.1999, Rn. 98 – Selmouni/Frankreich; EGMR, Urt. v. 08.01.2004, Rn. 30, 31 – Colak und Filizer/Türkei.

749 EGMR, Urt. v. 10.10.2000, Rn. 54 – Satik u.a./Türkei.

750 EGMR (Große Kammer), Urt. v. 28.07.1999, Rn. 87 – Selmouni/Frankreich.

751 EGMR, Urt. v. 22.09.1993, Rn. 31 – Klaas/Deutschland.

Entlassung ihres Sohnes. Der Vater nahm in diesem Zusammenhang ein Stück Sperrholz und schlug den Beschwerdeführer, um zu zeigen, dass er die nötige Bestrafung übernehmen würde. Anschließend erschienen zwei weitere Polizeibeamten. Der Beschwerdeführer behauptete, dass diese beiden Polizisten ihn mit Schlagstöcken geschlagen hätten. Während des Zwischenfalls befanden sich ungefähr 15-20 Zivilpersonen und 15 Busfahrer in der Nähe des Tatorts. Es entstand ein Streit zwischen dem Vater und den Polizisten, in dessen Verlauf dieser und der Beschwerdeführer mit Handschellen gefesselt und mit dem Polizeiauto zur Polizeistation gebracht wurden. Dort wurden sie ungefähr zwei Stunden lang festgehalten und anschließend ohne Anklage entlassen. Eine zwei Tage später durchgeführte medizinische Untersuchung des Beschwerdeführers ergab, dass dieser mehrere größere Hämatome am Oberkörper, Hinterkopf und dem rechten Oberarm hatte sowie fünf größere Schürfwunden auf der Brust. Die aufgrund von Anträgen der Familie des Beschwerdeführers durchgeführten Untersuchungen kamen allesamt zu dem Ergebnis, kein Strafverfahren gegen die Polizisten zu eröffnen, weil deren Vorgehen rechtmäßig gewesen sei und die Verletzungen von den Schlägen des Vaters verursacht worden seien. Im Zuge der Untersuchungen war, neben den Aussagen des Beschwerdeführers und seines Vaters sowie den schriftlichen Stellungnahmen der drei Polizisten, zunächst lediglich eine schriftliche Stellungnahme der Verkehrsmanagerin der Busstation eingeholt worden, in welcher sie aussagte, dass ihr der Zwischenfall nicht aufgefallen sei. Erst Monate nach dem Zwischenfall sind nachträglich noch zwei weitere unabhängige Zeugen gehört worden. Einer dieser Zeugen sagte aus, dass er gesehen habe, wie der Vater den Beschwerdeführer mit einer Latte schlug, nicht jedoch dass auch die Polizisten den Jungen geschlagen hätten. Der andere Zeuge hatte nur noch eine vage Erinnerung an den Vorfall und konnte nicht sagen, ob der Vater oder die Polizisten den Sohn geschlagen hätten.

Der Beschwerdeführer rügte vor dem EGMR eine Verletzung des Art. 3 EMRK einerseits wegen der erfolgten Misshandlung und andererseits, weil es die Behörden unterlassen hätten, eine prompte und unparteiische Untersuchung wegen der behaupteten Verletzung durchzuführen.

Wie schon die Kommission sah sich der EGMR außerstande festzustellen, von wem die Verletzungen verursacht worden waren. Die medizinischen Untersuchungen hätten zwar ergeben, dass der Beschwerdeführer mit einem festen Gegenstand geschlagen worden sei. Weiterhin sei es unbestritten, dass der Beschwerdeführer die Verletzungen im Zusammenhang mit dem Zwischenfall an der Busstation erlitten habe. Es sei ebenfalls unbestritten, dass der Vater des Beschwerdeführers seinen Sohn dreimal mit einem schmalen Holzstock geschlagen habe. Der Vater habe jedoch verneint, seinen Sohn mit der für die Verletzungen notwendigen Kraft und Häufigkeit geschlagen zu haben. Hinsichtlich der Zeugenaussagen bemerkte der EGMR, dass bis auf den Beschwerdeführer und seinen Vater keiner der Zeugen ausgesagt hätte, dass er gesehen habe, dass die Polizisten den Beschwerdeführer geschlagen hätten. Insofern könne der EGMR auf der Basis der vorhandenen Beweise unmöglich feststellen, ob die Verletzungen von den Polizisten verursacht worden seien oder nicht[752].

Anschließend widmete sich der Gerichtshof den durchgeführten Untersuchungen. Die medizinischen Beweise, die Aussage des Beschwerdeführers, der Umstand, dass dieser für zwei Stunden auf der Polizeistation festgehalten worden sei, sowie das Fehlen von Zeugen, die belegen könnten, dass der Vater den Beschwerdeführer mit der für die Verletzungen notwendigen Kraft geschlagen habe, würde den glaubwürdigen Verdacht zulassen, dass diese Verletzungen von den Polizisten verursacht worden seien[753]. Aus Art. 3 EMRK, in Verbindung mit der allgemeinen Verpflichtung des Staates aus Art. 1 EMRK, allen seiner Hoheitsgewalt unterstehenden Personen die in Abschnitt I dieser Konvention bestimmten Rechte und Freiheiten zuzusichern, ergebe sich die Pflicht, wirksame amtliche Ermittlungen anzustellen, wenn eine Person glaubwürdig versichert, dass sie von Polizisten oder anderen Bediensteten des Staates rechtswidrig und unter Verletzung des Art. 3 EMRK ernsthaft misshandelt worden sei[754]. Diese Ermittlungen müssten, ebenso wie diejenigen unter Art. 2 EMRK, dazu geeignet sein, zur Identifizierung und Bestrafung der Verantwortlichen zu führen[755]. Wenn dies nicht der Fall sei, wäre das generelle Verbot von Folter, unmenschlicher oder erniedrigender Strafe und Behandlung trotz seiner fundamentalen Bedeutung in der Praxis ineffektiv und es wäre in einigen Fällen den staatlichen Bediensteten straflos möglich, ihre Rechte gegenüber denen zu missbrauchen, die ihrer Kontrolle unterstünden[756].

Hinsichtlich des konkreten Falles bemängelte der Gerichtshof insbesondere, dass die Untersuchungsbehörden ohne weiteres davon ausgegangen waren, dass

752 EGMR, Urt. v. 28.10.1998, Rn. 100 – Assenov u.a./Bulgarien.

753 EGMR, Urt. v. 28.10.1998, Rn. 101 – Assenov u.a./Bulgarien.

754 EGMR, Urt. v. 28.10.1998, Rn. 102 – Assenov u.a./Bulgarien: "Where an individual raises an arguable claim that he has been seriously ill-treated by the police or other such agents of the State unlawfully and in breach of Article 3, that provision, read in conjunction with the State's general duty under Article 1 of the Convention to 'secure to everyone within their jurisdiction the rights and freedoms defined in ...(the) Convention', requires by implication that there should be an effective official investigation".

755 EGMR, Urt. v. 28.10.1998, Rn. 102 – Assenov u.a./Bulgarien mit Verweis auf: EGMR, Urt. v. 27.09.1995, Rn. 161 – McCann u.a./Vereinigtes Königreich; EGMR, Urt. v. 19.02.1998, Rn. 86 – Kaya/Türkei; EGMR, Urt. v. 02.09.1998, Rn. 98 – Yasa/Türkei.

756 EGMR, Urt. v. 28.10.1998, Rn. 102 – Assenov u.a./Bulgarien.

der Vater die Verletzungen bei dem Beschwerdeführer verursacht habe, obwohl keinerlei Beweis vorgelegen hätten, dass dieser mit der für die Schwere der Verletzungen notwendigen Kraft zugeschlagen hatte.

Obwohl sich der Zwischenfall an einem öffentlichen Platz ereignet habe und von zahlreichen Personen beobachtet worden sei, sei kein Versuch unternommen worden, die Wahrheit herauszufinden, indem man diese Zeugen unmittelbar nach dem Zwischenfall befragt hätte, wenn die Erinnerungen noch am frischesten sind. Des Weiteren kritisierte der EGMR die Feststellung der Untersuchungsbehörde, die ohne vorliegende Beweise zu dem Schluss gekommen war, dass sich der Beschwerdeführer widersetzt hätte, und zudem ohne weiteres erklärt hatte, dass, selbst wenn die Verletzungen von den Polizisten verursacht worden wären, diese die Folge des Widerstandes eines polizeilichen Befehls gewesen wären und damit die Handlungen der Polizisten jedenfalls gerechtfertigt gewesen seien. Eine solche Annahme sei unvereinbar mit dem Grundsatz des Art. 3 EMRK, dass, wenn eine der Freiheit beraubte Person körperlicher Gewalt ausgesetzt werde, welche nicht aufgrund ihres eigenen Verhaltens absolut notwendig sei, dieses grundsätzlich eine Verletzung des Art. 3 EMRK darstelle[757]. Die nachträglich durchgeführten Zeugenbefragungen, von denen der eine Zeuge nur eine vage Erinnerung an den Vorgang gehabt hätte, seien nicht ausreichend gewesen, die zutage getretenen Defizite zu beheben.

Das Fehlen einer gründlichen und effektiven Ermittlung trotz des glaubwürdigen Vortrags des Beschwerdeführers, dass er von den Polizisten geschlagen worden sei, führte damit nach Ansicht des EGMR zu einer Verletzung des Art. 3 EMRK[758].

In der Entscheidung Assenov u.a./Bulgarien übertrug der Gerichtshof somit das bereits in dem Urteil McCann u.a./Vereinigtes Königreich hinsichtlich Art. 2 EMRK entwickelte Erfordernis effektiver Ermittlungen auf Art. 3 EMRK, da andernfalls das Verbot von Folter, unmenschlicher oder erniedrigender Strafe beziehungsweise Behandlung trotz seiner fundamentalen Bedeutung in der Praxis ineffektiv ist. Aus diesem Grund müssen die Ermittlungen dazu geeignet sein, zur Identifizierung und Bestrafung der Verantwortlichen zu führen.

2. Labita/Italien und Sevtap Veznedaroglu/Türkei

In zwei, nur wenige Tage auseinander liegenden Entscheidungen aus dem Jahre 2000 wendete der Gerichtshof die von ihm entwickelte Beweislasterleichterung für die in Frage stehende Gefängnis- beziehungsweise Polizeihaft ohne nähere

757 EGMR, Urt. v. 28.10.1998, Rn. 104 – Assenov u.a./Bulgarien.
758 EGMR, Urt. v. 28.10.1998, Rn. 106 – Assenov u.a./Bulgarien.

Begründung nicht an. Er beschränkte sich vielmehr darauf, einen Verstoß gegen die aus Art. 3 EMRK resultierende Ermittlungspflicht festzustellen.

In dem Urteil Labita/Italien bekräftigte der EGMR die aus Art. 3 EMRK resultierende Pflicht, wirksame amtliche Ermittlungen durchzuführen, wenn eine Person glaubwürdig versichert, dass sie von Polizisten oder anderen Bediensteten des Staates misshandelt worden sei. Der Beschwerdeführer war wegen des Verdachts der Mitgliedschaft in der Mafia gefangen genommen und inhaftiert worden. Das medizinische Register des Gefängnisses zeigte, dass der Beschwerdeführer bei guter Gesundheit inhaftiert worden war. Während der Gefängnishaft sei es dann zu schweren Misshandlungen durch verschiedene Gefängniswärter gekommen. Er sei bedroht, geschlagen und seine Genitalien gequetscht worden. Überdies sei er unnötigen Leibesvisitationen und Erniedrigungen, wie beispielsweise der medizinischen Untersuchung unter Beibehaltung der Handschellen, ausgesetzt worden. In dem auf Antrag des Beschwerdeführers durchgeführten Untersuchungsverfahren trug dieser vor, physisch und psychisch misshandelt und erniedrigt worden zu sein. Im Verlaufe des Verfahrens wurden dem Beschwerdeführer Fotokopien von Fotografien der 262 Gefängniswärter gezeigt, die in dem Gefängnis gearbeitet hatten. Die fraglichen Fotos waren dabei allesamt vor dem relevanten Tatzeitpunkt aufgenommen worden. Aus diesem Grund gelang es dem Beschwerdeführer nicht, anhand der Fotokopien die Täter zu identifizieren. Er wies jedoch daraufhin, dass er keine Schwierigkeiten hätte, die Gefängniswärter zu benennen, wenn er diesen persönlich gegenüberstehen würde. Dessen ungeachtet, stellte der leitende Staatsanwalt anschließend einen Antrag auf Einstellung der Untersuchung mit der Begründung, dass die Täter nicht identifiziert werden könnten. Diesem Antrag wurde vom zuständigen Gericht stattgegeben.

Der Gerichtshof betonte bei der Untersuchung der vom Beschwerdeführer gerügten Verletzung des Art. 3 EMRK zunächst, dass eine behauptete Misshandlung durch ausreichende Beweise belegt werden müsse[759]. Bei der Bewertung des Beweismaterials wende der Gerichtshof den Maßstab des „über jeden vernünftigen Zweifel erhabenen" Beweises an, der jedoch auch durch das gemeinsame Vorliegen hinreichend überzeugender, klarer und übereinstimmender Indizien oder durch ähnliche, unwiderlegte Tatsachenvermutungen erfüllt werden könne[760]. Der Gerichtshof hob anschließend hervor, dass es für Gefangene grundsätzlich schwierig sei, Beweise über die erfolgte Misshandlung durch Gefängniswärter zu sammeln. In diesem Zusammenhang sei festzuhalten, dass der

759 EGMR, Urt. v. 06.04.2000, Rn. 121 – Labita/Italien mit Verweis auf: EGMR, Urt. v. 22.09.1993, Rn. 30 – Klaas/Deutschland.

760 EGMR, Urt. v. 06.04.2000, Rn. 121 – Labita/Italien mit Verweis auf: EGMR, Urt. v. 18.01.1978, Rn. 161 – Irland/Vereinigtes Königreich.

Beschwerdeführer behauptet habe, dass er von den Gefängniswärtern unter Druck gesetzt worden sei, sie nicht anzuzeigen. Andererseits hob er hervor, dass der Beschwerdeführer keinerlei Erklärungen abgegeben habe, warum er sich erst relativ spät über die erfolgten Misshandlungen beschwert habe. Es lägen keine medizinischen Dokumentationen etwaiger Verletzungen vor, obwohl es dem Beschwerdeführer offensichtlich nicht verboten worden sei, während der Haft einen Doktor aufzusuchen. In Anbetracht dieser Umstände entschied der Gerichtshof, dass die ihm vorliegenden Materialien nicht ausreichen würden, um die Behauptung einer Art. 3 EMRK verletzenden Misshandlung des Beschwerdeführers zu beweisen[761].

Anschließend widmete sich der Gerichtshof den von den nationalen Behörden durchgeführten Ermittlungen, weil die im Laufe der Untersuchung gemachten Aussagen des Beschwerdeführers insofern den Verdacht zuließen, dass dieser einer unangemessenen Behandlung während seiner Gefängnishaft ausgesetzt worden sei[762]. Der Gerichtshof betonte, wie bereits in der Entscheidung Assenov u.a./Bulgarien, dass sich aus Art. 3 EMRK in Verbindung mit der allgemeinen Verpflichtung des Staates aus Art. 1 EMRK, allen seiner Hoheitsgewalt unterstehenden Personen die in Abschnitt I dieser Konvention bestimmten Rechte und Freiheiten zuzusichern, die Pflicht ergebe, wirksame amtliche Ermittlungen anzustellen, wenn eine Person glaubwürdig behaupte, dass sie einer Art. 3 EMRK verletzenden Behandlung durch Polizisten oder ähnliche Staatsbediensteten ausgesetzt worden sei[763]. Ebenso wie die Ermittlungen im Rahmen des Art. 2 EMRK müsse eine solche Untersuchung dazu geeignet sein, zur Identifizierung und Bestrafung der Verantwortlichen zu führen[764]. Andernfalls wäre das generelle gesetzliche Verbot von Folter und unmenschlicher und erniedrigender Strafe und Behandlung trotz seiner fundamentalen Bedeutung in der Praxis ineffektiv und es wäre in einigen Fällen den staatlichen Bediensteten straflos möglich, ihre Rechte gegenüber denen zu missbrauchen, die ihrer Kontrolle unterstünden[765].

Im konkreten Fall bemängelte der EGMR insbesondere die lange Untätigkeit der Behörden. So hätte es mehr als 14 Monate gedauert, bis der Beschwerdeführer nach seiner ersten Beschwerde über erfolgte Misshandlungen wiederum be-

761 EGMR, Urt. v. 06.04.2000, Rn. 129 – Labita/Italien.
762 EGMR, Urt. v. 06.04.2000, Rn. 130 – Labita/Italien.
763 EGMR, Urt. v. 06.04.2000, Rn. 131 – Labita/Italien.
764 EGMR, Urt. v. 06.04.2000, Rn. 131 – Labita/Italien mit Verweis auf: EGMR, Urt. v. 27.09.1995, Rn. 161 – McCann u.a./Vereinigtes Königreich; EGMR, Urt. v. 19.02.1998, Rn. 86 – Kaya/Türkei; EGMR, Urt. v. 02.09.1998, Rn. 98 – Yasa/Türkei.
765 EGMR, Urt. v. 06.04.2000, Rn. 131 – Labita/Italien mit Verweis auf: EGMR, Urt. v. 28.10.1998, Rn. 102 – Assenov u.a./Bulgarien.

fragt worden sei, um die Gefängniswärter zu identifizieren. In diesen 14 Monaten seien lediglich Fotokopien von Fotografien der einzelnen Gefängniswärter und keine Abzüge eingeholt worden. Zudem sei der Beschwerdeführer während dieser Zeit nach wie vor Insasse des besagten Gefängnisses geblieben[766]. Erschwerend käme hinzu, dass die Ermittlungen mit der Begründung eingestellt worden seien, dass die Täter nicht identifizierbar seien, obwohl der Beschwerdeführer vorgetragen hatte, dass ihm die Identifizierung bei einer Gegenüberstellung ohne weiteres möglich sei[767]. Die Untätigkeit der italienischen Behörden sei umso bedauerlicher, weil es sich bei der Beschwerde nicht um einen Einzelfall gehandelt hätte. Die Existenz von umstrittenen Praktiken der Gefängniswärter in dem besagten Gefängnis sei öffentlich und energisch von staatlichen Behörden verurteilt worden.

Aufgrund der Tatsache, dass keine gründlichen und wirksamen Ermittlungen durchgeführt worden seien, obwohl der Beschwerdeführer einen glaubwürdigen Vortrag über die erfolgte Misshandlung durch die Gefängniswärter gemacht hatte, bejahte der EGMR schließlich eine Verletzung des Art. 3 EMRK[768].

In der teilweise abweichenden Meinung der Richter Ridruejo, Bonello, Makarczyk, Tulkens, Straznicka, Butkevych, Casadevall und Zupancic vertraten diese die Ansicht, dass sich die verfahrensrechtliche Herangehensweise zwar in einigen Fällen als nützlich und notwendig erweisen könnte, im vorliegenden Fall aber dem Staat erlauben würde, seine Verantwortlichkeit auf die bloße Verletzung eines Verfahrensfehlers zu beschränken, welche augenscheinlich weniger schwerwiegend sei als eine Verletzung des Art. 3 EMRK wegen erfolgter Misshandlungen[769]. Vielmehr würden die Fakten, die den Gerichtshof dazu bewogen hätten, eine verfahrensrechtliche Verletzung des Art. 3 EMRK zu bejahen, bereits für sich genommen ausreichend klar und eindeutig die Feststellung einer materiellen Verletzung des Art. 3 EMRK rechtfertigen[770]. Die abweichenden Richter sahen es demnach als erwiesen an, dass der Beschwerdeführer während seiner Haftzeit einer Art. 3 EMRK verletzenden Behandlung ausgesetzt worden sei. Art. 3 EMRK sei aus diesem Grund, und nicht allein wegen des Verstoßes gegen die dem Art. 3 EMRK innewohnende Ermittlungspflicht, ver-

---

766 EGMR, Urt. v. 06.04.2000, Rn. 133 – Labita/Italien.

767 EGMR, Urt. v. 06.04.2000, Rn. 134 – Labita/Italien.

768 EGMR, Urt. v. 06.04.2000, Rn. 136 – Labita/Italien.

769 Abweichende Meinung der Richter Ridruejo, Bonello, Makarczyk, Tulkens, Straznicka, Butkevych, Casadevall und Zupancic in: EGMR, Urt. v. 06.04.2000 – Labita/Italien.

770 Abweichende Meinung der Richter Ridruejo, Bonello, Makarczyk, Tulkens, Straznicka, Butkevych, Casadevall und Zupancic in: EGMR, Urt. v. 06.04.2000 – Labita/Italien.

letzt worden[771]. Die Richter betonten, dass der vom EGMR angewandte Beweismaßstab des „über jeden vernünftigen Zweifel erhabenen" Beweises unangemessen, unlogisch und unbrauchbar sei, wenn keine angemessenen Untersuchungen durchgeführt worden seien, weil der Betroffene dadurch daran gehindert werde, diesem Beweismaßstab zu genügen[772]. Die Richter zeigten sich davon überzeugt, dass, wenn ein Vorfall gänzlich oder teilweise nur den Behörden bekannt sei, beispielsweise wenn das Opfer sich im Gefängnis befinde, ernsthafte Vermutungen dafür sprächen, dass die Verletzungen oder die Misshandlung während der Haft erfolgt seien. Insofern könne man sogar in Erwägung ziehen, dass die Beweislast, eine befriedigende und überzeugende Erklärung abzugeben, den Behörden obliege[773]. In jedem Fall sei aber der Beweismaßstab geringer als der des „über jeden vernünftigen Zweifel erhabenen" Beweises, wenn die Behörden keine ausreichend wirksamen Untersuchungen angestellt hätten[774].

In der Entscheidung Sevtap Veznedaroglu/Türkei ging es um die Ursache von Verletzungen, welche die Beschwerdeführerin während einer Polizeihaft erlitten hatte. Bei der Beschwerdeführerin handelte es sich um eine Forschungsstudentin im öffentlichen Recht, die mit einem Anwalt verheiratet war, welcher zur fraglichen Zeit der Präsident einer Menschenrechtsorganisation war. Wegen des Verdachts der Mitgliedschaft in der PKK wurde die Beschwerdeführerin am 04.07.1994 verhaftet. Nachdem sie von einem Arzt untersucht worden war, brachte man sie mit verbundenen Augen zu einem unbekannten Ort und sperrte sie in eine Zelle. In den folgenden vier Tagen wurde sie mehrmals verhört. Die Beschwerdeführerin trug vor, dass sie während dieser Verhöre mehrmals und über einen längeren Zeitraum nackt an den Armen aufgehängt worden sei und Elektroschocks erhalten hätte. Des Weiteren sei ihr gedroht worden, dass man sie vergewaltigen und umbringen würde, wenn sie sich weiterhin für die Menschenrechte einsetzen würde. Die Beschwerdeführerin sei während der Verhöre zudem dazu gezwungen worden, einige vorbereitete Dokumente zu unterzeichnen, in welchen sie die ihr zu Last gelegten Taten eingestand und die anderer-

771 Abweichende Meinung der Richter Ridruejo, Bonello, Makarczyk, Tulkens, Straznicka, Butkevych, Casadevall und Zupancic in: EGMR, Urt. v. 06.04.2000 – Labita/Italien.

772 Abweichende Meinung der Richter Ridruejo, Bonello, Makarczyk, Tulkens, Straznicka, Butkevych, Casadevall und Zupancic in: EGMR, Urt. v. 06.04.2000 – Labita/Italien.

773 Abweichende Meinung der Richter Ridruejo, Bonello, Makarczyk, Tulkens, Straznicka, Butkevych, Casadevall und Zupancic in: EGMR, Urt. v. 06.04.2000 – Labita/Italien.

774 Abweichende Meinung der Richter Ridruejo, Bonello, Makarczyk, Tulkens, Straznicka, Butkevych, Casadevall und Zupancic in: EGMR, Urt. v. 06.04.2000 – Labita/Italien.

seits feststellten, dass die erlittenen Verletzungen von einem unverschuldeten Sturz und nicht von der erfolgten Misshandlung herrührten. Einige Tage danach ist die Beschwerdeführerin erneut ärztlich untersucht worden, wobei bei ihr mehrere Blutergüsse an den Armen festgestellt wurden. Eine weitere ärztliche Untersuchung stellte dieselben Wunden fest und bescheinigte, dass die Beschwerdeführerin arbeitsfähig sei. Am 15.07.1994 ist die Beschwerdeführerin dem leitenden Staatsanwalt vorgeführt worden. Die den Fall betreffenden Akten enthielten dabei die drei medizinischen Gutachten. Sie trug vor, dass sie gefoltert worden sei und dass sie die besagten Dokumente nur aufgrund des auf sie ausgeübten Drucks unterzeichnet habe. Der Staatsanwalt ließ in die Akten aufnehmen, dass die Beschwerdeführerin den Inhalt der von ihr unterzeichneten Dokumente bestritt. Noch am selben Tage ist die Beschwerdeführerin einem Richter vorgeführt worden, vor welchem sie ihre Vorwürfe wiederholte. Dieser ordnete die vorläufige Entlassung der Beschwerdeführerin aus der Haft an. Der Staatsanwalt beantragte dagegen, sie wegen der Mitgliedschaft in der PKK anzuklagen. Am 30.10.1995 ist das Verfahren gegen die Beschwerdeführerin wegen der besagten Mitgliedschaft in der PKK schließlich aus Mangel an Beweisen eingestellt worden.

Die Beschwerdeführerin rügte vor dem EGMR eine Verletzung des Art. 3 EMRK, weil sie während ihrer Polizeihaft mehrfach gefoltert worden sei. Sie stützte sich dabei vor allem auf die medizinischen Gutachten.

Nachdem der Gerichtshof erneut die fundamentale Bedeutung des Art. 3 EMRK betont hatte[775], wandte er sich den zwei Versionen zu, die über die Ursache der Verletzungen bestanden. In diesem Zusammenhang hob der EGMR zunächst hervor, dass die Regierung nicht bestreite, dass die Verletzungen der Beschwerdeführerin aus der Zeit ihrer Polizeihaft stammten. Anschließend begnügte sich der EGMR, ohne auf die medizinischen Gutachten oder den Vortrag der Beschwerdeführerin einzugehen, mit der Feststellung, dass es ihm unmöglich sei, auf der Basis der vorliegenden Beweise festzustellen, ob die Verletzungen der Beschwerdeführerin von den Polizisten verursacht worden waren beziehungsweise ob sie, wie von ihr behauptet, gefoltert worden sei. Der Gerichtshof sei nicht davon überzeugt, dass eine Zeugenanhörung den Sachverhalt klären könnte oder es ermöglichte, die Behauptungen der Beschwerdeführerin ohne vernünftige Zweifel als begründet zu betrachten[776].

Gleichzeitig betonte der Gerichtshof, dass die Schwierigkeit bei der Feststellung, ob es eine plausible Erklärung für die erlittenen Blutergüsse gebe beziehungsweise ob die Behauptungen der Beschwerdeführerin hinsichtlich der Na-

775 EGMR, Urt. v. 11.04.2000, Rn. 28 – Sevtap Veznedaroglu/Türkei.
776 EGMR, Urt. v. 11.04.2000, Rn. 30 – Sevtap Veznedaroglu/Türkei.

tur ihrer Verletzungen Substanz hätten, ihre Ursache in den unterbliebenen Ermittlungen der Behörden hätte[777]. In diesem Zusammenhang wiederholte der EGMR, dass aus Art. 3 EMRK und Art. 1 EMRK im Falle des glaubwürdigen Vortrags einer Art. 3 EMRK verletzenden Behandlung eine Ermittlungspflicht resultiere, um die Garantien des Art. 3 EMRK in der Praxis nicht ihrer Wirksamkeit zu berauben[778]. Obwohl die Beschwerdeführerin sowohl dem leitenden Staatsanwalt als auch dem zuständigen Richter von der ihr widerfahrenen Folterung berichtet habe und diese sich auch in dem Besitz der die Verletzungen dokumentierenden medizinischen Gutachten befunden hätten, seien keinerlei Anstalten unternommen worden, dem behaupteten Sachverhalt nachzugehen. Weder sei versucht worden, von der Beschwerdeführerin weitere Details zu erlangen, noch seien die verantwortlichen Polizisten zu dem Vorgang befragt worden[779]. Die von den nationalen Behörden an den Tag gelegte Trägheit sei unvereinbar mit der aus Art. 3 EMRK resultierenden verfahrensrechtlichen Verpflichtung. Aus diesem Grund entschied der Gerichtshof, dass Art. 3 EMRK aufgrund der unterbliebenen Ermittlung verletzt worden sei[780].

Der Urteilsfindung der Mehrheitsmeinung schloss sich Richter Bonello nicht an. In seiner teilweise abweichenden Meinung vertrat dieser die Ansicht, dass der Gerichtshof mehrere Grundelemente der Beweisregelung missachtet habe[781]. Zum einen habe der Gerichtshof bereits mehrfach entschieden, dass es dem Staat obliege, eine plausible Erklärung für die Ursachen von Verletzungen zu geben, wenn eine Person in gutem Gesundheitszustand in Polizeihaft genommen werde und man bei ihrer Entlassung Verletzungen feststellte. Gelinge dem Staat dieses nicht, so sei Art. 3 EMRK anwendbar[782]. Eine solche Verpflichtung bedeute, dass für Verletzungen, welche nicht aus der Zeit vor der Haft stammten, nicht der Beschwerdeführer die Behauptung der erlittenen Folter oder unmenschlicher Behandlung begründen müsse, sondern dass es Sache des Staates sei, eine plausible Erklärung für die Ursache der erlittenen Verletzungen abzugeben. Im vorliegenden Fall hätte der betroffene Staat jedoch keinerlei diesbezügliche Erklärungen geliefert. Der Gerichtshof habe den Wechsel

777 EGMR, Urt. v. 11.04.2000, Rn. 31 – Sevtap Veznedaroglu/Türkei.

778 EGMR, Urt. v. 11.04.2000, Rn. 32 – Sevtap Veznedaroglu/Türkei mit Verweis auf: EGMR, Urt. v. 28.09.1998, Rn. 102 – Assenov u.a./Bulgarien.

779 EGMR, Urt. v. 11.04.2000, Rn. 33, 34 – Sevtap Veznedaroglu/Türkei.

780 EGMR, Urt. v. 11.04.2000, Rn. 35 – Sevtap Veznedaroglu/Türkei.

781 Teilweise abweichende Meinung des Richters Bonello in: EGMR, Urt. v. 11.04.2000, Rn. 8 – Sevtap Veznedaroglu/Türkei.

782 Teilweise abweichende Meinung des Richters Bonello in: EGMR, Urt. v. 11.04.2000, Rn. 9 – Sevtap Veznedaroglu/Türkei mit Verweis auf: EGMR (Große Kammer), Urt. v. 28.07.1999, Rn. 87 – Selmouni/Frankreich; EGMR, Urt. v. 04.12.1995, Rn. 34 – Ribitsch/Österreich; EGMR, Urt. v. 27.08.1992, Rn. 108-111 – Tomasi/Frankreich.

der Beweislast vom Beschwerdeführer zum Staat ignoriert[783]. Des Weiteren bemängelte Richter Bonello den angewandten Beweismaßstab des „über jeden vernünftigen Zweifel erhabenen" Beweises. Dieser sei in Fällen der Foiter rechtlich unvertretbar und in der Praxis unerreichbar[784]. Es widerspräche der Waffengleichheit, wenn der Gerichtshof von dem Folteropfer das Vorliegen eines „harten" Beweises verlange[785].

In den Entscheidungen Labita/Italien und Sevtap Veznedaroglu/Türkei wendete der Gerichtshof also die von ihm entwickelte Beweislasterleichterung für Fälle der Polizei- beziehungsweise Gefängnishaft ohne ersichtlichen Grund nicht an, sondern hielt an dem strengen Beweismaßstab des „über jeden vernünftigen Zweifel erhabenen" Beweises fest. Diese Vorgehensweise wird von den abweichenden Richtern heftig kritisiert, weil der vom EGMR verwendete Maßstab gerade aufgrund der besonderen Haftsituation praktisch unerfüllbar sei, insbesondere, wenn es die nationalen Behörden unterlassen haben, wirksame Ermittlungen durchzuführen.

Der Gerichtshof gelangt anschließend in beiden Fällen zu dem Schluss, dass die mangelhaften Ermittlungen der nationalen Behörden einen Verstoß gegen die verfahrensrechtlichen Anforderungen des Art. 3 EMRK darstellten, weil die Beschwerdeführer glaubhaft das Vorliegen einer Art. 3 EMRK verletzenden Folter oder Misshandlung vorgetragen hätten.

3. Caloc/Frankreich

Obwohl der Gerichtshof in dem Urteil Caloc/Frankreich eine Verletzung des Art. 3 EMRK sowohl aus materiellrechtlichen als auch aus verfahrensrechtlichen Gesichtspunkten im Ergebnis verneinte, nutzte der EGMR diese Entscheidung, um die von ihm hinsichtlich der Verfahrensdimension des Art. 3 EMRK entwickelten Grundsätze zusammenzufassen.

Der Beschwerdeführer hatte vor dem Gerichtshof eine Verletzung des Art. 3 EMRK gerügt, weil er während seiner Polizeihaft misshandelt worden sei. Er hatte sich auf der Polizeistation eingefunden, weil man ihn im Zusammenhang mit einer Beschwerde seines früheren Arbeitgebers vernehmen wollte. Dieser hatte behauptet, dass der Beschwerdeführer zwei seiner Bulldozer sabotiert hät-

---

783 Teilweise abweichende Meinung des Richters Bonello in: EGMR, Urt. v. 11.04.2000, Rn. 9 – Sevtap Veznedaroglu/Türkei.

784 Teilweise abweichende Meinung des Richter Bonello in: EGMR, Urt. v. 11.04.2000, Rn. 11 – Sevtap Veznedaroglu/Türkei.

785 Teilweise abweichende Meinung des Richter Bonello in: EGMR, Urt. v. 11.04.2000, Rn. 15 – Sevtap Veznedaroglu/Türkei.

te. Nachdem die Polizisten dem Beschwerdeführer mitgeteilt hatten, dass sie von seiner Frau erfahren hätten, dass er manchmal während der Nacht „verschwinde", lief dieser davon. Er wurde jedoch bereits nach 50m von den ihm nacheilenden Polizisten wieder gefangen und in die Polizeistation zurückgebracht, wobei er sich heftig widersetzte. Es war insofern unumstritten, dass die Polizisten in diesem Zusammenhang Gewalt anwandten. Die Stellungnahmen des Beschwerdeführers und der Regierung unterschieden sich jedoch in der Frage, wann und wie oft diese Gewalt eingesetzt worden war. Der Beschwerdeführer behauptete, auch noch nach seiner Rückkehr auf die Polizeistation misshandelt worden zu sein, was von der Regierung verneint wurde. Ein nach seiner Entlassung am nächsten Tag aufgesuchter Arzt bescheinigte ihm mehrere Verletzungen. Im Laufe verschiedener, sich an diesen Vorfall anschließender Ermittlungsverfahren gab der Beschwerdeführer zum Teil widersprüchliche Versionen des Tatherganges ab.

Der Gerichtshof stellte zunächst fest, dass es dem Staat obliege, eine plausible Erklärung für aufgetretene Verletzungen zu liefern, wenn eine Person in gutem Gesundheitszustand in Polizeihaft genommen werde und bei ihrer Entlassung Verletzungen aufweise[786]. Im vorliegenden Fall würde die Regierung nicht bestreiten, dass die Polizisten gegen den Beschwerdeführer während seines Polizeigewahrsams Gewalt angewandt hätten. Vielmehr sei nur umstritten, wann und wie oft es zu solchen Gewaltakten gekommen sei. Im Anschluss daran untersuchte der Gerichtshof die gerügte Mangelhaftigkeit der in diesem Zusammenhang durchgeführten Ermittlungen. Verfahrensrechtliche Verpflichtungen seien im Rahmen der Konvention in unterschiedlichen Zusammenhängen angewandt worden, wenn sich dieses als notwendig erwiesen habe, um sicherzustellen, dass die von der Konvention garantierten Rechte nicht nur von theoretischer oder illusorischer Natur, sondern auch praktikabel und wirksam sind. Zum Beispiel sei die Verpflichtung wirksame Ermittlungen durchzuführen, wenn der Tod einer Person durch Sicherheitskräfte des Staates verursacht worden war, aus Art. 2 EMRK abgeleitet worden, welcher das Recht auf Leben garantiere[787].

Wenn eine Person glaubwürdig versichere, dass sie einer Art. 3 EMRK verletzenden Behandlung durch Polizisten oder ähnliche Staatsbedienstete ausgesetzt worden sei, ergebe sich aus Art. 3 EMRK in Verbindung mit der allgemeinen Verpflichtung des Staates aus Art. 1 EMRK, allen seiner Hoheitsgewalt unter-

786 EGMR, Urt. v. 20.07.2000, Rn. 84 – Caloc/Frankreich mit Verweis auf: EGMR (Große Kammer), Urt. v. 28.07.1999, Rn. 87 – Selmouni/Frankreich; EGMR, Urt. v. 04.12.1995, Rn. 34 – Ribitsch/Österreich; EGMR, Urt. v. 27.08.1992, Rn. 108-111– Tomasi/Frankreich.

787 EGMR, Urt. v. 20.07.2000, Rn. 88 – Caloc/Frankreich mit Verweis auf: EGMR, Urt. v. 27.09.1995, Rn. 157-164 – McCann u.a./Vereinigtes Königreich.

stehenden Personen die in Abschnitt I dieser Konvention bestimmten Rechte und Freiheiten zuzusichern, die Pflicht, wirksame amtliche Ermittlungen anzustellen[788]. Ebenso wie die Untersuchungen im Rahmen des Art. 2 EMRK müssen diese dazu geeignet sein, zur Identifizierung und Bestrafung der Verantwortlichen zu führen, da andernfalls das generelle Verbot der Folter und unmenschlicher und erniedrigender Strafe oder Behandlung trotz seiner fundamentalen Bedeutung in der Praxis ineffektiv sei und es in einigen Fällen den staatlichen Bediensteten straflos möglich wäre, ihre Rechte gegenüber denen zu missbrauchen, die ihrer Kontrolle unterstünden[789]. Ob es angemessen und notwendig sei, einen verfahrensrechtlichen Verstoß gegen Art. 3 EMRK festzustellen, hänge dabei von den Umständen des jeweiligen Falles ab. In der Entscheidung Assenov u.a./Bulgarien habe der Gerichtshof einen Verstoß gegen die verfahrensrechtlichen Anforderungen des Art. 3 EMRK aufgrund unangemessener Ermittlungen der Behörden bejaht. In diesem Fall sei der Gerichtshof jedoch nicht in der Lage gewesen herauszufinden, ob die Verletzungen, die der Beschwerdeführer erlitten hatte, tatsächlich, wie von ihm behauptet, von Polizisten verursacht worden seien. Dieses Unvermögen, den Sachverhalt aufzuklären, sei dabei zumindest teilweise darauf zurückzuführen, dass die Behörden es unterlassen hätten, effektiv auf die ihnen vorgetragenen Beschwerden zu reagieren[790].

Im vorliegenden Fall sei es jedoch zu umfassenden Ermittlungen der zuständigen Behörden gekommen. Aus diesem Grund verneinte der Gerichtshof eine Verletzung des Art. 3 EMRK unter diesem Gesichtspunkt[791]. Auch sah sich der EGMR nicht davon überzeugt, dass die im Zusammenhang mit der Ergreifung des flüchtenden Beschwerdeführers eingesetzte Gewalt der Polizisten disproportional und unangemessen gewesen sei. Insofern sei Art. 3 EMRK auch nicht aus diesem Grunde verletzt worden[792]. Schließlich schenkte der Gerichtshof den Behauptungen des Beschwerdeführers, dass er nach seinem fehlgeschlagenen Fluchtversuch auf der Polizeistation misshandelt worden sei, aufgrund der Widersprüchlichkeit seines Vortrages keinen Glauben und lehnte eine diesbezügliche Verletzung des Art. 3 EMRK ab[793]. Im Ergebnis bejahte der Gerichtshof

788 EGMR, Urt. v. 20.07.2000, Rn. 89 – Caloc/Frankreich.

789 EGMR, Urt. v. 20.07.2000, Rn. 89 – Caloc/Frankreich mit Verweis auf: EGMR, Urt. v. 06.04.2000, Rn. 131 – Labita/Italien.

790 EGMR, Urt. v. 20.07.2000, Rn. 91 – Caloc/Frankreich mit Verweis auf: EGMR, Urt. v. 28.10.1998, Rn. 102-103 – Assenov u.a./Bulgarien.

791 EGMR, Urt. v. 20.07.2000, Rn. 92– Caloc/Frankreich.

792 EGMR, Urt. v. 20.07.2000, Rn. 93 ff. – Caloc/Frankreich.

793 EGMR, Urt. v. 20.07.2000, Rn. 102 ff. – Caloc/Frankreich.

eine Verletzung des Art. 6 EMRK aufgrund der überlangen Dauer der Verfahren, die sich über sieben Jahre hingezogen hatten[794].

4. Sadik Önder/Türkei

In dem Fall Sadik Önder/Türkei ging es um die Gefangennahme des Beschwerdeführers aufgrund des Verdachts der Mitgliedschaft in der PKK. Der Beschwerdeführer trug vor, dass er unmittelbar nach seiner Festnahme in einem Polizeiauto und später während der sich anschließenden Polizeihaft mehrmals gefoltert worden und überdies gezwungen worden sei, ein Dokument zu unterzeichnen, welches seine Teilnahme an terroristischen Aktivitäten der PKK bescheinigte. Die ihm zugefügten Wunden seien von den Polizisten mit Salben behandelt worden, damit sie schneller heilten. Knapp zwei Wochen nach seiner Inhaftierung wurde er von einem Arzt untersucht, der jedoch keinerlei Anzeichen einer Misshandlung feststellen konnte. Eine weitere medizinische Untersuchung, die auf Betreiben des Beschwerdeführers eineinhalb Monate nach seiner Inhaftierung stattfand, gelangte ebenfalls zu dem Ergebnis, dass sich keine Verletzungen feststellen ließen. Der Beschwerdeführer behauptete, dass er im Rahmen seiner während der Haftzeit erfolgten Vorführungen vor den Staatsanwalt und den Richter diese über die erlittenen Misshandlungen in Kenntnis gesetzt hätte. Die Vorführungsprotokolle enthielten diesbezüglich jedoch keine die Aussage des Beschwerdeführers unterstützenden Einträge. Vor dem EGMR rügte der Beschwerdeführer eine Verletzung des Art. 3 EMRK.

Der Gerichtshof vereinte nach eingehender Untersuchung des Sachverhaltes eine materiellrechtliche Verletzung des Art. 3 EMRK hauptsächlich aufgrund der Tatsache, dass bei den medizinischen Untersuchungen keinerlei Verletzungen festgestellt worden seien[795]. Den Vortrag des Beschwerdeführers, dass er bereits während seiner Haftzeit im Rahmen der Vorführung vor den Staatsanwalt und den Richter die behaupteten Misshandlungen angezeigt hätte, betrachtete der Gerichtshof aufgrund fehlender Protokollbelege als nicht erwiesen. Mangels entsprechender Beweise sah sich der Gerichtshof außerstande, eine Art. 3 EMRK verletzende Behandlung des Beschwerdeführers ohne vernünftige Zweifel festzustellen[796].

Anschließend widmete sich der Gerichtshof den in der Sache durchgeführten Ermittlungen. Er wies dabei darauf hin, dass sich aus Art. 3 EMRK in Verbindung mit Art. 1 EMRK die Pflicht ergäbe, wirksame amtliche Ermittlungen anzustellen, wenn eine Person glaubwürdig versichere, dass sie durch Polizisten

---

794 EGMR, Urt. v. 20.07.2000, Rn. 113 ff. – Caloc/Frankreich.
795 EGMR, Urt. v. 08.01.2004, Rn. 31 ff. – Sadik Önder/Türkei.
796 EGMR, Urt. v. 08.01.2004, Rn. 40 – Sadik Önder/Türkei.

oder andere Bedienstete des Staates einer Art. 3 EMRK verletzenden Behandlung ausgesetzt worden sei[797]. Diese Ermittlungen müssten, ebenso wie diejenigen unter Art. 2 EMRK, dazu geeignet sein, zur Identifizierung und Bestrafung der Verantwortlichen zu führen, da das generelle Verbot von Folter, unmenschlicher oder erniedrigender Strafe beziehungsweise Behandlung ansonsten in der Praxis ineffektiv sei und es in einigen Fällen den staatlichen Bediensteten straflos möglich wäre, ihre Rechte gegenüber denjenigen zu missbrauchen, die ihrer Befehlsgewalt unterstünden[798]. Der Gerichtshof stellte zunächst fest, dass der mit der Sache befasste Staatsanwalt umgehend mit seinen Ermittlungen begonnen hätte, nachdem der Beschwerdeführer seine Misshandlungsvorwürfe erhoben hatte. Der Staatsanwalt hätte sich jedoch bei seiner Entscheidung, dass es zu keiner Misshandlung gekommen sei, nur auf das zweite medizinische Gutachten gestützt, welches erst über einen Monat nach der Inhaftierung des Beschwerdeführers erstellt worden war. Zudem hätte der Staatsanwalt weder den Beschwerdeführer noch die Polizeibeamten oder andere mögliche Zeugen befragt. Aus diesem Grund entschied der Gerichtshof, dass die durchgeführten Ermittlungen nicht den Erfordernissen des Art. 3 EMRK genügten, und bejahte eine Verletzung des Art. 3 EMRK[799].

III. Der Einfluss des Art. 3 EMRK auf die Verfahrensanforderungen des Art. 13 EMRK

Anders als im Rahmen des Art. 2 EMRK prüft der Gerichtshof, wenn er eine materiellrechtliche Verletzung des Art. 3 EMRK bejaht hat, grundsätzlich nicht, ob ebenfalls gegen das aus Art. 3 EMRK resultierende Ermittlungserfordernis verstoßen wurde[800]. In diesen Fällen ist die festgestellte Verletzung jedoch für die verfahrensrechtlichen Anforderungen des Art. 13 EMRK von Bedeutung.

1. Aksoy/Türkei

In der Entscheidung Aksoy/Türkei hatte der Gerichtshof eine materiellrechtliche Verletzung des Art. 3 EMRK unter Anwendung der Beweislasterleichterung bejaht[801]. Im Rahmen der Untersuchung einer möglichen Verletzung des von Art. 13 EMRK geschützten Rechts auf eine wirksame Beschwerde entschied der EGMR, dass das von Art. 3 EMRK geschützte Recht Auswirkungen auf den Schutzbereich des Art. 13 EMRK habe. Aufgrund der fundamentalen Bedeutung des Folterverbotes und der besonders verwundbaren Situation der

797 EGMR, Urt. v. 08.01.2004, Rn. 41 – Sadik Önder/Türkei.
798 EGMR, Urt. v. 08.01.2004, Rn. 42 – Sadik Önder/Türkei.
799 EGMR, Urt. v. 08.01.2004, Rn. 45, 46 – Sadik Önder/Türkei.
800 Hinsichtlich des Art. 2 EMRK siehe: 2. Kap., B II.
801 EGMR, Urt. v. 18.12.1996, Rn. 64 – Aksoy/Türkei.

Folteropfer würde Art. 13 EMRK, unabhängig von allen zur Verfügung stehenden nationalen Rechtsmitteln, den Staaten die Pflicht zur Durchführung einer gründlichen und wirksamen Ermittlung hinsichtlich der erfolgten Folterung auferlegen[802]. Der Begriff der „wirksamen Beschwerde" des Art. 13 EMRK schließe die Pflicht mit ein, gründliche und wirksame Ermittlungen durchzuführen, die dazu geeignet seien, die für die Misshandlung Verantwortlichen zu identifizieren und zu bestrafen. Sie beinhalte zudem das Erfordernis des wirksamen Zugangs des Beschwerdeführers zu dem Ermittlungsverfahren[803]. Der Gerichtshof entschied, dass dem Beschwerdeführer das Recht auf eine wirksame Beschwerde hinsichtlich der behaupteten Folter aufgrund der vollständig unterbliebenen Untersuchung verwehrt worden sei, und bejahte einen Verstoß gegen Art. 13 EMRK[804].

2. Ihlan/Türkei, Aydin/Türkei, Bilgin/Türkei, Egmez/Türkei

Eine Begründung für dieses Vorgehen findet sich in dem Urteil Ihlan/Türkei. In dieser Sache war strittig, ob sich der Sohn des Beschwerdeführers bei seiner Festnahme aufgrund des Verdachts der Kooperation mit der PKK selbst verletzt hatte oder von den verantwortlichen Polizisten geschlagen worden war. Der Sohn des Beschwerdeführers hatte sich beim Eintreffen der Polizei in seinem Dorf zusammen mit einer anderen Person in einem Garten versteckt, in welchem er von den Polizisten aufgespürt wurde. Während die Polizisten behaupteten, dass der Sohn des Beschwerdeführers versucht habe zu fliehen und dabei mehrfach hingefallen sei, trug dieser vor, dass er von den Polizisten geschlagen und getreten worden sei und dabei mindestens einmal mit dem Knauf eines Gewehrs einen Schlag auf den Kopf erhalten hätte. Der Sohn des Beschwerdeführers wurde anschließend längere Zeit festgehalten und verhört. Obwohl er sichtbare Wunden am Kopf und offensichtliche Schwierigkeiten beim Gehen und Sprechen hatte, ist er erst nach 36 Stunden in ein Krankenhaus gebracht worden. Der zuständige Staatsanwalt, der über den Vorgang informiert worden war, entschied nicht zu ermitteln, weil er die Ursache der Verletzungen in dem selbstverschuldeten Hinfallen des Beschwerdeführers sah.

Der Gerichtshof schloss sich bei seiner Untersuchung des Sachverhaltes der Meinung der Kommission an, die den Vortrag des Sohnes des Beschwerdeführers als erwiesen ansah. Da die nötige Schwere der Verletzungen ebenfalls vom Gerichtshof bejaht wurde, stellte dieser schließlich einen Verstoß gegen das Folterverbot des Art. 3 EMRK fest[805]. Anschließend äußerte sich der Gerichts-

---

802 EGMR, Urt. v. 18.12.1996, Rn. 98 – Aksoy/Türkei.
803 EGMR, Urt. v. 18.12.1996, Rn. 98 – Aksoy/Türkei.
804 EGMR, Urt. v. 18.12.1996, Rn. 100 – Aksoy/Türkei.
805 EGMR, Urt. v. 27.06.2000, Rn. 86-88 – Ihlan/Türkei.

hof zu der vom Beschwerdeführer gerügten Mangelhaftigkeit der Ermittlungen. Der Gerichtshof wies dabei zunächst darauf hin, dass er in der Entscheidung Assenov u.a./Bulgarien einen Verstoß gegen die verfahrensrechtlichen Anforderungen des Art. 3 EMRK aufgrund unangemessener Ermittlungen der Behörden bejaht hatte. In diesem Fall sei der Gerichtshof jedoch nicht in der Lage gewesen herauszufinden, ob die Verletzungen, die der Beschwerdeführer erlitten hatte, tatsächlich, wie von ihm behauptet, von Polizisten verursacht worden waren. Das Unvermögen, den Sachverhalt aufzuklären, sei dabei zumindest teilweise darauf zurückzuführen, dass die Behörden es unterlassen hätten, effektiv auf die ihnen vorgetragenen Beschwerden zu reagieren[806].

Der Gerichtshof betonte, dass verfahrensrechtliche Verpflichtungen im Rahmen der Konvention in unterschiedlichen Zusammenhängen angewandt worden seien, wenn sich dieses als notwendig erwiesen habe, um sicherzustellen, dass die von der Konvention garantierten Rechte nicht nur von theoretischer oder illusorischer Natur, sondern auch praktikabel und wirksam seien[807]. Aus diesem Grund sei die Verpflichtung, wirksame Ermittlungen durchzuführen, wenn der Tod einer Person, unter anderem von Sicherheitskräften des Staates verursacht worden war, im Rahmen des Art. 2 EMRK entwickelt worden, welcher das Recht auf Leben garantiere. Dieser Artikel enthalte jedoch den Anspruch, dass das Recht auf Leben „gesetzlich geschützt" werde[808]. Insofern würden von Art. 2 EMRK auch Situationen erfasst, in denen die Initiative aus praktischen Gründen beim Staat läge, beispielsweise wenn das Opfer verschwunden sei und die Todesumstände vornehmlich dem Staat bekannt seien[809]. Art. 3 EMRK sei dagegen als „materiellrechtliche Vorschrift" formuliert[810]. Obwohl sich das Opfer einer behaupteten Verletzung dieses Artikels in einer verwundbaren Position befinden könne, würden sich die praktischen Anforderungen dieser Situation häufig von denjenigen Fällen unterscheiden, welche die Anwendung tödlicher Gewalt betreffen oder in denen die Todesumstände verdächtig erscheinen. Insofern vertrat der Gerichtshof die Ansicht, dass Art. 13 EMRK, der bestimme, dass jede Person, die in ihren Konventionsrechten verletzt wurde, das Recht auf eine wirksame Beschwerde habe, dem Beschwerdeführer in der Regel sowohl die nötige Wiedergutmachung gewährleiste als auch die notwendigen verfahrensrechtlichen Schutzmechanismen gegen den Missbrauch staatlicher Gewalt

806 EGMR, Urt. v. 27.06.2000, Rn. 89, 90 – Ihlan/Türkei mit Verweis auf: EGMR, Urt. v. 06.04.2000, Rn. 131 – Labita/Italien.

807 EGMR, Urt. v. 27.06.2000, Rn. 91 – Ihlan/Türkei.

808 EGMR, Urt. v. 27.06.2000, Rn. 91 – Ihlan/Türkei mit Verweis auf: EGMR, Urt. v. 27.09.1995, Rn. 157-164 – McCann u.a./Vereinigtes Königreich.

809 EGMR, Urt. v. 27.06.2000, Rn. 91 – Ihlan/Türkei.

810 EGMR, Urt. v. 27.06.2000, Rn. 92 – Ihlan/Türkei: "Article 3, however, is phrased in substantive terms".

zur Verfügung stelle[811]. Die Rechtsprechung des Gerichtshofs in Bezug auf die Wirksamkeit der Beschwerde im Rahmen des Art. 13 EMRK beinhalte zum einen die Pflicht, gründliche und wirksame Ermittlungen durchzuführen, die dazu geeignet seien, die für die Misshandlung Verantwortlichen zu identifizieren und zu bestrafen, sowie das Erfordernis des wirksamen Zugangs des Beschwerdeführers zu dem Ermittlungsverfahren. Insofern hänge es von den Umständen des jeweiligen Falles ab, ob es angemessen oder notwendig sei, eine verfahrensrechtliche Verletzung des Art. 3 EMRK festzustellen[812].

Da der Gerichtshof in der Entscheidung Ihlan/Türkei bereits eine materiellrechtliche Verletzung des Art. 3 EMRK festgestellt hatte, entschied er, dass die Rüge des Beschwerdeführers hinsichtlich der Mangelhaftigkeit der Ermittlungen insofern unter Art. 13 EMRK zu behandeln sei[813]. Er bejahte anschließend einen Verstoß gegen Art. 13 EMRK, weil die durchgeführten Ermittlungen nicht den verfahrensrechtlichen Anforderungen genügt hätten[814].

In der Entscheidung Aydin/Türkei lehnte der EGMR ebenfalls eine Prüfung der gerügten Fehlerhaftigkeit der Ermittlungen unter dem Gesichtspunkt einer Verletzung des Art. 3 EMRK ab, nachdem er zuvor eine materiellrechtliche Verletzung bejaht hatte, und prüfte diese erst im Rahmen des Art. 13 EMRK[815]. Auch in der Entscheidung Bilgin/Türkei, welche die Zerstörung des Hauses des Beschwerdeführers durch türkische Sicherheitskräfte betraf, untersuchte der Gerichtshof, nachdem er entschieden hatte, dass das Abbrennen des Hauses eine Art. 3 EMRK verletzende unmenschliche Behandlung darstelle, die Mangelhaftigkeit der Ermittlungen ausschließlich unter dem Aspekt der Wirksamkeit der Beschwerde im Rahmen des Art. 13 EMRK[816]. Dieselbe Vorgehensweise findet sich in dem Urteil Egmez/Zypern, welches Misshandlungen des Beschwerdeführers durch Sicherheitskräfte betraf, nachdem dieser wegen eines Drogendelikts festgenommen worden war[817].

3. Dikme/Türkei

In der Entscheidung Dikme/Türkei bejahte der Gerichtshof erstmals sowohl eine materielle als auch eine prozessuale Verletzung des Art. 3 EMRK. Der Beschwerdeführer und seine Freundin waren, nachdem Polizisten bei ihnen falsche

811 EGMR, Urt. v. 27.06.2000, Rn. 92 – Ihlan/Türkei.
812 EGMR, Urt. v. 27.06.2000, Rn. 92 – Ihlan/Türkei.
813 EGMR, Urt. v. 27.06.2000, Rn. 93 – Ihlan/Türkei.
814 EGMR, Urt. v. 27.06.2000, Rn. 94 ff. – Ihlan/Türkei.
815 EGMR, Urt. v. 25.09.1997, Rn. 88, 103 ff. – Aydin/Türkei.
816 EGMR, Urt. v. 16.11.2000, Rn. 110 ff. – Bilgin/Türkei.
817 EGMR, Urt. v. 21.12.2000, Rn. 96 ff. – Egmez/Zypern.

Ausweispapiere gefunden hatten, am 10.02.1992 verhaftet und zur Anti-Terrorismus-Abteilung des Polizeihauptquartiers in Istanbul gebracht worden. Während der 16tägigen Polizeihaft sei es zu schwerwiegenden Misshandlungen des Beschwerdeführers gekommen, den man ebenso wie seine Freundin der Mitgliedschaft in einer linksextremistischen bewaffneten Vereinigung namens „Dev-Sol" verdächtigte. Man zwang Beschwerdeführer, ein Geständnis zu unterschreiben. Erst am 26.02.1992 wurde der Beschwerdeführer zusammen mit seiner Freundin einem Staatsanwalt und später einem Richter vorgeführt. Obwohl der Beschwerdeführer vortrug, dass er das Geständnis nur aufgrund seiner Folterung abgegeben habe und seine Freundin eine Beschwerde wegen der erfolgten Folter einreichte, entschied der Richter, dass ein Strafverfahren gegen beide einzuleiten sei, und ordnete die Überführung in ein Istanbuler Gefängnis an. Nach Ansicht des Richters lägen substantierte Beweise der Mitgliedschaft bei „Dev-Sol" und der Teilnahme an Gewaltaktionen dieser Organisation vor. Nach seiner Einlieferung ist der Beschwerdeführer vom Gefängnisarzt untersucht worden, der mehrere Wunden, Abschürfungen und Blutergüsse am ganzen Körper feststellte. In dem anschließenden Gerichtsverfahren wurden der Beschwerdeführer und seine Freundin wegen der Mitgliedschaft bei „Dev-Sol" und der Teilnahme an mehreren schweren Verbrechen, unter anderem an einem Mord, an Bombenattentaten sowie an bewaffneten Überfällen zum Tode verurteilt. Das Berufungsgericht hob diese Entscheidung später auf, weil das Gericht seine Entscheidung nicht nachvollziehbar begründet habe, und verwies den Fall an das Gericht zurück, bei dem er zur Zeit des Verfahrens vor dem EGMR noch anhängig war.

Vermutlich aufgrund der vom Beschwerdeführer bei Gericht eingereichten Beschwerde gegen die erfolgte Folterung, die sich vor allem auf den medizinischen Bericht des Gefängnisarztes stützte, befragte der leitende Staatsanwalt auf Anweisung einer Ministerialbehörde die zuständigen Behörden, ob der Beschwerdeführer während der Polizeihaft Zugang zu einem Anwalt gehabt hätte und ob er während seiner Haft im Istanbuler Gefängnis misshandelt worden sei. Der Leiter der Polizeistation informierte den Staatsanwalt daraufhin, dass es während der Polizeihaft zu keinem Treffen des Beschwerdeführers mit einem Anwalt gekommen sei, „weil kein Anwalt einen solchen Antrag gestellt hätte". Vom Direktor des Istanbuler Gefängnisses wurde dem Staatsanwalt mitgeteilt, dass es weder zu Misshandlungen noch zu einer Unterredung mit einem Anwalt gekommen sei. Die vom Beschwerdeführer eingereichte Beschwerde wurde dem Staatsanwalt durch das Gericht mit der Aufforderung, diese zu untersuchen, erst nach der erfolgten Befragung zugestellt. Der Staatsanwalt erklärte sich daraufhin für unzuständig und übermittelte die Akten der Istanbuler Verwaltungsbehörde. Diese entschied schließlich, dass es in Bezug auf die strafrechtliche Beschwerde keinen zu untersuchenden Fall gebe[818].

In seiner Untersuchung des Sachverhaltes schloss sich der EGMR der Ansicht der Kommission an, dass der Beschwerdeführer während seiner 16tägigen Polizeihaft mehrfach gefoltert worden sei. Wenn eine Person bei guter Gesundheit in Haft komme und man bei ihrer Entlassung Verletzungen finde, obliege es dem Staat, eine plausible Erklärung für die Ursache der Verletzungen zu geben[819]. Die Regierung habe jedoch, bis auf den Vorwurf der erfolgten Foltermethode des „Palestinian Hanging", zu keiner Zeit die behaupteten Übergriffe der Polizisten bestritten, sondern lediglich vortragen, dass diese nicht durch den medizinischen Bericht gestützt würden[820]. Der Gerichtshof betrachte vielmehr den Vortrag des Beschwerdeführers, bis auf das behauptete „Palestinian Hanging", als glaubwürdig und durch den medizinischen Bericht bestätigt[821]. Überdies bemängelte der Gerichtshof, dass dem Beschwerdeführer während seiner 16tägigen Polizeihaft jeglicher Zugang zu einem Anwalt oder einem Arzt beziehungsweise zu Verwandten oder Freunden verweigert worden sei und er deshalb keinerlei Möglichkeit besessen hätte, einem Richter vorgeführt zu werden. In dieser Zeit habe sich der Beschwerdeführer in einer äußerst angreifbaren Position befunden, nicht nur in Bezug auf seine Freiheitsrechte, sondern auch hinsichtlich der erfolgten Folterhandlungen[822]. Aufgrund der Schwere und Grausamkeit der erfolgten Gewalt entschied der EGMR, dass gegen das Folterverbot des Art. 3 EMRK verstoßen worden sei[823].

Anschließend widmete sich der Gerichtshof den durchgeführten Ermittlungen der nationalen Behörden. Dabei wiederholte er zunächst die bereits in den Entscheidungen Assenov u.a./Bulgarien und Labita/Italien getroffene Feststellung, dass sich aus Art. 3 EMRK in Verbindung mit Art. 1 EMRK die Pflicht ergebe, wirksame amtliche Ermittlungen anzustellen, wenn eine Person glaubwürdig versichere, dass sie einer Art. 3 EMRK verletzenden Behandlung durch Polizisten oder ähnliche Staatsbedienstete ausgesetzt worden sei. Diese Ermittlungen müssten dazu geeignet sein, zur Identifizierung und Bestrafung der Verantwortlichen zu führen, da andernfalls das generelle gesetzliche Verbot von Folter, unmenschlicher oder erniedrigender Strafe beziehungsweise Behandlung trotz

818 EGMR, Urt. v. 11.07.2000, Rn. 31 – Dikme/Türkei: "that there was no case to answer in respect of the criminal complaint".

819 EGMR, Urt. v. 11.07.2000, Rn. 78 – Dikme/Türkei mit Verweis auf: EGMR (Große Kammer), Urt. v. 28.07.1999, Rn. 87 – Selmouni/Frankreich.

820 EGMR, Urt. v. 11.07.2000, Rn. 75 – Dikme/Türkei.

821 EGMR, Urt. v. 11.07.2000, Rn. 79 – Dikme/Türkei.

822 EGMR, Urt. v. 11.07.2000, Rn. 82 – Dikme/Türkei.

823 EGMR, Urt. v. 11.07.2000, Rn. 96, 97 – Dikme/Türkei.

seiner fundamentalen Bedeutung in der Praxis ineffektiv wäre und ein Machtmissbrauch möglich sei[824]. In diesem Zusammenhang zitierte der Gerichtshof die Entscheidung Ihlan/Türkei, in welcher er entschieden hatte, dass Art. 13 EMRK, der bestimme, dass jede Person, die in ihren Rechten aus Art. 3 EMRK verletzt werde, das Recht auf eine wirksame Beschwerde habe, dem Beschwerdeführer in der Regel sowohl die nötige Wiedergutmachung gewährleiste als auch die notwendigen verfahrensrechtlichen Schutzmechanismen gegen den Missbrauch staatlicher Gewalt zur Verfügung stelle. Ob es insofern angemessen oder notwendig sei, eine verfahrensrechtliche Verletzung des Art. 3 EMRK festzustellen, hänge von den Umständen des jeweiligen Falles ab[825]. Im Lichte des vorangegangenen und unter Berücksichtigung der Umstände des vorliegenden Falles, insbesondere, dass der Beschwerdeführer sich in seiner Beschwerde nicht auf Art. 13 EMRK berufen habe, entschied der Gerichtshof, Art. 3 EMRK auch hinsichtlich des Ermittlungserfordernisses zu untersuchen[826]. Da die nationalen Behörden Ermittlungen angestellt hätten, gelte es lediglich zu klären, ob diese auch effektiv gewesen seien. Der Gerichtshof stellte fest, dass sich der leitende Staatsanwalt, zwei Tage nachdem ihm die Beschwerde des Beschwerdeführers übermittelt worden war, für unzuständig erklärt und die Sache an die Verwaltungsbehörde verwiesen hatte. Letztere hätte entschieden, dass es keinen Untersuchungsbedarf gäbe. Dem Gerichtshof lägen keine weiteren Informationen vor. Es sei insbesondere zu bedauern, dass die Regierung trotz Aufforderung weder in der Lage sei, die für den Fall relevanten Dokumente der Beschwerdeakte vorzulegen, noch darzulegen, welche Schritte die Verwaltungs- und Justizbehörden unternommen haben, nachdem entschieden worden war, dass es keinen zu untersuchenden Fall gäbe[827]. Zum Zeitpunkt des Verfahrens vor dem EGMR, mehr als acht Jahre nach dem Vorfall, hätten die Ermittlungen keine nennenswerten Ergebnisse gebracht. Insbesondere seien die für die Folterhandlungen verantwortlichen Polizisten nach wie vor nicht identifiziert worden, obwohl die Folterungen durch die medizinischen Berichte bestätigt worden seien und dessen Inhalt den Behörden bekannt gewesen sei[828]. Aus diesem Grund stellte der EGMR fest, dass die durchgeführten Ermittlungen weder gründlich noch effektiv gewesen seien, und bejahte einen Verstoß gegen die aus Art. 3 EMRK resultierende Ermittlungspflicht[829].

---

824 EGMR, Urt. v. 11.07.2000, Rn. 101 – Dikme/Türkei mit Verweis auf: EGMR, Urt. v. 06.04.2000, Rn. 131 – Labita/Italien; EGMR, Urt. v. 28.10.1998, Rn. 102 – Assenov u.a./Bulgarien.

825 EGMR, Urt. v. 11.07.2000, Rn. 101 – Dikme/Türkei insofern mit wörtlichem Zitat aus: EGMR, Urt. v. 27.06.2000, Rn. 92 – Ihlan/Türkei.

826 EGMR, Urt. v. 11.07.2000, Rn. 101 – Dikme/Türkei.

827 EGMR, Urt. v. 11.07.2000, Rn. 103 – Dikme/Türkei.

828 EGMR, Urt. v. 11.07.2000, Rn. 103 – Dikme/Türkei.

829 EGMR, Urt. v. 11.07.2000, Rn. 104 – Dikme/Türkei.

In der Entscheidung Dikme/Türkei stellte der Gerichtshof somit gleichzeitig einen materiellrechtlichen Verstoß und eine Verletzung der Verfahrensdimension des Art. 3 EMRK fest. Die Begründung für die Ausnahme von dem Grundsatz, dass bei einem materiellrechtlich festgestellten Verstoß des Art. 3 EMRK die mögliche Mangelhaftigkeit der Ermittlungen im Rahmen des Art. 13 EMRK behandelt wird, fällt kurz und pragmatisch aus. Der Beschwerdeführer habe sich nicht auf Art. 13 EMRK berufen, weswegen es für angemessen erachtet werde, das Ermittlungserfordernis unter dem Gesichtspunkt einer Verletzung des Art. 3 EMRK zu prüfen.

4. Aktas/Türkei

Ein weiteres Beispiel für eine verfahrensrechtliche Verletzung des Art. 3 EMRK, neben dem zuvor angenommenen materiellrechtlichen Verstoß, findet sich in dem Urteil Aktas/Türkei. Der Fall betraf die Todesumstände des Bruders des Beschwerdeführers, nachdem dieser verhaftet worden war[830]. Der Gerichtshof sah es aufgrund der vorliegenden Beweise als erwiesen an, dass der Bruder des Beschwerdeführers während seiner Haftzeit gefoltert worden sei und bejahte eine materiellrechtliche Verletzung des Art. 3 EMRK[831]. Anschließend entschied er, dass Art. 3 EMRK auch aufgrund der mangelhaft durchgeführten Ermittlungen verletzt worden sei, wobei er insofern auf die bereits zu Art. 2 EMRK gemachten Ausführungen verwies[832]. Überdies sei aus demselben Grund gegen das Erfordernis der wirksamen Beschwerde des Art. 13 EMRK verstoßen worden[833].

5. Elci u.a./Türkei

In der Sache Elci u.a./Türkei ging es um die Gefangennahme von 16 Personen aufgrund des Verdachts von Verbindungen zur PKK, von denen neun behaupteten, während ihrer Haftzeit misshandelt und gefoltert worden zu sein. Die Beschwerdeführer seien geschlagen, geboxt und mit kaltem Wasser übergossen worden. Man hätte ihnen die Augen verbunden und sie in Todesangst versetzt. Zudem seien sie unter menschenunwürdigen Bedingungen festgehalten worden. Die Verpflegung, die sanitären Einrichtungen, die Schlafgelegenheiten und die Versorgung mit Kleidung seien in der überfüllten Polizeistation völlig unzureichend gewesen. Mehrere Personen hätten deswegen auf dem nassen und kalten Flur schlafen müssen und sich Lungenentzündungen zugezogen. Die Beschwerdeführer rügten eine Verletzung des Art. 3 EMRK, einerseits aufgrund

830 Zum Sachverhalt siehe: 2. Kap., B I 22.
831 EGMR, Urt. v. 24.04.2003, Rn. 314-320 – Aktas/Türkei.
832 EGMR, Urt. v. 24.04.2003, Rn. 323 – Aktas/Türkei. Siehe hierzu: 2. Kap., B I 22.
833 EGMR, Urt. v. 24.04.2003, Rn. 333, 334 – Aktas/Türkei.

der erfolgten Folter und unmenschlichen und erniedrigenden Behandlung und andererseits, weil es die Behörden unterlassen hätten, die Vorfälle zu untersuchen.

Der Gerichtshof betonte bei seiner Untersuchung zunächst die fundamentale Bedeutung des Art. 3 EMRK, der ein absolutes Verbot von Folter und unmenschlicher oder erniedrigender Behandlung enthalte[834]. Bei der Auswertung des sehr umfangreichen Beweismaterials stützte er sich vor allem auf die mündlichen Aussagen der Zeugen vor der Delegation der Kommission. Der EGMR schätzte die Aussagen der Beschwerdeführer hinsichtlich der behaupteten Behandlung und der Haftbedingungen als glaubwürdig ein[835]. Die Zeugen der Regierung hätten dagegen in einer derart streitbaren und lautstarken Art und Weise alle Behauptungen der Beschwerdeführer bestritten, dass dieses Verhalten Zweifel an ihren Aussagen begründe, die zudem wichtige Ungereimtheiten enthielten[836].

Aufgrund der Tatsache, dass die Rügen der Beschwerdeführer von den nationalen Behörden weder ernst genommen noch untersucht worden waren, befand der Gerichtshof, dass keine Beweise präsentiert worden seien, welche die Darstellungen der Beschwerdeführer, die der EGMR für glaubwürdig und einleuchtend befunden hätte, in Frage stellen würden,[837]. Insofern sah es der Gerichtshof als erwiesen an, dass die Beschwerdeführer während ihrer Haft der behaupteten physischen und psychischen Gewalt durch die Gendarmen ausgesetzt gewesen seien und bejahte einen materiellrechtlichen Verstoß gegen Art. 3 EMRK[838].

Anschießend gelangte der EGMR zu dem Ergebnis, dass Art. 3 EMRK auch in seiner Verfahrensdimension verletzt worden sei, weil es die Behörden vollständig unterlassen hätten, den Beschwerden der Beschwerdeführer nachzugehen, obwohl sich aus Art. 3 EMRK in Verbindung mit Art. 1 EMRK die Pflicht ergebe, wirksame amtliche Ermittlungen durchzuführen, wenn eine Person glaubwürdig versichert, dass sie durch Staatsbedienstete einer Art. 3 EMRK verletzenden Behandlung ausgesetzt gewesen sei[839]. Angesichts der absoluten Untätigkeit der Justizbehörden im Hinblick auf die Untersuchung der Beschwerden über die während der Polizeihaft erfolgten Misshandlungen ent-

834 EGMR, Urt. v. 13.11.2003, Rn. 632 – Elci u.a./Türkei.
835 EGMR, Urt. v. 13.11.2003, Rn. 637-641 – Elci u.a./Türkei.
836 EGMR, Urt. v. 13.11.2003, Rn. 643 – Elci u.a./Türkei.
837 EGMR, Urt. v. 13.11.2003, Rn. 645 – Elci u.a./Türkei.
838 EGMR, Urt. v. 13.11.2003, Rn. 646, 647 – Elci u.a./Türkei.
839 EGMR, Urt. v. 13.11.2003, Rn. 648 – Elci u.a./Türkei.

schied der Gerichtshof, dass eine Verletzung des Art. 3 EMRK auch unter verfahrensrechtlichen Gesichtspunkten vorliege[840].

Wie bereits in der Entscheidung Aktas/Türkei liefert der EGMR keine Begründung dafür, dass er eine Verletzung des Art. 3 EMRK sowohl in materiellrechtlicher als auch in prozessualer Hinsicht bejaht. Insofern lassen sich wiederum pragmatische Erwägungen vermuten, weil die Beschwerdeführer keinen Verstoß gegen Art. 13 EMRK gerügt hatten.

IV. Zusammenfassung

Art. 3 EMRK sind durch die Rechtsprechung des EGMR weitgehende Verfahrensgarantien beigemessen worden, die denjenigen des Art. 2 EMRK entsprechen. Aufgrund der Tatsache, dass sich trotz der im Rahmen des Art. 3 EMRK entwickelten Beweislasterleichterung in Haftsituationen[841] eine materiellrechtliche Verletzung des Art. 3 EMRK aufgrund des hohen Beweismaßstabes oftmals nicht feststellen ließ, leitete der EGMR auch aus Art. 3 EMRK die Pflicht zur Durchführung effektiver amtlicher Ermittlungen ab[842]. Wenn eine Person demnach glaubwürdig versichert, dass sie von Polizisten oder anderen Bediensteten des Staates rechtswidrig und unter Verletzung des Art. 3 EMRK ernsthaft misshandelt worden sei, ergibt sich aus Art. 3 EMRK, in Verbindung mit der allgemeinen Verpflichtung des Staates aus Art. 1 EMRK, allen seiner Hoheitsgewalt unterstehenden Personen die in Abschnitt I dieser Konvention bestimmten Rechte und Freiheiten zuzusichern, die Pflicht, wirksame amtliche Ermittlungen anzustellen[843].

Um dem Verbot von Folter, unmenschlicher oder erniedrigender Strafe beziehungsweise Behandlung zu seiner vollen Wirksamkeit zu verhelfen, müssen die Ermittlungen dazu geeignet sein, zur Identifizierung und Bestrafung der Verantwortlichen zu führen[844].

---

840 EGMR, Urt. v. 13.11.2003, Rn. 649 – Elci u.a./Türkei: "In view of the total inactivity of the judicial authorities in the present case to investigate the applicants' complaints in gendarme custody, the Court concludes that there has also been a violation of Article 3 of the Convention in its procedural aspect".

841 EGMR, Urt. v. 27.08.1992, Rn. 110, 115 – Tomasi/Frankreich; EGMR, Urt. v. 04.12.1995, Rn. 34 – Ribitsch/Österreich; EGMR, Urt. v. 18.12.1996, Rn. 61 – Aksoy/Türkei; EGMR (Große Kammer), Urt. v. 28.07.1999, Rn. 87 – Selmouni/Frankreich.

842 Erstmals in: EGMR, Urt. v. 28.10.1998, Rn. 102 – Assenov u.a./Bulgarien.

843 EGMR, Urt. v. 28.10.1998, Rn. 102 – Assenov u.a./Bulgarien.

844 EGMR, Urt. v. 28.10.1998, Rn. 102 – Assenov u.a./Bulgarien mit Verweis auf: EGMR, Urt. v. 27.09.1995, Rn. 161 – McCann u.a./Vereinigtes Königreich; EGMR,

Während der EGMR einen Verstoß gegen Art. 2 EMRK ohne weiteres sowohl aus materiellrechtlichen als auch aus verfahrensrechtlichen Gesichtspunkten untersucht, prüft er einen Verstoß gegen die Verfahrensdimension des Art. 3 EMRK grundsätzlich nur dann, wenn fehlende oder unzulängliche Ermittlungen die Tatsachenfeststellung im Rahmen des Art. 3 EMRK verhindert haben[845]. Bejaht er dagegen einen materiellrechtlichen Verstoß gegen Art. 3 EMRK, führt eine mangelhaft durchgeführte Ermittlung in der Regel nur zu einer Verletzung des Rechts auf wirksame Beschwerde des Art. 13 EMRK[846]. Begründet wird diese unterschiedliche Zuordnung der Ermittlungspflicht damit, dass Art. 13 EMRK im Falle einer materiellrechtlichen Verletzung des Art. 3 EMRK dem Beschwerdeführer sowohl die nötige Wiedergutmachung gewährleiste als auch die notwendigen Schutzmechanismen gegen den Missbrauch staatlicher Gewalt zur Verfügung stelle[847]. Insofern hänge es von den Umständen des jeweiligen Falles ab, ob es angemessen und notwendig sei, eine verfahrensrechtliche Verletzung des Art. 3 EMRK festzustellen[848].

Die Rechtsprechung des Gerichtshofs verfolgt diese Einteilung jedoch nicht immer konsequent. So bejahte der EGMR beispielsweise in der Entscheidung Assenov u.a./Bulgarien[849] neben dem festgestellten Verstoß gegen die aus Art. 3 EMRK resultierende Ermittlungspflicht ebenfalls eine Verletzung der dem Art. 13 EMRK innewohnenden Pflicht zur Durchführung gründlicher und effektiver Untersuchungen[850]. In der Entscheidung Denizci u.a./Zypern dagegen, in der Art. 3 EMRK materiellrechtlich verletzt worden war, unterließ der Gerichtshof eine zusätzliche Prüfung des Art. 13 EMRK. Er wies lediglich daraufhin, dass er es für unnötig halte, im Rahmen des Art. 3 EMRK eine zusätzliche Untersuchung wegen der behaupteten Mangelhaftigkeit der durchgeführten Ermittlungen vorzunehmen[851]. In den Entscheidungen Dikme/Türkei, Aktas/Türkei und Elci u.a./Türkei entschied der Gerichtshof, dass Art. 3 EMRK sowohl unter materiellrechtlichen als auch unter prozessualen Gesichtspunkten verletzt worden

---

Urt. v. 19.02.1998, Rn. 86 – Kaya/Türkei; EGMR, Urt. v. 02.09.1998, Rn. 98 – Yasa/Türkei.

845 EGMR, Urt. v. 28.10.1998, Rn. 106 – Assenov u.a./Bulgarien; EGMR, Urt. v. 06.04.2000, Rn. 136 – Labita/Italien; EGMR, Urt. v. 11.04.2000, Rn. 35 – Sevtap Veznedaroglu/Türkei.

846 EGMR, Urt. v. 18.12.1996, Rn. 95 ff. – Aksoy/Türkei; EGMR, Urt. v. 25.09.1997, Rn. 88, 103 ff. – Aydin/Türkei; EGMR, Urt. v. 27.06.2000, Rn. 94 ff. – Ihlan/Türkei; EGMR, Urt. v. 16.11.2000, Rn. 110 ff. – Bilgin/Türkei.

847 EGMR, Urt. v. 27.06.2000, Rn. 92 – Ihlan/Türkei.

848 EGMR, Urt. v. 27.06.2000, Rn. 92 – Ihlan/Türkei.

849 Zum Sachverhalt siehe: 2. Kap., C II 1.

850 EGMR, Urt. v. 28.10.1998, Rn. 118 – Assenov u.a./Bulgarien.

851 EGMR, Urt. v. 23.05.2001, Rn. 388 – Denizci u.a./Zypern.

sei[852]. Die zusätzliche Prüfung einer verfahrensrechtlichen Verletzung des Art. 3 EMRK begründet der Gerichtshof jedoch nur in der Entscheidung Dikme/Türkei. In diesem Fall bewog der Umstand, dass der Beschwerdeführer sich in seiner Beschwerde nicht auf Art. 13 EMRK berufen hatte, den Gerichtshof dazu, Art. 3 EMRK auch hinsichtlich des Ermittlungserfordernisses zu untersuchen[853].

Der Gerichtshof leitet somit aus Art. 3 EMRK dieselben verfahrensrechtlichen Anforderungen wie bereits aus Art. 2 EMRK ab. Einen Verstoß gegen die Ermittlungspflicht des Art. 3 EMRK prüft er aber in der Regel nur dann, wenn sich ein materiellrechtlicher Verstoß nicht zweifelsfrei feststellen lässt. Ansonsten wird der Beschwerdeführer nach Ansicht des EGMR durch Art. 13 EMRK, der ebenfalls die Pflicht zur Durchführung wirksamer Ermittlungen beinhaltet, ausreichend geschützt.

---

852 EGMR, Urt. v. 11.07.2000, Rn. 104 – Dikme/Türkei; EGMR, Urt. v. 24.04.2003, Rn. 323 – Aktas/Türkei; EGMR, Urt. v. 13.11.2003, 649 – Elci u.a./Türkei.

853 EGMR, Urt. v. 11.07.2000, Rn. 101 – Dikme/Türkei.

Drittes Kapitel

Gründe für die Ableitung von Verfahrensrechten aus materiellen Konventionsgarantien

A. Die Verfahrensdimension des Art. 8 EMRK

Das vorangegangene Kapitel beschäftigte sich mit der Entstehung der Verfahrensdimension des Art. 8 EMRK. Abgeleitet aus der positiven Verpflichtung des Staates zur effektiven Achtung des Privat- und Familienlebens[854], entwickelte der EGMR im Laufe der Jahre eine eigenständige Verfahrensdimension des Art. 8 EMRK, die insbesondere durch zwei verfahrensrechtliche Anforderungen gekennzeichnet ist: Die Staaten müssen einerseits die ausreichende Beteiligung der Betroffenen am Entscheidungsfindungsprozess gewährleisten[855] und andererseits für eine zügige Durchführung des behördlichen und gerichtlichen Verfahrens sorgen[856]. Verfahrensfairness und eine angemessene Verfahrensdauer sind mithin die zentralen Aspekte der Verfahrensdimension des Art. 8 EMRK. Der nachfolgende Teil der Arbeit wird, unter Berücksichtigung der aus der „deutschen Diskussion" gewonnenen dogmatischen Erkenntnisse, die Gründe des Gerichtshofs für die Entwicklung dieser Verfahrensdimension herausarbeiten. Hierbei erfolgt zunächst ein Überblick über die Auslegungsgrundsätze der EMRK. Anschließend wird aufgezeigt, welcher Auslegungsmethodik der EGMR in den Art. 8 EMRK betreffenden Fällen folgt. Der dritte Teil dieses Abschnitts beschäftigt sich schließlich mit der Frage, aus welchem Grund der EGMR die Verfahrensdimension des Art. 8 EMRK in Bezug auf das behördliche und gerichtliche Verfahren entwickelt hat. In diesem Zusammenhang wird insbesondere auf den Effektivitätsgrundsatz, das Verständnis des Gerichtshofs von der EMRK als ein „lebendiges Instrument", verbunden mit dem historisch-gesellschaftlichen Kontext der Entwicklung einer Verfahrensdimension, und die mögliche Symbolwirkung einer solchen einzugehen sein. Die Frage der gemeinsamen Konzeption der Verfahrensdimension des Art. 8 EMRK einerseits und der Art. 2 und 3 EMRK andererseits wird der Übersicht halber erst im Rahmen des zweiten Teils dieses Kapitels, welcher sich mit den Gründen für die den Art. 2 und 3 EMRK beigemessenen Verfahrensanforderungen beschäftigt, behandelt.

---

854 Siehe: 2. Kap., A I.

855 Grundlegend: EGMR, Urt. v. 08.07.1987, Rn. 65 – Blackham/Vereinigtes Königreich; EGMR, Urt. v. 08.07.1987, Rn. 69 – Rennix/Vereinigtes Königreich; EGMR, Urt. v. 08.07.1987, Rn. 64 – Williams/Vereinigtes Königreich.

856 Grundlegend: EGMR, Urt. v. 08.07.1987, Rn. 90 – Hyatt/Vereinigtes Königreich; EGMR, Urt. v. 08.07.1987, Rn. 70 – Rennix/Vereinigtes Königreich; EGMR, Urt. v. 08.07.1987, Rn. 65 – Williams/Vereinigtes Königreich.

I. Überblick über die Auslegungsgrundsätze der EMRK

Da es sich bei der EMRK um einen völkerrechtlichen Vertrag handelt, sind zunächst die traditionellen Auslegungsregeln der Art. 31 bis 33 der Wiener Vertragsrechtskonvention anwendbar[857]. Dass die WVK erst am 27.01.1980 in Kraft getreten ist und Art. 4 WVK eine Rückwirkung ausschließt, ist insofern unbedenklich, als es sich bei den in Art. 31 bis 33 WVK verankerten Auslegungsregeln nach herrschender Meinung um geltendes, kodifiziertes Gewohnheitsrecht handelt[858]. Der Gerichtshof schloss sich dieser Auffassung erstmals in der Sache Golder/Vereinigtes Königreich an, in welcher er betonte, dass er sich bei der Auslegung der EMRK von den Art. 31 bis 33 WVK leiten lassen müsse[859]. In der Entscheidung Golder/Vereinigtes Königreich legte er anschließend Art. 6 Abs. 1 EMRK nach dessen Ziel und Zweck aus und wandte damit eine teleologische Interpretation an, wobei er auf Art. 31 Abs. 1 WVK zurückgriff[860]. Neben dem Vertragswortlaut[861] sind gemäß Art. 31 WVK Ziel und Zweck des jeweiligen Vertrages und der systematische Zusammenhang[862] zu berücksichtigen. Ergänzend können nach Art. 32 WVK die vorbereitenden Ar-

857 Dazu ausführlich: Brötel, Jura 1988, 343 ff. Zu der hier nicht näher behandelten Lehre vom Beurteilungsspielraum siehe: Harris/O'Boyle/Warbrick, ECHR, S. 12 ff.; Kopper-Reifenberg, S. 71-73; R. St. J. Macdonald in: The European System for the Protection of Human Rights, S. 83 ff. Zum Proportionalitätsprinzip siehe: Eissen in: The European System for the Protection of Human Rights, S. 125 ff.; Harris/O'Boyle/Warbrick, ECHR, S. 11 f.

858 Siehe dazu: Brötel, Der Anspruch auf Achtung, S. 39 m.w.N.; Matscher in: The European System for the Protection of Human Rights, S. 63 (65); Bernhardt, Die Auslegung völkerrechtlicher Verträge, S. 24.

859 EMGR, Urt. v. 21.02.1975, Rn. 29 – Golder/Vereinigtes Königreich: "The Court is prepared to consider,..., that it should be guided by Articles 31 to 33 of the Vienna Convention of 23 May 1969 on the Law of Treaties. That Convention has not yet entered into force and it specifies, at Article 4, that it will not be retroactive, but its Articles 31 to 33 enunciate in essence generally accepted principles of international law to which the Court has already referred on occasions. In this respect, for the interpretation of the European Convention account is to be taken to those Articles".

860 EGMR, Urt. v. 21.02.1975, Rn. 36 – Golder/Vereinigtes Königreich.

861 Zur Interpretation des Wortlautes der EMRK: Merrills, S. 69-72; allgemein: Bernhardt, Die Auslegung völkerechtlicher Verträge, S. 67 ff.

862 Zur systematischen Auslegung der EMRK: Merrills, S. 72-76. Allgemein: Bernhardt, Die Auslegung völkerrechtlicher Verträge, S. 81 ff. Ein Beispiel systematischer Auslegung findet sich in: EGMR, Urt. v. 18.12.1986, Rn. 52 ff. – Johnston u.a./Irland. In diesem Fall entschied der Gerichtshof aufgrund eines systematischen Vergleichs mit Art. 12 EMRK, dass aus Art. 8 EMRK kein Recht auf Scheidung abgeleitet werden könne: „It is true that the Convention and its Protocols must be interpreted in the light of present-day conditions. However, the Court cannot, by means of an evolutive interpretation, derive from these instruments a right that was not included therein at the outset".

beiten (travaux préparatoires) und die Umstände des Vertragsschlusses herangezogen werden, sofern die Auslegung nach Art. 31 WVK die Bedeutung mehrdeutig oder dunkel lässt oder zu einem offensichtlich sinnwidrigen oder unvernünftigen Ergebnis führt. Viele der in der EMRK verwandten Begriffe, wie zum Beispiel die „Achtung des Privat- und Familienlebens" in Art. 8 Abs. 1 EMRK[863], sind autonom auszulegen[864]. Die verwandten Begriffe haben damit für die Zwecke der Konvention eine eigene Tragweite, die von dem Sinn, der ihnen nach dem jeweiligen nationalen Recht zukommt, unabhängig ist[865]. Insofern beansprucht der Gerichtshof für sich das Recht, die Begriffe eigenständig zu interpretieren, unabhängig von den möglicherweise unterschiedlichen Rechtsauffassungen in den einzelnen Vertragsstaaten, obwohl die allgemeinen Grundsätze solchen innerstaatlichen Rechts notwendigerweise miteinfließen[866]. Der Gerichtshof legt des Weiteren die EMRK gegebenenfalls im Wege der Rechtsvergleichung aus. Hierbei nimmt er sowohl Rückgriff auf die nationalen Grundrechtsordnungen als auch auf andere internationale Verträge[867].

Aus der teleologischen Interpretation nach Ziel und Zweck der EMRK hat sich das Effektivitätsprinzip im Wege der Abstraktion entwickelt[868]. Letzteres ist durch das Bestreben gekennzeichnet, im Zweifelsfall diejenige Auslegung heranzuziehen, welche zu einem effektiven Schutz der zu gewährleistenden Rechte führt[869]. Das Effektivitätsprinzip, welches bei der Auslegung der EMRK durch den Gerichtshof eine zentrale Rolle einnimmt[870], besagt demnach, dass eine Norm so auszulegen ist, dass sie den Vertragszweck effektiv verwirklichen kann[871]. Jacobs sieht in dieser Auslegungsmethode ein Grundprinzip, welches

863 Zur autonomen Auslegung des Begriffs des Familienlebens in Art. 8 EMRK: Fahrenhorst, Familienrecht und EMRK, S. 94 ff.; Kopper-Reifenberg, S. 74 ff.

864 Zur autonomen Auslegung allgemein: Matscher in: The European System for the Protection of Human Rights, S. 63 (70 ff.); Kopper-Reifenberg, S. 70.; Bernhardt in: Studies of honour of G.J. Wiarda, S. 65 (66 f.).

865 Wildhaber/Breitenmoser, IntKommEMRK, Art. 8, Rn. 21; Harris/O'Boyle/Warbrick, ECHR, S. 16 f.

866 Matscher in: FS für H. Mosler, 545 (551); Brötel, Der Anspruch auf Achtung, S. 47. Zur autonomen Auslegung siehe auch: Ganshof van der Meersch, EuGRZ 1981, 481 (488 f.).

867 Zu den Auslegungsgrundsätzen in Bezug auf positive Verpflichtungen im Rahmen der EMRK, insbesondere der Methode der Rechtsvergleichung und den „europäischen Standard" ausführlich: Dröge, S. 227 ff.

868 Heintschel v. Heinegg in: Ipsen, Völkerrecht, §11, Rz. 16.

869 Fahrenhorst, Familienrecht und EMRK, S. 36; Matscher in: The European System for the Protection of Human Rights, S. 63 (67).

870 So Fahrenhorst, Familienrecht und EMRK, S. 36. Ähnlich Dröge, S. 229. Ausführlich und mit weiteren Nachweisen: Merrills, S. 98 ff.

871 Bernhardt, Die Auslegung völkerrechtlicher Verträge, S. 89, 96.

immer dann Anwendung findet, wenn Konventionsrechte betroffen sind[872]. Der Gerichtshof entschied in diesem Sinne in der Sache Airey/Irland, dass es „Ziel der Konvention ist, keine Rechte zu gewährleisten, die theoretisch und illusorisch sind, sondern Rechte, die praktisch und effektiv sind"[873].

Mit dem Effektivitätsprinzip ist der Grundsatz der evolutiven oder dynamischen Auslegung, welcher einen weiteren bedeutenden Stellenwert in den Urteilen des Gerichtshofs einnimmt, „untrennbar verknüpft"[874]. In der Entscheidung Tyrer/Vereinigtes Königreich aus dem Jahre 1978, welche die Vereinbarkeit einer gerichtlich angeordneten Prügelstrafe für Jugendliche auf der Insel Man mit Art. 3 EMRK betraf, wies der Gerichtshof darauf hin, „dass die Konvention ein lebendiges Instrument ist, das im Lichte der heutigen Verhältnisse zu interpretieren ist"[875]. Der Gerichtshof könne sich insofern nicht den Entwicklungen und allgemein akzeptierten Maßstäben der Strafvollstreckungspolitik der Mitgliedstaaten des Europarates in diesem Bereich entziehen[876]. Eine ähnliche Vorgehensweise findet sich in der Entscheidung Öcalan/Türkei, in welcher der Gerichtshof darauf hinwies, dass er die Konvention als „lebendiges Instrument" verstehe, welches im Lichte der heutigen Verhältnisse interpretiert werden müsse, und dass die zunehmenden hohen Anforderungen an den Schutz der Menschenrechte und Grundfreiheiten entsprechend und unvermeidlich eine größere Strenge bei der Bewertung der Verletzungen von Grundwerten der demokratischen Gesellschaften erfordern würden[877]. Insofern könne die Bewertung, ob eine bestimmte Behandlung oder Bestrafung als unmenschlich oder erniedrigend im Sinne des Art. 3 EMRK einzustufen sei, nicht von den Entwicklungen und gemeinhin akzeptierten Standards in der Strafpolitik der Mitgliedsstaaten unbeeinflusst bleiben. Vielmehr hätte sich das Prinzip der unmenschlichen und erniedrigenden Behandlung oder Bestrafung seit dem Inkrafttreten der EMRK beträchtlich entwickelt[878]. In der Entscheidung Marckx/Belgien, in welcher der EGMR die Vereinbarkeit belgischen Rechts, nach dem eine Mutter mit ihrem

---

872 Jacobs/White, S. 36.

873 EGMR, Urt. v. 09.10.1979, Rn. 24 – Airey/Irland: "The Convention is intended to guarantee not rights that are theoretical or illusory, but rights that are practical and effective". Der EGMR verweist dabei, *mutatis mutandis*, auf: EGMR, Urt. v. 23.07.1968, Rn. 3 – Belgischer Sprachenfall; EMGR, Urt. v. 21.02.1975, Rn. 36 – Golder/Vereinigtes Königreich; EGMR, Urt. v. 28.11.1978, Rn. 42 – Luedicke, Belkacem und Koc/Deutschland; EGMR, Urt. v. 13.06.1979, Rn. 31 – Marckx/Belgien.

874 So Dröge, S. 229.

875 EGMR, Urt. v. 25.4.1978, Rn. 31 – Tyrer/Vereinigtes Königreich: "The Court must also recall that the Convention is a living instrument which, ..., must be interpreted in the light of present-day conditions".

876 EGMR, Urt. v. 25.4.1978, Rn. 31 – Tyrer/Vereinigtes Königreich.

877 EGMR, Urt. v. 12.03.2003, Rn. 193 – Öcalan/ Türkei.

878 EGMR, Urt. v. 12.03.2003, Rn. 194 – Öcalan/ Türkei.

nichtehelichen Kind erst durch eine spezielle Anerkennung als miteinander verwandt betrachtet wurde, mit der EMRK prüfte, unterstrich der Gerichtshof seine in der Sache Tyrer/Vereinigtes Königreich getroffene Aussage von der EMRK als einem lebendigen Instrument: „Es trifft zu, daß zur Entstehungszeit der Konvention vom 04.11.1950 in vielen europäischen Staaten für zulässig und normal angesehen wurde, in diesem Bereich einen Unterschied zu machen zwischen der 'nichtehelichen' und der 'ehelichen Familie'. Der Gerichtshof erinnert jedoch daran, dass die Konvention im Licht der heutigen Verhältnisse auszulegen ist. Im vorliegenden Fall kann der Gerichtshof nicht unbeeindruckt bleiben von einem Phänomen: dass sich nämlich das innerstaatliche Recht der weitaus meisten Staaten des Europarates fortentwickelt hat und in Wechselwirkung mit den einschlägigen internationalen Verträgen weiter fortentwickelt in Richtung auf die volle rechtliche Anerkennung des Satzes 'mater semper certa est'."[879]

Nach der evolutiven Methode ist die EMRK somit im Lichte der zur Zeit des zu beurteilenden Sachverhaltes geltenden Verhältnisse auszulegen und nicht auf der Basis der zur Zeit ihres Inkrafttretens geltenden und von den Parteien akzeptierten Maßstäbe[880]. Hailbronner weist in diesem Zusammenhang darauf hin, dass es sich bei der besagten Form der Auslegung nicht um eine ständige Fortentwicklung der Integration, sondern um eine Anpassung der Konvention an gewandelte Umstände, Sitten und Überzeugungen einer vorhandenen Men-

879 EGMR, Urt. v. 13.06.1979, Rn. 41 – Marckx/Belgien: "It is true that, at the time when the Convention of 4 November 1950 was drafted, it was regarded as permissible and normal in many European countries to draw a distinction in this area between the 'illegitimate' and the 'legitimate' family. However, the Court recalls that this Convention must be interpreted in the light of present-day conditions. In the instant case the Court cannot but be struck by the fact that the domestic law of the great majority of the member States of the Council of Europe has evolved and is continuing to evolve, in company with the relevant international instruments, towards full recognition of the maxim 'mater sempert certa est'". Die deutsche Übersetzung ist entnommen aus: NJW 1979, 2451.

880 Weitere Beispiele einer evolutiven Auslegung finden sich in: EGMR, Urt. v. 22.10.1981, Rn. 60 – Dudgeon/Vereinigtes Königreich („Homosexualität"); EGMR, Urt. v. 07.07.1989, Rn. 102 – Soering/Vereinigtes Königreich („Todeszellen-Syndrom"); und in einer Reihe von Entscheidungen zur Transsexualität, die einen eindrucksvollen Beleg dafür liefern, wie der Gerichtshof im Laufe der Zeit die Beurteilung dieses Themas medizinischen und wissenschaftlichen Erkenntnissen und Entwicklungen angepasst hat: EGMR, Urt. v. 17.10.1986, Rn. 47 – Rees/Vereinigtes Königreich; EGMR, Urt. v. 27.09.1990, Rn. 35, 42 – Cossey/Vereinigtes Königreich; EGMR, Urt. v. 11.07.2002, Rn. 61 f. – I./Vereinigtes Königreich; EGMR, Urt. v. 11.07.2002, Rn. 81, 82 – Christine Goodwin/Vereinigtes Königreich; EGMR, Urt. v. 12.06.2003, Rn. 49-57 und 73-86 – Van Kück/Deutschland. Zur evolutiven Auslegung siehe auch: Brötel, Jura 1988, 343 (346 f.).

schenrechtsordnung handelt[881]. Die evolutive Auslegung ist nach Ansicht Dröges positivrechtlich in Art. 31 Abs. 3 b) WVK angedeutet, der besagt, dass jede spätere Übung bei der Anwendung des Vertrags, aus der die Übereinstimmung der Vertragsparteien über seine Auslegung hervorgeht, zu berücksichtigen ist[882].

Ebenfalls eng mit dem Effektivitätsprinzip verbunden ist der Grundsatz implizierter Rechte und Pflichten, der es einer Vertragspartei erlaubt, zur Vertragserfüllung notwendige Rechte aus dem Vertrag herzuleiten, selbst wenn diese im Text des Vertrages nicht ausdrücklich Aufnahme gefunden haben[883]. Dieser Grundsatz des Völkerrechts, der primär auf gegenseitige Verträge Anwendung findet, lässt sich sinngemäß auch auf die Auslegung der EMRK durch den Gerichtshof übertragen[884]. So entschied der Gerichtshof im Fall Golder/Vereinigtes Königreich, dass das in Art. 6 Abs. 1 EMRK gewährleistete Recht auf ein faires Verfahren sich nicht nur auf ein bereits eingeleitetes Verfahren beziehe, sondern auch den Zugang zu einem Gericht sichere, obwohl letzteres Recht nicht in Art. 6 Abs. 1 EMRK erwähnt wird[885]. Der Gerichtshof sah das Recht auf Zugang zu einem Gericht dabei unter anderem wegen des Effektvitätsprinzips als implizit gewährleistet an[886].

II. Auslegungsmethoden des EGMR hinsichtlich des Art. 8 EMRK

Vor diesem Hintergrund gilt es nun herauszuarbeiten, welche Auslegungsmethoden der EGMR bei der Entwicklung der Verfahrensdimension des Art. 8 EMRK angewandt hat, denn die verwendeten Auslegungsmethoden lassen Rückschlüsse auf die dahinter stehende Zielsetzung zu. Den Ausgangspunkt der folgenden Untersuchung bilden hierbei die britischen Fürsorgefälle[887], in denen der EGMR erstmals verfahrensrechtliche Anforderungen aus Art. 8 EMRK abgeleitet hat.

---

881 Hailbronner in: FS für H. Mosler, S. 358 (380); ebenso: Mosler in: FS für H. Panhuys, S. 149 (160); Brötel, Anspruch auf Achtung, S. 42.

882 Dröge, S. 232.

883 Heintschel v. Heinegg in: Ipsen, Völkerrecht, §11, Rz. 16.

884 Siehe hierzu: Fahrenhorst, Familienrecht und EMRK, S. 40 f. m.w.N.

885 EGMR, Urt. v. 21.02.1975, Rn. 36 – Golder/Vereinigtes Königreich.

886 EGMR, Urt. v. 21.02.1975, Rn. 36 – Golder/Vereinigtes Königreich.

887 EGMR, Urt. v. 08.07.1987 – Blackham/Vereinigtes Königreich; EGMR, Urt. v. 08.07.1987 – Hyatt/Vereinigtes Königreich; EGMR, Urt. v. 08.07.1987 – O'Connor/Vereinigtes Königreich; EGMR, Urt. v. 08.07.1987 – Rennix/Vereinigtes Königreich; EGMR, Urt. v. 08.07.1987 – Williams/Vereinigtes Königreich.

1. Das Effektivitätsprinzip

a) Die angemessene Verfahrensbeteiligung als Ausdruck des Effektivitätsprinzips

In den britischen Fürsorgefällen bemängelte der EGMR insbesondere die unzureichende Beteiligung der Betroffenen am behördlichen Entscheidungsfindungsprozess[888]. Wie bereits im Urteil Marckx/Belgien[889] wies der Gerichtshof zunächst darauf hin, dass Art. 8 EMRK zwar in erster Linie dazu diene, die betroffenen Personen gegen willkürliche Eingriffe der öffentlichen Gewalt zu schützen, eine effektive „Achtung" des Familienleben jedoch zusätzlich positive Verpflichtungen bedingen könne[890]. Dass Art. 8 EMRK keine expliziten Verfahrensanforderungen enthielt, war für den Gerichtshof dabei nicht entscheidend[891].

Aufgrund des Umstandes, dass der Entscheidungsfindungsprozess der örtlichen Behörden das Entscheidungsergebnis beeinflusst, insbesondere weil dieser Prozess sicherzustellen hat, dass die Entscheidung auch auf den relevanten Überlegungen beruht, nicht einseitig ausfällt und daher weder willkürlich ist noch erscheint, sah sich der EGMR als berechtigt an zu untersuchen, ob der Entscheidungsfindungsprozess in einer Art und Weise durchgeführt worden ist, die unter Berücksichtigung aller Umstände als fair zu bezeichnen ist und den Schutzgütern des Art. 8 EMRK die gebührende Achtung erweist[892].

Im Fall Williams/Vereinigtes Königreich hob der Gerichtshof hervor, dass der Genuss des gegenseitigen Kontakts von Eltern und Kindern ein fundamentales Element des Familienlebens darstelle[893]. Sofern der Staat in diese familiären Verhältnisse eingreife, müsse er die Interessen der Beteiligten, insbesondere das Wohl des Kindes, ausreichend berücksichtigen[894]. Der EGMR folgert aus dem Vorangegangenen, dass unter Berücksichtigung der besonderen Umstände des

888 Zum Sachverhalt der britischen Fürsorgefälle siehe: 2. Kap., A III 1.

889 EGMR, Urt. v. 13.06.1979, Rn. 31 – Marckx/Belgien.

890 EGMR, Urt. v. 08.07.1987, Rn. 61 c) – Blackham/Vereinigtes Königreich; EGMR, Urt. v. 08.07.1987, Rn. 65 c) – Rennix/Vereinigtes Königreich; EGMR, Urt. v. 08.07.1987, Rn. 60 c) – Williams/Vereinigtes Königreich.

891 EGMR, Urt. v. 08.07.1987, Rn. 63 – Blackham/Vereinigtes Königreich; EGMR, Urt. v. 08.07.1987, Rn. 67 – Rennix/Vereinigtes Königreich; EGMR, Urt. v. 08.07.1987, Rn. 62 – Williams/Vereinigtes Königreich.

892 EGMR, Urt. v. 08.07.1987, Rn. 63 – Blackham/Vereinigtes Königreich; EGMR, Urt. v. 08.07.1987, Rn. 67 – Rennix/Vereinigtes Königreich; EGMR, Urt. v. 08.07.1987, Rn. 62 – Williams/Vereinigtes Königreich.

893 EGMR, Urt. v. 08.07.1987, Rn. 59 – Williams/Vereinigtes Königreich.

894 EGMR, Urt. v. 08.07.1987, Rn. 62 ff. – Williams/Vereinigtes Königreich.

Einzelfalles, insbesondere der schwerwiegenden Natur der vorzunehmenden Entscheidungen, geprüft werden müsse, ob die Eltern an dem als Ganzes betrachteten Entscheidungsfindungsprozess in einem ausreichenden Maße beteiligt worden sind, um ihnen den erforderlichen Schutz ihrer Interessen zu gewährleisten.

Während der EGMR den Grundsatz der angemessenen Beteiligung in den britischen Fürsorgefällen zunächst nur für das behördliche Verfahren entwickelte, wandte er ihn in zahlreichen Entscheidungen der jüngeren Rechtsprechung im Rahmen des Art. 8 EMRK sowohl auf das behördliche als auch auf das gerichtliche Verfahren an. In der Sache McMichael/Vereinigtes Königreich betonte der Gerichtshof, dass der Entscheidungsfindungsprozess, welcher zu eingreifenden Maßnahmen führe, fair sein und den von Art. 8 EMRK geschützten Interessen die gebührende Achtung erweisen müsse[895]. Dieses Gebot der Verfahrensfairness könne insofern die Offenlegung wichtiger, fallbezogener Dokumente im gerichtlichen Verfahren erfordern[896]. In der Entscheidung McMichael/Vereinigtes Königreich nimmt der Gerichtshof ausdrücklich Bezug auf den Sinn und Zweck des Art. 8 EMRK und die im Vergleich zu Art. 6 EMRK unterschiedliche Natur der geschützten Interessen. Art. 6 EMRK gewährleiste demnach einen „verfahrensrechtlichen Schutz, namentlich das Recht auf ein Gericht in der Bestimmung der eigenen zivilrechtlichen Ansprüche und Verpflichtungen"[897]. Die verfahrensrechtlichen Garantien des Art. 8 EMRK beinhalteten dagegen überdies verwaltungsrechtliche und andere gerichtliche Verfahren, verknüpft mit dem insofern weitergehenden Zweck, unter anderem das Familienleben ausreichend zu schützen[898]. Diese unterschiedlichen Zielrichtungen könnten im Lichte der jeweiligen Umstände eine Untersuchung derselben Fakten unter Art. 6 EMRK und Art. 8 EMRK rechtfertigen[899].

---

895 EGMR, Urt. v. 24.02.1995, Rn. 87 – McMichael/Vereinigtes Königreich.

896 EGMR, Urt. v. 24.02.1995, Rn. 92 – McMichael/Vereinigtes Königreich. Ebenso hinsichtlich der Ansicht eines den Fall betreffenden Videobandes: EGMR, Urt. v. 10.05.2001, Rn. 82 – T.P. und K.M./Vereinigtes Königreich.

897 EGMR, Urt. v. 24.02.1995, Rn. 91 – McMichael/Vereinigtes Königreich: "Art. 6 affords a procedural safeguard, namely the right to a court in the determination of one's civil rights and obligations".

898 EGMR, Urt. v. 24.02.1995, Rn. 91 – McMichael/Vereinigtes Königreich: "...whereas not only does the procedural requirement inherent in Article 8 cover administrative procedures as well as judicial proceedings, but is ancillary to the wider purpose of ensuring proper respect for, inter alia, family life".

899 EGMR, Urt. v. 24.02.1995, Rn. 91 – McMichael/Vereinigtes Königreich: "The difference between the purpose pursued by the respective safeguards afforded by Articles 6 para. 1 and 8 may, in the light of the particular circumstances, justify the examination of the same set of facts under both Articles".

Das Gebot der Verfahrensfairness des Art. 8 EMRK sah der EGMR in der Entscheidung Ignaccolo-Zenide/Rumänien aufgrund der gänzlich unterbliebenen Beteiligung der Beschwerdeführerin am Sorgerechtsverfahren des Berufungsgerichts als verletzt an[900].

In der Entscheidung Elsholz/Deutschland urteilte der Gerichtshof, dass die unterbliebene gerichtliche Anhörung des Beschwerdeführers sowie das Fehlen eines psychologischen Sachverständigengutachtens zu einer mangelhaften Beteiligung des Betroffenen am Entscheidungsfindungsprozess und damit zu einem Verstoß gegen Art. 8 EMRK geführt hätten[901].

Das Fehlen eines Sachverständigengutachtens führte ebenfalls in der Entscheidung Sommerfeld/Deutschland zu einer unangemessenen Beteiligung des Beschwerdeführers am Entscheidungsfindungsprozess[902]. Der Gerichtshof sah eine Verletzung des Art. 8 EMRK in der Sache Buchberger/Österreich darin, dass es das Berufungsgericht unterlassen hatte, die Beschwerdeführerin über die zusätzlich im Berufungsverfahren eingebrachten Beweise zu informieren. Aus diesem Grunde habe eine unzureichende Beteiligung der Beschwerdeführerin am Entscheidungsfindungs-prozess vorgelegen, weil sie um die Möglichkeit gebracht worden sei, auf die neuen Beweise entsprechend zu reagieren[903]. In einer weiteren familienrechtlichen Streitigkeit, der Entscheidung Sahin/Deutschland, bejahte der EGMR eine Verletzung des Art. 8 EMRK aufgrund ungenügender Beteiligung des Betroffenen am Entscheidungsfindungsprozess, weil sich die zuständigen Gerichte, als sie den Antrag des Beschwerdeführers auf Erteilung eines Umgangsrechts ablehnten, zwar auf die Aussagen der beiden Elternteile, verschiedener Zeugen, des Jugendamtes sowie auf die Stellungnahme des Sachverständigen gestützt hätten, nicht jedoch das Kind angehört worden sei. Diese fehlende Anhöhrung des Kindes führte nach Ansicht des Gerichtshofs zu einer unzureichenden Beteiligung des Beschwerdeführers am Verfahren[904]. Es sei essentiell, dass die zuständigen Gerichte mit besonderer Sorgfalt in Erwägung zögen, was im Interesse des Kindes läge, nachdem sie direkten Kontakt mit dem Kind gehabt hätten. Insofern hätte sich das Gericht nicht mit der Stellungnahme der Sachverständigen über etwaige Risiken einer gerichtlichen Anhörung zufrieden geben dürfen, ohne überhaupt in Erwägung zu ziehen, gegebenenfalls besondere Vorkehrungen in Anbetracht des jungen Kindesalters zu treffen[905].

---

900 EGMR, Urt. v. 25.01.2000, Rn. 100 – Ignaccolo-Zenide/Rumänien.
901 EGMR (Große Kammer), Urt. v. 13.07.2000, Rn. 53 – Elsholz/Deutschland.
902 EGMR, Urt. v. 11.10.2001, Rn. 44 f. – Sommerfeld/Deutschland
903 EGMR, Urt. v. 20.10.2001, Rn. 44 – Buchberger/Österreich.
904 EGMR, Urt. v. 11.10.2001, Rn. 47 – Sahin/Deutschland.
905 EGMR, Urt. v. 11.10.2001, Rn. 47 – Sahin/Deutschland.

Sowohl die Entscheidung Sommerfeld/Deutschland als auch das Urteil Sahin/Deutschland sind von der Großen Kammer in der Sache aufgehoben worden, ohne jedoch den Grundsatz der angemessenen Beteiligung am Entscheidungsfindungsprozess in Frage zu stellen[906].

Das Fehlen jeglicher prozessualer Möglichkeiten, einen potentiellen Vater zur Durchführung eines gerichtlich angeordneten DNA-Tests zu bewegen, zusammen mit fehlenden Alternativmöglichkeiten, die Vaterschaft durch eine unabhängige Behörde bestimmen zu lassen, führte nach Ansicht des Gerichtshofs zu einer mangelnden Achtung des Familienlebens im Falle Mikulic/Kroatien und somit zu einer Verletzung des Art. 8 EMRK[907].

Im Fall P., C. und S. /Vereinigtes Königreich brachte die unterbliebene anwaltliche Vertretung während eines Sorgerechts- und des daran anschließenden Adoptionsverfahrens, zusammen mit dem Fehlen einer echten zeitlichen Pause zwischen den beiden Verfahren, nach Ansicht des EGMR die Beschwerdeführer um eine faire und effektive Anhörung vor Gericht. Unter Berücksichtigung, was für die Eltern bei der Entscheidung auf dem Spiel gestanden hätte, kam der Gerichtshof zu dem Schluss, dass die Eltern nicht ausreichend im Sinne von Art. 8 EMRK in den Entscheidungsfindungsprozess einbezogen worden waren[908].

Der Gesichtspunkt der Verfahrensfairness als Ausdruck des Effektivitätsprinzips findet sich auch in der Entscheidung McGinley und Egan/Vereinigtes Königreich und dem Urteil der Großen Kammer im Fall Hatton u.a./Vereinigtes Königreich. Wenn ein Staat gefährliche Aktivitäten vornehme, die versteckte Nebeneffekte auf die Gesundheit haben könnten, verlange die Achtung des Privat- und Familienlebens nach Art. 8 EMRK, dass ein effektives und zugängliches Verfahren errichtet werde, welches den betroffenen Personen ermögliche, alle relevanten und notwendigen Informationen zu erlangen[909]. Die Verpflichtung der Staaten zu einer Art Umweltverträglichkeitsprüfung wird ebenfalls mit dem Fairnessgebot begründet. Hinsichtlich dieses verfahrensrechtlichen Aspektes betonte die Große Kammer, dass ein staatlicher Entscheidungsfindungsprozess, der komplexe Themen der Umwelt- und Wirtschaftspolitik betreffe, notwendigerweise angemessene Untersuchungen und Studien beinhalten müsse, um einen fairen Ausgleich der widerstreitenden Interessen zu erzielen[910]. Somit

906 EGMR (Große Kammer), Urt. v. 08.07.2003, Rn. 73, 77 – Sahin/Deutschland; EGMR (Große Kammer), Urt. v. 08.07.2003, Rn. 74, 77 – Sommerfeld/Deutschland.
907 EGMR, Urt. v. 07.02.2002, Rn. 66 – Mikulic/Kroatien.
908 EGMR, Urt. v. 16.07.2002, Rn. 137 – P., C. und S./Vereinigtes Königreich.
909 EGMR, Urt. v. 09.06.1998, Rn. 101 – McGinley und Egan/Vereinigtes Königreich.
910 EGMR (Große Kammer), Urt. v. 08.07.2003, Rn. 128 – Hatton u.a./Vereinigtes Königreich.

verfolgt der Gerichtshof auch im umweltrechtlichen Bereich mit den aus Art. 8 EMRK abgeleiteten verfahrensrechtlichen Anforderungen das Ziel eines effektiven und praktischen Schutzes der materiellen Rechte.

b) Die Anforderungen an die Verfahrensdauer als Ausdruck des Effektivitätsprinzips

In den britischen Fürsorgefällen bezieht der Gerichtshof bei der Prüfung einer möglichen Verletzung des Art. 8 EMRK ausdrücklich auch die Länge des behördlichen Entscheidungsfindungsprozesses sowie damit zusammenhängender Gerichtsverfahren mit ein. Er begründet dies damit, dass in Fürsorgefällen immer die Gefahr bestünde, dass eine prozessuale Verzögerung zu einer faktischen Präjudizierung führe, bevor das Gericht zu dem ihm unterbreiteten Sachverhalt überhaupt angehört worden sei[911]. Eine effektive Achtung des Familienlebens setze indes nach Ansicht des Gerichtshofs voraus, dass künftige Beziehungen zwischen Eltern und ihren Kindern einzig und allein im Lichte aller relevanten Erwägungen bestimmt werden und nicht durch den bloßen Ablauf der Zeit[912].

Die Unvereinbarkeit überlanger Verfahren mit dem Recht aus Art. 8 EMRK auf effektiven Schutz des Familienlebens aufgrund der Gefahr einer faktischen Präjudizierung findet sich als Begründungsansatz für einen aus Art. 8 EMRK abgeleiteten verfahrensrechtlichen Schutz in mehreren Urteilen des EGMR wieder. In der Sache Keegan/Irland entschied der Gerichtshof, dass die dem Art. 8 EMRK immanente positive Verpflichtung zum Schutz des Familienlebens verletzt worden sei, weil dem Beschwerdeführer kein rechtzeitiger Rechtsschutz zuteil wurde und der bloße Zeitablauf zu einer faktischen und irreversiblen Entscheidung geführt hatte[913].

Wenn ein Kind zu Pflegeeltern gegeben werde, könne es im Laufe der Zeit ein neues Band mit diesen knüpfen, was dazu führe, dass es nicht mehr dem Kindeswohl entspräche, diese entstandene Beziehung zu stören oder zu unterbrechen. Eine solche Konstellation hatte im Fall Keegan/Irland die natürliche Entwicklung der Beziehungen des Beschwerdeführers zu seinem Kind gefährdet und einen Prozess in Gang gesetzt, der sich schnell als nicht wieder rückgängig

---

911 EGMR, Urt. v. 08.07.1987, Rn. 70 – Rennix/Vereinigtes Königreich; EGMR, Urt. v. 08.07.1987, Rn. 65 – Williams/Vereinigtes Königreich; EGMR, Urt. v. 08.07.1987, Rn. 89 – Hyatt/Vereinigtes Königreich.

912 EGMR, Urt. v. 08.07.1987, Rn. 70 – Rennix/Vereinigtes Königreich; EGMR, Urt. v. 08.07.1987, Rn. 65 – Williams/Vereinigtes Königreich; EGMR, Urt. v. 08.07.1987, Rn. 90 – Hyatt/Vereinigtes Königreich.

913 EGMR; Urt. v. 26.05.1994, Rn. 55 – Keegan/Irland.

zu machen erwies. Dadurch habe sich dieser in einem erheblichen Nachteil gegenüber den Pflegeeltern hinsichtlich der Gewährung des Sorgerechts für sein Kind befunden[914].

Die unangemessene und ineffektive Durchsetzung eines rechtmäßigen Beschlusses zur Rückführung der Kinder an die Beschwerdeführerin durch die zuständige Behörde, die es drei Jahre lang versäumt hatte, diesen Beschluss umzusetzen, was letztendlich dazu führte, dass die Kinder in ihrem eigenen Interesse bei dem Vater belassen werden mussten, führte nach Ansicht des Gerichtshofs in der Sache Ignaccolo-Zenide/Rumänien zu einer Verletzung des Art. 8 EMRK. Der EGMR betonte dabei, dass Verfahren um die elterliche Sorge sowie die Durchsetzung der in diesen Verfahren ergangenen Entscheidungen eine zügige Behandlung erfordern, da das Verstreichenlassen der Zeit unwiderrufbare Konsequenzen für die Beziehung der Kinder zu dem Elternteil, welches nicht mit ihnen zusammenlebt, haben könne[915]. In dem ähnlich gelagerten Fall Sylvester/Österreich, in der die Kindesmutter mit ihrem rechtswidrigen Verhalten eine Situation geschaffen hatte, in der es für das psychische und physische Wohl des Kindes erhebliche Beeinträchtigungen bedeutet hätte, wenn es zu seinem Vater zurückgeführt worden wäre, entschied der Gerichtshof unter Verweis auf das Urteil Williams/Vereinigtes Königreich, dass die effektive Achtung des Familienlebens voraussetze, dass künftige Beziehungen zwischen Eltern und ihren Kinder einzig und allein im Lichte aller relevanten Erwägungen bestimmt werden und nicht durch den bloßen Ablauf der Zeit[916]. Insofern hätten es die Behörden in Art. 8 EMRK verletzender Weise versäumt, die notwendigerweise von ihnen zu erwartenden Maßnahmen zur Durchsetzung der Rückführung des Kindes ohne Verzögerungen vorzunehmen[917]. In diesen beiden Kindesentführungsfällen nahm der EGMR zudem im Wege der Rechtsvergleichung Rückgriff auf die Hague Convention of 25 October 1980 on the Civil Aspects of International Child Abduction bei der Auslegung der aus Art. 8 EMRK resultierenden positiven Verpflichtungen des Staates in Fällen der Wiederzusammenführung eines Elternteiles mit seinem Kind[918].

Die Gefahr der faktischen Präjudizierung als Aspekt, der bei der Angemessenheit der Verfahrensdauer zu berücksichtigen ist, wurde vom Gerichtshof eben-

---

914 EGMR; Urt. v. 26.05.1994, Rn. 55 – Keegan/Irland.

915 EGMR, Urt. v. 25.01.2000, Rn. 102 – Ignaccolo-Zenide/Rumänien.

916 EGMR, Urt. v. 24.04.2003, Rn. 69 – Sylvester/Österreich mit Verweis auf: EGMR, Urt. 08.07.1987, Rn. 65 – Williams/Vereinigtes Königreich.

917 EGMR, Urt. v. 24.04.2003, Rn. 72 – Sylvester/Österreich.

918 EGMR, Urt. v. 25.01.2000, Rn. 95 ff., 113 – Ignaccolo-Zenide/Rumänien; EGMR, Urt. v. 24.04.2003, Rn. 57 ff. – Sylvester/Österreich.

falls in den Verfahren Mikulic/Kroatien[919] und Johansen/Norwegen[920] zur Begründung eines Verfahrensverstoßes gegen Art. 6 EMRK herangezogen.

Festzuhalten bleibt, dass der Gerichtshof durch die Anwendung des Effektivitätsprinzips einen weitreichenden Anspruch auf angemessene Verfahrensbeteiligung und Berücksichtigung der Interessen der Betroffenen sowohl im behördlichen als auch im gerichtlichen Verfahren aus Art. 8 EMRK abgeleitet hat. Der EGMR begründet die Notwendigkeit des verfahrensrechtlichen Schutzes mit der schwerwiegenden Natur des Eingriffes in das von Art. 8 EMRK geschützte Familienleben sowie der besonderen Gefahr einer *de facto*-Entscheidung durch prozessuale Verzögerungen.

2. Die Lehre von den implizierten Rechten

Dass der Gerichtshof zudem die Auslegungsmethode des Prinzips implizierter Rechte zur Begründung der Verfahrensdimension des Art. 8 EMRK anwendet, ist bereits in den britischen Fürsorgefällen angedeutet und wird insbesondere durch die Entscheidungen des EGMR in den Sachen McMichael/Vereinigtes Königreich, Hoppe/Deutschland und Sahin/Deutschland bestätigt. So bemerkte der Gerichtshof in den Entscheidungen Blackham/Vereinigtes Königreich, Rennix/Vereinigtes Königreich und Williams/Vereinigtes Königreich, dass Art. 8 EMRK zwar keine expliziten Verfahrensanforderungen enthalte, dieses aber in der Sache nicht entscheidend sei[921]. Im Urteil McMichael/Vereinigtes Königreich heißt es dann, dass „die dem Art. 8 EMRK *innewohnenden* verfahrensrechtlichen Anforderungen sowohl Verwaltungsverfahren als auch Gerichtsverfahren umfassen"[922]. Noch deutlicher äußert sich der Gerichtshof schließlich in den Entscheidungen Hoppe/Deutschland und Sahin/Deutschland, in welchen er entschied, dass „die dem Art. 8 EMRK *implizierten* prozessualen Anforderungen" eingehalten worden seien[923].

---

919 EGMR, Urt. v. 07.02.2002, Rn. 44 ff. – Mikulic/Kroatien.

920 EGMR, Urt. v. 07.08.1996, Rn. 87 – Johansen/Norwegen.

921 EGMR, Urt. v. 08.07.1987, Rn. 63 – Blackham/Vereinigtes Königreich; EGMR, Urt. v. 08.07.1987, Rn. 67 – Rennix/Vereinigtes Königreich; EGMR, Urt. v. 08.07.1987, Rn. 62 – Williams/Vereinigtes Königreich: „It is true that Article 8 contains *no explicit* procedural requirements, but this is not conclusive of the matter" (Hervorhebung durch den Verfasser).

922 EGMR, Urt. v. 24.02.1995, Rn.91 – McMichael/Vereinigtes Königreich: "...whereas not only does the procedural requirement *inherent* in Article 8 cover administrative procedures as well as judicial proceedings..." (Hervorhebungen durch den Verfasser).

923 EGMR (Große Kammer), Urt. v. 08.07.2003, Rn. 77 – Sahin/Deutschland: "The Court can therefore accept that the procedural requirements *implicit* in Article 8 of the Convention were complied with."; EGMR, Urt. v. 05.12.2002, Rn. 55 – Hoppe/Deutschland: "The Court is satisfied that the procedural requirements *implicit*

3. Die evolutive Auslegung

Der evolutiven Methode bedient sich der Gerichtshof in Bezug auf Art. 8 EMRK vornehmlich zur materiellen Inhaltsbestimmung der Begriffe des Privat- und Familienlebens sowie zur Schrankenbestimmmung des Art. 8 Abs. 2 EMRK[924]. Durch die evolutive Methode hat der EGMR den Schutzumfang des Privat- und Familienlebens erheblich ausgedehnt und dadurch den veränderten gesellschaftlichen Verhältnissen innerhalb der Vertragsstaaten Rechnung getragen. Gleichzeitig leistet der Gerichtshof so einen Beitrag zur Effektivität der von der EMRK geschützten Rechte. Hinsichtlich der Verfahrensdimension des Art. 8 EMRK nimmt der Gerichtshof indes keinen direkten Bezug auf mögliche verfahrensrechtliche Entwicklungen in den Mitgliedsstaaten, beispielsweise in Sorgerechtsfällen oder umweltbezogenen Sachverhalten. Dennoch ist es offensichtlich, dass die geänderten gesellschaftlichen und rechtlichen Verhältnisse in den Vertragsstaaten, beispielsweise hinsichtlich eines nunmehr grundsätzlich anerkannten berechtigten Interesses des Vaters an einem Sorge- oder Umgangsrechts zu seinem nichtehelichen Kind, oder das gesteigerte Umweltbewusstsein Einfluss auf die Rechtsprechung des EGMR hinsichtlich der Notwendigkeit der Entwicklung einer Verfahrensdimension des Art. 8 EMRK genommen haben[925]. In der Rechtsprechung des Gerichtshofs finden sich insofern keine Anhaltspunkte, dass er die Verfahrensdimension deswegen aus Art. 8 EMRK abgeleitet hat, weil ein solcher Trend zur prozessualen Absicherung des materiellen Rechts aus diesem selbst in den Mitgliedstaaten zu verzeichnen ist. Der evolutive Ansatz hinsichtlich der Verfahrensdimension wird vielmehr durch den Umstand bedingt, dass der gesellschaftliche Wandel die Notwendigkeit verfahrensrechtlicher Schutzmechanismen immer mehr zu Tage treten lässt. Insofern stellt sich die Frage, inwieweit sich die Verfahrensdimension in eine Auslegung einbetten lässt, die sich an den heute vorherrschenden Verhältnissen in den Vertragsstaaten orientiert.

---

in Article 8 of the Convention were complied with." (Hervorhebungen durch den Verfasser).

924 Siehe nur: EGMR, Urt. v. 13.06.1979, Rn. 41 – Marckx/Belgien; EGMR, Urt. v. 22.10.1981, Rn. 60 – Dudgeon/Vereinigtes Königreich; EGMR, Urt. v. 17.10.1986, Rn. 47 – Rees/Vereinigtes Königreich; EGMR, Urt. v. 27.09.1990, Rn. 35, 42 – Cossey/Vereinigtes Königreich; EGMR, Urt. v. 09.12.1994, Rn. 51 – López Ostra/Spanien; EGMR, Urt. 19.02.1998, Rn. 60 – Guerra/Italien; EGMR, Urt. v. 11.07.2002, Rn. 61 f. – I./Vereinigtes Königreich; EGMR, Urt. v. 11.07.2002, Rn. 81, 82 – Christine Goodwin/Vereinigtes Königreich; EGMR, Urt. v. 12.06.2003, Rn. 49-57 – Van Kück/Deutschland.

925 Besonders hervorzuheben ist in diesem Zusammenhang die abweichende Meinung der Richter Costa, Ress, Türmen, Zupancic und Steiner in: EGMR (Große Kammer), Urt. v. 08.07.2003 – Hatton u.a./Vereinigtes Königreich. Siehe hierzu insbesondere: 3. Kap., A III 2 b.

4. Zwischenergebnis

Die vorangegangene Untersuchung hat gezeigt, dass sich der Gerichtshof bei der Herleitung verfahrensrechtlicher Garantien insbesondere des Prinzips der effektiven Auslegung bedient hat. Ein effektiver Schutz des Familienlebens kann nach Auffassung des EGMR nur gewährleistet werden, wenn entsprechende Verfahrensgarantien zur Verfügung stehen, die sicherstellen, dass der Betroffene an dem als Ganzes betrachteten Entscheidungsfindungsprozess in einem ausreichenden Maße beteiligt wird. Eine effektive Achtung des Familienlebens setzt ebenfalls voraus, dass künftige Beziehungen zwischen Eltern und ihren Kindern einzig und allein im Lichte aller relevanten Erwägungen bestimmt werden und nicht durch den bloßen Ablauf der Zeit. Da jede verfahrenstechnische Verzögerung zu einer faktischen Präjudizierung führen kann, verlangt Art. 8 EMRK demnach eine zügige Durchführung des behördlichen und gerichtlichen Verfahrens. Ergänzend zum Effektivitätsprinzip bedient sich der EGMR der Lehre von den implizierten Rechten, um die Verfahrensdimension als ein dem Art. 8 EMRK innewohnendes Element zu charakterisieren. Die Methode der evolutiven Auslegung wird vom Gerichtshof vornehmlich dann herangezogen, wenn es um die materielle Inhaltsbestimmung des von Art. 8 EMRK geschützten Privat- und Familienlebens geht. Der gesellschaftliche Wandel in Familienangelegenheiten und umweltbezogenen Fällen ist für die Entwicklung der Verfahrensdimension des Art. 8 EMRK zudem deswegen bedeutsam, weil er einen Anhaltspunkt für die Notwendigkeit verfahrensrechtlicher Schutzmechanismen liefert.

III. Gründe für die aus Art. 8 EMRK resultierende Verfahrensdimension

1. Effektiver Rechtsschutz und die Notwendigkeit einer Verfahrensdimension des Art. 8 EMRK

Ziel der Konvention ist es, Rechte zu gewährleisten, die praktisch und effektiv sind und nicht bloß theoretisch und illusorisch[926]. Diese Feststellung des Gerichtshofs in der Rechtssache Airey/Irland, in welcher der EGMR die Unmöglichkeit, die Trennung zweier Eheleute von Tisch und Bett ohne entsprechende eigene finanzielle Mittel gerichtlich durchzusetzen, als Verstoß gegen den aus Art. 8 EMRK resultierenden Schutz des Privatlebens betrachtete, hat nichts von ihrer Aktualität verloren. Gerade die zahlreichen Urteile des Gerichtshofs, die seit dem Jahre 2000 immer wieder eine Verletzung des Art. 8 EMRK aus verfahrensrechtlichen Gesichtspunkten bejahten oder zumindest in Betracht zogen,

926 EGMR, Urt. v. 09.10.1979, Rn. 24 – Airey/Irland.

untermauern, dass der EGMR dieses Ziel nicht aus den Augen verloren hat[927]. Gleichzeitig belegen diese Entscheidungen, welche Bedeutung der Gerichtshof der Verfahrensdimension des Art. 8 EMRK beimisst, um einen effektiven Schutz der materiellen Rechtspositionen des Art. 8 EMRK zu gewährleisten. Musste sich der Gerichtshof zu Beginn seiner Art. 8 EMRK betreffenden Rechtsprechung vornehmlich mit dem materiellen Inhalt der Begriffe des Privat- und Familienlebens auseinandersetzen[928], sind die jüngsten Urteile durch das Bedürfnis geprägt, diesem materiellen Schutzgehalt auch in der Praxis Geltung zu verschaffen.

a) Das behördliche Verfahren

Insbesondere in familienrechtlichen Angelegenheiten ist die Notwendigkeit eines fairen und zügigen Verfahrens in jüngster Zeit immer deutlicher in den Vordergrund der Argumentation des Gerichtshofs getreten. Der EGMR hatte bereits in den britischen Fürsorgefällen festgestellt, dass gerade in derartigen Fällen immer die Gefahr bestehe, dass jede prozessuale Verzögerung zu einer faktischen Präjudizierung führe, oftmals noch bevor das mit der Sache befasste Gericht überhaupt gehört worden sei[929]. Dem behördlichen Entscheidungsfindungsprozess kommt damit eine herausragende Bedeutung zu, weil gerade in diesem vorgerichtlichen Stadium entscheidende Weichenstellungen vorgenommen werden, die sich im Gerichtsverfahren oftmals nicht mehr korrigieren lassen.

927 EGMR, Urt. v. 25.01.2000 – Ignaccolo-Zenide/Rumänien; EGMR (Große Kammer), Urt. v. 13.07.2000 – Elsholz/Deutschland; EGMR, Urt. v. 10.05.2001 – T.P. und K.M./Vereinigtes Königreich; EGMR, Urt. v. 02.10.2001 – Hatton u.a./Vereinigtes Königreich; EGMR, Urt. v. 11.10.2001 – Sommerfeld/Deutschland; EGMR, Urt. v. 11.10.2001 – Sahin/Deutschland; EGMR, Urt. v. 26.02.2002 – Kutzner/Deutschland; EGMR, Urt. v. 16.07.2002 – P., C. und S./Vereinigtes Königreich; EGMR, Urt. v. 05.12.2002 – Hoppe/Deutschland; EGMR, Urt. v. 24.04.2003 – Sylvester/Österreich; EGMR (Große Kammer), Urt. v. 08.07.2003 – Sommerfeld/Deutschland; EGMR (Große Kammer), Urt. v. 08.07.2003 – Sahin/Deutschland; EGMR (Große Kammer), Urt. v. 08.07.2003 – Hatton u.a./Vereinigtes Königreich; EGMR, Urt. v. 26.02.2004 – Görgülü/Deutschland; EGMR, Urt. v. 08.04.2004 – Haase/Deutschland.

928 Siehe insbesondere: EGMR, Urt. v. 09.10.1979, Rn. 24 – Airey/Irland; EGMR, Urt. v. 13.06.1979, Rn. 41 – Marckx/Belgien; EGMR, Urt. v. 22.10.1981, Rn. 60 – Dudgeon/Vereinigtes Königreich.

929 EGMR, Urt. v. 08.07.1987, Rn. 70 – Rennix/Vereinigtes Königreich; EGMR, Urt. v. 08.07.1987, Rn. 65 – Williams/Vereinigtes Königreich; EGMR, Urt. v. 08.07.1987, Rn. 89 – Hyatt/Vereinigtes Königreich.

aa) Verfahrensdauer

Hierbei nimmt der Zeitfaktor eine besondere Stellung ein, weil sich das kindliche Zeitempfinden, wissenschaftlichen Erkenntnissen zu folge, wesentlich von dem eines Erwachsenen unterscheidet[930]. Insofern weist Brötel darauf hin, dass ein Erwachsener zwar die Dauer einer bestimmten Zeitspanne in einzelnen Lebenssituationen als unterschiedlich lang empfinden könne[931], er jedoch ungeachtet seines subjektiven Empfindens sein Verhalten und seine Bedürfnisse an objektiven Maßstäben orientiere. Kindern dagegen sei diese Eigenschaft bis zu einem bestimmten Alter fremd. Sie vermögen Zeitspannen nicht auf der Grundlage von Uhr und Kalender einzuschätzen, sondern beurteilten sie ausschließlich nach der Dringlichkeit ihrer Triebwünsche, wobei ihnen jeder Aufschub endlos erscheine[932]. Bereits relativ kurze Zeitspannen würden deshalb nach Ansicht Brötels von Kindern als vergleichsweise lang empfunden[933]. Ein weiterer wichtiger Punkt sei, dass Kinder in aller Regel diejenigen Personen als ihre Bezugspersonen anerkennen, die ihre täglichen Bedürfnisse erfüllen. Die biologischen Voraussetzungen der Elternschaft seien dabei weitgehend belanglos[934]. Eine Trennung würde deshalb schnell als dauerhaft und endgültig angesehen. Ein Kind lerne erst allmählich, dass „verschwindende Personen auch wieder auftauchen" können, da die Fähigkeit zu Wissensaufbau und Wiedererkennung erst herangebildet werden müsse[935]. Schließlich hebt Brötel hervor, dass alle Kinder ein natürliches Bedürfnis nach dauerhaften, stabilen sowie gesicherten inneren und äußeren Verhältnissen haben. Werde dieses Grundbedürfnis nicht gewährleistet, könne das zu schwerwiegenden Beeinträchtigungen in der kindlichen Entwicklung führen[936].

Wie die vorangegangenen Untersuchungen gezeigt haben, blieb dem mit der Sache befassten nationalen Gericht in einer Vielzahl der Fälle keine andere Möglichkeit, als das Kind an seinem momentanen Aufenthaltsort zu belassen, sei es bei der Kindesmutter oder bei den Pflegeeltern, weil das Kind bereits eine enge emotionale Beziehung zu diesen Personen aufgebaut hatte[937]. Eine gerichtliche Entscheidung, die sowohl die Interessen beider Elternteile als auch die des

930 Brötel, DEuFamR 1999, 143 (147) m.w.N.
931 Brötel, DEuFamR 1999, 143 (147). Hierzu wählt Brötel das Beispiel des scheinbar endlosen Wartens vor einer roten Ampel im Vergleich zu anderen Lebenssituationen, in denen die Zeit „nur so mit Lichtgeschwindigkeit dahinrase".
932 Brötel, DEuFamR 1999, 143 (147).
933 Brötel, DEuFamR 1999, 143 (147) m.w.N.
934 Brötel, DEuFamR 1999, 143 (147) m.w.N.
935 Brötel, DEuFamR 1999, 143 (147) m.w.N.
936 Brötel, DEuFamR 1999, 143 (147) m.w.N.
937 Beispielhaft: EGMR, Urt. v. 26.05.1994, Rn. 55 – Keegan/Irland.

Kindes in Einklang gebracht hätte, war im Interesse des Kindeswohles nicht mehr möglich.

Das Verhalten der Behörden ist aber auch bei der Durchsetzung der Gerichtsbeschlüsse von essentieller Wichtigkeit. In diesem Zusammenhang liefern die Fälle von Kindesentführungen durch einen der Elternteile die wohl tragischsten und anschaulichsten Belege dafür, in welchem Dilemma sich die nationalen Gerichte in derartigen Situationen befinden. Wie bereits dargestellt, führten in den Rechtssachen Ignaccolo-Zenide/Rumänien[938] und Sylvester/Österreich[939] die Verzögerungen der nationalen Behörden bei der Durchsetzung der rechtswirksamen Rückführungsbeschlüsse dazu, dass durch das rechtswidrige Verhalten des einen Elternteils eine Situation geschaffen worden war, in der eine Trennung des Kindes von diesem Elternteil und Rückführung an den sorgerechtsberechtigten anderen Elternteil mit dem psychischen und physischen Wohl des Kindes unvereinbar gewesen wäre. In diesen Fällen obsiegte letztlich die 'Macht des Faktischen' gegenüber dem geltenden Recht. Hierbei bleibt der fahle Nachgeschmack, dass zwar letztendlich immer noch zum Wohle des Kindes entschieden wurde, das Kindeswohl aber aufgrund der egoistischen Interessen eines Elternteiles vorgegeben worden war. Denn vor allem durch das an den Tag gelegte Blockadeverhalten ist in diesen Fällen eine Situation geschaffen worden, in der es dem Kindeswohl eher entsprach, nur noch zu einem Elternteil Kontakt zu haben, als zu beiden Elternteilen, wie es normalerweise sein sollte.

Diese Fallkonstellationen verdeutlichen, wie wichtig und entscheidend verfahrensrechtliche Anforderungen zur Absicherung der materiellen Rechtspositionen sind. Es nützt dem Betroffenen nichts, wenn er zwar vor den nationalen Gerichten formal Recht bekommt, aufgrund der faktischen Sachverhaltslage aber dennoch an der Ausübung des ihm zustehenden Sorge- oder Umgangsrechts dauerhaft gehindert bleibt. Die Verfahrensdauer wird somit, wie Brötel es formuliert, zur „existentiellen Grundvoraussetzung für die Verwirklichung der materiellen Grundrechtsgarantie selbst"[940]. Hier greift die Verfahrensdimension des Art. 8 EMRK ein, indem sie die zügige Durchführung behördlicher Verfahren verlangt. Nur so kann gewährleistet werden, dass die Entscheidung tatsächlich auf allen relevanten Fakten beruht und nicht aufgrund des Zeitablaufes bereits in die eine oder andere Richtung vorgegeben ist.

---

938 EGMR, Urt. v. 25.01.2000, Rn. 102 ff. – Ignaccolo-Zenide/Rumänien.

939 EGMR, Urt. v. 24.04.2003, Rn. 66 ff. – Sylvester/Österreich.

940 Brötel, DEuFamR 1999, 143 (148).

bb) Verfahrensfairness

Neben der Verfahrensdauer hat der Gerichtshof auch der Verfahrensfairness einen eigenen Stellenwert im Rahmen der Verfahrensdimension des Art. 8 EMRK eingeräumt. Nur wenn sichergestellt ist, dass die Betroffenen an dem behördlichen Entscheidungsfindungsprozess in einer angemessenen Art und Weise beteiligt worden sind, kann das jeweilige Verfahren als im Einklang mit den verfahrensrechtlichen Anforderungen des Art. 8 EMRK betrachtet werden[941]. Die angemessene Verfahrensbeteiligung trägt wiederum dazu bei, dass die zu fällenden Entscheidungen auf allen relevanten Fakten beruhen und die Interessen der Beteiligten ausreichend berücksichtigt worden sind. Gerade in familienrechtlichen Angelegenheiten, insbesondere bei der Erteilung oder dem Entzug des Sorge- oder Umgangsrechts, ist das persönliche Auftreten der Betroffenen oftmals von entscheidender Bedeutung. Aber auch die aus Art. 8 EMRK abgeleitete Pflicht zur Durchführung einer Art Umweltverträglichkeitsprüfung in den beiden Entscheidungen im Fall Hatton u.a./Vereinigtes Königreich ist Ausdruck des Erfordernisses einer fairen und angemessenen Abwägung der widerstreitenden Interessen[942].

Der Hauptgrund für die verfahrensrechtlichen Anforderungen, wie sie der Gerichtshof für das behördliche Verfahren entwickelt hat, liegt somit in dem Bedürfnis, einen effektiven Schutz des in Art. 8 EMRK verankerten Privat- und Familienlebens zu gewährleisten. Die Notwendigkeit einer eigenständigen Verfahrensdimension des Art. 8 EMRK für das behördliche Verfahren ergibt sich aus dessen fundamentaler Bedeutung vor allem in familienrechtlichen Angelegenheiten. Art. 6 EMRK, der ebenfalls das Recht auf ein faires und zügiges Verfahren statuiert, ist nur auf Gerichtsverfahren anwendbar und bietet deshalb im behördlichen Verfahren keinen Rechtsschutz. Die Gewährleistung eines fairen behördlichen Verfahrens und einer angemessenen Verfahrensdauer lassen sich mithin nur aus Art. 8 EMRK ableiten. Durch diese Verfahrensdimension des Art. 8 EMRK leistet der Gerichtshof einen Beitrag zur Effektivierung des Menschenrechtsschutzes und verhindert gerade in familienrechtlichen Angelegenheiten, dass das von Art. 8 EMRK geschützte Privat- und Familienleben im behördlichen Verfahren nur theoretisch und illusorisch bleibt. Gerade in Fällen, in denen die Gefahr besteht, dass eine faktische Präjudizierung oder mangelhafte Verfahrensbeteiligung die Beziehung eines Elternteiles zu seinem Kind dau-

941 Grundlegend: EGMR, Urt. v. 08.07.1987 – Blackham/Vereinigtes Königreich; EGMR, Urt. v. 08.07.1987 – Hyatt/Vereinigtes Königreich; EGMR, Urt. v. 08.07.1987 – O'Connor/Vereinigtes Königreich; EGMR, Urt. v. 08.07.1987 – Rennix/Vereinigtes Königreich; EGMR, Urt. v. 08.07.1987 – Williams/Vereinigtes Königreich.

942 EGMR, Urt. v. 02.10.2001, Rn. 95 ff. – Hatton u.a./Vereinigtes Königreich; EGMR (Große Kammer), Urt. v. 08.07.2003, Rn. 128 – Hatton u.a./Vereinigtes Königreich.

erhaft beendet, ist die Einhaltung der verfahrensrechtlichen Anforderungen des Art. 8 EMRK von Anfang an besonders wichtig. Der nach Art. 41 EMRK durch den beklagten Staat im Falle einer Konventionsverletzung zu leistende materielle Schadensersatz kann regelmäßig einen irreparablen Zustand allenfalls kompensieren, nicht aber wieder herstellen[943].

Die Entwicklung der Verfahrensdimension des Art. 8 EMRK in Bezug auf das behördliche Verfahren beruht somit auf ähnlichen Gesichtspunkten wie diejenigen, die bei der Entwicklung von Verfahrensgarantien materieller Grundrechte Ende der siebziger und Anfang der achtziger Jahre in Deutschland eine Rolle gespielt haben. Denn auch das BVerfG entwickelte den unmittelbar aus dem materiellen Grundrecht resultierenden Verfahrensschutz aus der Notwendigkeit heraus, dass das Prozessgrundrecht in den betreffenden Fallkonstellationen nicht anwendbar war[944]. Das BVerfG stand, wie bereits erläutert, vor dem Problem, dass gegen die in Frage stehende Legalenteignung kein fachgerichtlicher Rechtsschutz nach Art. 19 Abs. 4 GG möglich war, weil dieser nur für Exekutivakte Anwendung findet[945]. Um einer schwerwiegenden Verkürzung des Rechtsschutzes gegen diese Form der Enteignung entgegenzuwirken, entschied das BVerfG, dass eine Legalenteignung nur in Ausnahmefällen zulässig sei[946], mit der Begründung, dass „nach der grundgesetzlichen Konzeption ein effektiver, den Bestand des Eigentums sichernder Rechtsschutz gegenüber dem enteignenden Zugriff der öffentlichen Hand bereits ein wesentliches Element des Grundrechts des Art. 14 Abs. 1 GG selbst sei"[947]. In späteren Entscheidungen dehnte das BVerfG diesen Grundsatz auch auf das Verwaltungsverfahren aus, weil in diesem das Prozessgrundrecht des Art. 19 Abs. 4 GG ebenfalls nicht anwendbar ist. Begründet wird diese Ausdehnung damit, dass die Verfahrensgarantien bereits unmittelbar aus dem jeweiligen Grundrecht selbst folgten und sich deswegen nicht auf Gerichtsverfahren beschränkten, sondern auch die Gestaltung des behördlichen Verfahrens, soweit die behördliche Entscheidung ein Grundrecht berührte, beeinflussten[948].

Beiden Vorgehensweisen ist das Bedürfnis gemeinsam, für einen effektiven Rechtsschutz zu sorgen und etwaige Rechtsschutzlücken der Prozessgrundrechte durch Verfahrensanforderungen, die aus den materiellen Grundrechten selbst abgeleitet werden, zu schließen.

---

943 Zur Wirkung und Beachtung der Urteile des EGMR siehe auch: Ress, EuGRZ 1996, 350 ff.

944 Siehe hierzu: 1. Kap., C I.

945 BVerfGE 24, 33 (49).

946 BVerfGE 24, 367 (402 f.).

947 BVerfGE 24, 367 (401).

948 BVerfG, NJW 1980, 1153 (1154).

b) Das gerichtliche Verfahren

Der Gerichtshof hat jedoch die Verfahrensdimension des Art. 8 EMRK nicht auf das behördliche Verfahren beschränkt, sondern darüber hinaus auf das gerichtliche ausgedehnt. Vor Gericht ergeben sich demnach die Anforderungen an eine faire Beteiligung der Betroffenen und an eine angemessene Verfahrensdauer ebenfalls unmittelbar aus Art. 8 EMRK. So kann die unterbliebene gerichtliche Anhörung eines Elternteils oder des Kindes einen Verstoß gegen die aus Art. 8 EMRK resultierende Pflicht zur angemessenen Beteiligung der Betroffenen darstellen. Insbesondere im Bereich der angemessenen Verfahrensbeteiligung sind seit dem Jahre 2000 zahlreiche Urteile ergangen, die sich mit dem Umfang dieses Aspekts der Verfahrensdimension des Art. 8 EMRK beschäftigen.

In der Entscheidung Elsholz/Deutschland urteilte der Gerichtshof, dass die unterbliebene gerichtliche Anhörung des Beschwerdeführers sowie das Fehlen eines psychologischen Sachverständigengutachtens eine unzureichende Beteiligung des Beschwerdeführers am gerichtlichen Entscheidungsprozess darstellte und aus diesem Grund Art. 8 EMRK verletzt worden sei[949]. Die fehlende Einholung eines umfassenden psychologischen Sachverständigengutachtens durch das mit dem Fall befasste nationale Gericht veranlasste den Gerichtshof in der Sache Sommerfeld/Deutschland, ebenfalls eine Verletzung des Art. 8 EMRK zu bejahen[950]. Diese Entscheidung ist zwar in der Sache von der Großen Kammer wieder aufgehoben worden, bestätigt jedoch, dass im Einzelfall die Heranziehung eines Sachverständigengutachtens notwendig sein kann[951]. In dem Urteil Buchberger/Österreich sah der Gerichtshof eine Verletzung des Art. 8 EMRK darin, dass es das nationale Gericht unterlassen hatte, die Beschwerdeführerin über die zusätzlich im Berufungsverfahren eingebrachten Beweise zu informieren. Aus diesem Grunde liege eine unzureichende Beteiligung am Entscheidungsprozess vor, weil die Beschwerdeführerin nicht auf die neuen Beweise habe reagieren können[952]. Die unterbliebene gerichtliche Anhörung des betroffenen Kindes führte nach Ansicht des EGMR in der Sache Sahin/Deutschland zu einer ungenügenden Verfahrensbeteiligung des Beschwerdeführers und damit zu einer Verletzung des Art. 8 EMRK[953]. Wie bereits in der Entscheidung Sommerfeld/Deutschland wurde auch das Urteil Sahin/Deutschland von der Großen Kammer am 08.07.2003 mit der Begründung aufgehoben, dass es zu weit gehen würde, den nationalen Gerichten vorzuschreiben, dass sie in jedem

949 EGMR (Große Kammer), Urt. v. 13.07.2000, Rn. 53 – Elsholz/Deutschland.
950 EGMR, Urt. v. 11.10.2001, Rn. 44 f. – Sommerfeld/Deutschland.
951 EGMR (Große Kammer), Urt. v. 08.07.2003, Rn. 71, 74 – Sommerfeld/Deutschland.
952 EGMR, Urt. v. 20.10.2001, Rn. 44 – Buchberger/Österreich.
953 EGMR, Urt. v. 11.10.2001, Rn. 47 – Sahin/Deutschland.

Fall das Kind vor Gericht zu der Frage des Umgangsrechts hören müssten. Dieses hänge vielmehr von den Umständen des Einzelfalles ab[954]. In der Entscheidung Kutzner/Deutschland bemängelte der Gerichtshof, dass sich das Gericht auf zwei widersprüchliche Gutachten gestützt hatte und die betroffenen Kinder zu keinem Zeitpunkt gehört worden waren[955]. Das Fehlen eines Rechtsbeistandes in einem Sorgerechts- und dem daran anschließenden Adoptionsverfahren verstieß nach Ansicht des EGMR in der Sache P., C. und S./Vereinigtes Königreich ebenfalls gegen die Anforderungen des Art. 8 EMRK an eine faire Verfahrensbeteiligung[956]. Auch in der Entscheidung Haase/Deutschland führte die unterbliebene Anhörung der Eltern zu einer Verletzung der Verfahrensdimension des Art. 8 EMRK[957].

Diesen Gerichtsentscheidungen ist somit gemeinsam, dass der Gerichtshof eine Verletzung des Art. 8 EMRK aufgrund gerichtlicher Verfahrensfehler bejahte. Auch im Gerichtsverfahren gilt es demnach sicherzustellen, dass alle Betroffenen angesichts der besonderen Umstände des Falles und der Bedeutung der zu fällenden Entscheidung in einem Maße beteiligt werden, das den erforderlichen Schutz ihrer Interessen sicherstellt. Insofern basiert die vom Gerichtshof für das gerichtliche Verfahren entwickelte Verfahrensdimension ebenfalls auf Effektivitätsgedanken. Nur durch einen umfassenden verfahrensrechtlichen Schutz als Korrelat zur materiellen Rechtsposition kann Letztere effektiv und wirksam gewährleistet werden.

Obwohl die gerichtliche Verfahrensdimension des Art. 8 EMRK somit wie die behördliche Verfahrensdimension aus Gründen der Effektivierung des von Art. 8 EMRK geschützten Privat- und Familienlebens eingeführt worden ist, erscheint dies für das Gerichtsverfahren zunächst verwunderlich, da in Art. 6 EMRK ausdrücklich das Recht auf ein faires und zügiges Verfahren verankert ist. Insofern ist es angebracht, die Begründungen, die der EGMR für diese Vorgehensweise liefert, näher zu betrachten. Zu untersuchen ist, ob und inwieweit die Verfahrensdimension des Art. 8 EMRK in Bezug auf das Gerichtsverfahren ebenfalls der Notwendigkeit eines umfassenden und effektiven Rechtsschutzes aus dem materiellen Grundrecht selbst entspringt.

Die Erstreckung der Verfahrensanforderungen des Art. 8 EMRK auf das gerichtliche Verfahren findet sich erstmals in den britischen Fürsorgefällen für den Aspekt der Verfahrensdauer. In den Entscheidungen Williams/Vereinigtes Königreich, Rennix/Vereinigtes Königreich und Hyatt/Vereinigtes Königreich

954 EGMR (Große Kammer), Urt. v. 08.07.2003, Rn. 73 – Sahin/Deutschland.
955 EGMR, Urt. v. 26.02.2002, Rn. 72, 81 – Kutzner/Deutschland.
956 EGMR, Urt. v. 16.07.2002, Rn. 137 – P., C. und S./Vereinigtes Königreich.
957 EGMR, Urt. v. 08.04.2004, Rn. 104, 105 – Haase/Deutschland.

stellte der EGMR fest, dass entgegen der Auffassung der britischen Regierung der Gerichtshof bei seiner Untersuchung im Zusammenhang mit Art. 8 EMRK „auch die Länge des behördlichen Entscheidungsfindungsprozesses *sowie damit zusammenhängender Gerichtsverfahren* mit einbeziehen könne"[958]. Der Gerichtshof begründet seine Feststellung damit, dass in Fürsorgefällen immer die Gefahr bestünde, „dass jede prozessuale Verzögerung zu einer faktischen Präjudizierung führe, bevor das Gericht zu dem ihm unterbreiteten Sachverhalt eine Anhörung vorgenommen hat"[959].

Diese Begründung des Gerichtshofs vermag nicht zu überzeugen. Denn wenn sich das Gericht noch nicht mit der Sache befasst hat, kann sich die vom EGMR angeführte Gefahr einer faktischen Präjudizierung nur auf den Entscheidungsfindungsprozess der Behörde beziehen. Nur in diesem Stadium des Verfahrens kann es zu einer *de facto*-Entscheidung kommen, *bevor* sich ein Gericht mit der Sache beschäftigt hat. Insofern liefert der EGMR keine schlüssige Begründung, warum Art. 8 EMRK hinsichtlich der Verfahrenslänge auch auf das Gerichtsverfahren Anwendung finden soll. Für das gerichtliche Verfahren sieht schließlich Art. 6 EMRK bereits einen Anspruch auf zügige Verfahrensdurchführung vor. So betonte auch Richter Gersing in seiner teilweise abweichenden Meinung in den Fällen Williams/Vereinigtes Königreich und Hyatt/Vereinigtes Königreich, dass die Länge des in Frage stehenden Vormundschaftsprozesses nur unter Art. 6 EMRK behandelt werden dürfte, da Art. 6 EMRK in diesem Fall *lex specialis* sei[960].

Trotz dieser dogmatisch unbefriedigenden Argumentation des Gerichtshofs erstreckt der EGMR seit den britischen Fürsorgefällen den verfahrensrechtlichen Anwendungsbereich des Art. 8 EMRK ohne weiteres auf das Gerichtsverfahren. In der Entscheidung McMichael/Vereinigtes Königreich behandelt der Gerichtshof den Aspekt der Verfahrensfairness sowohl im Rahmen des Art. 6 EMRK als auch des Art. 8 EMRK. Begründet wird die zusätzliche Prüfung des Art. 8 EMRK, nachdem der Gerichtshof bereits eine Verletzung des Grundsatzes des fairen Verfahrens des Art. 6 EMRK festgestellt hatte, mit der unter-

958 EGMR, Urt. v. 08.07.1987, Rn. 70 – Rennix/Vereinigtes Königreich; EGMR, Urt. v. 08.07.1987, Rn. 65 – Williams/Vereinigtes Königreich; EGMR, Urt. v. 08.07.1987, Rn. 89 – Hyatt/Vereinigtes Königreich (Hervorhebung durch den Verfasser).

959 EGMR, Urt. v. 08.07.1987, Rn. 70 – Rennix/Vereinigtes Königreich; EGMR, Urt. v. 08.07.1987, Rn. 65 – Williams/Vereinigtes Königreich; EGMR, Urt. v. 08.07.1987, Rn. 89 – Hyatt/Vereinigtes Königreich: "In cases of this kind there is always the danger that any procedural delay will result in the de facto determination of the issue submitted to the court before it has held its hearing".

960 EGMR, Urt. v. 08.07.1987 – Hyatt/Vereinigtes Königreich; teilweise abweichende Meinung des Richter Gersing in: EGMR, Urt. v. 08.07.1987 – Williams/Vereinigtes Königreich.

schiedlichen Schutzrichtung der beiden Artikel. Art. 6 EMRK, so der Gerichtshof, gewährleiste einen verfahrensrechtlichen Schutz, namentlich das Recht auf ein Gericht in der Bestimmung der eigenen zivilrechtlichen Ansprüche und Verpflichtungen[961]. Die verfahrensrechtlichen Garantien des Art. 8 EMRK dagegen beinhalteten überdies Verwaltungsverfahren und andere gerichtliche Verfahren und dienten dem insofern weitergehenden Zweck, unter anderem das Familienleben ausreichend zu schützen[962]. Diese unterschiedlichen Zielrichtungen des verfahrensrechtlichen Schutzes könnten im Lichte der jeweiligen Umstände eine Untersuchung derselben Fakten unter beiden Artikeln rechtfertigen[963]. Der Gerichtshof entschied anschließend, dass der verhinderte Zugang zu wichtigen Dokumenten nicht nur Auswirkungen auf die Durchführung des gerichtlichen Verfahrens gehabt habe, sondern auch auf fundamentale Elemente des von Art. 8 EMRK geschützten Familienlebens und er aus diesem Grund zu einer Prüfung des Art. 8 EMRK berechtigt sei[964]. Anschließend bejahte er eine Verletzung des Art. 8 EMRK, weil der Entscheidungsfindungsprozess hinsichtlich des Sorge- und Umgangsrechts nicht den notwendigen Schutz, wie ihn Art. 8 EMRK erfordere, gewährleistet habe[965].

Die verfahrensrechtlichen Garantien, die der Gerichtshof Art. 8 EMRK direkt entnimmt, dienen demnach gerade dem Schutz des Privat- und Familienlebens, wohingegen Art. 6 EMRK allgemein das Recht auf ein faires und zügiges Verfahren bei der Bestimmung der eigenen Rechte und Verpflichtungen gewährleistet. Bezeichnenderweise benutzt der Gerichtshof diese Feststellung in der Entscheidung McMichael/Vereinigtes Königreich jedoch nicht, um in Bezug auf familienrechtliche Verfahren die Verfahrensanforderungen des Art. 8 EMRK gegenüber denjenigen aus Art. 6 EMRK als lex specialis einzuordnen, sondern um eine zusätzliche Prüfung des Art. 8 EMRK neben Art. 6 EMRK zu begründen. Die unterschiedlichen Zielrichtungen des verfahrensrechtlichen Schutzes der Art. 6 EMRK und Art. 8 EMRK könnten im Lichte der jeweiligen Umstände eine Untersuchung derselben Fakten unter beiden Artikeln rechtfertigen[966]. Der Gerichtshof verweist in diesem Zusammenhang einerseits auf das

---

961 EGMR, Urt. v. 24.02.1995, Rn. 91 – McMichael/Vereinigtes Königreich.

962 EGMR, Urt. v. 24.02.1995, Rn. 91 – McMichael/Vereinigtes Königreich: "...whereas not only does the procedural requirement inherent in Article 8 cover administrative procedures as well as judicial proceedings, but is ancillary to the wider purpose of ensuring proper respect for, inter alia, family life".

963 EGMR, Urt. v. 24.02.1995, Rn. 91 – McMichael/Vereinigtes Königreich: "The difference between the purpose pursued by the respective safeguards afforded by Articles 6 para. 1 and 8 may, in the light of the particular circumstances, justify the examination of the same set of facts under both Articles".

964 EGMR, Urt. v. 24.02.1995, Rn. 92 – McMichael/Vereinigtes Königreich.

965 EGMR, Urt. v. 24.02.1995, Rn. 92 – McMichael/Vereinigtes Königreich.

966 EGMR, Urt. v. 24.02.1995, Rn. 91 – McMichael/Vereinigtes Königreich.

Urteil in der Sache Golder/Vereinigtes Königreich und andererseits auf den britischen Fürsorgefall O'Connor/Vereinigtes Königreich. Im Fall Golder/Vereinigtes Königreich nahm der Gerichtshof eine Prüfung sowohl des Art. 6 EMRK als auch des Art. 8 EMRK unter denselben Gesichtspunkten vor, wohingegen er in der Entscheidung O'Connor/Vereinigtes Königreich auf eine zusätzliche Prüfung des Art. 8 EMRK verzichtete, nachdem er einen Verstoß gegen Art. 6 EMRK bejaht hatte[967].

Insofern geht der Gerichtshof in der Entscheidung McMichael/Vereinigtes Königreich ersichtlich nicht von einem Spezialitätsverhältnis des Art. 8 EMRK gegenüber Art. 6 EMRK in Hinblick auf gerichtlichen Verfahrensschutz in Familienangelegenheiten aus. Dies belegen auch die Urteile Mikulic/Kroatien und P., C. und S./Vereinigtes Königreich. In der Sache Mikulic/Kroatien prüfte der Gerichtshof den Aspekt der Verfahrensdauer in einer familienrechtlichen Angelegenheit ausschließlich im Rahmen des Art. 6 EMRK und ging diesbezüglich bei der anschließenden Prüfung einer möglichen Verletzung des Art. 8 EMRK mit keinem Wort auf die Länge des Verfahrens ein. Er begründete einen Verstoß gegen Art. 6 EMRK damit, dass in Anbetracht dessen, was für die Beschwerdeführerin auf dem Spiel gestanden hätte, nämlich der Anspruch auf Feststellung der Vaterschaft, um dadurch die Unsicherheit über die Identität ihres leiblichen Vaters zu beseitigen, die nationalen Behörden verpflichtet gewesen wären, mit besonderer Sorgfalt vorzugehen. Das über viereinhalbjährige Verfahren hätte diesen Anforderungen nicht genügt[968]. In der Entscheidung P., C. und S./Vereinigtes Königreich bezeichnet der EGMR zudem das Recht auf ein faires Verfahren als eines der „Schlüsselprinzipien" des Art. 6 EMRK[969]. Die Parteien in einem Zivilprozess müssten insofern die Möglichkeit haben, effektiv am Verfahren teilzunehmen. Dabei sei insbesondere zu berücksichtigen, was in dem jeweiligen Fall für den Beschwerdeführer auf dem Spiel stünde[970]. Diese Feststellungen belegen, dass Art. 6 EMRK auch nach Ansicht des EGMR durchaus in der Lage ist, in familienrechtlichen Angelegenheiten einen effektiven Rechtsschutz im gerichtlichen Verfahren zu gewährleisten.

Andererseits benutzt der Gerichtshof die erstmals in der Sache McMichael/Vereinigtes Königreich herangezogene Begründung der unterschiedlichen Schutzrichtung der Art. 6 und 8 EMRK in der jüngeren Rechtsprechung nunmehr ausschließlich, um die zusätzliche Prüfung von verfahrensrechtlichen Fra-

---

967 Siehe: EGMR, Urt. v. 21.02.1975, Rn. 41-45 – Golder/Vereinigtes Königreich und EGMR, Urt. v. 08.07.1987, Rn. 65-67 – O'Connor/Vereinigtes Königreich.
968 EGMR, Urt. v. 07.02.2002, Rn. 44 ff. – Mikulic/Kroatien.
969 EGMR, Urt. v. 16.07.2002, Rn. 91 – P., C. und S./Vereinigtes Königreich.
970 EGMR, Urt. v. 16.07.2002, Rn. 91 – P., C. und S./Vereinigtes Königreich.

gen im Rahmen des Art. 6 EMRK zu begründen[971]. Diese Vorgehensweise könnte darauf hindeuten, dass der Gerichtshof in Bezug auf Verfahrensfragen Art. 8 EMRK nunmehr doch den Vorzug gibt, ohne dabei eine Spezialität ausdrücklich feststellen zu wollen, und nur unter besonderen Umständen mögliche Verfahrensverstöße überhaupt noch im Rahmen des Art. 6 EMRK prüft. Diese Schwerpunktsetzung ist auch den anderen Entscheidungen des Gerichtshofs seit dem Jahre 2000 deutlich zu entnehmen. So wird eine mögliche Verletzung des Art. 6 EMRK entweder nur äußerst lapidar und „überdies" bejaht[972] - teilweise unter Berufung auf die unterschiedliche Schutzrichtung[973] - oder eine Untersuchung überhaupt nicht für nötig befunden[974].

Insofern drängt sich die Frage auf, inwieweit diese Verfahrensdimension hinsichtlich der Anforderungen an das Gerichtsverfahren einer vergleichbaren Notwendigkeit entspringt wie in Bezug auf das behördliche Verfahren. Es gilt somit zu klären, ob der „weitergehende Zweck" des Art. 8 EMRK, „das Familienleben ausreichend zu schützen"[975], nur durch eine gerichtliche Verfahrensdimension des Art. 8 EMRK erzielt werden kann. Wenn somit Art. 6 EMRK in Bezug auf familienrechtliche Angelegenheiten diesen Schutz nicht bieten könnte, wäre die Notwendigkeit einer Verfahrensdimension des Art. 8 EMRK auch bezüglich gerichtlicher Verfahren zu bejahen.

Dem ist jedoch entgegenzuhalten, dass die Beurteilung der Angemessenheit der Verfahrensdauer im Rahmen des Art. 6 EMRK keinen starren Grundsätzen folgt, sondern jeweils von den Umständen des Einzelfalles abhängt, wobei neben der Schwierigkeit des Falles, dem Verhalten des Beschwerdeführers und dem Verhalten der staatlichen Behörden insbesondere auch die Bedeutung des Ausgangs für den Beschwerdeführer zu berücksichtigen ist[976]. Letzteres Kriterium ist für die besondere Eilbedürftigkeit ausschlaggebend und wurde für Fami-

---

971 EGMR, Urt. v. 20.10.2001, Rn. 49 – Buchberger/Österreich; EGMR, Urt. v. 05.12.2002, Rn. 52 – Hoppe/Deutschland; EGMR, Urt. v. 24.04.2003, Rn. 76 f. – Sylvester/Österreich; EGMR, Urt. v. 26.02.2004, Rn. 58 – Görgülü/Deutschland.

972 EGMR (Große Kammer), Urt. v. 13.07.2000, Rn. 66 – Elsholz/Deutschland; EGMR, Urt. v. 11.10.2001, Rn. 63 – Sommerfeld/Deutschland.

973 EGMR, Urt. v. 20.10.2001, Rn. 49 – Buchberger/Österreich; EGMR, Urt. v. 05.12.2002, Rn. 61 – Hoppe/Deutschland.

974 EGMR (Große Kammer), Urt. v. 08.07.2003, Rn. 100 – Sommerfeld/Deutschland; EGMR (Große Kammer), Urt. v. 08.07.2003, Rn. 73 ff. – Sahin/Deutschland; EGMR, Urt. v. 26.02.2002, Rn. 57 – Kutzner/Deutschland; EGMR, Urt. v. 24.04.2003, Rn. 77 – Sylvester/Österreich; EGMR, Urt. v. 08.04.2004, Rn. 108 – Haase/Deutschland.

975 EGMR, Urt. v. 24.02.1995, Rn. 91 – McMichael/Vereinigtes Königreich.

976 EGMR, Urt. v. 08.07.1987, Rn. 71 – Hyatt/Vereinigtes Königreich; Peukert, RabelsZ 1999, 600 (619); Frowein/Peukert, EMRK-Kommentar, Art. 6, S. 268, Rn. 144; Harris/O'Boyle/Warbrick, ECHR, S. 226.

lienrechtssachen bejaht, die das Eltern-Kind-Verhältnis betreffen[977]. Hinzu kommt, dass gerade der Grundsatz des fairen Verfahrens ausdrücklich in Art. 6 EMRK normiert ist. Das Recht auf ein faires Verfahren begründet für das Gericht die Verpflichtung, den Sachvortrag, die rechtlichen Argumente und die Beweismittel der Parteien in angemessener Weise zu prüfen. Den Verfahrensbeteiligten ist insofern hinreichende Gelegenheit zur tatsächlichen und rechtlichen Äußerung zu geben, was unter anderem voraussetzt, dass ihnen der Vortrag der Gegenseite und alle Beweismittel zur Kenntnis und Stellungnahme mitgeteilt werden[978]. Diesbezüglich bietet Art. 6 EMRK damit ebenfalls einen umfassenden Rechtsschutz, weshalb ein Rückgriff auf Art. 8 EMRK nicht zwingend notwendig ist.

Die vorangegangene Untersuchung hat gezeigt, dass die gerichtliche Verfahrensdimension nicht aus der Notwendigkeit entstanden ist, eine Rechtsschutzlücke zu schließen, wie es in Bezug auf das behördliche Verfahren der Fall war. Zwar sind Effektivitätsgesichtspunkte einer der Gründe für die Entwicklung der gerichtlichen Verfahrensdimension, da die umfassenden, aus Art. 8 EMRK abgeleiteten verfahrensrechtlichen Anforderungen zur Wirksamkeit des von Art. 8 EMRK gewährleisteten Rechtsschutzes beitragen.

Anders als beim behördlichen Verfahren wäre es jedoch nicht zwingend notwendig gewesen, die verfahrensrechtlichen Anforderungen in Bezug auf das gerichtliche Verfahren aus Art. 8 EMRK abzuleiten, weil die Verfahrensgarantien des Art. 6 EMRK in Familienangelegenheiten ausreichenden Schutz bieten. Auch der Gerichtshof nimmt insofern keine Spezialität des Art. 8 EMRK gegenüber Art. 6 EMRK an, obwohl den Urteilen aus der jüngeren Rechtsprechung eine nicht zu übersehende Präferenz für eine vorrangige Überprüfung des gerichtlichen Verfahrens an Art. 8 EMRK zu entnehmen ist. Verfahrensverstöße werden insofern praktisch ausschließlich an Art. 8 EMRK gemessen. Urteile wie im Fall Mikulic/Kroatien oder in der Sache P., C. und S./Vereinigtes Königreich belegen jedoch, dass der Gerichtshof noch keine abschließende Entscheidung zu Gunsten der Verfahrensdimension des Art. 8 EMRK gegenüber dem Verfahrensschutz aus Art. 6 EMRK getroffen hat.

---

977 Beispielhaft: EGMR, Urt. v. 08.07.1987, Rn. 85 – Hyatt/Vereinigtes Königreich; EGMR, Urt. v. 24.03.1988, Rn. 103 – Olsson/Schweden; EGMR, Urt. v. 19.02.1998, Rn. 42 – Paulsen-Medalen und Svensson/Schweden. In diesem Sinne auch: EGMR, Urt. v. 07.02.2002, Rn. 44 ff. – Mikulic/Kroatien und EGMR, Urt. v. 16.07.2002, Rn. 91 ff. – P., C. und S./Vereinigtes Königreich.

978 Peukert, RabelsZ 1999, 600 (614).

2. Gesellschaftshistorischer Kontext – die EMRK als „lebendiges Instrument"

Der Gerichtshof hat wiederholt ausgesprochen, dass er die EMRK als ein „lebendiges Instrument" versteht und es als seine Aufgabe ansieht, den sich wandelnden wirtschaftlichen und sozialen Verhältnissen und ethischen Auffassungen in seiner Rechtsprechung Rechnung zu tragen[979]. Insofern gilt es zu untersuchen, inwieweit die Verfahrensdimension des Art. 8 EMRK Ausdruck dieses Selbstverständnisses des EGMR ist.

a) Das Privat- und Familienleben

Wie bereits dargelegt, hat der Gerichtshof die Verfahrensdimension des Art. 8 EMRK nicht derart im Sinne einer evolutiven Auslegungsmethode entwickelt, dass er explizit Bezug auf etwaige Verfahrensregelungen in den Vertragsstaaten genommen hat[980]. Der gesellschaftliche Wandel, der sich in den letzten Jahren im Bereich des Privat- und Familienlebens, aber auch in umweltbezogenen Fällen vollzogen hat und weiterhin vollzieht, könnte jedoch möglicherweise als Fundament der Verfahrensdimension des Art. 8 EMRK betrachtet werden, auf dem der Gerichtshof seine Art. 8 EMRK betreffende Rechtsprechung aufbaut.

Dass der Gerichtshof insbesondere im Bereich des Privat- und Familienlebens eine dynamische Auslegung verfolgt, belegen die zahlreichen Urteile hinsichtlich des Schutzumfangs des Art. 8 EMRK. So stellte der Gerichtshof im Fall Marckx/Belgien fest, dass die Unterscheidung zwischen ehelicher und nichtehelicher Familie in den 1950er Jahren zwar in verschiedenen europäischen Staaten vorherrschenden Anschauungen entsprochen hätte, eine solche Entscheidung jedoch aufgrund des gesellschaftlichen Wandels im Jahre 1979 im Widerspruch zu Art. 8 EMRK stünde[981]. In der Entscheidung Dudgeon/Vereinigtes Königreich betonte der EGMR, dass die überwiegende Mehrzahl der Vertragsstaaten ihre Gesetzgebung dahingehend geändert hätte, dass Homosexualität unter Erwachsenen nicht mehr unter Strafe gestellt werde. Dem sei auch bei der Auslegung des Art. 8 EMRK Rechnung zu tragen[982]. Auch hinsichtlich des rechtlichen Schutzes von Transsexuellen wendet der Gerichtshof eine evolutive Auslegungsmethode an, wobei er hinsichtlich der Akzeptanz jedoch mehr auf die mittlerweile erfolgte internationale Anerkennung der Transsexualität als einen medizinischen Zustand mit existierenden Behandlungsmethoden abstellt als auf

979 Erstmals in: EGMR, Urt. v. 25.4.1978, Rn. 31 – Tyrer/Vereinigtes Königreich.
980 Siehe: 3. Kap., A II 3.
981 EGMR, Urt. v. 13.06.1979, Rn. 41 – Marckx/Belgien.
982 EGMR, Urt. v. 22.10.1981, Rn. 60 – Dudgeon/Vereinigtes Königreich.

die Rechtsprechung in den Mitgliedstaaten[983]. Der Gerichtshof nimmt somit vor allem im Bereich des Privat- und Familienlebens auf die sich in den Vertragsstaaten, aber auch international vollziehenden gesellschaftlichen Änderungen Bezug.

Ehe und Familie sind in den letzten 10-15 Jahren in allen europäischen Ländern einem stetigen Wandel unterworfen gewesen. Dies zeigt sich sowohl im Rückgang der geschlossenen Ehen als auch in der Zunahme nichtehelicher Lebensgemeinschaften[984] oder anderer alternativer Formen des Zusammenlebens. So verringerte sich beispielsweise in Deutschland die Zahl der Eheschließungen von 454.291 im Jahre 1991[985] auf 391.967 im Jahre 2002[986]. Gleichzeitig nimmt die Anzahl der Ehescheidungen immer weiter zu. Wurden 1992 in Deutschland 135.010 Ehen geschieden, sind es im Jahre 2002 bereits 204.214[987]. Jedes zweite geschiedene Ehepaar in Deutschland hatte im Jahre 2002 Kinder unter 18 Jahren. Die Zahl der betroffenen Kinder belief sich damit auf insgesamt 160.095[988]. Aufgrund der Ergebnisse für das Jahr 2002 rechnet das Statistische Bundesamt damit, dass in Zukunft mehr als jede dritte Ehe geschieden wird[989]. Auch die Anzahl nichtehelicher Lebensgemeinschaften in Deutschland nimmt immer mehr zu. Gab es 1991 rund 1.393.000 nichteheliche Lebensgemeinschaften, davon 378.000 mit Kindern, waren es im Jahre 1999 schon 2.054.000, wovon wiederum 594.000 Kinder besaßen[990]. Verlässliche Zahlen über die Trennungsquote bei nichtehelichen Lebensgemeinschaften gibt es bislang nicht. Diese dürfte jedoch nicht minder hoch als die Scheidungsquote liegen.

Brechen die Ehen auseinander, stellt sich in einer Vielzahl der Fälle die Frage nach dem Sorge- oder Umgangsrecht für die aus dieser Beziehung hervorge-

983 Siehe insbesondere: EGMR, Urt. v. 11.07.2002, Rn. 61 f. – I./Vereinigtes Königreich; EGMR, Urt. v. 11.07.2002, Rn. 81, 82 – Christine Goodwin/Vereinigtes Königreich; EGMR, Urt. v. 12.06.2003, Rn. 49-57 und 73-86 – Van Kück/Deutschland.

984 Zur Entwicklung der Nichtehelichenquote in westeuropäischen Ländern siehe: Hettlage, S. 126.

985 Quelle: Statistisches Bundesamt: Das statistische Jahrbuch 2000; Statistisches Bundesamt: Mitteilung für die Presse.

986 Die Daten für 2002 sind der Homepage des statistischen Bundesamtes entnommen, und unter http://www.destatis.de/basis/d/bevoe/bevoetab1.htm abrufbar.

987 Statistisches Bundesamt, Pressemitteilung vom 06.11.2003, abrufbar unter: http://www.destatis.de/presse/deutsch/pm2003/p4440023.htm.

988 Statistisches Bundesamt, Pressemitteilung vom 06.11.2003, abrufbar unter: http://www.destatis.de/presse/deutsch/pm2003/p4440023.htm.

989 Statistisches Bundesamt, Pressemitteilung vom 06.11.2003, abrufbar unter: http://www.destatis.de/presse/deutsch/pm2003/p4440023.htm.

990 Quelle: Statistisches Bundesamt: Das Statistische Jahrbuch 2000; Statistisches Bundesamt: Mitteilung für die Presse.

gangenen Kinder. Auch in diesem Bereich hat sich ein gesellschaftlicher Wandel vollzogen. Wurde früher in praktisch allen Fällen nur einem Elternteil das Sorgerecht zugesprochen, in der Regel der Kindesmutter, geht der heutige Trend in den Vertragsstaaten hin zu einem gemeinsamen Sorgerecht im Interesse des Kindeswohles[991]. In Deutschland bleibt das gemeinsame Sorgerecht für die aus der Ehe hervorgegangenen Kinder seit der Kindschaftsrechtsreform aus dem Jahre 1998 auch nach der Ehescheidung gem. §1626 BGB grundsätzlich bestehen, sofern nicht gem. §1671 BGB ein Antrag auf Zuspruch des alleinigen Sorgerechts gestellt wird[992]. Die deutsche Kindschaftsrechtsreform hat nach der im Jahre 2000 geäußerten Ansicht des damaligen Vorsitzenden des Deutschen Familiengerichtstages, Siegfried Willutzky, zu einer „extremen Trendwende" geführt. Während vor der Reform noch 85 % der Anträge auf Alleinsorge gestellt worden seien, seien diese zum Beginn des Jahres 2000 auf etwa 15% zurückgegangen[993].

Hinzu kommt, dass viele Vertragsstaaten mittlerweile die Rechtspositionen nichtehelicher Kinder und ihrer Elternteile gestärkt haben. Als Ausdruck des sozialen Wandels war der Bereich des nichtehelichen Kindschaftsrechts in den meisten Vertragsstaaten einschneidenden Reformen unterworfen[994]. Insofern geht die Entwicklung hin zu einer Gleichstellung ehelicher und nichtehelicher Kinder und der Beseitigung der Ungleichbehandlung der Väter und Mütter ehelicher und nichtehelicher Kinder[995]. Fast alle europäischen Rechte unterscheiden heute beim Sorge- und Umgangsrecht nicht mehr zwischen der ehelichen und der nichtehelichen Familie[996]. Das deutsche Nichtehelichenrecht war lange Zeit mit dieser europäischen Entwicklung nicht im Einklang. So stand der Mutter eines nichtehelichen Kindes nach § 1711 BGB a.F. bis zur Kindschaftsrechtsreform aus dem Jahre 1998 das alleinige Sorgerecht zu. Seit dem 01.01.1998 können die Eltern eines nichtehelichen Kindes nunmehr gem. §1626a Abs. 1 Nr. 1 BGB zumindest durch Abgabe einer Sorgerechtserklärung

991 Für einen rechtsvergleichenden Überblick siehe: Fahrenhorst, Familienrecht und EMRK, S. 328 ff. m.w.N.; Brötel, Anspruch auf Achtung, S. 205 ff.; Wildhaber/Breitenmoser, IntKomm-EMRK, Art. 8, Rn. 406 m.w.N.

992 Zur elterlichen Sorge nach Trennung oder Scheidung im deutschen Recht nach in Kraft treten der Kindschaftsrechtsreform: Kopper-Reifenberg, S. 215 ff.

993 Aus: Allgemeine Zeitung Mainz, Ausgabe vom 28.02.2000, „Starker Trend zum gemeinsamen Sorgerecht – aber in der Praxis zeigen sich die Tücken", Bericht abrufbar unter: http://www.vaeter-aktuell.de/presse2000/Mediation000228.htm; kritisch zum gemeinsamen Sorgerecht in der Praxis nach Trennung oder Scheidung: Kopper-Reifenberg, S. 220 ff.

994 Fahrenhorst, Familienrecht und EMRK, S. 379 f.

995 Henrich, S. 246.

996 Fahrenhorst, Familienrecht und EMRK, S. 380; für einen rechtsvergleichenden Überblick siehe: Brötel, Anspruch auf Achtung, S. 278 ff.

die gemeinsame elterliche Sorge übernehmen[997]. Liegt eine solche Sorgerechtserklärung dagegen nicht vor und haben die Eltern auch nicht geheiratet, übt die Mutter gem. §1626a Abs. 2 BGB die elterliche Sorge aus. Da für die Wirksamkeit der Sorgerechtserklärung die Zustimmung beider Elternteile notwendig ist, kann der Vater auch nach jahrelangem Zusammenleben mit der Mutter gegen deren Willen das gemeinsame Sorgerecht nicht erreichen[998].

Die zahlreichen Entscheidungen, in denen Väter um das Sorge- oder zumindest Umgangsrecht mit der Kindesmutter streiten, belegen, dass sich auch hier ein gesellschaftlicher Wandel des traditionellen Rollenverständnisses - vom Mann als dem Ernährer der Familie und der Mutter als der Erzieherin der Kinder - vollzieht beziehungsweise bereits vollzogen hat. Immer mehr Väter bemühen sich um ein Sorgerecht für ihr Kind und streben einen regelmäßigen Kontakt mit ihren Kindern an, auch nachdem die Ehe oder nichteheliche Lebensgemeinschaft zerbrochen ist[999]. Da der EGMR erkannt hat, welche determinierende Wirkung Verfahrensversäumnisse gerade in kindschaftsrechtlichen Verfahren haben können und in den vorgelegten nationalen Entscheidungen auch hatten, ist die Dringlichkeit eines verfahrensrechtlichen Schutzes des Privat- und Familienlebens auch vor dem gesellschaftlichen Kontext zu erklären. Gerade im kindschaftsrechtlichen Bereich musste der Gerichtshof auf die Bedeutung, die diesen Verfahren zukommt, und vor allem auf deren zunehmende Anzahl reagieren, um durch Anforderungen an die Verfahrensdauer und die Verfahrensfairness sicherzustellen, dass diese Entscheidungen auf objektiven und sachbezogenen Gründen beruhen. Der verfahrensrechtliche Schutz unterstützt dadurch die Gleichstellung von ehelichen und nichtehelichen Kindern und deren Elternteilen, indem er sicherstellt, dass im kindschaftsrechtlichen Verfahren die Interessen aller Beteiligten gleichwertig und angemessen berücksichtigt werden können. Hier zeigt sich, dass die evolutive Auslegung untrennbar mit dem Effektivitätsprinzip verbunden ist.

Standen somit zu Beginn der Art. 8 EMRK betreffenden Rechtsprechung vor allem der Inhalt der Begriffe des Privat- und Familienlebens in Frage, ist aufgrund des gesellschaftlichen Wandels das Bedürfnis in den Vordergrund getre-

997 Zur rechtlichen Gleichstellung ehelicher und nichtehelicher Kinder nach der Kindschaftsrechtsreform siehe auch: Martiny, ZJapanR 2000, Heft 10, 174 (178).

998 Palandt/Diedrichsen, §1626a BGB, Rn. 11. Zur elterlichen Sorge nicht miteinander verheirateter Eltern: Kopper-Reifenberg, S. 266 ff.

999 Nach einer Pressemeldung der Frankfurter Allgemeine Zeitung vom 01.02.2002 wollen 4000 Väter, die durch Urteile von deutschen Familiengerichten vom Umgang mit ihren Kindern ausgeschlossen sind, unter Berufung auf die Straßburger Rechtsprechung mit einer Sammelklage vor dem Landgericht Berlin eine Entschädigungssumme von insgesamt einer halben Million Euro erstreiten. Zitiert bei: Benda, EuGRZ 2002, 1.

ten, diese Inhalte auch vor Gericht effektiv durchsetzen zu können. Hier greift die Verfahrensdimension des Art. 8 EMRK ein und begleitet diesen gesellschaftlichen Wandel mit den notwendigen Schutzmechanismen. Der Gerichtshof hat durch die Verfahrensdimension des Art. 8 EMRK somit den sich wandelnden wirtschaftlichen und sozialen Verhältnissen in seiner Rechtsprechung Rechnung getragen und sorgt durch sie dafür, dass der Menschenrechtsschutz weiterhin praktisch und wirksam bleibt.

b) Die umweltbezogenen Fälle

Ein gesellschaftlicher und sozialer Wandel hat sich in den letzten Jahren auch im Bereich des Umweltschutzes und in umweltbezogenen Fällen vollzogen. Das ökologische Bewusstsein der Bevölkerung hat sich über die Jahre hinweg sensibilisiert. Dass die Naturressourcen nicht unerschöpflich sind und der Mensch verantwortungsvoll mit ihnen umgehen muss, wenn er den Erhalt der Menschheit in den nächsten Jahrhunderten sichern will, ist heute allgemein bekannt. Dieses gesteigerte Umweltbewusstsein findet Niederschlag in einer Vielzahl internationaler Erklärungen. So besagt beispielsweise Grundsatz 1 der Stockholmer Umweltdeklaration, dass „die Menschheit ein fundamentales Recht auf Freiheit, Gleichheit und auf angemessene Lebensbedingungen in einer Umwelt hat, die so beschaffen ist, dass sie ein Leben in Würde und Wohlergehen ermöglicht. Sie hat die Pflicht, die Umwelt für diese und für kommende Generationen zu erhalten und zu verbessern"[1000]. Aufgrund der Stockholmer Konferenz haben zahlreiche Staaten[1001] den Schutz der Umwelt als Grundrecht oder Staatszielbestimmung[1002] in ihren Verfassungen verankert[1003]. In diesem Zusammenhang ist

---

1000 Declaration of the United Nations Conference on the Human Rights, 1972, abrufbar unter:
http://www.unep.org/Documents/Default.asp?DocumentID=97&ArticleID=1503:
"Man has the fundamental right to freedom, equality and adequate conditions of life, in an environment of quality that permits a life of dignity and well being, and he bears a solemn responsibility to protect and improve the environment for present and future generations".

1001 Ein Überblick der einzelnen Staaten findet sich bei: Schmidt-Radefeldt, S. 34.

1002 In Deutschland wurde dazu Art. 20a GG in das Grundgesetz eingeführt.

1003 Ein internationaler Überblick über Urteile in umweltbezogenen Fällen findet sich in: Compendium of summaries of judicial decisions in environment related cases (SACEP/UNEP/NORAD Publication Series on Environmental Law and Policy No. 3), Compendium of summaries; zitiert bei: Abweichende Meinung der Richter Costa, Ress, Türmen, Zupancic und Steiner in: EGMR (Große Kammer), Urt. v. 08.07.2003, Rn. 1 – Hatton u.a./Vereinigtes Königreich.). Aus der Rechtsprechung des Bundesverfassungsgerichts siehe: BVerfGE 49, 89 ff. (Kalkar); BVerfGE 53, 30 ff. (Mühlheim-Kärlich); BVerfGE 56, 54 ff. (Fluglärm); BVerfGE 77, 170 ff. (C-Waffen); BVerfGE 77, 381 ff. (Gorleben); BVerfGE 79, 174 ff. (Verkehrslärm); BVerfG, NJW 1999, 651

auch auf die Resolution der UN-Generalversammlung 45/94 vom 14.12.1990 hinzuweisen, in der es heißt, dass „alle Individuen das Recht haben, in einer Umwelt zu leben, die für ihre Gesundheit und ihr Wohlergehen angemessen ist"[1004]. Auf EU-Ebene bestimmt zudem Art. 37 der Charta der Grundrechte der Europäischen Union, welcher sich an Verfassungsbestimmungen mehrerer Mitgliedstaaten anlehnt, dass in die Politiken der Union ein hohes Umweltschutzniveau und die Verbesserung der Umweltqualität einbezogen und nach dem Grundsatz der nachhaltigen Entwicklung sichergestellt werden müsse[1005].

Zu dem gesteigerten Umweltbewusstsein kommt die Erkenntnis hinzu, dass der wissenschaftliche Fortschritt in Form von neuen Technologien oder Techniken oftmals auch mit einer Zunahme von Risiken und Gefahren verbunden ist, die in ihrem Ausmaß noch nicht erforscht oder absehbar sind. Der Menschenrechtsschutz hängt somit in zunehmendem Maße auch von der Qualität der natürlichen Umweltbedingungen ab[1006]. Aufgrund des Umstandes, dass die EMRK selbst kein ausdrückliches Recht auf Umweltschutz enthält, kann dieser Aspekt insofern nur dann im Rahmen der Konvention Bedeutung erlangen, wenn umweltrelevante Einwirkungen die Ausübung eines Konventionsrechtes beeinträchtigen[1007]. Steinberg zufolge ist menschenrechtlicher Umweltschutz daher immer „egoistischer" Umweltschutz[1008]. Umweltgüter werden im Rahmen der EMRK nur insoweit mittelbar geschützt, als dies zur Sicherung der menschenrechtlichen Schutzgüter vor umweltvermittelten Gefahren unerlässlich ist[1009].

Gerade die jüngere Rechtsprechung des EGMR greift diesen gesellschaftlichen Wandel auf, indem sie verstärkt in umweltbezogenen Fällen Schutzpflichten aus Art. 8 EMRK ableitet und dadurch die Rechtsgüter des Art. 8 EMRK vor neuen Umweltgefahren schützt. Dies zeigt sich einerseits im Fall López Ostra/Spanien, in welchem der Gerichtshof dem Art. 8 EMRK das Recht auf Schutz des Privat- und Familienlebens vor schädlichen Umwelteinflüssen entnahm, als auch in der Entscheidung Guerra/Italien, in welcher der EGMR aus Art. 8 EMRK die Pflicht zur Erhebung und Erteilung von Informationen über

---

ff. (Geschwindigkeitsbegrenzung); BVerfG, NJW 1996, 651 (Ozon); BVerfG, NJW 1998, 3264 ff. (Waldschäden).

1004 Siehe hierzu: Bosselmann, S. 266 mit Fn. 923.

1005 Zur Entstehung der Charta der Grundrechte der Europäischen Union siehe allgemein: Barriga. Hinsichtlich der Charta der Grundrechte der Europäischen Union als Bestandteil des Europäischen Verfassungsvertrages siehe: Cromme, S. 116 m.w.N.

1006 So auch: Schmidt-Radefeldt, S. 55.

1007 Siehe dazu aus der jüngeren Rechtsprechung des Gerichtshofs: EGMR (Große Kammer), Urt. v. 08.07.2003, Rn. 96 – Hatton u.a./Vereinigtes Königreich.

1008 Steinberg, S. 81.

1009 Schmidt-Radefeldt, S. 55.

Umweltrisiken ableitete[1010]. Die aus Art. 8 EMRK resultierenden positiven Verpflichtungen in umweltbezogenen Fällen werden in der Entscheidung McGinley und Egan/Vereinigtes Königreich und den beiden Urteilen in der Sache Hatton u.a./Vereinigtes Königreich nunmehr auch durch verfahrensrechtliche Anforderungen ergänzt und weiter ausgebaut. Demnach sind die Konventionsstaaten dazu verpflichtet, effektive und zugängliche Verfahren einzurichten, welche den betroffenen Personen ermöglichen, alle relevanten und notwendigen Informationen zu erlangen, wenn zu befürchten ist, dass staatliche Aktivitäten zu Gesundheitsschäden geführt haben könnten[1011]. Ebenfalls aus Art. 8 EMRK abgeleitet wurde die Pflicht zu einer Art Umweltverträglichkeitsprüfung in Fällen, in denen komplexe Themen der Umwelt- und Wirtschaftspolitik behandelt werden, um eine fairen und angemessenen Ausgleich der widerstreitenden Interessen zu gewährleisten[1012].

Ein Paradebeispiel für eine evolutiv geprägte Auslegung des Art. 8 EMRK findet sich in der abweichenden Meinung der Richter Costa, Ress, Türmen, Zupancic und Steiner in der Entscheidung der Großen Kammer im Fall Hatton u.a./Vereinigtes Königreich. Diese Richter weisen dabei insbesondere auf die Rechtsprechungsentwicklung des EGMR in umweltbezogenen Sachen hin. Die Konvention sei ein lebendiges Instrument, das im Lichte der heutigen Verhältnisse ausgelegt werden müsse. Diese von der Kommission und dem Gerichtshof verfolgte evolutive Auslegung habe sich, nach Ansicht der abweichenden Richter, bislang grundsätzlich als „fortschrittlich" erwiesen, indem sie nach und nach den von der Konvention garantierten Schutz ausgedehnt und das Schutzniveau erhöht hätte[1013]. Während das Gebiet der umweltbezogenen Menschenrechte zum Zeitpunkt der Ratifizierung der EMRK im Jahre 1950 praktisch noch unbekannt gewesen sei, hätten die Kommission und der Gerichtshof im Laufe der Jahre im verstärkten Maße die Ansicht vertreten, dass Art. 8 EMRK das Recht auf eine gesunde Umwelt mit einschließe und somit Schutz biete gegen Verschmutzungen und Lärmbelästigungen, die durch gefährliche Chemika-

1010 EGMR, Urt. v. 09.12.1994, Rn. 51 – López Ostra/Spanien; EGMR, Urt. v. 19.02.1998, Rn. 60 – Guerra/Italien. Ein ausführlicher Überblick über die positiven Verpflichtungen im umweltrechtlichen Bereich findet sich bei: Streuer, S. 331 ff.

1011 EGMR, Urt. v. 09.06.1998, Rn. 101 – McGinley und Egan/Vereinigtes Königreich.

1012 EGMR (Große Kammer), Urt. v. 08.07.2003, Rn. 128 – Hatton u.a./Vereinigtes Königreich; EGMR, Urt. v. 02.10.2001, Rn. 95 – Hatton u.a./Vereinigtes Königreich. Zum Sachverhalt siehe: 2. Kap., A V 2.

1013 Abweichende Meinung der Richter Costa, Ress, Türmen, Zupancic und Steiner in: EGMR (Große Kammer), Urt. v. 08.07.2003, Rn. 2 – Hatton u.a./Vereinigtes Königreich.

lien, unerträglichen Gestank, Lärm etc. hervorgerufen würden[1014]. Der Gerichtshof hätte in den einstimmig ergangenen Entscheidungen López Ostra/Spanien und Guerra/Italien eindeutig bestätigt, dass Art. 8 EMRK das Recht auf eine gesunde Umwelt beinhalte[1015]. Nach Ansicht der abweichenden Richter handelt es sich bei dem Urteil der Großen Kammer, insoweit als es keine Verletzung des Art. 8 EMRK annimmt, nicht nur um ein Abweichen von der diesbezüglichen Rechtsprechungsentwicklung des EGMR, sondern um einen Rückschritt. Das Herunterspielen von Lärmbelästigungen und Schlafstörungen würde dem Trend eines wachsenden Bewusstseins von umweltbezogenen Themen nicht nur in Europa, sondern in der ganzen Welt entgegenlaufen[1016]. In diesem Zusammenhang verweisen die abweichenden Richter auf die Stockholmer Umweltdeklaration von 1972, die Charta der Grundrechte der Europäischen Union, das Kyoto-Protokoll und die gängige Praxis vieler oberster Gerichte und Verfassungsgerichte, umweltrechtliche Aspekte an ihrer Verfassung zu messen[1017].

Die Rechtsprechung des Gerichtshofs in umweltbezogenen Fällen ist insofern Ausdruck einer evolutiven Auslegungsmethode, als sie versucht, die Rechtsgüter des Art. 8 EMRK vor neuen Gefahren und Risiken effektiv zu schützen, und dadurch zugleich dem gesteigerten ökologischen Bewusstsein Rechnung zu tragen. Die Verfahrensdimension des Art. 8 EMRK in umweltbezogenen Fällen dient dazu, dem Einzelnen eine verfahrensrechtliche Grundstruktur zu gewährleisten. Diese soll sicherstellen, dass ökologische Aspekte, wie im Fall Hatton u.a./Vereinigtes Königreich, in den Entscheidungsfindungsprozess der Behörde in angemessener Weise mit einbezogen werden, um etwaige Umweltrisiken bereits im Vorfeld zu erkennen. Darüber hinaus ermöglichen die verfahrensrechtlichen Anforderungen, wie im Fall McGinley und Egan/Vereinigtes Königreich, eine nachträgliche Überprüfung etwaigen Fehlverhaltens.

1014 Abweichende Meinung der Richter Costa, Ress, Türmen, Zupancic und Steiner in: EGMR (Große Kammer), Urt. v. 08.07.2003, Rn. 2 – Hatton u.a./Vereinigtes Königreich.

1015 Abweichende Meinung der Richter Costa, Ress, Türmen, Zupancic und Steiner in: EGMR (Große Kammer), Urt. v. 08.07.2003, Rn. 4 – Hatton u.a./Vereinigtes Königreich.

1016 Abweichende Meinung der Richter Costa, Ress, Türmen, Zupancic und Steiner in: EGMR (Große Kammer), Urt. v. 08.07.2003, Rn. 5 – Hatton u.a./Vereinigtes Königreich.

1017 Abweichende Meinung der Richter Costa, Ress, Türmen, Zupancic und Steiner in: EGMR (Große Kammer), Urt. v. 08.07.2003, Rn. 1-5 – Hatton u.a./Vereinigtes Königreich.

3. Die Symbolwirkung und der Impuls der Rechtsprechung des Gerichtshofs

a) Das Privat- und Familienleben

Die gerügten Verfahrensverstöße primär als Verletzung des Art. 8 EMRK aufzufassen, ist zudem mit einer deutlichen Symbolwirkung verbunden. Nicht nur ein bloßer Verfahrensverstoß liegt vor, sondern ein Verstoß gegen das fundamentale Umgangsrecht der Elternteile mit ihren Kindern und damit gegen das Recht auf Schutz der Familie nach Art. 8 EMRK. Indem der Gerichtshof verfahrensrechtliche Versäumnisse in kindschaftsrechtlichen Angelegenheiten primär unter dem Aspekt eines Verstoßes gegen Art. 8 EMRK diskutiert, verdeutlicht er den direkten Einfluss, den diese Verfahrensverstöße auf das Privat- und Familienleben der Betroffenen haben. Die vorangegangenen Untersuchungen haben gezeigt, dass eine verfahrensrechtliche Verzögerung in Sorge- oder Umgangsrechtsentscheidungen oftmals *de facto* darüber entscheidet, ob das Kind und die betroffenen Elternteile jemals wieder Kontakt zueinander haben werden. In derartigen Konstellation werden somit Weichen für das gesamte künftige Leben gestellt. Dieselbe Wirkung kann die verfahrensrechtliche Benachteiligung eines Elternteiles im Prozess haben, beispielsweise aufgrund einer unterbliebenen Anhörung. Auch hier kann letztlich ein Verstoß gegen das Gebot der Verfahrensfairness das Familienleben der Betroffenen endgültig beenden. Diese tiefgreifende Bedeutung, die dem Verfahren gerade in kindschaftsrechtlichen Fällen zukommt, würde durch die Verurteilung des beklagten Staates aufgrund eines Verstoßes gegen Art. 6 EMRK nur ungenügend zum Ausdruck kommen. So begründet der Gerichtshof in der Entscheidung Sylvester/Österreich den Verzicht auf eine zusätzliche Prüfung des Art. 6 EMRK damit, dass die fehlende Achtung des Familienlebens das „Herzstück" der Beschwerde gewesen sei[1018]. Indem der Gerichtshof einen Verstoß gegen Art. 8 EMRK in den Vordergrund seiner Diskussion rückt, hebt er die Dringlichkeit hervor, insbesondere in kindschaftsrechtlichen Verfahren für eine angemessene Verfahrensregelung in den Mitgliedsstaaten zu sorgen, und sendet dadurch einen deutlichen Impuls an die Vertragsstaaten aus.

b) Die umweltbezogenen Fälle

Auch in umweltbezogenen Fällen ging von der Rechtsprechung des EGMR, mit Ausnahme der Entscheidung der Großen Kammer in der Sache Hatton u.a./Vereinigtes Königreich, ein deutlicher Impuls an die Mitgliedsstaaten aus, für einen ausreichenden Schutz vor Umweltverschmutzungen zu sorgen. Der Gerichtshof hat in den Entscheidungen López Ostra/Spanien und Guerra/Italien

1018 EGMR, Urt. v. 24.04.2003, Rn. 77 – Sylvester/Österreich.

deutlich zum Ausdruck gebracht, dass Art. 8 EMRK, soweit das Privat- und Familienleben betroffen ist, das Recht auf eine gesunde Umwelt beinhaltet[1019]. Durch die auch in umweltbezogenen Fällen dem Art. 8 EMRK zugemessenen verfahrensrechtlichen Anforderungen wird diese Impulswirkung weiter verstärkt, weil sie nunmehr den Vertragsstaaten eine verfahrensrechtliche Grundstruktur vorschreibt, um so einen effektiven Schutz vor Umweltgefahren und Risiken zu gewährleisten[1020]. Diese Impulswirkung hat durch das Urteil der Großen Kammer in der Sache Hatton u.a./Vereinigtes Königreich jedoch einen Rückschlag erlitten, indem die Entscheidung den Mitgliedsstaaten bei der verfahrensrechtlichen Verpflichtung zu einer Art Umweltverträglichkeitsprüfung einen relativ weiten Ermessensspielraum eingeräumt hat[1021]. Es muss vorerst abgewartet werden, wie der EGMR künftig in ähnlich gelagerten Fällen entscheiden wird. Hiervon hängt es ab, welchen Einfluss die dem Art. 8 EMRK nun auch auf dem Gebiet der umweltbezogenen Sachverhalte beigemessenen verfahrensrechtlichen Anforderungen auf den Schutz der von ihm garantierten Rechte haben werden.

4. Zusammenfassung

Ausgehend von der Analyse der vom Gerichtshof in Privat- und Familienangelegenheiten sowie in umweltbezogenen Fällen angewandten Auslegungsmethoden hat sich die vorangegangene Untersuchung mit der Ausarbeitung der Gründe für die Verfahrensdimension des Art. 8 EMRK beschäftigt. Die Effektivität des durch Art. 8 EMRK gewährleisteten Rechtsschutzes für das Privat- und Familienleben steht dabei im Vordergrund der Argumentation des Gerichtshofs. Eine angemessene Verfahrensbeteiligung und -dauer sind im Rahmen des Art. 8 EMRK unerlässlich, wenn die von diesem geschützten Rechte praktisch und wirksam und nicht bloß theoretisch und illusorisch sein sollen. In diesem Zusammenhang muss zwischen dem behördlichen und gerichtlichen Verfahren unterschieden werden. Die Verfahrensdimension des Art. 8 EMRK im behördlichen Verfahren ergibt sich vor allem aus der Notwendigkeit, dass ein verfahrensrechtlicher Schutz durch Art. 6 EMRK mangels Anwendbarkeit nicht in Frage kommt. Indem der Gerichtshof umfassende verfahrensrechtliche Anforderungen aus dem materiellen Recht selbst ableitet, schließt er, insofern mit der Vorgehensweise des BVerfG vergleichbar, eine Rechtsschutzlücke und stärkt dadurch den Schutz des Privat- und Familienlebens. Dagegen lässt sich die Ver-

---

1019 EGMR, Urt. v. 09.12.1994, Rn. 51 – López Ostra/Spanien; EGMR, Urt. v. 19.02.1998, Rn. 60 – Guerra/Italien.

1020 EGMR, Urt. v. 09.06.1998, Rn. 101 – McGinley und Egan/Vereinigtes Königreich; EGMR, Urt. v. 02.10.2001, Rn. 95 – Hatton u.a./Vereinigtes Königreich.

1021 EGMR (Große Kammer), Urt. v. 08.07.2003, Rn. 122 ff. – Hatton u.a./Vereinigtes Königreich.

fahrensdimension, die der Gerichtshof dem Art. 8 EMRK im gerichtlichen Verfahren beimisst, nicht mit einer vergleichbaren Dringlichkeit erklären. Für das gerichtliche Verfahren gewährleistet bereits Art. 6 EMRK einen umfassenden Rechtsschutz, insbesondere für die bedeutsamen Aspekte der Verfahrensfairness und der -beteiligung der Betroffenen. Zwar beruhen die aus Art. 8 EMRK abgeleiteten Anforderungen an das Gerichtsverfahren ebenfalls auf Effektivitätserwägungen, diesen fehlt jedoch im Gegensatz zum behördlichen Verfahren die Komponente der Notwendigkeit.

Die Bedeutung der Verfahrensdimension im kindschaftsrechtlichen Verfahren wird durch den Umstand verstärkt, dass selbst im Falle einer nachträglichen Verurteilung des betroffenen Staates durch den Gerichtshof der Staat allenfalls zu einem materiellen Schadensausgleich verpflichtet werden kann. Ein solcher Schadensersatz kann jedoch die dauerhaft beendete Beziehung eines Elternteiles zu seinem Kind nicht wieder herstellen. Ein effektiver Schutz des Privat- und Familienlebens verhindert daher bereits im Vorfeld, dass es zu einer auf Verfahrensfehlern beruhenden nationalen *de facto*-Entscheidung kommt.

Ein weiterer Grund für die Verfahrensdimension des Art. 8 EMRK ist in dem sich in den Vertragsstaaten vollziehenden gesellschaftlichen Wandel, sowohl in Familienangelegenheiten als auch in umweltbezogenen Fällen, zu sehen. Die Familiensituation hat sich in den letzten Jahrzehnten erheblich verändert. Während einerseits die Zahl der geschlossenen Ehen kontinuierlich im Sinken begriffen ist, hat andererseits die Anzahl nichtehelicher Lebensgemeinschaften und nichtehelich geborener Kinder zugenommen. Gleichzeitig steigt die Zahl der jährlichen Ehescheidungen beziehungsweise die Trennungsquote bei nichtehelichen Lebensgemeinschaften und die Anzahl der davon betroffenen Kinder. Durch die Trennung der Elternteile kommt es zu einer Vielzahl kindschaftsrechtlicher Verfahren, in denen es um Fragen des Sorge- beziehungsweise Umgangsrechtes geht. Auch in diesem Zusammenhang hat sich ein gesellschaftlicher Wandel vollzogen. Der Trend in den Vertragsstaaten geht hin zu einem gemeinsamen Sorgerecht auch nach der Ehescheidung. Des Weiteren ist die Rechtsstellung nichtehelicher Kinder und ihrer Elternteile in den letzten Jahren gestärkt worden. Hinzu kommt, dass sich immer mehr Väter um ein Sorge- oder Umgangsrecht mit ihren ehelichen beziehungsweise nichtehelichen Kindern bemühen. Verfahrensrechtliche Schutzmechanismen gewinnen in den diesbezüglichen kindschaftsrechtlichen Verfahren immer mehr an Bedeutung, da Verfahrensfehler oftmals zu einer faktischen Präjudizierung führen können. Nur wenn gewährleistet ist, dass die behördlichen und gerichtlichen Entscheidungen auf allen relevanten Faktoren beruhen und nicht durch verfahrensrechtliche Verzögerungen oder Benachteiligungen vorgegeben werden, kann Art. 8 EMRK einen den geänderten gesellschaftlichen Verhältnissen angepassten

Schutz des Privat- und Familienlebens der betroffenen Kinder und Elternteile in der heutigen Zeit sicherstellen und einen angemessenen Interessenausgleich herbeiführen. Insofern ist die evolutive Auslegung untrennbar mit dem Effektivitätsprinzip verbunden.

Ein gesellschaftlicher Wandel ist zudem in umweltbezogenen Fällen zu verzeichnen. Dieser drückt sich einerseits in einem gesteigerten Umweltbewußtsein aus. Andererseits verstärkt der technische und wissenschaftliche Fortschritt den Ruf nach einem adäquaten Schutz vor neuen Umweltgefahren und Risiken. Auch in diesem Bereich hat der EGMR seine Rechtsprechung den geänderten Bedingungen angepasst, indem er den Anwendungsbereich des Art. 8 EMRK in umweltbezogenen Fällen durch die positiven Verpflichtungen erheblich ausgedehnt und mit einer verfahrensrechtlichen Grundstruktur versehen hat. Die Rechtsprechung des EGMR in Familienangelegenheiten und umweltbezogenen Fällen ist damit Ausdruck des Verständnisses der Konvention als ein „lebendiges Instrument".

Schließlich sind die Symbolwirkung einer Verletzung des Art. 8 EMRK und die von der Rechtsprechung des EGMR ausgehenden Impulse an die Mitgliedstaaten weitere Beweggründe für die Verfahrensdimension des Art. 8 EMRK. Indem der Gerichtshof in kindschaftsrechtlichen Fällen einen Verstoß gegen Art. 8 EMRK und nicht bloß eine Verletzung der verfahrensrechtlichen Anforderungen des Art. 6 EMRK feststellt, hebt er besonders die tiefgreifenden Auswirkungen hervor, die ein verfahrensrechtlicher Fehler auf das Privat- und Familienleben in derartigen Konstellationen haben kann. In den umweltbezogenen Fällen hat der Gerichtshof schließlich deutlich zum Ausdruck gebracht, dass Art. 8 EMRK, soweit das Privat- und Familienleben betroffen ist, das Recht auf eine gesunde Umwelt beinhaltet. Durch die auch in umweltbezogenen Fällen dem Art. 8 EMRK zugemessenen verfahrensrechtlichen Anforderungen wird diese Impulswirkung weiter verstärkt, weil sie nunmehr den Vertragsstaaten ein verfahrensrechtliches Gerüst vorschreibt, um so einen effektiven Schutz vor Umweltgefahren und Risiken zu gewährleisten.

B. Die Verfahrensdimension der Art. 2 und 3 EMRK

Im letzten Kapitel ist die Entwicklung der Verfahrensdimension der Art. 2 und 3 EMRK herausgearbeitet worden. Der Gerichtshof hat aus der Verpflichtung nach Art. 2 EMRK, das Recht auf Leben zu schützen, in Verbindung mit der allgemeinen Verpflichtung des Staates aus Art. 1 EMRK, allen seiner Hoheitsgewalt unterstehenden Personen die in Abschnitt I dieser Konvention bestimmten Rechte und Freiheiten zuzusichern, die Pflicht abgeleitet, wirksame amtliche Ermittlungen anzustellen, wenn Gewaltanwendung, insbesondere durch

Bedienstete des Staates, den Tod eines Menschen zur Folge hatte[1022]. Eine entsprechende Verpflichtung ergibt sich nach Ansicht des EGMR aus Art. 3 EMRK in Verbindung mit Art. 1 EMRK[1023]. Der wesentliche Zweck solcher Untersuchungen ist es, die wirksame Umsetzung nationaler Gesetze, welche das Recht auf Leben schützen, zu sichern und in Fällen, in denen staatliche Bedienstete oder Einrichtungen involviert sind, deren Verantwortlichkeit zu gewährleisten[1024]. In zahlreichen Entscheidungen hat der Gerichtshof diese Ermittlungspflicht präzisiert und ausgedehnt. Hinzu kommt das aus Art. 2 EMRK abgeleitete Gebot der Verfahrensfairness, welches besagt, dass der Vollzug der Todesstrafe dann konventionswidrig ist, wenn die verurteilte Person keinen fairen Prozess gehabt hat[1025]. Abgerundet wird die Verfahrensdimension der Art. 2 und 3 EMRK durch die vom EGMR entwickelte Beweislasterleichterung in Haftsituationen[1026].

Die nachfolgende Untersuchung wird zunächst aufzeigen, welcher Auslegungsmethodik der EGMR in den Art. 2 und 3 EMRK betreffenden Fällen folgt[1027]. Anschließend gilt es, die Gründe für die Verfahrensdimensionen der Art. 2 und 3 EMRK herauszuarbeiten und deren Gemeinsamkeiten und Unterschiede zu bestimmen. Dem Effektivitätsprinzip sowie dem Verständnis des Gerichtshofs von der EMRK als „lebendigen Instrument", verbunden mit dem historisch-gesellschaftlichen Kontext, kommt in diesem Zusammenhang eine besondere Bedeutung zu. Des Weiteren wird das Verhältnis der Verfahrensdimensionen der Art. 2 und 3 EMRK zum Recht auf wirksame Beschwerde des Art. 13 EMRK dargestellt werden. Schließlich gilt es zu klären, ob und inwieweit der Gerichtshof bei der Entwicklung der verfahrensrechtlichen Anforderungen der Art. 2 und 3 EMRK und der Verfahrensdimension des Art. 8 EMRK eine gemeinsame Konzeption verfolgt.

1022 Grundlegend: EGMR, Urt. v. 27.09.1995, Rn. 161 – McCann u.a./Vereinigtes Königreich.

1023 Grundlegend: EGMR, Urt. v. 28.10.1998, Rn. 102 – Assenov u.a./Bulgarien.

1024 EGMR, Urt. v. 04.05.2001, Rn. 105 – Hugh Jordan/Vereinigtes Königreich; EGMR, Urt. v. 04.05.2001, Rn. 111 – McKerr/Vereinigtes Königreich; EGMR, Urt. v. 04.05.2001, Rn. 94 – Kelly u.a./Vereinigtes Königreich; EGMR, Urt. v. 04.05.2001, Rn. 88 – Shanaghan/Vereinigtes Königreich.

1025 EGMR, Urt. v. 12.03.2003, Rn. 203 – Öcalan/Türkei.

1026 Grundlegend: EGMR, Urt. v. 27.08.1992, Rn. 108-111 – Tomasi/Frankreich.

1027 Für einen allgemeinen Überblick über die Auslegungsgrundsätze der EMRK siehe: 3. Kap., A I.

I. Die Auslegungsmethoden des EGMR hinsichtlich der Art. 2 und 3 EMRK

Der Gerichtshof folgt bei der Auslegung der Art. 2 und 3 EMRK in Bezug auf die Verfahrensdimension und ihren Anforderungen durchweg dem Effektivitätsgrundsatz. Der in der Entscheidung McCann/Vereinigtes Königreich erstmals zur Begründung der Verfahrensdimension des Art. 2 EMRK verwendete Ansatz, dass jedes gesetzliche Verbot der willkürlichen Tötung durch Staatsbeamte in der Praxis ineffektiv wäre, wenn kein geeignetes Verfahren vorhanden sei, die Rechtmäßigkeit der Gewaltanwendung zu überprüfen[1028], liegt allen die Verfahrensdimension des Art. 2 EMRK betreffenden Entscheidungen zugrunde[1029]. Der wesentliche Zweck solcher Untersuchungen sei es, die wirksame Umsetzung nationaler Gesetze, welche das Recht auf Leben schützen, zu sichern und in Fällen, in denen staatliche Bedienstete oder Einrichtungen involviert sind, deren Verantwortlichkeit zu gewährleisten[1030]. Gleiches gilt für die Verfahrensdimension des Art. 3 EMRK. In dem Urteil Assenov u.a./Bulgarien entschied der EGMR erstmals, dass die Ermittlungen, ebenso wie diejenigen unter Art. 2 EMRK, dazu geeignet sein müssen, zur Identifizierung und Bestrafung der Verantwortlichen zu führen[1031]. Wenn dies nicht gewährleistet wäre, sei das generelle Verbot von Folter, unmenschlicher oder erniedrigender Strafe beziehungsweise Behandlung trotz seiner fundamentalen Bedeutung in der Praxis ineffektiv, und es wäre in einigen Fällen den staatlichen Bediensteten straflos möglich, ihre Rechte gegenüber denjenigen zu missbrauchen, die ihrer Kontrolle unterstünden[1032]. Sämtliche Anforderungen, die der Gerichtshof den Art. 2 und 3 EMRK hinsichtlich der Durchführung und Ausgestaltung der Ermittlungen entnommen hat, sind von diesem Effektivitätsprinzip getragen[1033]. Glei-

1028 EGMR, Urt. v. 27.09.1995, Rn. 161 – McCann u.a./Vereinigtes Königreich.

1029 Siehe insbesondere: EGMR, Urt. v. 19.02.1998, Rn. 86 – Kaya/Türkei; EGMR, Urt. v. 27.07.1998, Rn. 77 – Gülec/Türkei.

1030 EGMR, Urt. v. 04.05.2001, Rn. 105 – Hugh Jordan/Vereinigtes Königreich; EGMR, Urt. v. 04.05.2001, Rn. 111 – McKerr/Vereinigtes Königreich; EGMR, Urt. v. 04.05.2001, Rn. 94 – Kelly u.a./Vereinigtes Königreich; EGMR, Urt. v. 04.05.2001, Rn. 88 – Shanaghan/Vereinigtes Königreich.

1031 EGMR, Urt. v. 28.10.1998, Rn. 102 – Assenov u.a./Bulgarien mit Verweis auf: EGMR, Urt. v. 27.09.1995, Rn. 161 – McCann u.a./Vereinigtes Königreich; EGMR, Urt. v. 19.02.1998, Rn. 86 – Kaya/Türkei; EGMR, Urt. v. 02.09.1998, Rn. 98 – Yasa/Türkei.

1032 EGMR, Urt. v. 28.10.1998, Rn. 102 – Assenov u.a./Bulgarien.

1033 Siehe hierzu insbesondere die Zusammenfassung der „General Principles" der Verfahrensdimension in den Nordirland-Fällen: EGMR, Urt. v. 04.05.2001, Rn. 102 ff. – Hugh Jordan/Vereinigtes Königreich; EGMR, Urt. v. 04.05.2001, Rn. 108 ff. – McKerr/Vereinigtes Königreich; EGMR, Urt. v. 04.05.2001, Rn. 91 ff. – Kelly u.a./Vereinigtes Königreich; EGMR, Urt. v. 04.05.2001, Rn. 85 ff. – Shanaghan/Vereinigtes Königreich.

ches gilt für die durch den Gerichtshof entwickelte Beweislasterleichterung in Haftsituationen[1034].

Der evolutiven Auslegungsmethode bedient sich der Gerichtshof dagegen vor allem im Rahmen des Art. 3 EMRK, um die Begriffe der Folter und der unmenschlichen oder erniedrigenden Strafe beziehungsweise Behandlung im Lichte der heutigen Zeit auszulegen. In diesem Zusammenhang sei auf die Entscheidung Tyrer/Vereinigtes Königreich hingewiesen[1035], in welcher der Gerichtshof hervorhob, dass die Konvention ein „lebendiges Instrument" sei, das im Lichte der heutigen Verhältnisse zu interpretieren sei, und er sich insofern nicht den Entwicklungen und allgemein akzeptierten Maßstäben der Strafvollstreckungspolitik der Mitgliedsstaaten in diesem Bereich entziehen könne[1036]. Aus der jüngeren Rechtsprechung gibt die Entscheidung Öcalan/Türkei ein Beispiel der evolutiven Auslegung des Art. 3 EMRK. Der Gerichtshof betonte auch in diesem Urteil, dass er die Konvention als „lebendiges Instrument" verstehe, welches im Lichte der heutigen Verhältnisse interpretiert werden müsse, und dass die zunehmenden hohen Anforderungen an den Schutz der Menschenrechte und Grundfreiheiten entsprechend und unvermeidlich eine größere Strenge bei der Bewertung der Verletzungen von Grundwerten der demokratischen Gesellschaften erfordern würden[1037]. Die Bewertung, ob eine bestimmte Behandlung oder Bestrafung als unmenschlich oder erniedrigend im Sinne des Art. 3 EMRK einzustufen sei, könne daher nicht von den Entwicklungen und gemeinhin akzeptierten Standards in der Strafpolitik der Mitgliedsstaaten unbeeinflusst bleiben. Vielmehr hätte sich das Prinzip der unmenschlichen und erniedrigenden Behandlung oder Bestrafung seit dem Inkrafttreten der EMRK beträchtlich entwickelt[1038].

1034 EGMR, Urt. v. 27.08.1992, Rn. 108-111 – Tomasi/Frankreich; EGMR, Urt. v. 04.12.1995, Rn. 34 – Ribitsch/Österreich; EGMR, Urt. v. 09.06.1998, Rn. 52 f. – Tekin/Türkei; EGMR (Große Kammer), Urt. v. 28.07.1999, Rn. 87 – Selmouni/Frankreich; EGMR, Urt. v. 18.05.2000, Rn. 70 – Velikova/Bulgarien; EGMR, Urt. v. 13.06.2000, Rn. 82 – Timurtas/Türkei; EGMR, Urt. v. 27.06.2000, Rn. 99 – Salman/Türkei; EGMR, Urt. v. 10.10.2000, Rn. 53 f. – Satik u.a./Türkei; EGMR, Urt. v. 14.11.2000, Rn. 63 – Tas/Türkei; EGMR, Urt. v. 27.02.2001, Rn. 145 – Cicek/Türkei; EGMR, Urt. v. 10.04.2001, Rn. 141 – Tanli/Türkei; EGMR, Urt. v. 31.05.2001, Rn. 85 – Akdeniz u.a./Türkei; EGMR, Urt. v. 13.06.2002, Rn. 109 – Anguelova/Bulgarien; EGMR, Urt. v. 18.06.2002, Rn. 326 – Orhan/Türkei; EGMR, Urt. v. 24.04.2003, Rn. 290 – Aktas/Türkei; EGMR, Urt. v. 08.01.2004, Rn. 30 – Colak und Filizer/Türkei.

1035 Zur evolutiven Auslegungsmethode und dem Fall Tyrer/Vereinigtes Königreich siehe bereits: 3. Kap., A I.

1036 EGMR, Urt. v. 25.04.1978, Rn. 31 – Tyrer/Vereinigtes Königreich.

1037 EGMR, Urt. v. 12.03.2003, Rn. 193 – Öcalan/ Türkei.

1038 EGMR, Urt. v. 12.03.2003, Rn. 194 – Öcalan/ Türkei.

II. Gründe für die aus Art. 2 und 3 EMRK resultierende Verfahrensdimension

1. Die Verfahrensdimension als Ausdruck des Effektivitätsprinzips

Jedes gesetzliche Verbot der willkürlichen Tötung durch Staatsbeamte ist in der Praxis ineffektiv, wenn kein geeignetes Verfahren vorhanden ist, die Rechtmäßigkeit der Gewaltanwendung zu überprüfen[1039]. Diese in der Entscheidung McCann/Vereinigtes Königreich erstmals verwendete Begründung für die aus Art. 2 EMRK abgeleitete verfahrensrechtliche Pflicht zur Einleitung und Durchführung effektiver amtlicher Ermittlungen bildet das Fundament der Verfahrensdimension des Art. 2 EMRK. Denselben Ausgangspunkt nimmt die Rechtsprechung zu Art. 3 EMRK erstmals in dem Urteil Assenov u.a./Bulgarien, in welchem der Gerichtshof entschied, dass die Ermittlungen dazu geeignet sein müssen, zur Identifizierung und Bestrafung der Verantwortlichen zu führen, da das generelle Verbot von Folter und unmenschlicher oder erniedrigender Strafe beziehungsweise Behandlung ansonsten in der Praxis ineffektiv sei[1040]. In der Entscheidung Caloc/Frankreich betonte der Gerichtshof zudem, dass verfahrensrechtliche Verpflichtungen im Rahmen der Konvention in unterschiedlichen Zusammenhängen angewandt worden wären, wenn sich dieses als notwendig erwiesen hätte, um sicherzustellen, dass die von der Konvention garantierten Rechte nicht nur theoretischer oder illusorischer Natur seien, sondern praktikabel und wirksam[1041]. Aus diesen Effektivitätsgesichtspunkten heraus konkretisierte der Gerichtshof in zahlreichen Entscheidungen die Anforderungen an die aus Art. 2 und 3 EMRK resultierende Ermittlungspflicht[1042], welche sich bezüglich des Art. 2 EMRK nicht auf Fälle beschränkt, in denen es erwiesen ist, dass die Tötung durch Bedienstete des Staates erfolgte[1043]. Die Untersuchungen müssen prompt und zügig[1044], von einer unabhängigen Behörde[1045] und von

1039 EGMR, Urt. v. 27.09.1995, Rn. 161 – McCann u.a./Vereinigtes Königreich.

1040 EGMR, Urt. v. 28.10.1998, Rn. 102 – Assenov u.a./Bulgarien mit Verweis auf: EGMR, Urt. v. 27.09.1995, Rn. 161 – McCann u.a./Vereinigtes Königreich; EGMR, Urt. v. 19.02.1998, Rn. 86 – Kaya/Türkei; EGMR, Urt. v. 02.09.1998, Rn. 98 – Yasa/Türkei. Ebenso: EGMR, Urt. v. 06.04.2000, Rn. 131 – Labita/Italien; EGMR, Urt. v. 20.07.2000, Rn. 89 – Caloc/Frankreich; EGMR, Urt. v. 08.01.2004, Rn. 42 – Sadik Önder/Türkei.

1041 EGMR, Urt. v. 20.07.2000, Rn. 88 – Caloc/Frankreich mit Verweis auf: EGMR, Urt. v. 27.09.1995, Rn. 157-164 – McCann u.a./Vereinigtes Königreich.

1042 Siehe hierzu ausführlich: 2. Kap., B und C, insbesondere die Zusammenfassungen unter B III hinsichtlich des Art. 2 EMRK und C IV hinsichtlich des Art. 3 EMRK.

1043 EGMR, Urt. v. 28.07.1998, Rn. 82 – Ergi/Türkei; EGMR, Urt. v. 08.07.1999, Rn. 103 – Tanrikulu/Türkei.

1044 EGMR, Urt. v. 02.09.1998, Rn. 102-104 – Yasa/Türkei; EGMR, Urt. v. 08.07.1999, Rn. 80, 87, 106 – Cakici/Türkei; EGMR, Urt. v. 08.07.1999, Rn. 109 – Tanriku-

Amts wegen durchgeführt werden[1046]. Die ermittelnden Behörden müssen dafür sorgen, dass alle den Vorfall betreffenden Beweise gesichert werden[1047], was gegebenenfalls die Durchführung einer Autopsie beinhalten kann[1048]. Des Weiteren ergibt sich aus den Art. 2 und 3 EMRK das Erfordernis, dass die Ermittlungen ausreichend durch die Öffentlichkeit geprüft werden können, was in jedem Fall mindestens die Beteiligung der Angehörigen des Opfers voraussetzt, deren legitime Interessen es zu schützen gilt[1049]. In besonderen Gewahrsamssituationen, wie beispielsweise der Polizei- oder Gefängnishaft, in denen die Sicherung der Beweise in der Regel nur dem Staat selbst möglich ist, obliegt es nach der Rechtsprechung des Gerichtshofs dem Staat, eine plausible Erklärung für die Ursachen von Verletzungen beziehungsweise der Tötung der betroffenen Person oder ihres Verschwindens zu geben[1050]. Jegliches Defizit der Untersu-

---

lu/Türkei; EGMR, Urt. v. 28.03.2000, Rn. 106-107 – Mahmut Kaya/Türkei; EGMR, Urt. v. 04.05.2001, Rn. 108 – Hugh Jordan/Vereinigtes Königreich; EGMR, Urt. v. 04.05.2001, Rn. 114 – McKerr/Vereinigtes Königreich; EGMR, Urt. v. 04.05.2001, Rn. 97 – Kelly u.a./Vereinigtes Königreich; EGMR, Urt. v. 04.05.2001, Rn. 91 – Shanaghan/Vereinigtes Königreich; EGMR, Urt. v. 14.03.2002, Rn. 72 – Paul und Audrey Edwards/Vereinigtes Königreich.

1045 EGMR, Urt. v. 27.07.1998, Rn. 81-82 – Gülec/Türkei; EGMR, Urt. v. 20.05.1999, Rn. 91-92 – Ögur/Türkei; EGMR, Urt. v. 04.05.2001, Rn. 106 – Hugh Jordan/Vereinigtes Königreich; EGMR, Urt. v. 04.05.2001, Rn. 112 – McKerr/Vereinigtes Königreich; EGMR, Urt. v. 04.05.2001, Rn. 95 – Kelly u.a./Vereinigtes Königreich; EGMR, Urt. v. 04.05.2001, Rn. 89 – Shanaghan/Vereinigtes Königreich; EGMR, Urt. v. 14.03.2002, Rn. 70 – Paul und Audrey Edwards/Vereinigtes Königreich.

1046 EGMR, Urt. v. 28.07.1998, Rn. 82 – Ergi/Türkei; EGMR, Urt. v. 08.07.1999, Rn. 103 – Tanrikulu/Türkei; EGMR, Urt. v. 04.05.2001, Rn. 105 – Hugh Jordan/Vereinigtes Königreich; EGMR, Urt. v. 04.05.2001, Rn. 111 – McKerr/Vereinigtes Königreich; EGMR, Urt. v. 04.05.2001, Rn. 94 – Kelly u.a./Vereinigtes Königreich; EGMR, Urt. v. 04.05.2001, Rn. 88 – Shanaghan/Vereinigtes Königreich; EGMR, 27.06.2000, Rn. 63 – Ihlan/Türkei.

1047 EGMR, Urt. v. 04.05.2001, Rn. 107 – Hugh Jordan/Vereinigtes Königreich; EGMR, Urt. v. 14.03.2002, Rn. 71 – Paul und Audrey Edwards/Vereinigtes Königreich.

1048 EGMR, Urt. v. 27.06.2000, Rn. 105 – Salman/Türkei; EGMR, Urt. v. 14.12.2000, Rn. 89 – Gül/Türkei; EGMR, Urt. v. 04.05.2001, Rn. 107 – Hugh Jordan/Vereinigtes Königreich.

1049 EGMR, Urt. v. 27.07.1998, Rn. 82 – Gülec/Türkei; EGMR, Urt. v. 20.05.1999, Rn. 92 – Ögur/Türkei; EGMR, Urt. v. 14.12.2000, Rn. 93 – Gül/Türkei; EGMR, Urt. v. 04.05.2001, Rn. 109 – Hugh Jordan/Vereinigtes Königreich; EGMR, Urt. v. 04.05.2001, Rn. 115 – McKerr/Vereinigtes Königreich; EGMR, Urt. v. 04.05.2001, Rn. 98 – Kelly u.a./Vereinigtes Königreich; EGMR, Urt. v. 04.05.2001, Rn. 92 – Shanaghan/Vereinigtes Königreich; EGMR, Urt. v. 14.03.2002, Rn. 73 – Paul und Audrey Edwards/Vereinigtes Königreich.

1050 EGMR, Urt. v. 27.08.1992, Rn. 108-111 – Tomasi/Frankreich; EGMR, Urt. v. 04.12.1995, Rn. 34 – Ribitsch/Österreich; EGMR, Urt. v. 09.06.1998, Rn. 52 f. – Tekin/Türkei; EGMR (Große Kammer), Urt. v. 28.07.1999, Rn. 87 – Selmouchungen, welches die Möglichkeit die Tötung aufzuklären behindert oder vereitelt, kann, nach Ansicht des EGMR, dazu führen, dass die Ermittlungen nicht den Verfahrenserfordernissen des Art. 2 EMRK genügen und dieser deshalb verletzt ist[1051]. In der Entscheidung Öcalan/Türkei leitete der Gerichtshof zudem ein Gebot der Verfahrensfairness aus Art. 2 EMRK ab, da seiner Ansicht nach die Vollstreckung der Todesstrafe an einer Person, die keinen fairen Prozess gehabt habe, konventionswidrig sei[1052].

Der Konventionsstaat ist nach der Rechtsprechung des EGMR dazu verpflichtet, das menschliche Leben wirksam zu schützen, insbesondere durch den Erlass effektiver Strafvorschriften mit abschreckender Wirkung sowie durch die Organisation einer Strafverfolgung mit dem Ziel der Prävention, Unterbindung und Bestrafung bei Verstößen gegen diese strafrechtlichen Normen[1053]. Aus Art. 2 EMRK kann sich zudem unter gewissen Voraussetzungen die positive Verpflichtung ergeben, vorbeugende Schutzmaßnahmen zu ergreifen, um den vermeidbaren Verlust des Lebens durch Straftaten Dritter zu verhindern[1054].

Insofern hat der Gerichtshof zutreffend die Notwendigkeit einer verfahrensrechtlichen Absicherung der durch Art. 2 und 3 EMRK geschützten Rechtsgüter erkannt. Denn die Wirkung, Durchsetzung und Effektivität eines gesetzlichen Tötungs- beziehungsweise Folterverbots hängt entscheidend davon ab, ob und inwieweit es gelingt, den zugrunde liegenden Sachverhalt umfassend aufzuklären und etwaige Verantwortliche zu identifizieren. Versäumnisse bei der Sachverhaltsaufklärung können die Strafverfolgung behindern oder sogar vereiteln.

---

ni/Frankreich; EGMR, Urt. v. 18.05.2000, Rn. 70 – Velikova/Bulgarien; EGMR, Urt. v. 13.06.2000, Rn. 82 – Timurtas/Türkei; EGMR, Urt. v. 27.06.2000, Rn. 99 – Salman/Türkei; EGMR, Urt. v. 10.10.2000, Rn. 53 f. – Satik u.a./Türkei; EGMR, Urt. v. 14.11.2000, Rn. 63 – Tas/Türkei; EGMR, Urt. v. 27.02.2001, Rn. 145 – Cicek/Türkei; EGMR, Urt. v. 10.04.2001, Rn. 141 – Tanli/Türkei; EGMR, Urt. v. 31.05.2001, Rn. 85 – Akdeniz u.a./Türkei; EGMR, Urt. v. 13.06.2002, Rn. 109 – Anguelova/Bulgarien; EGMR, Urt. v. 18.06.2002, Rn. 326 – Orhan/Türkei; EGMR, Urt. v. 24.04.2003, Rn. 290 – Aktas/Türkei; EGMR, Urt. v. 08.01.2004, Rn. 30 – Colak und Filizer/Türkei.

1051 EGMR, Urt. v. 04.05.2001, Rn. 107 – Hugh Jordan/Vereinigtes Königreich; EGMR, Urt. v. 04.05.2001, Rn. 113 – McKerr/Vereinigtes Königreich; EGMR, Urt. v. 04.05.2001, Rn. 96 – Kelly u.a./Vereinigtes Königreich; EGMR, Urt. v. 04.05.2001, Rn. 90 – Shanaghan/Vereinigtes Königreich.

1052 EGMR, Urt. v. 12.03.2003, Rn. 203, 204 – Öcalan/Türkei.

1053 EGMR, Urt. v. 28.03.2000, Rn. 62 – Kilic/Türkei; EGMR, Urt. v. 28.03.2000, Rn. 101 – Mahmut Kaya/Türkei.

1054 EGMR, Urt. v. 28.03.2000, Rn. 62 – Kilic/Türkei; EGMR, Urt. v. 28.03.2000, Rn. 87 – Mahmut Kaya/Türkei mit Verweis jeweils auf: EGMR, Urt. v. 28.10.1998, Rn. 115 – Osman/Vereinigtes Königreich.

Indem der Gerichtshof den Staaten die Pflicht auferlegt, wirksame und amtliche Ermittlungen bei verdächtigen Todesfällen beziehungsweise Gewaltanwendung durchzuführen, trägt er dazu bei, dass das elementare Recht auf Leben, die körperliche und geistige Unversehrtheit sowie die Würde des Menschen nicht bloß theoretisch und illusorisch, sondern praktisch und wirksam geschützt werden. Wie die untersuchten Fälle eindrucksvoll belegen, ist es dem Gerichtshof in einer Vielzahl der Fälle aufgrund des geltenden hohen Beweismaßstabes nicht möglich, eine materiellrechtliche Verletzung der Art. 2 und 3 EMRK zweifelsfrei festzustellen[1055]. Die Ursache liegt dabei in den entweder überhaupt nicht oder nur mangelhaft durchgeführten nationalen Ermittlungen begründet. Um zu verhindern, dass sich der betroffene Staat seiner Verantwortung nach der EMRK durch die mangelhafte Aufklärung verdächtiger Todesfälle beziehungsweise Gewaltanwendung entzieht, ist es daher notwendig, eine verfahrensrechtliche Pflicht zur Durchführung amtlicher Ermittlungen zu begründen, deren Verletzung dieselben Konsequenzen hat wie die materiellrechtliche Verletzung der Art. 2 und 3 EMRK selbst. Nur so lässt sich sicherstellen, dass den durch die Art. 2 und 3 EMRK geschützten fundamentalen Rechtsgütern die ihnen gebührende Achtung erwiesen wird. Denselben Gedanken verfolgt der Gerichtshof bei der von ihm angewandten Beweislasterleichterung in besonderen Gewahrsamssituationen. Der im Rahmen der Art. 2 und 3 EMRK hohe Beweismaßstab kam in Fällen der Polizei- oder Gefängnishaft oftmals demjenigen Staat zugute, der durch mangelhafte Dokumentation der Haftzeit und fehlende oder unzureichende Ermittlungen die positive Feststellung einer Verletzung des Art. 2 und 3 EMRK verhindern konnte. Da es in derartigen Situationen für die misshandelte Person äußerst schwierig, wenn nicht gänzlich unmöglich ist, stichhaltige Beweise sicherzustellen, entnahm der Gerichtshof den Art. 2 und 3 EMRK die Pflicht des Staates, eine plausible Erklärung für die Ursache von während der Haftzeit erlittenen Verletzungen zu liefern und über eine erfolgte Tötung oder das Verschwinden einer Person Rechenschaft abzulegen.

Die Verfahrensdimension der Art. 2 und 3 EMRK entspringt damit dem Bedürfnis, einen effektiven Rechtsschutz des Individuums zu gewährleisten. Ihr kommt insofern sowohl ein abwehrrechtlicher als auch ein leistungsrechtlicher Charakter zu. Einerseits dient sie dazu, Eingriffe durch staatliche Bedienstete zu verfolgen. Da der Gerichtshof die Ermittlungspflicht jedoch nicht auf Fälle beschränkt hat, in denen es von vornherein erwiesen ist, dass die Tötung bezie-

---

1055 EGMR, Urt. v. 19.02.1998, Rn. 78 – Kaya/Türkei; EGMR, Urt. v. 28.07.1998, Rn. 78 – Ergi/Türkei; EGMR, Urt. v. 02.09.1998, Rn. 93 – Yasa/Türkei; EGMR, Urt. v. 28.10.1998, Rn. 100 – Assenov u.a./Bulgarien; EGMR, Urt. v. 08.07.1999, Rn. 99 – Tanrikulu/Türkei; EGMR, Urt. v. 28.03.2000, Rn. 64 – Kilic/Türkei; EGMR, Urt. v. 28.03.2000, Rn. 87 - Mahmut Kaya/Türkei; EGMR, Urt. v. 06.04.2000, Rn. 129 – Labita/Italien; EGMR, Urt. v. 11.04.2000, Rn. 30 – Sevtap Veznedaroglu/Türkei.

hungsweise Gewaltanwendung durch Bedienstete des Staates erfolgte, hat der Einzelne auch einen positiven Anspruch auf wirksame Ermittlungen, wenn eine Rechtsgutverletzung durch Dritte in Betracht kommt[1056].

Der Notwendigkeit eines verfahrensrechtlichen Schutzes unmittelbar aus den Art. 2 und 3 EMRK liegt damit ein Gedankengang zugrunde, der mit dem Ansatz des BVerfG vergleichbar ist. So betonte das BVerfG bereits 1981, dass Grundrechte, wenn sie ihre Funktion in der sozialen Wirklichkeit erfüllen sollen, geeigneter Verfahrensregelungen sowie einer grundrechtskonformen Anwendung des Verfahrensrechts bedürfen, wenn dies für einen wirksamen Grundrechtsschutz erforderlich sei[1057]. Ohne eine wirksame verfahrensrechtliche Absicherung könnten die Grundrechte vielfach nicht durchgesetzt werden und verlören weitgehend ihren praktischen Wert für den jeweiligen Grundrechtsträger. Wesentlicher Bestandteil eines jeden Grundrechts sei deshalb ein effektiver Rechtsschutz als Garantie seiner tatsächlichen Durchsetzbarkeit[1058]. Im Gegensatz zu den konkurrenzrechtlichen Problemen des Verfahrensschutzes innerhalb des Grundgesetzes sowie zwischen den Art. 8 und 6 EMRK in Bezug auf die Verfahrensanforderungen an das Gerichtsverfahren[1059] gibt es im Rahmen der Art. 2 und 3 EMRK keine Zuordnungsschwierigkeiten. In Bezug auf die Schutzbereiche der Artikel 2 und 3 EMRK hilft der verfahrensrechtliche Schutz des Art. 6 EMRK nicht weiter, weil dieser nach seinem Absatz 1 nur für zivilrechtliche Ansprüche und Verpflichtungen sowie für das Strafverfahren gilt. Insofern ist die vom Gerichtshof unmittelbar aus den Art. 2 und 3 EMRK entwickelte Verfahrensdimension notwendig, um den effektiven Schutz dieser Menschenrechte zu gewährleisten.

2. Der gesellschaftshistorische Kontext

Der Gerichtshof bedient sich der evolutiven Auslegung im Rahmen der Art. 2 und 3 EMRK insbesondere, um die Begriffe der Folter und der unmenschlichen oder erniedrigenden Strafe oder Behandlung im Lichte der heutigen Zeit zu bestimmen. Die Dringlichkeit einer verfahrensrechtlichen Absicherung der materiellen Rechtsgüter der Art. 2 und 3 EMRK lässt sich aber insbesondere auch vor dem gesellschaftshistorischen Hintergrund der letzten Jahre erklären. Die Verfahrensdimension des Art. 2 EMRK wurde innerhalb weniger Jahre praktisch ausschließlich im Rahmen von Beschwerden gegen die Türkei entwi-

---

1056 EGMR, Urt. v. 28.07.1998, Rn. 82 – Ergi/Türkei; EGMR, Urt. v. 08.07.1999, Rn. 103 – Tanrikulu/Türkei.

1057 BVerfG, Beschl. v. 25.2.1981, EuGRZ 1981, 306 (308) mit Verweis auf: BVerfGE 53, 30 (65). Siehe hierzu: 1. Kap., C I.

1058 BVerfG, NJW 1975, 1501 (1502).

1059 Siehe: 3. Kap., A III 1 b.

ckelt[1060]. Von den 30 untersuchten Entscheidungen betrafen allein 23 die Verfahrensverhältnisse in der Türkei[1061]. Auch im Rahmen der gerügten Rechtsgutsverletzungen des Art. 3 EMRK ist die Türkei in den letzten Jahren derjenige Staat gewesen, welcher am häufigsten durch den Gerichtshof verurteilt wurde[1062]. Die überwiegende Mehrheit der gegen die Türkei vorgebrachten Beschwerden betraf die Situation im Südosten des Landes. In diesem Gebiet kam es in den achtziger und neunziger Jahren zu massiven Unruhen zwischen militanten Kurden und dem türkischen Militär. Von Seiten der türkischen Regierung war deshalb der Ausnahmezustand ausgerufen worden. Obwohl es ein Grundgerüst an Gesetzen gab, die den Schutz des Lebens bezwecken sollten, wurde die effektive Umsetzung der bestehenden Strafvorschriften im Südosten der Türkei durch eine Reihe von Notstandsgesetzen untergraben. Diese beinhalteten einen Transfer der Zuständigkeiten von den ordentlichen Gerichten zu speziellen Sicherheitsbehörden und zeichneten sich durch eine Serie von unterlassenen Ermittlungen aus, wenn es um die mögliche Beteiligung von Sicherheitskräften an Straftaten ging[1063]. Die Durchführung von Ermittlungen bezüglich ungesetzlicher Tötungen erfolgte dabei jeweils durch einen provinziellen Verwaltungsrat, der nach Ansicht des Gerichtshofs nicht dem Erfordernis des

---

1060 Der Gerichtshof bejahte erstmals 1995 in der Entscheidung McCann u.a./Vereinigtes Königreich eine Verletzung des Art. 2 EMRK.

1061 EGMR, Urt. v. 19.02.1998 – Kaya/Türkei; EGMR, Urt. v. 27.07.1998 – Gülec/Türkei; EGMR, Urt. v. 28.07.1998 – Ergi/Türkei; EGMR, Urt. v. 02.09.1998 – Yasa/Türkei; EGMR, Urt. v. 20.05.1999 – Ögur/Türkei; EGMR, Urt. v. 08.07.1999 – Tanrikulu/Türkei; EGMR, Urt. v. 08.07.1999 – Cakici/Türkei; EGMR, Urt. v. 28.03.2000 – Kilic/Türkei; EGMR, Urt. v. 28.03.2000 – Mahmut Kaya/Türkei; EGMR, Urt. v. 09.05.2000 – Ertak/Türkei; EGMR, Urt. v. 13.06.2000 – Timurtas/Türkei; EGMR, Urt. v. 27.06.2000 – Salman/Türkei; EGMR, Urt. v. 14.11.2000 – Tas/Türkei; EGMR, Urt. v. 14.12.2000 – Gül/Türkei; EGMR, Urt. v. 27.02.2001 – Cicek/Türkei; EGMR, Urt. v. 10.05.2001 – Zypern/Türkei; EGMR, Urt. v. 18.06.2002 – Orhan/Türkei; EGMR, Urt. v. 12.03.2003 – Öcalan/Türkei; EGMR, Urt. v. 24.04.2003 – Aktas/Türkei; EGMR, Urt. v. 17.02.2004 – Ipek/Türkei; EGMR, Urt. v. 30.03.2004 – Nuray Sen/Türkei; EGMR, Urt. v. 08.04.2004 – Özalp u.a./Türkei; EGMR, Urt. v. 20.04.2004 – Buldan/Türkei.

1062 EGMR, Urt. v. 18.12.1996 – Aksoy/Türkei; EGMR, Urt. v. 25.09.1997 – Aydin/Türkei; EGMR, Urt. v. 11.04.2000 – Sevtap Veznedaroglu/Türkei; EGMR, Urt. v. 27.06.2000 – Ihlan/Türkei; EGMR, Urt. v. 11.07.2000 – Dikme/Türkei; EGMR, Urt. v. 10.10.2000 – Satik u.a./Türkei; EGMR, Urt. v. 16.11.2000 – Bilgin/Türkei; EGMR, Urt. v. 21.12.2000 – Egmez/Zypern; EGMR, Urt. v. 24.04.2003 – Aktas/Türkei; EGMR, Urt. v. 13.11.2003 – Elci u.a./Türkei; EGMR, Urt. v. 08.01.2004 – Colak und Filizer/Türkei; EGMR, Urt. v. 08.01.2004 – Sadik Önder/Türkei.

1063 Siehe nur: EGMR, Urt. v. 19.02.1998, Rn. 86-92 – Kaya/Türkei; EGMR, Urt. v. 28.07.1998, Rn. 82-85 – Ergi/Türkei; EGMR, Urt. v. 02.09.1998, Rn. 98-108 – Yasa/Türkei; EGMR, Urt. v. 08.07.1999, Rn. 87 – Cakici/Türkei; EGMR, Urt. v. 08.07.1999, Rn. 101-111 – Tanrikulu/Türkei; EGMR, Urt. v. 28.03.2000, Rn. 73 – Kilic/Türkei; EGMR, Urt. v. 28.03.2000, Rn. 96 – Mahmut Kaya/Türkei.

Art. 2 EMRK an eine unabhängige Ermittlungsbehörde genügte, weil dieser Verwaltungsrat unter derselben Befehlsgewalt stand wie die Sicherheitskräfte, gegen die ermittelt wurde[1064]. Diese Situation führte nach Ansicht des Gerichtshofs zu einem gefährlichen Mangel an Verantwortungsbewusstsein unterhalb den Mitgliedern der Sicherheitskräfte und beseitigte denjenigen Schutz, welcher den Betroffenen von Gesetzes wegen zugestanden hätte[1065].

Dieser gesellschaftshistorische Hintergrund ist für das Verständnis der Verfahrensdimension der Art. 2 und 3 EMRK bedeutsam, weil er die Notwendigkeit und Dringlichkeit einer verfahrensrechtlichen Absicherung der materiellen Garantien veranschaulicht[1066]. Die kontinuierlichen Menschenrechtsverletzungen der Türkei auf diesem Gebiet belegen, dass das Recht auf Leben und das Verbot der Folter in der Praxis nur dann effektiv umgesetzt werden kann, wenn ausreichende Schutzmechanismen in Form von Verfahrensgarantien zur Verfügung stehen. In den diesbezüglichen Urteilen hat der Gerichtshof wiederholt auf die besondere Lage im Südosten der Türkei hingewiesen, in welcher der Verlust des Lebens seit mehreren Jahren eine tragische und häufige Erscheinung darstelle. Nach Ansicht des EGMR entbände diese Situation jedoch nicht von der Pflicht, für effektive und unabhängige Ermittlungen zu sorgen[1067].

Die Rechtsprechung des Gerichtshofs in Bezug auf Art. 2 und 3 EMRK ist von dem Gedanken geprägt, den gravierenden und fortdauernden Menschenrechtsverstößen, insbesondere durch die Türkei, Einhalt zu gebieten. Durch die Etablierung eines effektiven Systems verfahrensrechtlicher Anforderungen, die sowohl präventiver als auch repressiver Natur sind, sollten gerade die bestehenden Missstände in der Türkei dauerhaft behoben werden. Die Verfahrensdimension der Art. 2 und 3 EMRK ist damit ein Beleg dafür, dass der Gerichtshof die Konvention als ein lebendiges Instrument begreift und sie im Lichte der heutigen Verhältnisse auslegt, um dadurch auf aktuelle Probleme des Menschenrechtsschutzes reagieren zu können.

1064 EGMR, Urt. v. 14.11.2000, Rn. 71 – Tas/Türkei; EGMR; Urt. v. 27.07.1998, Rn. 80, 81 – Gülec/Türkei; EGMR, Urt. v. 20.05.1999, Rn. 91, 92 – Ögur/Türkei; EGMR, Urt. v. 17.02.2004, Rn. 174 – Ipek/Türkei.

1065 EGMR, Urt. v. 28.03.2000, Rn. 75, 76 – Kilic/Türkei; EGMR, Urt. v. 28.03.2000, Rn. 98, 99 – Mahmut Kaya/Türkei; EGMR, Urt. v. 14.11.2000, Rn. 66 – Tas/Türkei.

1066 Zur Menschenrechtssituation in der Türkei siehe auch: Alleweldt, EuGRZ 2000, 193 ff. mit Anmerkungen zum Bericht des Europäischen Komitees zur Verhütung von Folter über den Besuch in der Türkei im Oktober 1997 und zur Anwort der türkischen Regierung vom Februar 1999; Trechsel, HRLJ, Vol. 18, 1997, 471 ff.

1067 EGMR, Urt. v. 19.02.1998, Rn. 91 – Kaya/Türkei.

3. Die Gemeinsamkeiten und Unterschiede der Verfahrensdimension der Art. 2 und 3 EMRK

Gegenstand der untersuchten Entscheidungen des EGMR waren die gerügten materiellen und prozessualen Verletzungen der Art. 2 und 3 EMRK. Während der Gerichtshof im Rahmen des Art. 2 EMRK eine mögliche Verletzung dieser Norm von vornherein sowohl unter materiellen als auch unter prozessualen Gesichtspunkten untersucht, prüft er einen möglichen Verstoß gegen die Verfahrensdimension des Art. 3 EMRK grundsätzlich nur dann, wenn es ihm aufgrund des hohen Beweismaßstabes unmöglich war, eine materielle Verletzung zweifelsfrei festzustellen[1068]. Der Gerichtshof begründet diesen Prüfungsaufbau mit dem unterschiedlichen Schutzumfang der beiden Artikel. Art. 2 EMRK enthalte den Anspruch, dass das Recht auf Leben „gesetzlich geschützt" werde und schließe damit auch Situationen mit ein, in denen die Initiative aus praktischen Gründen beim Staat liege, beispielsweise wenn das Opfer verschwunden sei und die Todesumstände vornehmlich dem Staat bekannt seien[1069]. Art. 3 EMRK sei dagegen als materiellrechtliche Vorschrift formuliert[1070]. Obwohl sich das Opfer einer behaupteten Verletzung dieses Artikels in einer verwundbaren Position befinden könne, würden sich die praktischen Anforderungen dieser Situation häufig von denjenigen Fällen unterscheiden, welche die Anwendung tödlicher Gewalt betreffen oder in denen die Todesumstände verdächtig erscheinen. Insofern vertritt der Gerichtshof die Ansicht, dass Art. 13 EMRK dem Beschwerdeführer in der Regel sowohl die nötige Wiedergutmachung gewährleiste als auch die notwendigen verfahrensrechtlichen Schutzmechanismen gegen den Missbrauch staatlicher Gewalt zur Verfügung stelle[1071].

Diesen Äußerungen des EGMR lässt sich entnehmen, dass ein Grund für die parallele Prüfung einer materiellrechtlichen Verletzung und eines Verstoßes gegen die Verfahrensdimension des Art. 2 EMRK in seiner Ausgestaltung als eine Vorschrift liegt, aus der sich neben der Eingriffsabwehr auch positive Pflichten ergeben können. Art. 3 EMRK hat dagegen als materiellrechtlich formulierte Norm einen primär negatorischen Charakter. Die Verfahrensdimension des Art. 3 EMRK kommt demnach aus Effektivitätsgesichtspunkten grundsätzlich nur dann zum Tragen, wenn eine materiellrechtliche Verletzung aufgrund der mangelhaften Ermittlungen nicht zweifelsfrei festgestellt werden kann. Dadurch verhindert der Gerichtshof, dass sich der beklagte Staat seiner Verantwortung nach Art. 3 EMRK entzieht. Ist eine materiellrechtliche Verletzung des

1068 Siehe hierzu: 2. Kap., C III 1-5.

1069 EGMR, Urt. v. 27.06.2000, Rn. 91 – Ihlan/Türkei.

1070 EGMR, Urt. v. 27.06.2000, Rn. 92 – Ihlan/Türkei: "Article 3, however, is phrased in substantive terms".

1071 EGMR, Urt. v. 27.06.2000, Rn. 92 – Ihlan/Türkei.

Art. 3 EMRK dagegen erwiesen, gewährleistet der verfahrensrechtliche Schutz des Art. 13 EMRK nach Auffassung des EGMR sowohl die nötige Wiedergutmachung als auch die notwendigen verfahrensrechtlichen Schutzmechanismen gegen den Missbrauch staatlicher Gewalt. Die Verfahrensdimension des Art. 2 EMRK wird demnach als ein eigenständiger und dem materiellen Schutzbereich gleichrangiger Aspekt betrachtet, wohingegen der Verfahrensdimension des Art. 3 EMRK ein ergänzender Charakter zukommt. Der Gerichtshof wendet diesen Prüfungsaufbau jedoch nicht schematisch an, wie die Entscheidungen Dikme/Türkei, Aktas/Türkei und Elci u.a./Türkei belegen[1072]. Ob es angemessen oder notwendig ist, eine verfahrensrechtliche Verletzung des Art. 3 EMRK festzustellen, hängt nach Ansicht des Gerichtshofs vielmehr von den Umständen des Einzelfalls ab[1073]. Insbesondere wenn der Beschwerdeführer es unterlassen hat, eine Verletzung des Art. 13 EMRK zu rügen, prüft der EGMR neben der materiellrechtlichen Verletzung des Art. 3 EMRK auch einen möglichen Verstoß gegen dessen Verfahrensdimension[1074]. Durch diese Einzelfallbetrachtung gewährleistet der EGMR die Verantwortung des beklagten Staates nach Art. 3 EMRK.

Auch wenn der Gerichtshof im Rahmen des Art. 2 EMRK aufgrund seines Schutzcharakters einen verfahrensrechtlichen Verstoß gegebenenfalls zusätzlich zu einer bereits bejahten materiellrechtlichen Verletzung feststellt, liegt der gemeinsame Sinn und Zweck der Verfahrensdimension der Art. 2 und 3 EMRK darin, eine Verantwortung des beklagten Staates in Situationen sicherzustellen, in denen eine solche materiellrechtliche Verletzung gerade nicht zweifelsfrei feststellbar ist.

4. Das Verhältnis der Verfahrensdimension der Art. 2 und 3 EMRK zu Art. 13 EMRK

Der Gerichtshof entnimmt dem Art. 13 EMRK in Fällen einer in vertretbarer Weise behaupteten Konventionsverletzung der Art. 2 und 3 EMRK das Erfordernis eines effektiven und wirksamen Ermittlungsverfahrens als Teil des Rechts auf eine wirksame Beschwerde[1075]. Insofern ließe sich fragen, ob die verfahrensrechtlichen Anforderungen des Art. 13 EMRK nicht zum Schutz der Betroffenen ausreichten und es keiner eigenständigen Verfahrensdimension der

---

1072 EGMR, Urt. v. 11.07.2000, Rn. 104 – Dikme/Türkei; EGMR, Urt. v. 24.04.2003, Rn. 323 – Aktas/Türkei; EGMR, Urt. v. 13.11.2003, 649 – Elci u.a./Türkei.

1073 EGMR, Urt. v. 11.07.2000, Rn. 101 – Dikme/Türkei.

1074 EGMR, Urt. v. 11.07.2000, Rn. 101 – Dikme/Türkei; EGMR, Urt. v. 13.11.2003, Rn. 648 – Elci u.a./Türkei.

1075 Grundlegend: EGMR, Urt. v. 19.02.1998, Rn. 107 – Kaya/Türkei. Zum Einfluss der Art. 2 und 3 EMRK auf Art. 13 EMRK siehe: 2. Kap., B II und C III.

Art. 2 und 3 EMRK mehr bedürfe. Hierbei ist jedoch der unterschiedliche Schutzcharakter der Art. 2 und 3 EMRK einerseits und des Rechts auf eine wirksame Beschwerde des Art. 13 EMRK andererseits zu berücksichtigen. Die im Rahmen der Art. 2 und 3 EMRK entwickelte Verfahrensdimension dient dazu, das Recht auf Leben und körperliche und geistige Unversehrtheit sowie die Würde des Menschen wirksam zu schützen, weil ansonsten das Verbot der Tötung beziehungsweise das Folterverbot in der Praxis ineffektiv wäre. Sinn und Zweck der akzessorischen Garantie des Art. 13 EMRK ist es dagegen, die Errichtung wirksamer nationaler Verfahren zur Überprüfung einer Konventionsverletzung zu gewährleisten, ohne dass die betroffene Person „die internationale Maschinerie der Beschwerde" vor dem Gerichtshof in Gang setzen muss[1076]. Diese Aufgabe impliziert nach Ansicht des Gerichtshofs die Durchführung wirksamer Ermittlungen, da ansonsten die Durchsetzung von Ansprüchen, die eine gerügte Konventionsverletzung betreffen, behindert werden könnte[1077]. Derartige Ansprüche gehen grundsätzlich auf Wiedergutmachung der erlittenen Rechtsgutsverletzung, beispielsweise auf materiellen Schadensersatz aufgrund einer erfolgten ungerechtfertigten Tötung, für die der Staat verantwortlich ist. Art. 13 EMRK dient damit dem Schutz der Durchsetzung eines Wiedergutmachungsanspruches aufgrund einer bereits erfolgten Tötung oder Gewaltanwendung. Die Art. 2 und 3 EMRK mit ihrer Verfahrensdimension dienen dagegen dem Schutz des Lebens vor Tötung oder Gewaltanwendung, indem sie eine wirksame Aufklärung und Bestrafung der Verantwortlichen verlangen. Aufgrund dieses unterschiedlichen Schutzcharakters bestehen keine konkurrenzrechtlichen Probleme zwischen der Verfahrensdimension der Art. 2 und 3 EMRK und den insofern akzessorischen verfahrensrechtlichen Anforderungen des Art. 13 EMRK.

5. Die gemeinsame Konzeption der Verfahrensdimension der Art. 2, 3 und 8 EMRK

Es ist nicht Aufgabe des Gerichtshofs, eine generelle Theorie der positiven Verpflichtungen, die sich aus der Natur der Konvention ergeben, zu erarbeiten[1078]. Diese Äußerung des Gerichtshofs ließe sich dahingehend interpretieren, dass der EGMR bei der Auslegung der Konvention streng einer Einzelfallbetrachtung folgt. Andererseits wies Georg Ress, Richter am EGMR, bereits 1982 darauf hin, dass die Kontinuität der Rechtsprechung des Gerichtshofs, aber auch

1076 Wildhaber, HRLJ, Vol. 23, 2002, 162: "Art. 13 ... is to provide a means whereby individual can obtain relief at national level for violations of their Convention rights before having to set in motion the international machinery of complaint before the Court".

1077 EGMR, Urt. v. 19.02.1998, Rn. 106 – Kaya/Türkei.

1078 EGMR, Urt. v. 21.06.1988, Rn. 31 – Plattform „Ärzte für das Leben"/Österreich. Die Übersetzung wurde entnommen aus: EuGRZ 1989, 522 (524).

die Verallgemeinerungsfähigkeit ihrer Aussagen wesentliche Elemente für die Bereitschaft der nationalen Gerichte darstellten, dieser Rechtsprechung zu folgen. Je mehr der Gerichtshof auf den Einzelfall, die besonderen Umstände und die spezielle Entwicklung abstelle, um so eher bestünde die Gefahr, dass auch die staatlichen Gerichte geneigt seien, in jedem Fall das Besondere zu sehen und sich nicht von der Rechtsprechung des Gerichtshofs leiten zu lassen[1079]. Besondere Beachtung verdient in diesem Zusammenhang die aus dem Jahre 2002 stammende Äußerung von Luzius Wildhaber, zu diesem Zeitpunkt Präsident des EGMR, dass praktisch allen Garantien der Konvention eine positive Verpflichtung zur Errichtung und Durchführung effektiver Verfahrensmechanismen auf nationaler Ebene innewohne[1080].

Vor diesem Hintergrund ist es sinnvoll zu untersuchen, ob und inwieweit der Gerichtshof bei der Entwicklung der Verfahrensdimension der Art. 2 und 3 EMRK und des Art. 8 EMRK möglicherweise ein gemeinsames Konzept verfolgt oder ob den verfahrensrechtlichen Anforderungen ein unterschiedlicher Sinn und Zweck zukommt. Hierbei lassen sich zwei Themenkomplexe unterscheiden: Einerseits gilt es zu klären, ob die Verfahrensdimension der Art. 2 und 3 EMRK und des Art. 8 EMRK einem gemeinsamen, gegebenenfalls verallgemeinerungsfähigen Bedürfnis entsprungen sind und somit eine gemeinsame Zielsetzung verfolgen. Andererseits ist es notwendig zu untersuchen, ob die im Rahmen der Art. 2, 3 und 8 EMRK entwickelten Systeme des Verfahrensschutzes miteinander vergleichbar sind.

a) Gemeinsamer Ursprung und Zielsetzung der Verfahrensdimension

Hauptgrund für die Entwicklung der Verfahrensdimension sowohl der Art. 2 und 3 EMRK als auch des Art. 8 EMRK ist das Bedürfnis nach einer Effektivierung des Menschenrechtsschutzes. Der Gerichtshof hat insofern erkannt, dass es verfahrensrechtlicher Anforderungen bedarf, um die materiellen Garantien der Konventionsartikel in der Praxis wirksam und effektiv durchzusetzen. Andernfalls besteht die Gefahr, dass diese Rechte bloß theoretisch und illusorisch bleiben. Hinsichtlich der Art. 2 und 3 EMRK befand sich der Gerichtshof in dem Dilemma, dass eine positive Feststellung der Rechtsgutsverletzung aufgrund der oftmals äußerst schwierigen Beweislage und der strengen Anforderungen an den Beweismaßstab in einer Vielzahl der Fälle nicht möglich war. Um die Verantwortlichkeit der Staaten dennoch sicherzustellen, entwickelte der Gerichts-

1079 Ress in: Maier, Europäischer Menschenrechtsschutz, 287.

1080 Wildhaber, HRLJ, Vol. 23, 2002, 161: "Indeed I would argue that practically all the Convention guaranties contain an implied positive obligation to set up and render effective procedures making it possible to vindicate the right concerned at national level".

hof die Pflicht zur Errichtung effektiver Strafverfolgungssysteme und die verfahrensrechtliche Ermittlungspflicht[1081]. Im Rahmen des Art. 8 EMRK war ebenfalls das Bedürfnis nach einem effektiven Schutz des Privat- und Familienlebens für die Entwicklung der Verfahrensdimension ausschlaggebend. Sinn und Zweck der vom Gerichtshof entwickelten Verfahrensdimension des Art. 8 EMRK ist es, durch verfahrensrechtliche Anforderungen an die Dauer die Fairness des behördlichen und gerichtlichen Verfahrens sowie durch die Errichtung von Verfahren zur Überprüfung umweltbezogener Belange beziehungsweise den Erlass von Strafvorschriften in besonders sensiblen Bereichen sicherzustellen, dass die Interessen aller Beteiligten angemessen berücksichtigt werden und die Entscheidung auf allen relevanten Fakten beruht, anstatt durch den bloßen Zeitablauf bereits in die eine oder andere Richtung vorgegeben zu sein[1082].

Der Verfahrensdimension der Art. 2 und 3 EMRK und des Art. 8 EMRK liegt mithin die gemeinsame, verallgemeinerungsfähige Zielsetzung zugrunde, durch verfahrensrechtliche Anforderungen den materiellen Menschenrechten zu ihrer vollen Wirksamkeit zu verhelfen und dadurch zu einer Effektivierung des Menschenrechtsschutzes beizutragen.

b) Die Verfahrensschutzsysteme der Art. 2, 3 und 8 EMRK

Bei den Verfahrensschutzsystemen der Art. 2, 3 und 8 EMRK lassen sich zwei unterschiedliche Arten des Verfahrensschutzes differenzieren: Menschenrechtsschutz *im* Verfahren und Menschenrechtsschutz *durch* Verfahren. Insofern sind die Einwirkungen der Menschenrechte auf das Verfahrensrecht beziehungsweise die Verfahrensanforderungen, welche im Interesse eines wirksamen Menschenrechtsschutzes entwickelt worden sind, von der unmittelbaren Verwirklichung und Sicherung von Menschenrechten durch Verfahren zu trennen.

Im ersten Fall dienen die organisations- und verfahrensbezogenen Rechte nach Ansicht Grabenwarters der Herbeiführung und Sicherstellung einer effektiven Verwirklichung der Menschenrechte für den Berechtigten[1083]. In Verfahren zwischen Privatpersonen sollen demnach Störungen in der Menschenrechtssphäre oder Verletzungen bei unverhältnismäßigen staatlichen Eingriffen durch entsprechende organisatorische und prozessuale Vorkehrungen im Vorfeld verhindert werden[1084].

1081 Siehe hierzu: 3. Kap., B II 1.
1082 Siehe hierzu: 3. Kap., A III 1.
1083 Grabenwarter, § 19, Rn. 9.
1084 Grabenwarter, § 19, Rn. 6.

Eine solche Pflicht ergebe sich auch bei staatlichen Eingriffen, und zwar auch dann, wenn die Beeinträchtigung bereits begonnen hat oder schon abgeschlossen ist. Der Staat müsse wirkungsvolle Verfahren zur Verfügung stellen, um den Eingriff zu beenden oder seine Folgen rückgängig zu machen[1085].

Die Verfahrensdimension des Art. 8 EMRK in Privat- und Familienangelegenheiten ist dadurch kennzeichnet, dass sie im Rahmen der bereits vorhandenen nationalen Verfahren konkrete Anforderungen an die Verfahrensdauer und -fairness stellt, um so eine angemessene Berücksichtigung der Interessen aller Beteiligten sicherzustellen. Durch die Etablierung eines zügigen Verfahrens, das allen Betroffenen ausreichende Beteiligungsmöglichkeiten bietet, gewährleistet der Gerichtshof im jeweiligen Verfahren den Schutz des von Art. 8 EMRK garantierten Privat- und Familienlebens.

In Ausnahmefällen leitet der Gerichtshof aus Art. 8 EMRK die Pflicht zum Erlass von strafrechtlichen Vorschriften ab. In dem Urteil X. und Y./Niederlande entschied der EGMR, dass das niederländische Recht, nach dem die Vergewaltigung einer geistig behinderten Frau nicht strafbar war, einen Verstoß gegen die dem Art. 8 EMRK innewohnende Schutzverpflichtung darstellte, da keine anderweitigen ausreichenden Rechtsschutzmöglichkeiten bestanden hätten[1086]. Der Gerichtshof wies eindringlich daraufhin, dass in diesem Fall fundamentale Werte und essentielle Aspekte des Privatlebens auf dem Spiel stünden. Eine effektive Abschreckung sei in derartigen Fällen unabdingbar und könne nur durch strafrechtliche Vorschriften bewirkt werden[1087].

Ein Menschenrechtsschutz durch Verfahren findet sich auch in umweltbezogenen Fällen. In diesen leitet der Gerichtshof aus Art. 8 EMRK die Pflicht ab, ein geeignetes Verfahren zur Überprüfung staatlicher Handlungen zur Verfügung zu stellen. Wenn ein Staat gefährliche Aktivitäten vornehme, die versteckte Nebeneffekte auf die Gesundheit haben könnten, verlange die Achtung des Privat- und Familienlebens nach Art. 8 EMRK, dass ein effektives und zugängliches Verfahren errichtet werde, welches den betroffenen Personen ermögliche, alle relevanten und notwendigen Informationen zu erlangen[1088]. In den beiden Ent-

---

1085 Grabenwarter, § 19, Rn. 6.

1086 EGMR, Urt. v. 26.03.1985, Rn. 23 f. – X. und Y./Niederlande. Siehe hierzu auch: 2. Kap., A I.

1087 EGMR, Urt. v. 26.03.1985, Rn. 27 – X. und Y./Niederlande: "This is a case where fundamental values and essential aspects of private life are at stake. Effective deterrence is indispensable in this area and it can be achieved only by criminal-law provisions...". Aus jüngerer Zeit siehe: EGMR, Urt. v. 04.12.2003, Rn. 148-153 – M.C./Bulgarien.

1088 EGMR, Urt. v. 09.06.1998, Rn. 101 – McGinley und Egan/Vereinigtes Königreich.

scheidungen in der Sache Hatton/Vereinigtes Königreich entnahm der Gerichtshof dem Art. 8 EMRK zudem die Pflicht zu einer Art Umweltverträglichkeitsprüfung. Ein staatlicher Entscheidungsfindungsprozess, der komplexe Themen der Umwelt- und Wirtschaftspolitik betreffe, müsse notwendigerweise angemessene Untersuchungen und Studien beinhalten, um einen fairen Ausgleich der widerstreitenden Interessen zu erzielen[1089].

Die aus Art. 8 EMRK resultierenden verfahrensrechtlichen Anforderungen gewährleisten somit sowohl einen Menschenrechtsschutz im Verfahren als auch durch Verfahren, wobei Ersterer den Schwerpunkt der Verfahrensdimension bildet.

Die Verfahrensdimension der Art. 2 und 3 EMRK ist dagegen hauptsächlich als Menschenrechtsschutz durch Verfahren gekennzeichnet. So entschied der Gerichtshof, dass der Konventionsstaat nach Art. 2 EMRK verpflichtet sei, das menschliche Leben wirksam zu schützen, insbesondere durch den Erlass effektiver Strafvorschriften mit abschreckender Wirkung sowie durch die Organisation einer Strafverfolgung mit dem Ziel der Prävention, Unterbindung und Bestrafung bei Verstößen gegen diese strafrechtlichen Normen[1090].

Aus der Verpflichtung nach Art. 2 EMRK, das Recht auf Leben zu schützen, in Verbindung mit der allgemeinen Verpflichtung des Staates aus Art. 1 EMRK, allen seiner Hoheitsgewalt unterstehenden Personen die in Abschnitt I dieser Konvention bestimmten Rechte und Freiheiten zuzusichern, ergibt sich des Weiteren die Pflicht, wirksame amtliche Ermittlungen anzustellen, wenn Gewaltanwendung, insbesondere durch Bedienstete des Staates, den Tod eines Menschen zur Folge hatte[1091]. Gleiches gilt für die Verfahrensdimension des Art. 3 EMRK[1092]. Im Vordergrund des aus Art. 2 und 3 EMRK resultierenden Verfahrensschutzes steht damit nicht die faire und angemessene Beteiligung der Betroffenen im laufenden Verfahren, wie es Art. 8 EMRK in familienrechtlichen Angelegenheiten verlangt, sondern die Gewährleistung des Schutzes vor Folter und Tötung durch die Verpflichtung des Staates zur Errichtung eines effektiven Strafverfolgungssystems und zur Durchführung effektiver Ermittlungen bei verdächtigen Todesfällen oder erfolgter Gewaltanwendung. Grabenwarter bezeichnet insofern die Pflicht zu staatlichen Untersuchungsmaßnahmen und

1089 EGMR (Große Kammer), Urt. v. 08.07.2003, Rn. 128 – Hatton u.a./Vereinigtes Königreich.

1090 EGMR, Urt. v. 28.03.2000, Rn. 62 – Kilic/Türkei; EGMR, Urt. v. 28.03.2000, Rn. 101 – Mahmut Kaya/Türkei.

1091 Grundlegend: EGMR, Urt. v. 27.09.1995, Rn. 161 – McCann u.a./Vereinigtes Königreich.

1092 Grundlegend: EGMR, Urt. v. 28.10.1998, Rn. 102 – Assenov u.a./Bulgarien.

-verfahren als eine abstrakte Verlängerung der Schutzpflicht generalpräventiver Art, weil die Verletzungen abgeschlossen und irreversibel seien[1093]. Der Schwerpunkt der Verfahrensdimension der Art. 2 und 3 EMRK liegt mithin darin, den Menschenrechtsschutz durch Verfahren zu garantieren.

Der Gerichtshof entnimmt jedoch auch den Art. 2 und 3 EMRK Anforderungen an eine faire und angemessene Beteiligung der Betroffenen an dem Verfahren. So ergibt sich aus der im Rahmen der Art. 2 und 3 EMRK bestehenden Ermittlungspflicht das Erfordernis der ausreichenden Beteiligung der Öffentlichkeit an den laufenden Ermittlungsverfahren, welches als Mindestvoraussetzung eine Beteiligung der Angehörigen vorsieht, um deren legitime Interessen ausreichend zu schützen[1094]. In der Entscheidung Öcalan/Türkei leitete der EGMR zudem das Gebot der Verfahrensfairness aus Art. 2 EMRK ab[1095]. Nach Ansicht des EGMR wäre die Vollstreckung der Todesstrafe an einer Person, die keinen fairen Prozess gehabt hätte, konventionswidrig[1096].

Eine Verknüpfung der Verfahrensdimensionen der Art. 3 und 8 EMRK findet sich in der Entscheidung M.C./Bulgarien. Der Fall betraf die in Frage stehenden Vergewaltigung eines vierzehnjährigen Mädchens. Der Gerichtshof nahm bei seiner Beurteilung des Falles eine gemeinsame Prüfung der Art. 3 und 8 EMRK unter dem Aspekt einer positiven Verpflichtung zur Ermittlung in Vergewaltigungsfällen und Bestrafung von erwiesenen Vergewaltigungen vor. Wie bereits in der Entscheidung X. und Y./Niederlande wies der Gerichtshof darauf hin, dass in Fällen, in denen fundamentale Werte des Privatlebens auf dem Spiel stünden, der Staat im Rahmen des Art. 8 EMRK verpflichtet sei, durch den Erlass von effizienten Strafvorschriften für eine wirksame Abschreckung zu sorgen[1097]. Des Weiteren betonte der Gerichtshof, dass er bislang die Möglichkeit nicht ausgeschlossen habe, dass die aus Art. 8 EMRK resultierende positive

1093 Grabenwarter, §19, Rn. 9.

1094 EGMR, Urt. v. 04.05.2001, Rn. 109 – Hugh Jordan/Vereinigtes Königreich; EGMR, Urt. v. 04.05.2001, Rn. 115 – McKerr/Vereinigtes Königreich; EGMR, Urt. v. 04.05.2001, Rn. 98 – Kelly u.a./Vereinigtes Königreich; EGMR, Urt. v. 04.05.2001, Rn. 92 – Shanaghan/Vereinigtes Königreich; EGMR, Urt. v. 27.07.1998, Rn. 82 – Gülec/Türkei; EGMR, Urt. v. 20.05.1999, Rn. 92 – Ögur/Türkei; EGMR, Urt. v. 14.12.2000, Rn. 93 – Gül/Türkei; EGMR, Urt. v. 14.03.2002, Rn. 73 – Paul und Audrey Edwards/Vereinigtes Königreich.

1095 EGMR, Urt. v. 12.03.2003, Rn. 203 – Öcalan/Türkei. Siehe auch: EGMR, Urt. v. 05.10.1999, S. 10 – Grams/Deutschland. In diesem Urteil entschied der Gerichtshof, dass der für Art. 6 EMRK aufgestellte Grundsatz, dass das Verfahrens insgesamt fair sein müsse, *mutatis mutandis* auch auf Art. 2 EMRK Anwendung findet.

1096 EGMR, Urt. v. 12.03.2003, Rn. 204 – Öcalan/Türkei.

1097 EGMR, Urt. v. 04.12.2003, Rn. 150 – M.C./Bulgarien mit Verweis auf: EGMR, Urt. v. 26.03.1985, Rn. 23, 24 – X. und Y./Niederlande.

Verpflichtung, die körperliche Integrität von Personen zu schützen, auch auf Fragen, welche die Wirksamkeit von strafrechtlichen Ermittlungen betreffen, ausgedehnt werden könne[1098]. Aus Art. 3 EMRK folge zudem die Pflicht, amtliche Ermittlungen anzustellen, wobei sich diese nicht auf Fälle beschränkten, in denen es um Misshandlungen durch Staatsbedienstete ginge[1099]. Nach diesen Erörterungen entschied der Gerichtshof, dass der Staat eine den Art. 3 und 8 EMRK immanente Pflicht habe, strafrechtliche Vorschriften zu erlassen, um Vergewaltigungen effektiv bestrafen zu können und diese Vorschriften auch in der Praxis durch wirksame Ermittlungen und Strafverfolgung anzuwenden[1100].
Abschließend lässt sich feststellen, dass der Gerichtshof bei der Entwicklung und Anwendung der Verfahrensdimensionen der Art. 2, 3 und 8 EMRK eine gemeinsame Konzeption verfolgt. Zunächst sind die einzelnen Verfahrensdimensionen aus demselben Bedürfnis nach einer Effektivierung des Menschenrechtsschutzes entstanden. Nur durch die Absicherung des materiellen Schutzbereichs mit verfahrensrechtlichen Anforderungen lässt sich gewährleisten, dass die garantierten Rechte auch in der Praxis effektiv und wirksam sind. Die Verfahrensschutzsysteme der Art. 2, 3 und 8 EMRK umfassen in ihrer konkreten Ausgestaltung sowohl einen Menschenrechtsschutz im Verfahren als auch durch Verfahren. Der Schwerpunkt der Verfahrensdimension des Art. 8 EMRK liegt dabei in dem Menschenrechtsschutz im Verfahren, wohingegen die Verfahrensdimension der Art. 2 und 3 EMRK hauptsächlich einen Menschenrechtsschutz durch Verfahren bezweckt. Ein weiterer Beleg für die Überschneidung der einzelnen Verfahrensschutzsysteme und damit ihrer gemeinsamen Konzeption ist schließlich die Verknüpfung der Verfahrensdimensionen des Art. 3 EMRK und des Art. 8 EMRK hinsichtlich der beiden Artikeln innewohnenden Pflicht zum Erlass wirksamer Strafvorschriften und der Durchführung effektiver Ermittlungen in der Entscheidung M.C./Bulgarien. In Bezug auf die gemeinsame Konzeption der Verfahrensdimensionen der Art. 2, 3 und 8 EMRK trifft somit die Ansicht Wildhabers zu, dass praktisch allen Konventionsgarantien eine Verpflichtung zur Errichtung und Durchführung effektiver Verfahrensmechanismen auf nationaler Ebene innewohne.

Die Rechtsprechungsanalyse der Art. 2 und 3 EMRK hat zudem gezeigt, dass der Gerichtshof einheitliche verfahrensrechtliche Anforderungen aus den beiden Artikeln ableitet[1101] und sich damit im Einklang mit der von Ress vertretenen

---

1098 EGMR, Urt. v. 04.12.2003, Rn. 152 – M.C./Bulgarien mit Verweis auf: EGMR, Urt. v. 28.10.1998, Rn. 128 – Osman/Vereinigtes Königreich.

1099 EGMR, Urt. v. 04.12.2003, Rn. 151 – M.C./Bulgarien mit Verweis auf: EGMR, Urt. v. 28.10.1998, Rn. 102 – Assenov u.a./Bulgarien.

1100 EGMR, Urt. v. 04.12.2003, Rn. 153 – M.C./Bulgarien.

1101 Siehe insbesondere die Zusammenfassung der verfahrensrechtlichen Anforderungen in den Nordirland-Fällen unter der Überschrift: "General Principles": EGMR, Urt. v.

Auffassung nach einer Verallgemeinerungsfähigkeit der Aussagen der EGMR-Rechtsprechung befindet[1102]. Im Rahmen des Art. 8 EMRK verfolgt die Mehrheit des Gerichtshofs dagegen eine andere Strategie. Auf der Grundlage des aus Art. 8 EMRK abgeleiteten Verfahrenserfordernisses, dass die Staaten die ausreichende Beteiligung der Betroffenen am Entscheidungsfindungsprozess gewährleisten müssen und für eine zügige Durchführung des behördlichen und gerichtlichen Verfahrens zu sorgen haben, nimmt der Gerichtshof jeweils eine Einzelfallbetrachtung vor[1103]. Diese Vorgehensweise lässt sich aus dem Umstand erklären, dass starre Verfahrensgrundsätze gerade in Verfahren mit minderjährigen Kindern der jeweils individuellen Situation oftmals nicht gerecht werden können.

6. Zusammenfassung

Die Entwicklung der Verfahrensdimension der Art. 2 und 3 EMRK beruht maßgeblich auf Effektivitätsgesichtspunkten. Die erstmals in der Entscheidung McCann u.a./Vereinigtes Königreich getroffene Feststellung, dass jedes gesetzliche Verbot der willkürlichen Tötung durch Staatsbeamte in der Praxis ineffektiv wäre, wenn kein geeignetes Verfahren vorhanden sei, die Rechtmäßigkeit der Gewaltanwendung zu überprüfen, bildet das Fundament für die Verfahrensdimension der beiden Artikel. Ergänzt wird die Ermittlungspflicht durch die vom Gerichtshof entwickelte Beweislasterleichterung in besonderen Gewahrsamssituationen wie der Polizei- oder Gefängnishaft. Die konkreten Anforderungen, die der Gerichtshof den Art. 2 und 3 EMRK hinsichtlich der Durchführung und Ausgestaltung der Ermittlungen entnimmt, sind allesamt Ausprägungen des Grundsatzes, das Verbot der Tötung beziehungsweise der Folter und unmensch-

---

04.05.2001, Rn. 102 ff. – Hugh Jordan/Vereinigtes Königreich; EGMR, Urt. v. 04.05.2001, Rn. 108 ff. – McKerr/Vereinigtes Königreich; EGMR, Urt. v. 04.05.2001, Rn. 91 ff. – Kelly u.a./Vereinigtes Königreich; EGMR, Urt. v. 04.05.2001, Rn. 85 ff. – Shanaghan/Vereinigtes Königreich.

1102 Ress in: Maier, Europäischer Menschenrechtsschutz, 287.

1103 Siehe insofern zu der Frage nach der Notwendigkeit der Anhörung des betroffenen Kindes: EGMR (Große Kammer), Urt. v. 08.07.2003, Rn. 73 – Sahin/Deutschland: "It would be going too far to say that domestic courts are always required to hear a child in court on the issue of access to a parent not having custody, but this issue depends on the specific circumstances of each case, having due regard to the age and the maternity of the child concerned". Zu der Frage nach der Notwendigkeit eines Sachverständigengutachtens mit entsprechender Argumentation siehe: EGMR (Große Kammer), Urt. v. 08.07.2003, Rn. 71 – Sommerfeld/Deutschland. Siehe aber auch die jeweils abweichenden Meinungen der Richter Richter Ress, Pastor Ridruejo und Türmen, welche die Einholung eines Sachverständigengutachtens kumulativ zur Anhörung des Kindes in jedem Fall als zwingenden Bestandteil der Verfahrensdimension des Art. 8 EMRK betrachten: EGMR (Große Kammer), Urt. v. 08.07.2003, Rn. 2 – Sahin/Deutschland und EGMR (Große Kammer), Urt. v. 08.07.2003, Rn. 2 – Sommerfeld/Deutschland.

licher oder erniedrigender Strafe beziehungsweise Behandlung, in der Praxis effektiv umzusetzen. Der Gerichtshof hat insofern zutreffend erkannt, dass die Wirkung, Durchsetzung und Effektivität eines gesetzlichen Tötungs- beziehungsweise Folterverbots maßgeblich davon abhängt, ob und inwieweit es gelingt, den zugrunde liegenden Sachverhalt umfassend aufzuklären und etwaige Verantwortliche zu identifizieren und zu bestrafen. Versäumnisse bei der Sachverhaltsaufklärung können die Strafverfolgung behindern oder sogar vereiteln. Da sich die Ermittlungspflicht nicht auf Fälle beschränkt, in denen die Tötung beziehungsweise Gewaltanwendung durch Staatsbedienstete erfolgt ist, kommt der Verfahrensdimension der Art. 2 und 3 EMRK sowohl ein abwehrrechtlicher als auch ein leistungsrechtlicher Charakter zu.

Neben Effektivitätsgesichtspunkten ist der gesellschaftshistorische Kontext, in dessen Rahmen die Verfahrensdimension der Art. 2 und 3 EMRK entwickelt wurde, für deren Verständnis von besonderer Bedeutung. Die verfahrensrechtlichen Anforderungen, die der Gerichtshof beiden Artikeln entnimmt, wurden innerhalb weniger Jahre nahezu ausschließlich anhand der in den achtziger und neunziger Jahren vorherrschenden Menschenrechtssituation in der Türkei entwickelt. Durch die Etablierung eines wirksamen Strafverfolgungssystems versuchte der Gerichtshof die andauernden Menschenrechtsverletzungen in der Türkei zu beheben. Die Verfahrensdimension der Art. 2 und 3 EMRK ist somit eine Ausprägung der evolutiven Auslegungsmethode des EGMR, der die EMRK als ein „lebendiges Instrument" begreift und sie im Lichte der jeweils vorherrschenden Verhältnisse interpretiert.

Die Notwendigkeit eines verfahrensrechtlichen Schutzes aus den Art. 2 und 3 EMRK selbst ergibt sich aus dem Umstand, dass Art. 6 EMRK in derartigen Fällen nicht anwendbar ist, weil er nach seinem Absatz 1 nur für zivilrechtliche Ansprüche und Verpflichtungen sowie für das Strafverfahren gilt. Die Idee eines solchen verfahrensrechtlichen Schutzes aus dem materiellen Recht griff das BVerfG bereits Anfang der achtziger Jahre auf, indem es einen effektiven Rechtsschutz, als Garantie der tatsächlichen Durchsetzbarkeit des Grundrechts, als dessen wesentlichen Bestandteil auffasste. Insofern liegt der Verfahrensdimension der Art. 2 und 3 EMRK ein mit der Rechtsprechung des BVerfG vergleichbarer Ansatzpunkt zugrunde.

Aufgrund der unterschiedlichen Ausgestaltung der Rechtsschutzgarantien der Art. 2 und 3 EMRK, prüft der Gerichtshof im Rahmen des Art. 2 EMRK eine mögliche Verletzung der Verfahrensdimension gleichwertig neben einer zuvor bejahten materiellen Verletzung. Stellt der Gerichtshof dagegen eine materiellrechtliche Verletzung des Art. 3 EMRK fest, geht er grundsätzlich nicht mehr auf dessen Verfahrensdimension ein, sondern sieht die notwendigen verfahrensrechtlichen Schutzmechanismen durch Art. 13 EMRK als gewährleistet an. Gemeinsamer Sinn und Zweck der Verfahrensdimensionen der Art. 2 und 3 EMRK ist es, gerade in denjenigen Fällen, in denen eine materiellrechtliche Verletzung nicht zweifelsfrei feststellbar ist, die Verantwortlichkeit des beklagten Staates sicherzustellen. Hinsichtlich des auch im Rahmen des Art. 13 EMRK bestehenden Ermittlungserfordernisses stellen sich aufgrund des unterschiedlichen Schutzcharakters keine konkurrenzrechtlichen Probleme zur Verfahrensdimension der Art. 2 und 3 EMRK. Die Verfahrensdimension der Art. 2 und 3 EMRK dient dem Schutz des Lebens vor Tötung oder Gewaltanwendung, indem es eine effektive Ermittlung und die Bestrafung der Verantwortlichen voraussetzt. Die Verfahrensdimension des Art. 13 EMRK dient dagegen der Durchsetzung etwaiger Ansprüche aufgrund einer bereits erfolgten Tötung oder Gewaltanwendung.

Die Verfahrensdimensionen der Art. 2 und 3 EMRK einerseits und des Art. 8 EMRK andererseits lassen sich als Teil eines gemeinsamen Konzepts begreifen. Entwickelt aus dem Bedürfnis nach einer Effektivierung des Menschenrechtsschutzes, gewährleisten beide Verfahrensschutzsysteme sowohl einen Verfahrensschutz im Verfahren als auch durch Verfahren. Der Schwerpunkt des Verfahrensschutzes liegt dabei im Rahmen des Art. 8 EMRK auf der Garantie einer fairen und angemessenen Beteiligung aller Betroffenen im Verfahren. In umweltbezogenen Fällen leitet der Gerichtshof jedoch auch aus Art. 8 EMRK das Erfordernis ab, geeignete Verfahren zur Überprüfung umweltbezogener Belange zur Verfügung zu stellen. In Ausnahmefällen kann sich aus Art. 8 EMRK die Pflicht zum Erlass strafrechtlicher Vorschriften ergeben. Die Verfahrensdimension des Art. 2 und 3 EMRK kennzeichnet sich dagegen vornehmlich dadurch aus, dass sie einen Menschenrechtsschutz durch Verfahren anstrebt. Der Gerichtshof leitete jedoch auch aus Art. 2 EMRK das Erfordernis der Verfahrensfairness ab. Die Vollstreckung der Todesstrafe an einer Person, die keinen fairen Prozess gehabt hat, ist demnach konventionswidrig. Zudem setzt die von Art. 2 und 3 EMRK bedingte Wirksamkeit der Ermittlungen eine ausreichende Beteiligung der Angehörigen der Betroffenen voraus, um deren legitime Interessen zu schützen. Eine Verknüpfung der Verfahrensdimensionen der Art. 3 und 8 EMRK findet sich in der Entscheidung M.C./Bulgarien, in welcher der Gerichtshof einheitlich aus den Art. 3 und 8 EMRK die Pflicht zum Erlass strafrechtlicher Vorschriften sowie die Durchführung wirksamer Ermittlungen ableitete. Während sich aus der Rechtsprechung zu den Art. 2 und 3 EMRK verallgemeinerungsfähige Aussagen zum verfahrensrechtlichen Schutzbereich dieser Artikel entnehmen lassen, folgt der Gerichtshof im Rahmen des Art. 8 EMRK in familienrechtlichen Angelegenheiten einer Einzelfallbetrachtung, um der besonderen Situation einer Beteiligung minderjähriger Kinder am Verfahren gerecht zu werden.

Viertes Kapitel

Ausblick auf mögliche Folgen der Rechtsprechungsentwicklung des EGMR

Nachdem im vorangegangenen Kapitel die Gründe für die Verfahrensdimensionen der Art. 2, 3 und 8 EMRK analysiert worden sind, soll dieser Teil der Arbeit einen Ausblick auf mögliche Folgewirkungen der jüngsten Rechtsprechungsentwicklung des EGMR geben und mit dieser Entwicklung verbundene Probleme aufzeigen. In diesem Zusammenhang ist es notwendig, die Auswirkungen der jüngsten Rechtsprechung auf das Verhältnis zwischen Art. 8 EMRK und Art. 6 EMRK zu untersuchen und eine Neubestimmung des Verhältnisses der beiden Artikel zueinander vorzunehmen. Hierbei ist insbesondere der Frage nachzugehen, ob die Ausweitung des Schutzbereiches des Art. 8 EMRK zu einer Aushöhlung des Anwendungsbereiches des Art. 6 EMRK führt oder dem Verfahrensschutz des Art. 6 EMRK eine eigenständige Bedeutung neben Art. 8 EMRK erhalten bleibt. Im Rahmen der Art. 2 und 3 EMRK gilt es zu klären, ob und inwieweit diese Artikel durch die neue Verfahrensdimension gestärkt wurden. In Hinblick auf die zahlreichen Verurteilungen der Türkei stellt sich zudem die Frage, welche Konsequenzen eine solche denkbare Stärkung für den konkreten Menschenrechtsschutz in der Türkei haben könnte.

A. Der Einfluss der Verfahrensdimension des Art. 8 EMRK

I. Die Auswirkungen der Verfahrensdimension in Privat- und Familienangelegenheiten sowie in umweltbezogenen Fällen auf den von Art. 8 EMRK gewährleisteten Menschenrechtsschutz

Der Gerichtshof hat die Verfahrensdimension des Art. 8 EMRK vor dem sich in den Mitgliedsstaaten vollziehenden gesellschaftlichen Wandel im Bereich des Privat- und Familienlebens vornehmlich aus Effektivitätsgesichtspunkten heraus entwickelt. Ohne die Gewährleistung einer angemessenen Verfahrensbeteiligung und -dauer lässt sich ein wirksamer Schutz des Privat- und Familienlebens nicht erzielen. Verfahrensrechtliche Anforderungen sind insofern notwendig, um sicherzustellen, dass die behördlichen und gerichtlichen Entscheidungen auf allen relevanten Faktoren beruhen und nicht durch verfahrensrechtliche Verzögerungen oder Benachteiligungen bestimmt werden[1104].

1104 Siehe hierzu: 3. Kap., A III und IV.

Der Schutzbereich des Art. 8 EMRK erfährt durch die Verfahrensdimension eine umfangreiche Ausdehnung. Die Erstreckung verfahrensrechtlicher Anforderungen auf das behördliche Verfahren schloss die zuvor mangels Anwendbarkeit der Verfahrensgarantien des Art. 6 EMRK bestehende Rechtsschutzlücke in diesem Gebiet. Dies führt zu einer bedeutenden Stärkung des Menschenrechtsschutzes, da das behördliche Verfahren in familienrechtlichen Angelegenheiten oftmals eine determinierende, präjudizielle Wirkung entfaltet. Hinzu kommt die Erstreckung verfahrensrechtlicher Anforderungen auf das gerichtliche Verfahren. Auch wenn Art. 6 EMRK in diesen Konstellationen ausreichenden Rechtsschutz bietet, ist der Gerichtshof dazu übergegangen, verfahrensrechtliche Probleme in familienrechtlichen Angelegenheiten praktisch ausschließlich an Art. 8 EMRK zu messen. Insofern wird der Schutzbereich des Art. 8 EMRK auf diesem Gebiet ebenfalls wesentlich erweitert. Diese Erstreckung der Verfahrensdimension auf das gerichtliche Verfahren ist mit einer nachhaltigen Symbolkraft verbunden, da sie die Auswirkungen verfahrensrechtlicher Verstöße auf das Privat- und Familienleben der Betroffenen in den Vordergrund stellt. Die vom Gerichtshof entwickelte Verfahrensdimension hat somit insgesamt eine Stärkung des von Art. 8 EMRK geschützten Privat- und Familienlebens zur Folge.

Die Rechtsprechung des Gerichtshofs in umweltbezogenen Fällen ist ebenfalls Ausdruck eines gesellschaftlichen Wandels in Form eines gesteigerten Umweltbewusstseins und einer erhöhten Sensibilität gegenüber neuen Umweltrisiken und Gefahren. Indem der Gerichtshof eine erhebliche Ausdehnung der positiven Pflichten in umweltbezogenen Fällen vorgenommen und diese mit einer verfahrensrechtlichen Grundstruktur versehen hat, stärkt er den von Art. 8 EMRK auf diesem Gebiet gewährleisteten Menschenrechtsschutz. Die Verfahrensdimension des Art. 8 EMRK in umweltbezogenen Fällen befindet sich jedoch noch in einem Anfangsstadium. Insofern bleibt vorerst abzuwarten, ob und inwieweit der Gerichtshof in den folgenden Jahren durch seine Rechtsprechung einen angemessenen Ausgleich zwischen den berechtigten wirtschaftlichen Interessen eines Staates und dem jeweiligen Individualinteresse an einer ungestörten Ausübung des Privat- und Familienlebens erzielen kann. Die Entscheidung der Großen Kammer in der Sache Hatton u.a./Vereinigtes Königreich ist insofern beispielhaft für den in umweltbezogenen Fällen vorherrschenden Interessenkonflikt. Während die Mehrheitsmeinung der Richter deutlich eine Sympathie zu Gunsten der wirtschaftlichen Interessen eines Staates erkennen lässt[1105], favori-

1105 EGMR (Große Kammer), Urt. v. 08.07.2003, Rn. 119 ff. – Hatton u.a./Vereinigtes Königreich.

siert die Meinung der abweichenden Richter einen Vorrang umweltrechtlicher Belange[1106].

II. Die verfahrensrechtliche Lage in Deutschland

Von den fünfzehn untersuchten Gerichtsentscheidungen zur Verfahrensdimension des Art. 8 EMRK in familienrechtlichen Angelegenheiten, die seit dem Jahre 2000 ergangen sind, beschäftigten sich immerhin neun mit verfahrensrechtlichen Beschwerden gegen Deutschland. Insofern ließe sich fragen, ob die Verfahrensdimension in Deutschland möglicherweise unterschätzt worden ist. Hierbei ist jedoch zunächst zu beachten, dass es nur in fünf Fällen zu einer Verurteilung Deutschlands aufgrund eines verfahrensrechtlichen Verstoßes kam, von denen zwei Urteile anschließend durch die Große Kammer wieder aufgehoben wurden. Mit drei Verurteilungen ist Deutschland zwar momentan Spitzenreiter, sofern man nur die seit dem Jahre 2000 ergangenen Verurteilungen betrachtet, gefolgt von Österreich und dem Vereinigten Königreich mit jeweils zwei Verurteilungen. Auf dieser Grundlage lässt sich aber schwerlich eine Zustandsbeschreibung beziehungsweise eine Prognose zur Verfahrenssituation in Deutschland vornehmen.

Vielmehr zeigen die Entscheidungen der Großen Kammer in den Rechtssachen Sahin/Deutschland und Sommerfeld/Deutschland, dass der Gerichtshof keiner standardisierten Betrachtungsweise der verfahrensrechtlichen Anforderungen in familienrechtlichen Angelegenheiten folgt. Die Mehrheitsmeinung vertrat in beiden Urteilen die Ansicht, dass es zu weit gehen würde, den nationalen Gerichten in Sorgerechtsfällen die Anhörung des Kindes und die Einholung eines Sachverständigengutachtens zwingend vorzuschreiben. Die Maßnahmen hingen vielmehr von den spezifischen Umständen des Einzelfalles ab, insbesondere unter Berücksichtigung des Alters und der Reife des betroffenen Kindes[1107]. Die Einräumung eines relativ weiten Ermessensspielraumes der nationalen Behörden führte in beiden Entscheidungen dazu, dass der Gerichtshof die zuvor erfolgte Verurteilung Deutschlands wieder aufhob.

Anders als beispielsweise in den Türkei-Fällen, in denen der Gerichtshof das existierende Verfahrensschutzsystem grundsätzlich bemängelte, lassen sich aus den drei Verurteilungen Deutschlands, insbesondere auch aufgrund der Unterschiedlichkeit ihrer Sachverhalte, keine generell vorherrschenden verfahrens-

---

1106 Abweichende Meinung der Richter Costa, Ress, Türmen, Zupancic und Steiner in: EGMR (Große Kammer), Urt. v. 08.07.2003, Rn. 5 – Hatton u.a./Vereinigtes Königreich.

1107 EGMR (Große Kammer) Urt. v. 08.07.2003, Rn. 71 – Sommerfeld/Deutschland; EGMR (Große Kammer), Urt. v. 08.07.2003, Rn. 73 – Sahin/Deutschland.

rechtlichen Missstände ableiten. Mithin ist die eingangs gestellte Frage zu verneinen.

III. Die Auswirkungen der Verfahrensdimension des Art. 8 EMRK auf den Anwendungsbereich des Art. 6 EMRK in Privat- und Familienangelegenheiten

Die Verfahrensdimension des Art. 8 EMRK trägt dazu bei, das Privat- und Familienleben im behördlichen und gerichtlichen Verfahren effektiv zu schützen. Gleichzeitig führt die Ausdehnung des Schutzbereiches jedoch zu Überschneidungen mit dem Anwendungsbereich des Art. 6 EMRK, der für das gerichtliche Verfahren weitreichende Verfahrensgarantien enthält.

Aus den Urteilen der achtziger und neunziger Jahre des EGMR zur Verfahrensdimension des Art. 8 EMRK ließ sich noch keine einheitliche Zuordnung des Aspekts der gerichtlichen Verfahrensdauer unter die Schutzbereiche der Art. 8 und 6 EMRK ableiten. Der Gerichtshof nahm vielmehr sowohl eine ausschließliche Prüfung, entweder im Rahmen des Art. 6 EMRK[1108] oder des Art. 8 EMRK[1109], als auch eine parallele Prüfung beider Artikel vor, wobei er jedoch erkennbar den Schwerpunkt im Anwendungsbereich des Art. 6 EMRK ansiedelte[1110].

Eine neue Tragweite hat die Verfahrensdimension jedoch seit dem Jahre 2000 dadurch erlangt, dass der Gerichtshof die Aspekte der Verfahrensdauer und der Verfahrensfairness praktisch nur noch im Rahmen des Art. 8 EMRK untersucht. Die vorangegangene Rechtsprechungsanalyse hat insofern gezeigt, dass der Gerichtshof eine mögliche Verletzung des Art. 6 EMRK unter Verfahrensgesichtspunkten oftmals überhaupt nicht mehr erwähnt[1111] oder eine zusätzliche Prüfung neben Art. 8 EMRK für unnötig befindet[1112] beziehungsweise allenfalls über-

1108 EGMR, Urt. v. 22.06.1989, Rn. 76 – Eriksson/Schweden; EGMR, Urt. v. 07.08.1996, Rn. 87 – Johansen/Norwegen.

1109 EGMR, Urt. v. 08.07.1987, Rn. 70 – Rennix/Vereinigtes Königreich; EGMR, Urt. v. 08.07.1987, Rn. 65 – Williams/Vereinigtes Königreich; EGMR, Urt. v. 24.02.1994, Rn. 55 – Keegan/Irland.

1110 EGMR, Urt. v. 08.07.1987, Rn. 67 ff., 87 ff. – Hyatt/Vereinigtes Königreich; EGMR, Urt. v. 24.02.1995, Rn. 91 – McMichael/Vereinigtes Königreich.

1111 EGMR, Urt. v. 25.01.2000 – Ignaccolo-Zenide/Rumänien; EGMR, Urt. v. 11.10.2001 – Sahin/Deutschland; EGMR (Große Kammer), Urt. v. 08.07.2003 – Sahin/Deutschland.

1112 EGMR, Urt. v. 26.02.2002, Rn. 57 – Kutzner/Deutschland; EGMR, Urt. v. 24.04.2003, Rn. 77 – Sylvester/Österreich; EGMR (Große Kammer), Urt. v. 08.07.2003, Rn. 100 – Sommerfeld/Deutschland; EGMR, Urt. v. 08.04.2004, Rn. 108 – Haase/Deutschland.

dies und äußerst oberflächlich bejaht[1113]. Diese Vorgehensweise des EGMR führt dazu, dass Art. 6 EMRK in Privat- und Familienangelegenheiten weitgehend an Bedeutung verliert und in seinem Anwendungsbereich geschmälert wird[1114].

Veranschaulicht wird dieser Bedeutungsverlust dadurch, dass der Gerichtshof nunmehr in Privat- und Familienangelegenheiten sogar teilweise die Notwendigkeit sieht, die Prüfung verfahrensrechtlicher Aspekte im Rahmen des Art. 6 EMRK gesondert zu begründen, indem er auf die unterschiedliche Schutzrichtung der Art. 6 und 8 EMRK hinweist[1115].

Der Gerichtshof rechtfertigte erstmals in der Entscheidung McMichael/Vereinigtes Königreich die zusätzliche Prüfung verfahrensrechtlicher Aspekte im Rahmen des Art. 8 EMRK mit der unterschiedlichen Schutzrichtung der beiden Artikel, nachdem er zuvor eine Verletzung des Art. 6 EMRK bejaht hatte. Art. 6 EMRK, so der Gerichtshof, gewährleiste einen verfahrensrechtlichen Schutz, namentlich das Recht auf ein Gericht in der Bestimmung der eigenen zivilrechtlichen Ansprüche und Verpflichtungen[1116]. Die verfahrensrechtlichen Garantien des Art. 8 EMRK dagegen beinhalteten überdies verwaltungsrechtliche und andere gerichtliche Verfahren und dienten dem insofern weitergehenden Zweck, unter anderem das Familienleben ausreichend zu schützen[1117]. Die zusätzliche Prüfung von Verfahrensfragen im Rahmen des Art. 8 EMRK neben Art. 6 EMRK war mithin nach Ansicht des Gerichtshofs dann angebracht, wenn die verfahrensrechtlichen Aspekte des Falles Auswirkungen auf das Privat- und Familienleben haben.

Diese vom Gerichtshof in der Entscheidung McMichael/Vereinigtes Königreich verfolgte Argumentationsrichtung ist insofern einleuchtend und überzeugend,

---

1113 EGMR (Große Kammer), Urt. v. 13.07.2000, Rn. 66 – Elsholz/Deutschland; EGMR, Urt. v. 11.10.2001, Rn. 63 – Sommerfeld/Deutschland.

1114 Eine Ausnahme bilden insofern: EGMR, Urt. v. 07.02.2002, Rn. 44 ff. – Mikulic/Kroatien und EGMR, Urt. v. 16.07.2002, Rn. 88 ff. und 119 ff. – P., C. und S./Vereinigtes Königreich. Siehe hierzu: 2. Kap., A IV 6 und 8.

1115 EGMR, Urt. v. 20.10.2001, Rn. 144 – Buchberger/Österreich; EGMR, Urt. v. 05.12.2002, Rn. 61 – Hoppe/Deutschland; EGMR, Urt. v. 24.04.2003, Rn. 76 – Sylvester/Österreich; EGMR, Urt. v. 26.02.2004, Rn. 58 – Görgülü/Deutschland.

1116 EGMR, Urt. v. 24.02.1995, Rn. 91 – McMichael/Vereinigtes Königreich: "Art. 6 affords a procedural safeguard, namely the right to a court in the determination of one's civil rights and obligations".

1117 EGMR, Urt. v. 24.02.1995, Rn. 91 – McMichael/Vereinigtes Königreich: "...whereas not only does the procedural requirement inherent in Article 8 cover administrative procedures as well as judicial proceedings, but is ancillary to the wider purpose of ensuring proper respect for, inter alia, family life".

als Art. 8 EMRK im Gegensatz zu Art. 6 EMRK keine ausdrücklichen Verfahrensgarantien enthält und Verfahrensfragen traditionell im Rahmen des Art. 6 EMRK erörtert wurden. Der vom Gerichtshof nunmehr eingeschlagene umgekehrte Weg, eine zusätzliche Prüfung des Art. 6 EMRK mit der unterschiedlichen Schutzrichtung der beiden Artikel zu begründen, ist jedoch problematisch, da Art. 6 EMRK explizit das Recht auf ein faires Verfahren innerhalb angemessener Frist garantiert. Es vermag nur schwerlich einzuleuchten, dass sich die *zusätzliche* Prüfung des Art. 6 EMRK neben Art. 8 EMRK nach Ansicht des Gerichtshofs gerade aus dem Umstand ergeben soll, dass dieser im Unterschied zu Art. 8 EMRK *allgemeine* Verfahrensgarantien enthält.

Die Argumentation des Gerichtshofs mit der unterschiedlichen Schutzrichtung der beiden Artikel ließe insofern einen eigenständigen Anwendungsbereich des Art. 6 EMRK neben Art. 8 EMRK vermuten. Dem ist jedoch entgegenzuhalten, dass sich im Rahmen des Art. 6 EMRK die Beurteilung der Angemessenheit der Verfahrensdauer und der Beteiligung wiederum maßgeblich nach den Interessen richtet, die in dem jeweiligen Verfahren betroffen sind. In der Praxis bejaht der Gerichtshof regelmäßig eine Verletzung des Art. 6 EMRK aus den gleichen verfahrensrechtlichen Aspekten, die ihn zuvor schon zu der Feststellung eines Verstoßes gegen die Verfahrensgarantien des Art. 8 EMRK bewegten, teilweise ohne gesonderte Prüfung und lediglich mit Verweis auf die zur Verletzung des Art. 8 EMRK verwendete Begründung[1118]. In der jüngeren Rechtsprechung des Gerichtshofs erweckt die Feststellung eines Verstoßes gegen Art. 6 EMRK daher den Eindruck, als treffe sie der Gerichtshof nur noch der guten Ordnung halber. In der Entscheidung Sylvester/Österreich verzichtet der Gerichtshof dann auch gänzlich auf eine Prüfung des Aspekts der Verfahrensdauer im Rahmen des Art. 6 EMRK mit der Begründung, dass die fehlende Achtung des Familienlebens das „Herzstück" der Beschwerde gewesen sei[1119]. Art. 6 EMRK bleibt mithin in Privat- und Familienangelegenheiten kein eigenständiger Anwendungsbereich erhalten.

IV. Neubestimmung des Verhältnisses der Art. 8 und 6 EMRK

Die Vorgehensweise des Gerichtshofs in seinen seit dem Jahre 2000 ergangenen Urteilen belegt, dass der EGMR dem Art. 6 EMRK in Privat- und Familienangelegenheiten kaum noch eigenständige Bedeutung neben Art. 8 EMRK bei-

1118 Siehe nur: EGMR (Große Kammer), Urt. v. 13.07.2000, Rn. 66 – Elsholz/Deutschland.

1119 EGMR, Urt. v. 24.04.2003, Rn. 77 – Sylvester/Österreich. Siehe auch: EGMR, Urt. v. 08.04.2004, Rn. 108 – Haase/Deutschland: "The Court observes that the applicants' complaints under Art. 6 largely coincide with their complaints under Article 8. The Court does not find it necessary to examine the facts also under Article 6 § 1 of the Convention".

misst. Vielmehr hat diese Rechtsprechungsentwicklung eine *de facto*-Aushöhlung des Schutzbereiches des Art. 6 EMRK auf diesem Gebiet zur Folge. Aus diesem Grund ist es notwendig, eine Neubestimmung des Verhältnisses der beiden Artikel zueinander vorzunehmen.

1. Art. 8 EMRK als *lex specialis*

Brötel vertritt in Bezug auf die Verfahrensdauer die Meinung, dass Art. 8 EMRK gegenüber Art. 6 EMRK *lex specialis* sei, weil es gerade die Besonderheiten familiärer Sozialisation seien, welche die Angemessenheit der Dauer eines Verfahrens bestimmten[1120]. Art. 6 EMRK, der lediglich allgemein auf gerichtliche Verfahren abstelle, könne nicht als „taugliche Messlatte" herangezogen werden[1121]. Für die Aufnahme der Zeitkomponente in den Schutzbereich des Art. 8 EMRK spreche nach Ansicht Brötels zudem, dass Verfahrensverzögerungen vielfältige Ursachen haben können, die nicht alle im Verantwortungs- oder auch nur unmittelbaren Einflussbereich des Gerichts selbst liegen. Brötel führt hier das Beispiel des Wartens auf einen Bericht des Jugendamtes an[1122]. Aus diesem Grunde sei davon auszugehen, dass die Angemessenheit der Verfahrensdauer in Streitigkeiten um familiäre Rechtspositionen ihre Grundlage allein in Art. 8 EMRK finde[1123]. Für jeden Einzelfall müsse demnach im Wege der Gesamtbetrachtung entschieden werden, ob das betreffende Verfahren von Behörden und Gerichten eine hinreichende Achtung für das Familienleben der Beteiligten gewährleiste oder aber die Entscheidung schicksalhaft allein dem fortschreitenden Zeitablauf überließe[1124]. Auch für den Aspekt der Verfahrensfairness vertritt Brötel die Ansicht, dass Art. 8 EMRK die speziellere Norm sei[1125]. Er begründet seinen Standpunkt damit, dass sich in familienrechtlichen Angelegenheiten die Beteiligungsrechte der Betroffenen nicht allein aus der eigenen Person, sondern vielmehr maßgeblich aus deren familiären Beziehung zu Dritten herleite[1126].

Problematisch an dieser Ansicht ist jedoch zunächst, dass sie das Verhältnis zwischen dem materiellen Grundrecht und dem speziellen Verfahrensgrundrecht in sein Gegenteil verkehren würde. Die Schutzfunktion des Art. 6 EMRK mit seinen weitreichenden Verfahrensgarantien würde in Privat- und Familienangelegenheiten vollständig entfallen, da der unmittelbar aus Art. 8 EMRK ab-

1120 Brötel, Anspruch auf Achtung, S. 170.
1121 Brötel, DEuFamR 1999, 143 (148).
1122 Brötel, DEuFamR 1999, 143 (148).
1123 Brötel, Anspruch auf Achtung, S. 170.
1124 Brötel, Anspruch auf Achtung, S. 170.
1125 Brötel, DEuFamR 1999, 143 (150); Brötel, RabelsZ 1999, 580 (593).
1126 Brötel, DEuFamR 1999, 143 (150); Brötel, Anspruch auf Achtung, S. 166.

geleitete Verfahrensschutz vorrangig wäre. Art. 6 EMRK würde diesbezüglich obsolet.

Verfahrensgrundrechte zeichnen sich aber gerade deswegen durch eine allgemeine Formulierung aus, damit sie auf eine Vielzahl von Fallkonstellationen Anwendung finden können. Erst durch diese Aufteilung wird das effektive Zusammenspiel zwischen dem materiellen Grundrecht und dem Verfahrensgrundrecht erreicht.

Die Urteile des Gerichtshofs belegen zudem, dass die Besonderheiten familienrechtlicher Angelegenheiten im Rahmen des Art. 6 EMRK berücksichtigt werden und einen entscheidenden Einfluss insbesondere bei der Beurteilung der Angemessenheit der Verfahrensdauer und -beteiligung haben[1127]. Im Rahmen des Art. 6 EMRK hängt die Angemessenheit der Verfahrensdauer jeweils von den Umständen des Einzelfalles ab, wobei neben der Schwierigkeit des Falles, dem Verhalten des Beschwerdeführers und dem Verhalten der staatlichen Behörden insbesondere auch die Bedeutung des Ausgangs für den Beschwerdeführer zu berücksichtigen ist[1128]. Darüber hinaus ist in Art. 6 EMRK ausdrücklich der Grundsatz des fairen Verfahrens verankert.

Ferner ist es keine Besonderheit familienrechtlicher Verfahren, dass die Ursache von Verfahrensverzögerungen nicht immer unmittelbar dem Gericht zugerechnet werden kann, sondern dies trifft grundsätzlich auf alle Verfahren zu, in denen das Gericht auf Hilfe von außen angewiesen ist, beispielsweise bei der Einholung eines Sachverständigengutachtens. Nicht vom Gericht zu vertretene Verfahrensverzögerungen sind daher kein Beleg dafür, dass die Angemessenheit der gerichtlichen Verfahrensdauer nur im Rahmen des Art. 8 EMRK beurteilt werden könnte.

Auch Fahrenhorst sieht in Art. 6 EMRK die erfolgversprechendere Norm, da Art. 8 EMRK wegen seines weiten Ermessensspielraumes nicht sehr ergiebig sei. So komme eine Verletzung des in Art. 6 EMRK verankerten Prinzips der „Waffengleichheit" in Betracht, wenn beispielsweise nur einem Elternteil Gelegenheit zur Stellungnahme in tatsächlicher oder rechtlicher Hinsicht gewährt

---

1127 Beispielhaft: EGMR, Urt. v. 08.07.1987, Rn. 85 – Hyatt/Vereinigtes Königreich; EGMR, Urt. v. 24.03.1988, Rn. 103 – Olsson/Schweden; EGMR, Urt. v. EGMR, Urt. v. 19.02.1998, Rn. 42 – Paulsen-Medalen und Svensson/Schweden; EGMR, Urt. v. 07.02.2002, Rn. 44 ff. – Mikulic/Kroatien; EGMR, Urt. v. 16.07.2002, Rn. 91 ff. – P., C. und S./Vereinigtes Königreich. Siehe hierzu bereits: 3. Kap., A III 1 b.

1128 EGMR, Urt. v. 08.07.1987, Rn. 71 – Hyatt/Vereinigtes Königreich; Peukert, RabelsZ 1999, 600 (619); Frowein/Peukert, EMRK-Kommentar, Art. 6, S. 268, Rn. 144; Harris/O'Boyle/Warbrick, ECHR, S. 226.

oder der Grundsatz des „fair-trail" nicht beachtet worden sei[1129]. Wenn in familienrechtlichen Angelegenheiten das in Art. 6 EMRK garantierte Recht auf ein Verfahren innerhalb angemessener Frist nicht gewahrt worden wäre, läge ebenfalls eine Konventionsverletzung vor[1130].

Die fast ausschließliche Diskussion verfahrensrechtlicher Probleme im Rahmen des Art. 8 EMRK zeigt, dass der Gerichtshof in seiner jüngeren Rechtsprechung dem Art. 8 EMRK grundsätzlich den Vorrang gegenüber Art. 6 EMRK einräumt. Die Untersuchung der Rechtsprechung ergab jedoch, dass der Gerichtshof Art. 8 EMRK nicht als *lex specialis* für verfahrensrechtliche Fragen in Privat- und Familienangelegenheiten betrachtet, sondern vielmehr von einem Konkurrenzverhältnis ausgeht[1131]. Beispielhaft sind in diesem Zusammenhang die Entscheidungen Mikulic/Kroatien, in welcher der Gerichtshof den Aspekt der Verfahrensdauer ausschließlich im Rahmen des Art. 6 EMRK prüft[1132], und P., C. und S./Vereinigtes Königreich, in der der Gerichtshof den Aspekt der Verfahrensfairness gleichwertig im Rahmen beider Artikel prüft[1133].

Art. 8 EMRK ist damit im gerichtlichen Verfahren, trotz des deutlichen Vorrangs in der jüngeren Rechtsprechung, bei verfahrensrechtlichen Problemen in Privat- und Familienangelegenheiten nicht als *lex specialis* gegenüber Art. 6 EMRK anzusehen.

2. Eigene Würdigung

Die Vorrangstellung, die der Gerichtshof der Verfahrensdimension des Art. 8 EMRK in seiner jüngeren Rechtsprechung einräumt, verhindert *de facto* eine Anwendung der weitreichenden Verfahrensgarantien des Art. 6 EMRK in Privat- und Familienangelegenheiten. Diese Aushöhlung des Schutzbereiches des Art. 6 EMRK könnte zu einer allgemeinen Zersplitterung des Verfahrensrechts führen, wenn der Gerichtshof Verfahrensgarantien künftig auch aus anderen materiellen Grundrechten ableitet und diesen den Vorrang gegenüber Art. 6 EMRK einräumt.

1129 Fahrenhorst, FamRZ 1988, 238 (240).

1130 Fahrenhorst, FamRZ 1988, 238 (240).

1131 Siehe insbesondere: EGMR, Urt. v. 24.02.1995, Rn. 91 – McMichael/Vereinigtes Königreich mit dem Verweis auf: EGMR, Urt. v. 21.02.1975, Rn. 41-45 – Golder/Vereinigtes Königreich und EGMR, Urt. v. 08.07.1987, Rn. 65-67 – O'Connor/Vereinigtes Königreich. Hierzu bereits: 3. Kap., A III 1 b.

1132 EGMR, Urt. v. 07.02.2002, Rn. 44 ff. – Mikulic/Kroatien.

1133 EGMR, Urt. v. 16.07.2002, Rn. 88 ff. und 119 ff. – P., C. und S./Vereinigtes Königreich.

In diesem Zusammenhang ist es hilfreich, die dogmatischen Erkenntnisse der „deutschen Diskussion" fruchtbar zu machen, die sich Ende der siebziger und Anfang der achtziger Jahre mit einer vergleichbaren Problematik beschäftigte.

Wie die „deutsche Diskussion" gezeigt hat, besteht die Gefahr einer Zersplitterung des Verfahrensrechts in unüberschaubare Teilrechtsordnungen, wenn man Verfahrensgarantien aus dem materiellen Grundrecht selbst ableitet, anstatt sie dem speziellen Verfahrensgrundrecht und seinen gleichmäßig für alle Grundrechtspositionen wirkenden Rechtsschutzstandards zu entnehmen. Verfahrensgarantien, die aus den materiellen Grundrechten selbst abgeleitet werden, können damit der Effektivität der Grundrechte sogar abträglich sein. Gibt man den materiellen Grundrechten den Vorrang, führt dies zudem unmittelbar zu einer Schmälerung der Bedeutung der speziellen Verfahrensschutznorm[1134].

Von besonderem Interesse ist hierbei der Erkenntnisprozess des BVerfG bei der Entwicklung verfahrensrechtlicher Garantien, weil dieser eine Rechtsprechungsentwicklung aufzeigt, die dem EGMR möglicherweise noch bevorsteht. Der Zusammenhang zwischen Verfahren und Grundrechtsschutz wurde vom BVerfG erstmals wahrgenommen, als gerade kein entsprechender verfahrensrechtlicher Schutz zur Verfügung stand und eine erhebliche Beeinträchtigung des in Frage stehenden Grundrechts zu befürchten war[1135]. Um diese Rechtsschutzlücke zu schließen, entwickelte das BVerfG die den materiellen Grundrechten selbst innewohnenden Verfahrensgarantien. Bei der Ausdehnung des Grundrechtsschutzes auf das Verwaltungsverfahren ging das BVerfG ähnlich vor. Auch hier bestand die Notwendigkeit, den Grundrechten bereits im Verwaltungsverfahren ausreichende Geltung zu verschaffen[1136]. In einem zweiten Schritt erkannte das BVerfG dann die Gefahr der Zersplitterung des Verfahrensrechts, wenn Verfahrensgarantien fortan direkt aus jedem materiellen Grundrecht hergeleitet würden[1137]. Bezüglich des Konkurrenzverhältnisses zwischen dem speziellen Verfahrensgrundrecht und den materiellen Grundrechten entschloss sich das BVerfG daher zu einer Kombination. Grundrechtsschutz im gerichtlichen Verfahren erfolgt demnach primär über Art. 19 Abs. 4 GG. Die den materiellen Grundrechten innewohnenden Verfahrensgarantien erlangen aber immer dann Bedeutung, wenn das spezielle Verfahrensgrundrecht keinen ausreichenden Rechtsschutz bieten kann[1138]. Insofern ergänzen sie den verfahrensrechtlichen Grundrechtsschutz des Art. 19 Abs. 4 GG, ohne ihn jedoch zu schmälern. Durch diese Zusammenfügung der verfahrensrechtlichen Garantien des speziellen Verfahrensgrundrechts mit

1134 Siehe hierzu ausführlich: 1. Kap., C I und II.
1135 BVerfGE 24, 367 ff.
1136 BVerfG, NJW 1980, 1153 f.; BVerfGE 53, 30 ff.; BVerfG, EuGRZ 1981, 306 ff.
1137 BVerfGE 60, 253 ff.; BVerfGE 101, 106 ff.
1138 BVerfGE 60, 253 ff.; BVerfGE 101, 106 ff.

des speziellen Verfahrensgrundrechts mit denen der materiellen Grundrechte wird somit insgesamt eine Stärkung der materiellen Grundrechte erzielt.

Im Rahmen der Untersuchung der Gründe der Verfahrensdimension wurden die Parallelen der Rechtsprechung des Gerichtshofs und des BVerfG dargelegt[1139]. Beide Gerichte entwickelten den unmittelbar aus dem materiellen Recht fließenden Verfahrensschutz primär aus dem Bedürfnis heraus, eine Rechtsschutzlücke zu schließen, da in den jeweiligen Fällen das spezielle Verfahrensgrundrecht nicht anwendbar war. Während sich das BVerfG jedoch aufgrund der erkannten Gefahr einer Zersplitterung des Verfahrensrechts in der Folgezeit für eine Kombination der Verfahrensgarantien entschied, lässt sich der Rechtsprechung des Gerichtshofs eine solche Tendenz nicht entnehmen. Vielmehr deutet die Äußerung Wildhabers daraufhin, dass eine Ausdehnung der Verfahrensdimension materieller EMRK-Garantien möglicherweise noch bevorsteht, die zu einem grundsätzlichen Umbau des Systems des Zusammenspiels zwischen materiellen und prozessualen Rechten innerhalb der EMRK führen könnte[1140]. Für die Annahme, dass die Ausdehnung der materiellen Menschenrechte um eine prozessuale Seite kein Einzelfall des Art. 8 EMRK ist, spricht zudem die weitreichende Verfahrensdimension, die der Gerichtshof den Art. 2 und 3 EMRK beigemessen hat.

Während sich im Rahmen der Art. 2 und 3 EMRK keine konkurrenzrechtlichen Probleme zu Art. 6 EMRK ergeben, wäre das bei anderen Konventionsartikeln, beispielsweise der von Art. 9 EMRK geschützten Gedanken-, Gewissens- und Religionsfreiheit oder dem Recht des Art. 10 EMRK auf Freiheit der Meinungsäußerung beziehungsweise der von Art. 11 EMRK erfassten Versammlungs- und Vereinigungsfreiheit, durchaus denkbar.

Um der insofern auch für die EMRK existierenden Gefahr einer Zersplitterung des Verfahrensschutzes vorzubeugen, erscheint eine grundsätzliche Aufteilung des Verfahrensschutzes zwischen Art. 6 EMRK und dem materiellen Recht notwendig, in diesem Falle Art. 8 EMRK. Art. 6 EMRK muss als allgemeine und primär in Anspruch zu nehmende Verfahrensgarantie der Konvention erhalten bleiben. Nur in denjenigen Fallkonstellationen, in denen Art. 6 EMRK nicht weiterhilft und aus diesem Grund eine Verkürzung des Menschenrechtsschutzes zu befürchten ist, beispielsweise im behördlichen Verfahren oder im Rahmen der Art. 2 und 3 EMRK, ist auf die jeweiligen Verfahrensgarantien des materiellen Rechts zurückzugreifen.

1139 Siehe hierzu: 3. Kap., A III 1 a bb und B II 1.

1140 Siehe: Fn. 1080.

Wie bereits erörtert wurde, kommt der jüngeren Rechtsprechung des EGMR durch die vornehmliche Behandlung verfahrensrechtlicher Fragen im Anwendungsbereich des Art. 8 EMRK eine bedeutsame Symbolwirkung in denjenigen Fällen zu, die das Privat- und Familienleben betreffen[1141]. Diese Symbolwirkung würde durch die vorgeschlagene Aufteilung des Verfahrensschutzes entfallen. Eine solche Kombination des Verfahrensschutzes ist jedoch aus mehreren Gesichtspunkten sinnvoll und vorzugswürdig. Zum einen gewährleistet sie einen einheitlichen, übersichtlichen und vorhersehbaren Verfahrensschutz auf EMRK-Ebene, indem dieser generell aus Art. 6 EMRK entnommen wird. Zum anderen verhindert diese Zweiteilung des Verfahrensschutzes mögliche konkurrenzrechtliche Probleme, wie sie beispielsweise derzeit zwischen Art. 6 und 8 EMRK bestehen. Schließlich führt dieser Weg zu einer Optimierung des Menschenrechtsschutzes, da es zu einer umfassenden Absicherung des in Frage stehenden Rechts durch die Kombination des prozessualen und des materiellen Verfahrensschutzes kommt, ohne dass sich die Schutzbereiche überschneiden. Die Verfahrensgarantie des Art. 8 EMRK wäre demnach für den Verfahrensschutz im behördlichen Verfahren zuständig. Art. 6 EMRK, der in seinem Anwendungsbereich ein faires und zügiges Verfahren garantiert, bliebe die anzuwendende Norm, wenn es um verfahrensrechtliche Probleme im Gerichtsverfahren geht. Art. 8 EMRK würde dadurch dauerhaft gestärkt, ohne gleichzeitig den von Art. 6 EMRK garantierten Menschenrechtsschutz zu schmälern. Das Gleichgewicht zwischen materiellen und prozessualen Menschenrechtsgarantien wäre mithin gesichert.

3. Zusammenfassung

Der vom Gerichtshof in Bezug auf Art. 8 EMRK eingeschlagene Weg hat dazu geführt, dass Art. 6 EMRK in Privat- und Familienangelegenheiten weitgehend bedeutungslos geworden ist. Zudem besteht die Gefahr einer Zersplitterung des Verfahrensschutzsystems der EMRK, wenn der Gerichtshof die Verfahrensanforderungen materieller Garantien weiter zu Lasten des Art. 6 EMRK ausdehnt. Die von Brötel vertretene Auffassung, nach der die Verfahrensgarantien des Art. 8 EMRK in Privat- und Familienangelegenheiten gegenüber Art. 6 EMRK *lex specialis* seien, verkehrt nicht nur das Verhältnis vom materiellen Grundrecht und speziellen Verfahrensgrundrecht in sein Gegenteil, sondern ist auch mangels Notwendigkeit eines gerichtlichen Verfahrensschutzes durch Art. 8 EMRK abzulehnen, da Art. 6 EMRK in diesem Fall ausreichenden Rechtsschutz bietet. Der Gerichtshof geht ebenfalls nicht von einem solchen *lex specialis*-Verhältnis aus.

1141 Siehe hierzu: 3. Kap., A III 3 a.

Gestützt auf die dogmatischen Erkenntnisse der „deutschen Diskussion" erscheint daher eine Kombination der Verfahrensdimension des Art. 8 EMRK mit den Verfahrensgarantien des Art. 6 EMRK – trotz der dadurch entfallenden Symbolwirkung – als erstrebenswert. Der Verfahrensschutz bestimmt sich demnach primär nach Art. 6 EMRK, und nur im Falle einer zu befürchtenden Verkürzung des Rechtsschutzes ist auf Art. 8 EMRK zurückzugreifen. Auf das gesamte System der EMRK übertragen, beugt diese Kombination zudem einer Zersplitterung des Verfahrensschutzes vor.

B. Auswirkungen der Verfahrensdimension der Art. 2 und 3 EMRK auf den von ihnen garantierten Menschenrechtsschutz

Wie die vorangegangene Untersuchung gezeigt hat, sind die verfahrensrechtlichen Anforderungen der Art. 2 und 3 EMRK aus Effektivitätsgesichtspunkten entwickelt worden. Dem EGMR ist es aufgrund des geltenden hohen Beweismaßstabes oftmals nicht möglich, eine materiellrechtliche Verletzung der Art. 2 und 3 EMRK positiv festzustellen. Hauptgrund hierfür sind die entweder überhaupt nicht oder nur ungenügend durchgeführten nationalen Ermittlungen. Um den von Art. 2 und 3 EMRK bezweckten Schutz in der Praxis durchzusetzen und gegebenenfalls den betroffenen Staat zur Verantwortung ziehen zu können, ist es daher unentbehrlich, eine verfahrensrechtliche Pflicht zur Durchführung amtlicher Ermittlungen zu begründen, deren Verletzung dieselben Konsequenzen nach sich zieht wie die materiellrechtliche Verletzung der Art. 2 und 3 EMRK. Denselben Ausgangspunkt nimmt die vom Gerichtshof entwickelte Beweislasterleichterung in besonderen Gewahrsamssituationen. Den verfahrensrechtlichen Anforderungen, die der EGMR Art. 2 und 3 EMRK entnimmt, kommt dabei sowohl ein präventiver als auch ein repressiver Charakter zu. Einerseits ist die Pflicht zur Durchführung wirksamer amtlicher Ermittlungen auf nationaler Ebene dazu geeignet, mögliche Menschenrechtsverletzungen, insbesondere durch Staatsbedienstete, bereits im Vorfeld aus Furcht vor den zu erwartenden strafrechtlichen Konsequenzen zu unterbinden. Andererseits ermöglicht die Durchführung einer nachträglichen amtlichen Untersuchung die Identifizierung und Bestrafung der Verantwortlichen. Damit einhergehend wird eine über das eigentliche Delikt hinausgehende Signalwirkung erzeugt, dass das bestrafte Verhalten von Seiten des Staates nicht geduldet wird. Dieser verfahrensrechtliche Schutzmechanismus unterstützt somit nicht nur den materiellen Schutzbereich der Art. 2 und 3 EMRK, sondern ermöglicht vielmehr erst, dass dieser seine Wirkung in vollem Umfang entfalten kann. Obwohl sich der Gerichtshof erst relativ spät, erstmals im Jahre 1995, mit einer Verletzung des Art. 2 EMRK befassen konnte, hat er innerhalb weniger Jahre einen umfangreichen Katalog an verfahrensrechtlichen Garantien sowohl für Art. 2 EMRK als auch für Art. 3 EMRK entwickelt. Dieser Katalog enthält die verfahrensrechtlichen

Mindestanforderungen an nationale Verfahren, welche nach Ansicht des Gerichtshofs notwendig sind, um die von Art. 2 und 3 EMRK gewährleisteten Menschenrechte in der Praxis effektiv umzusetzen.

Wendet man sich der Frage der Folgewirkungen der vom Gerichtshof entwickelten Verfahrensdimension zu, ist es sinnvoll, zwischen kurz- bis mittelfristigen Auswirkungen und langfristig zu erzielenden Erfolgen zu unterscheiden. Unabhängig davon, ob und in welchem Umfang der betreffende Staat tatsächlich die nationalen Untersuchungen den verfahrensrechtlichen Anforderungen des EGMR anpasst, eröffnet die Verankerung einer Pflicht zur Durchführung wirksamer amtlicher Ermittlungen im Schutzbereich der Art. 2 und 3 EMRK unmittelbar die Möglichkeit, eine nachträgliche Verurteilung des verantwortlichen Staates durch den Gerichtshof zu erreichen. Durch diese Konstruktion kann der EGMR in Fällen, in denen er eine materiellrechtliche Verletzung aufgrund mangelhafter nationaler Ermittlungen nicht zweifelsfrei festzustellen vermag, dennoch den betroffenen Staat nach Art. 2 oder 3 EMRK verurteilen. Der Gerichtshof verhindert durch die Verfahrensdimension, dass sich der betroffene Staat durch ungenügende Aufklärung des jeweiligen Sachverhaltes seiner Verantwortung nach Art. 2 und 3 EMRK entziehen kann, was eine konkrete Stärkung des Menschenrechtsschutzes zur Folge hat. Auch wenn es sich hierbei um einen Notbehelf des Gerichtshofs handelt, sind die praktischen Auswirkungen einer Verurteilung des betroffenen Staates in zweierlei Hinsicht bedeutsam. Zum einen übt eine Verurteilung gerade in dem sensiblen Bereich der Art. 2 und 3 EMRK einen nicht zu unterschätzenden direkten wie indirekten internationalen Druck auf diesen Staat aus[1142]. Zum anderen wird bei Verurteilungen aufgrund einer Verletzung der Art. 2 und 3 EMRK den Opfern beziehungsweise deren Angehörigen eine oftmals nicht unbeträchtliche Summe an Schadensersatz durch den Gerichtshof gewährt, die der verurteilte Staat zu entrichten hat.

Komplizierter gestaltet es sich jedoch, eine zuverlässige Aussage darüber treffen zu wollen, in welchem Umfang die Verfahrensdimension tatsächlich langfristig eine Menschenrechtsverletzungen verhindernde Wirkung entfalten kann. Eine Tendenz ließe sich möglicherweise aus einer ab- oder zunehmenden Anzahl von Verurteilungen eines betroffenen Staates durch den Gerichtshof erkennen. Aber auch dies wäre nicht mehr als ein Indiz, da die Ab- oder Zunahme von Tötungsdelikten oder Folterhandlungen auf vielfältigen Ursachen beruhen kann, wie beispielsweise der politischen oder gesellschaftlichen Situation eines Landes. Auch kann die Anzahl von Beschwerden vor dem EGMR von der Art und Weise der Einschüchterung der Opfer und Angehörigen durch staatliche Organe abhängig sein.

1142 Insofern drängt sich das Beispiel der Türkei auf, deren Aufnahme in die EU maßgeblich von der Verbesserung der Menschenrechtssituation abhängig gemacht wird.

Gerade die andauernden und regelmäßigen Verurteilungen der Türkei durch den EGMR werfen insofern die Frage auf, ob und wieweit die vom Gerichtshof entwickelte Verfahrensdimension der Art. 2 und 3 EMRK in der Praxis tatsächlich von Seiten der Vertragsstaaten beachtet wird und insofern effektiv ist. Es ließe sich insofern der Standpunkt vertreten, dass einer Verurteilung durch den EGMR aufgrund eines verfahrensrechtlichen Verstoßes die nötige Durchschlagskraft fehlt. Ein Verstoß gegen verfahrensrechtliche Bestimmungen ist, vom subjektiven Empfinden her, nur schwer einem festgestellten materiellrechtlichen Verstoß gegen das Tötungs- oder Folterungsverbot der Art. 2 und 3 EMRK gleichzusetzen[1143]. Die zahlreichen Verurteilungen der Türkei in diesem Bereich scheinen diese These zumindest auf den ersten Blick zu belegen. Die Glaubwürdigkeit des Gerichtshofs könnte dauerhaft beschädigt werden, wenn er verfahrensrechtliche Verletzungen in diesem Bereich feststellt, die keine erkennbare Wirkung entfalten.

Andererseits geht von der Verfahrensdimension der Art. 2 und 3 EMRK ein bedeutender Impuls aus. Die vormals existierende Rechtsschutzlücke, sich durch mangelhafte Ermittlungen einer Verantwortung nach der EMRK zu entziehen, ist durch die Verfahrensdimension beseitigt worden. Die nunmehr bestehende Möglichkeit einer Verurteilung, allein aufgrund mangelhaft durchgeführter Ermittlungen, könnte vielmehr dazu führen, dass für die Vertragsstaaten langfristig betrachtet der Anreiz verloren geht, in verdächtigen Todesfällen oder bei Gewaltanwendung, amtliche Untersuchungen nicht mit der notwendigen Effektivität vorzunehmen. Unter Umständen setzt sich in den Vertragsstaaten dauerhaft die Ansicht durch, ein effektives Verfahrensschutzsystem zu etablieren und den Menschenrechtsschutz ernster zu nehmen, wenn bereits die Verletzung von Verfahrensanforderungen zu einer Verurteilung gegen das Tötungs- bzw. Folterverbot führen kann. Ein solches System effektiver, amtlicher Untersuchungen würde es letztlich den staatlichen Bediensteten erschweren, in einer Art. 2 bzw. 3 EMRK verletzenden Weise zu handeln, da sie nunmehr strafrechtliche Konsequenzen zu befürchten hätten. Dadurch trüge die Verfahrensdimension der Art. 2 und 3 EMRK auch langfristig zu einer Effektivierung des Menschenrechtsschutzes bei.

Verstärkt wird diese Annahme dadurch, dass eine Verurteilung des Staates aufgrund mangelhaft durchgeführter Ermittlungen auch dann in Betracht kommt,

1143 Siehe hierzu auch die abweichende Meinung der Richter Ridruejo, Bonello, Makarczyk, Tulkens, Straznicka, Butkevych, Casadevall und Zupancic in: EGMR, Urt. v. 06.04.2000 – Labita/Italien: "Even though we consider that in some cases a procedural approach may prove both useful and necessary,..., it could permit a State to limit its responsibility to a finding of a violation of the procedural obligation only, which is obviously less serious that a violation for ill-treatment".

wenn dem betroffenen Staat die erfolgte Tötung oder Gewaltanwendung an sich nicht zurechenbar ist. In einer derartigen Konstellation kann ein Vertragsstaat theoretisch wegen einer Verletzung des Art. 2 EMRK oder des Art. 3 EMRK verurteilt werden, obwohl er hinsichtlich des in Frage stehenden Tötungsdeliktes beziehungsweise der behaupteten Folterung keinerlei Verantwortung trägt. Dieses für die Vertragsstaaten bestehende Risiko erhöht den Druck, auf nationaler Ebene ein effektives verfahrensrechtliches System zu etablieren, um derartigen Verurteilungen vorzubeugen. Es besteht daher Grund zu der Annahme, dass die Verfahrensdimension der Art. 2 und 3 EMRK auch langfristig eine Stärkung des Menschenrechtsschutzes zur Folge haben wird.

Hinsichtlich der Türkei ist noch nicht abzusehen, ob und inwieweit sie sich weiterhin der Errichtung eines effektiven Strafverfolgungssystems entzieht. Der Gerichtshof hatte in seinen Urteilen mehrmals auf die dramatische Situation im Südosten der Türkei hingewiesen, einer Region, in der sich die überwiegende Mehrheit der gerügten Menschenrechtsverletzungen ereignete. In diesem vornehmlich von Kurden bewohnten Gebiet kam es in den achtziger und neunziger Jahren wiederholt zu Ausschreitungen zwischen militanten Kurden und dem türkischen Militär. Aufgrund des von Seiten der Regierung ausgerufenen Ausnahmezustands wurde eine Reihe von Notstandsgesetzen in Kraft gesetzt. Diese beinhalteten einen Transfer der Zuständigkeiten von den ordentlichen Gerichten zu speziellen Sicherheitsbehörden und zeichneten sich durch eine Serie von unterlassenden Ermittlungen aus, wenn es um die mögliche Beteiligung von Sicherheitskräften an Straftaten ging[1144]. Hinzu kam die vom Gerichtshof immer wieder bemängelte fehlende Unabhängigkeit der in Ermittlungsangelegenheiten zuständigen provinziellen Verwaltungsräte.

Es bleibt zunächst abzuwarten, wie sich die Vielzahl der gegen die Türkei seit Ende der neunziger Jahre ergangenen Urteile in Zukunft auf die Menschenrechtssituation in der Türkei auswirken werden. Aufgrund der Arbeitsüberlastung des Gerichtshofs[1145] können zwischen der Einreichung der Beschwerde und dem Urteil des EGMR bis zu 10 Jahre liegen[1146]. Insofern ist auch in den nächsten Jahren mit weiteren Entscheidungen des EGMR zu rechnen, die sich noch mit Sachverhalten aus der Zeit der Unruhen in den neunziger Jahren beschäftigen. Vorerst lässt sich daher keine sichere Aussage über den derzeitigen

1144 Siehe hierzu bereits: 3. Kap., B II 2 m.w.N.

1145 Zum Problem der Arbeitsüberlastung und zum Reformvorschlag eines Umbaus des EGMR in Richtung eines Verfassungsgerichtshofs siehe: Wildhaber, HRLJ, Vol. 23, 2002, 161 (163 ff.).

1146 Siehe beispielsweise: EGMR, Urt. v. 30.03.2004 – Nuray Sen/Türkei. In diesem Fall wurde die Beschwerde bereits am 04.04.1994 bei der Europäischen Kommission für Menschenrechte eingereicht.

Erfolg der Verfahrensdimension im Hinblick auf die Türkei treffen. Hinzuweisen ist in diesem Zusammenhang jedoch darauf, dass im Jahre 1992 mit Art. 135a erstmals ein Folterverbot und mit Art. 242 Abs. 2 das Verbot der Verwertung von ungesetzlich erlangten Beweismitteln in die türkische StPO aufgenommen wurde[1147]. Auch lässt die von der Türkei angestrebte Aufnahme in die EU, die maßgeblich von erkennbaren Fortschritten auf dem Gebiet des Menschenrechtsschutzes abhängig gemacht wird, in Hinblick auf die Menschenrechtssituation eine Verbesserung der Zustände in der Türkei zumindest erhoffen.

1147 Das Folterverbot war bis zu diesem Zeitpunkt nur in Art. 17 Abs. 3 der türkischen Verfassung und in Art. 243 des türkischen StGB verankert. Siehe hierzu: Tellenbach in: Arbeiten zur Rechtsvergleichung, Bd. 181, 145 (164).

Zusammenfassung

Das erste Kapitel der vorliegenden Arbeit beschäftigte sich mit den Verfahrensgarantien von Grundrechten im Lichte des deutschen Verfassungsrechts. Im zweiten Kapitel wurde die Entwicklung materieller Verfahrensgarantien der EMRK anhand des Art. 8 EMRK und der Art. 2 und 3 EMRK aufgezeigt. Das dritte Kapitel widmete sich der Untersuchung der Gründe für die vom EGMR vorgenommene Ableitung verfahrensrechtlicher Anforderungen aus den materiellen Garantien der EMRK. Im vierten Kapitel wurde schließlich ein Ausblick auf mögliche Folgewirkungen dieser Rechtsprechungsentwicklung gegeben.

Die Auswertung der „deutschen Diskussion" ergab, dass der Verfahrensschutz ein unverzichtbares Element der Grundrechtseffektivierung ist. Grundrechte können ihre Schutzfunktion erst durch eine grundrechtskonforme Anwendung des Verfahrensrechts, beziehungsweise durch die Schaffung grundrechtskonformer Verfahrensregelungen, in vollem Umfang erfüllen. Ein besonderer Vorteil des Verfahrensschutzes aus dem materiellen Grundrecht selbst zeigt sich immer dann, wenn das spezielle Prozessgrundrecht nicht anwendbar ist. In diesen Konstellationen käme es ohne einen materiellen Verfahrensschutz zu einer erheblichen Rechtsschutzverkürzung. Die „deutsche Diskussion" hat darüber hinaus denkbare Problemfelder aufgezeigt. So besteht einerseits die Gefahr einer Zersplitterung des Verfahrensrechts, wenn Verfahrensschutz unmittelbar aus dem materiellen Grundrecht abgeleitet wird. Andererseits stellt sich die Frage, welche Norm in Verfahrensfragen den Vorrang genießen soll.

Ursprünglich aus der positiven Verpflichtung zur Achtung des Privat- und Familienlebens entwickelt, hat der Gerichtshof umfangreiche Verfahrensgarantien aus Art. 8 EMRK abgeleitet. Die Untersuchung der verfahrensrechtlichen Anforderungen dokumentiert, dass Verfahrensdauer und Verfahrensfairness die Kernstücke der Verfahrensdimension in Privat- und Familienangelegenheiten bilden.

Hauptgrund für die Verfahrensdimension des Art. 8 EMRK sind dabei Effektivitätsgesichtspunkte. Die schwerwiegende Natur der in Sorge- und Umgangsrechtsfällen zu treffenden Entscheidungen verlangt insbesondere, dass die Eltern an dem als Ganzes betrachteten Entscheidungsfindungsprozess in einem Maße beteiligt werden, der den erforderlichen Schutz ihrer Interessen gewährleistet. Da jede verfahrenstechnische Verzögerung zu einer faktischen Präjudizierung führen kann, setzt Art. 8 EMRK zudem eine zügige Durchführung des behördlichen und gerichtlichen Verfahrens voraus. Eine angemessene Verfahrensbeteiligung und Verfahrensdauer ist im Rahmen des Art. 8 EMRK unerlässlich, wenn die von diesem Artikel geschützten Rechte praktisch und wirksam, und nicht bloß theoretisch und illusorisch sein sollen. Hinsichtlich der Notwendigkeit der Verfahrensdimension gilt es, zwischen dem behördlichen und dem gerichtlichen Verfahren zu unterscheiden. Während der Gerichtshof durch die aus Art. 8 EMRK abgeleitete Verfahrensdimension im behördlichen Verfahren mangels Anwendbarkeit des Art. 6 EMRK eine Rechtsschutzlücke schloss, fehlte es im gerichtlichen Verfahren, aufgrund der von Art. 6 EMRK gewährleisteten Verfahrensgarantien, an einer entsprechenden Dringlichkeit. Auf diesem Gebiet kommt es zu konkurrenzrechtlichen Spannungen zwischen den Anwendungsbereichen beider Normen.

Ein weiterer wichtiger Grund für die Verfahrensdimension des Art. 8 EMRK ist der sich in den Mitgliedstaaten vollziehende beziehungsweise bereits vollzogene gesellschaftliche Wandel in Privat- und Familienangelegenheiten. Während einerseits immer weniger Ehen geschlossen werden, nimmt die Anzahl nichtehelicher Lebensgemeinschaften und nichtehelich geborener Kinder weiter zu. Damit einhergehend steigt die Zahl der Ehescheidungen und die Trennungsquote bei nichtehelichen Lebensgemeinschaften sowie die Anzahl davon betroffenen Kinder. Parallel zu dieser Entwicklung ist die Rechtsstellung nichtehelicher Kinder und ihrer Elternteile in den letzten Jahren in den Vertragsstaaten erheblich gestärkt worden. Immer mehr Väter bemühen sich zudem um ein Sorge- oder Umgangsrecht mit ihren Kindern. Vor diesem Hintergrund gewinnen verfahrensrechtliche Schutzmechanismen erheblich an Bedeutung, da Verfahrensfehler oftmals eine das gesamte zukünftige Eltern-Kind-Verhältnis determinierende Wirkung haben können. Nur durch die Gewährleistung eines fairen und zügigen Verfahrens kann Art. 8 EMRK einen den geänderten gesellschaftlichen Verhältnissen angepassten Schutz des Privat- und Familienlebens der betroffenen Kinder und Elternteile in der heutigen Zeit sicherstellen und einen angemessenen Interessenausgleich herbeiführen. Die Art. 8 EMRK betreffenden Urteile sind mithin ein Beleg dafür, dass der Gerichtshof die EMRK als ein „lebendiges Instrument“ begreift.

Die Rechtsprechung des EGMR lässt sich zudem mit der ihr zukommenden Symbolwirkung erklären. Indem der Gerichtshof in familienrechtlichen Fällen einen Verstoß gegen Art. 8 EMRK und nicht bloß eine Verletzung der verfahrensrechtlichen Anforderungen des Art. 6 EMRK feststellt, hebt er die tief greifenden Auswirkungen hervor, die ein Verfahrensfehler auf das Privat- und Familienleben haben kann.

Auch in umweltbezogenen Fällen hat der EGMR aus Art. 8 EMRK vermehrt verfahrensrechtliche Anforderungen abgeleitet, wie die Pflicht zu einer Art Umweltverträglichkeitsprüfung oder das Erfordernis, geeignete Verfahren zur

Überprüfung möglicherweise gesundheitsschädlicher staatlicher Aktivitäten zu errichten. Maßgeblich für diese Entwicklung sind wiederum Effektivitätsgesichtspunkte vor dem Hintergrund eines sich vollziehenden gesellschaftlichen Wandels. Diese Entwicklung drückt sich sowohl in einem gesteigerten Umweltbewusstsein aus als auch in einer erhöhten Sensibilität gegenüber neuen Umweltgefahren und Risiken. Indem der Gerichtshof den Anwendungsbereich des Art. 8 EMRK in umweltbezogenen Fällen durch positive Verpflichtungen erheblich ausdehnte und mit einem verfahrensrechtlichen Gerüst versah, passte er seine Rechtsprechung diesen geänderten gesellschaftlichen Bedingungen an. Die verfahrensrechtlichen Anforderungen bezwecken mithin einen effektiven Schutz vor Umweltgefahren und Risiken. Hinzu kommt die Signalwirkung einer solchen Rechtsprechung, die hervorhebt, dass Art. 8 EMRK, soweit das Privat- oder Familienleben betroffen ist, das Recht auf eine gesunde Umwelt beinhaltet. Die Verfahrensdimension in umweltbezogenen Belangen steht jedoch noch am Anfang ihrer Entwicklung. Es bleibt zunächst abzuwarten, ob und inwieweit der Gerichtshof seine diesbezügliche Rechtsprechung in den nächsten Jahren weiter ausgestaltet und festigt.

Wie die Rechtsprechungsanalyse gezeigt hat, führt die Verfahrensdimension des Art. 8 EMRK zu einer Stärkung des von diesem Artikel gewährleisteten Menschenrechtsschutzes. Die vorgenommene Untersuchung verdeutlichte jedoch gleichzeitig, dass der Anwendungsbereich des Art. 6 EMRK in Gerichtsverfahren, die das Privat- oder Familienleben betreffen, durch die Rechtsprechung des EGMR weitestgehend ausgehöhlt worden ist. Wenn der Gerichtshof die Verfahrensanforderungen materieller Garantien weiter zu Lasten des Art. 6 EMRK ausdehnt, besteht zudem die generelle Gefahr einer Zersplitterung des Verfahrensrechts auf EMRK-Ebene.

Um den sich abzeichnenden Folgewirkungen der Rechtsprechung des Gerichtshofs entgegenzuwirken, wird daher, gestützt auf die dogmatischen Erkenntnisse der „deutschen Diskussion" und trotz der entfallenden Symbolwirkung, eine Kombination der Verfahrensdimension des Art. 8 EMRK mit den Verfahrensgarantien des Art. 6 EMRK vorgeschlagen. Der Schwerpunkt der Verfahrensdimension des Art. 8 EMRK liegt demnach auf dem behördlichen Verfahren. Der gerichtliche Verfahrensschutz bestimmt sich dagegen primär nach Art. 6 EMRK. Nur im Falle einer zu befürchtenden Verkürzung des Rechtsschutzes kann auch im Gerichtsverfahren auf Art. 8 EMRK zurückgegriffen werden. Ein solches zweistufiges System hat, auf das gesamte System der EMRK übertragen, den Vorteil, dass es dauerhaft einer Zersplitterung des Verfahrensschutzes vorbeugt.

Hauptsächlich vor dem gesellschaftlichen Hintergrund der Menschenrechtssituation in der Türkei in den achtziger und neunziger Jahren entwickelte der Gerichtshof umfangreiche verfahrensrechtliche Anforderungen aus den Art. 2 und 3 EMRK. Diese Entwicklung beruht maßgeblich auf Effektivitätsgesichtspunkten, da jedes gesetzliche Verbot der Tötung oder Folter nach Ansicht des EGMR in der Praxis unwirksam ist, wenn kein geeignetes Verfahren zur Überprüfung der Rechtmäßigkeit der Gewaltanwendung vorhanden ist. Wirkung, Durchsetzbarkeit und Effektivität eines gesetzlichen Tötungs- beziehungsweise Folterverbots hängen maßgeblich davon ab, ob und inwieweit es gelingt, den zugrunde liegenden Sachverhalt umfassend aufzuklären, und etwaige Verantwortliche zu identifizieren und zu bestrafen. Notwendig wird ein verfahrensrechtlicher Schutz unmittelbar aus den Art. 2 und 3 EMRK aufgrund der Tatsache, dass Art. 6 EMRK in derartigen Fällen nicht anwendbar ist.

Gemeinsamer Sinn und Zweck der verfahrensrechtlichen Garantien ist es, einen Verstoß gegen die Art. 2 und 3 EMRK auch dann feststellen zu können, wenn ein materiellrechtlicher Verstoß aufgrund des hohen Beweismaßstabes nicht bejaht werden kann. Auf diese Art und Weise verhindert der EGMR, dass sich die Staaten allein aufgrund mangelhafter Ermittlungen ihrer Verantwortlichkeit nach der EMRK entziehen können. Da es in besonderen Gewahrsamssituationen, wie der Polizei- oder Gefängnishaft, für den Betroffenen beziehungsweise dessen Angehörige oftmals äußerst schwer ist, Beweise über die erfolgte Folterung oder Tötung zu sammeln, arbeitet der Gerichtshof in derartigen Fällen zudem mit einer Beweislasterleichterung.

Die Untersuchung der Rechtsschutzgarantien der Art. 2 und 3 EMRK ergab, dass diese unterschiedlich ausgestaltet sind. Aufgrund des positiven Schutzcharakters des Art. 2 EMRK wird die Verfahrensdimension dieser Norm als ein eigenständiger und dem materiellen Schutzbereich gleichrangiger Aspekt behandelt. Der Gerichtshof prüft deshalb nur im Rahmen des Art. 2 EMRK eine mögliche Verletzung der Verfahrensdimension gleichwertig neben einer zuvor bejahten materiellrechtlichen Verletzung. Der Verfahrensdimension des Art. 3 EMRK kommt dagegen ein das materielle Recht ergänzender Charakter zu. Stellt der Gerichtshof eine materiellrechtliche Verletzung des Art. 3 EMRK fest, sieht er in der Regel von einer weiteren Prüfung unter verfahrensrechtlichen Gesichtspunkten ab. Nach Ansicht des EGMR bietet Art. 13 EMRK in derartigen Fällen einen ausreichenden Verfahrensschutz sowie die nötige Wiedergutmachung. Die Verfahrensdimension des Art. 3 EMRK erlangt demnach grundsätzlich nur dann Bedeutung, wenn eine materiellrechtliche Verletzung nicht zweifelsfrei festgestellt werden kann.

Durch die Urteile des Gerichtshofs sind die Verfahrensdimensionen der Art. 2 und 3 EMRK umfassend ausgestaltet und konkretisiert worden. Die in diesen Entscheidungen regelmäßig anzutreffende Technik des Verweisens auf zuvor ergangene Urteile veranschaulicht das Ziel des EGMR, durch die Kontinuität der Entscheidungsbegründungen einen festen und dauerhaften Katalog von Verfahrensgarantien aufzubauen, an dem sich die Vertragsstaaten orientieren können. Die Analyse dieser Entscheidungen rechtfertigt den Schluss, dass hinsichtlich der verfahrensrechtlichen Anforderungen nunmehr von einer gefestigten Rechtsprechungspraxis des Gerichtshofs ausgegangen werden kann.

Bei der Entwicklung und Anwendung der Verfahrensdimensionen der Art. 2, 3 und 8 EMRK verfolgt der Gerichtshof eine gemeinsame Konzeption. Die einzelnen Verfahrensdimensionen sind aus demselben Bedürfnis nach einer Effektivierung des Menschenrechtsschutzes entstanden und umfassen in ihrer konkreten Ausgestaltung sowohl einen Menschenrechtsschutz im Verfahren als auch durch Verfahren.

Indem die verfahrensrechtlichen Garantien der Art. 2 und 3 EMRK eine Verurteilung des verantwortlichen Staates durch den EGMR aufgrund eines Verfahrensverstoßes ermöglichen, stärken sie unmittelbar den Menschenrechtsschutz. Die Etablierung eines nationalen Systems effektiver, amtlicher Untersuchungen erschwert zudem dauerhaft eine materiellrechtliche Verletzung der Art. 2 und 3 EMRK durch Handlungen staatlicher Bediensteter, da diese nunmehr mit strafrechtlichen Konsequenzen zu rechnen haben. Langfristig gesehen besteht somit die realistische Hoffnung, dass die Verfahrensdimension der Art. 2 und 3 EMRK auch eine präventive, das heißt eine materiellrechtliche Verstöße verhindernde Wirkung entfalten wird.

Literaturverzeichnis

Alleweldt, Ralf: Auf dem Wege zu wirksamer Folterprävention in der Türkei? Anmerkungen zum Bericht des Europäischen Komitees zur Verhütung von Folter über den Besuch in der Türkei im Oktober 1997 und zur Antwort der türkischen Regierung vom Februar 1999, Europäische Grundrechte Zeitschrift 2000, S. 193 ff. (zitiert: Alleweldt, EuGRZ 2000).

Barriga, Stefan: Die Entstehung der Charta der Grundrechte der Europäischen Union – Eine Analyse der Arbeiten im Konvent und kompetenzrechtlicher Fragen, Baden-Baden 2003 (zitiert: Barriga, Die Entstehung der Charta).

Benda, Ernst: Verkehrtes zum Verkehrsrecht – Anmerkungen zu den EGMR-Urteilen Sommerfeld, Elsholz und Sahin gegen Bundesrepublik Deutschland, Europäische Grundrechtezeitschrift 2002, S. 1 ff. (zitiert: Benda, EuGRZ 2002).

Bernhardt, Rudolf: Die Auslegung völkerrechtlicher Verträge insbesondere in der neueren Rechtsprechung internationaler Gerichte, Köln/Berlin 1963 (zitiert: Bernhardt, Die Auslegung völkerrechtlicher Verträge).

ders.: Thoughts on the interpretation of human rights treaties, in: Matscher, Franz/Petzold, Herbert (Hrsg.), Protecting Human Rights: The European Dimension, Studies in honour of Gérard J. Wiarda, Köln 1988, S. 65 ff. (zitiert: Bernhardt in: Studies in honour of G. J. Wiarda).

Bethge, Herbert: Grundrechtsverwirklichung und Grundrechtssicherung durch Organisation und Verfahren, Neue Juristische Wochenschrift 1982, S. 1 ff. (zitiert: Bethge, NJW 1982).

Bourne, Charles: I'm noisy, fly me, New Law Journal 2003, S. 1262 ff. (zitiert: Bourne in: New Law Journal 2003).

Bosselmann, Klaus: Ökologische Grundrechte – Zum Verhältnis zwischen individueller Freiheit und Natur, Baden-Baden 1998 (zitiert: Bosselmann).

Brötel, Achim: Die Auslegung völkerechtlicher Verträge im Lichte der Wiener Vertragsrechtskonvention, Juristische Ausbildung 1988, S. 343 ff. (zitiert: Brötel, Jura 1988).

ders.: Der Anspruch auf Achtung des Familienlebens, Baden-Baden 1991 (zitiert: Brötel, Der Anspruch auf Achtung).

ders.: Grundrechtsschutz durch Verfahrensgestaltung: Verfassungs- und völkerrechtliche Vorgaben für die Durchführung kindschaftrechtlicher Verfahren, Deutsches und Europäisches Familienrecht 1999, S. 143 ff. (zitiert: Brötel, DEuFamR 1999).

ders.: Schutz des Familienlebens, Rabels Zeitschrift für ausländisches und internationales Privatrecht, 63. Jahrgang 1999, S. 580 ff. (zitiert: Brötel, RabelsZ 1999).

Cromme, Franz: Verfassungsvertrag der Europäischen Union, 2. Aufl., Baden-Baden 2003 (zitiert: Cromme).

Dolde, Klaus-Peter: Grundrechtsschutz durch einfaches Verfahrensrecht?, Neue Zeitschrift für Verwaltungsrecht 1982, S. 65 ff. (zitiert: Dolde, NVwZ 1982).

Dreier, Horst: Subjektiv-rechtliche und objektiv-rechtliche Grundrechtsgehalte, Juristische Ausbildung 1994, S. 505 ff. (zitiert: Dreier, Jura).

Dröge, Cordula: Positive Verpflichtungen der Staaten in der Europäischen Menschenrechtskonvention, Berlin/Heidelberg/New York 2003 (zitiert: Dröge).

Eissen, Marc-André: The Principle of Proportionality in the Case-Law of the European Court of Human Rights, in: R. St. J. MacDonald u.a. (Hrsg.), The European System for the Protection of Human Rights, Dordrecht/Boston/London 1993, S. 125 ff. (zitiert: Eissen in: The European System for the Protection of Human Rights).

Evrigenis, Dimitrios: Recent Case-Law of the European Court of Human Rights on Articles 8 and 10 of the European Convention on Human Rights, Human Rights Law Journal, Vol. 3, 1982, S. 121 ff. (zitiert: Evrigenis, HRLJ, Vol. 3, 1982).

Fahrenhorst, Irene: Sorge- und Umgangsrecht nach der Ehescheidung und die Europäische Konvention zum Schutze der Menschenrechte und Grundfreiheiten, Zeitschrift für das gesamte Familienrecht 1988, S. 238 ff. (zitiert: Fahrenhorst, FamRZ 1988).

dies.: Familienrecht und Europäische Menschenrechtskonvention, Paderborn/München/Wien/Zürich 1994 (zitiert: Fahrenhorst, Familienrecht und EMRK).

Frowein, Jochen Abr./*Peukert*, Wolfgang: Europäische Menschenrechtskonvention. EMRK-Kommentar, 2. Aufl., Kehl u.a. 1996 (zitiert: Frowein/Peukert, EMRK-Kommentar).

Ganshof van der Meersch, Walter Jean: Die Bezugnahme auf das innerstaatliche Recht der Vertragsstaaten in der Rechtsprechung des Europäischen Gerichtsshofs für Menschenrechte, Europäische Grundrechte Zeitschrift 1981, S. 481 ff. (zitiert: Ganshof van der Meersch, EuGRZ 1981).

Goerlich, Helmut: Grundrechte als Verfahrensgarantien: Ein Beitrag zum Verständnis des Grundgesetzes für die Bundesrepublik Deutschland, Baden-Baden 1981 (zitiert: Goerlich, Grundrechte als Verfahrensgarantien).

Grabenwarter, Christoph: Europäische Menschenrechtskonvention, München/Wien 2003 (zitiert: Grabenwarter).

Grimm, Dieter: Verfahrensfehler als Grundrechtsverstöße, Neue Zeitschrift für Verwaltungsrecht 1985, S. 865 ff. (zitiert: Grimm, NVwZ 1985).

Hailbronner, Kay: Die Einschränkung von Grundrechten in einer demokratischen Gesellschaft – Zu den Schrankenvorbehalten der Europäischen Menschenrechtskonvention, in: Völkerrecht als Rechtsordnung – internationale Gerichtsbarkeit – Menschenrechte: Festschrift für Hermann Mosler (Hrsg.: Rudolf Bernhardt u.a.), Beiträge zum ausländischen öffentlichen Recht, Band 81, Berlin/Heidelberg/New York 1983, S. 358 ff. (zitiert: Hailbronner in: FS für H. Mosler).

Harris, David J./*O'Boyle*, Michael/*Warbrick*, Colin: Law on the European Convention on Human Rights, London 1995 (zitiert: Harris/O'Boyle/Warbrick, ECHR).

Henrich, Dieter: Familienrecht, 5. Aufl., Berlin/New York 1995 (zitiert: Henrich).

Hesse, Konrad: Bestand und Bedeutung der Grundrechte in der Bundesrepublik Deutschland, Europäische Grundrechte Zeitschrift 1978, S. 427 ff. (zitiert: Hesse, EuGRZ 1978).

ders.: Grundzüge des Verfassungsrechts der Bundesrepublik Deutschland, Neudruck der 20. Aufl., Heidelberg 1999 (zitiert: Hesse, Grundzüge des Verfassungsrecht).

Hettlage, Robert: Familienreport. Eine Lebensform im Umbruch, 2. Aufl., München 1998 (zitiert: Hettlage).

Ipsen, Knut (Hrsg.): Völkerrecht, 5. Aufl., München 2004 (zitiert: Bearbeiter in: Ipsen, Völkerrecht).

Isensee, Josef/*Kirchhof*, Paul (Hrsg.): Handbuch des Staatsrechts der Bundesrepublik Deutschland, Bd. V, 1. Auflage 1992, Bd. VI, 1. Auflage 1989 jeweils Heidelberg (zitiert: Bearbeiter in: HdbStR).

Jacobs, Francis Geoffrey/*White*, Robin: The European Convention on Human Rights, 3rd Edition, Oxford/New York 2002 (zitiert: Jacobs/White).

Jarass, Hans Dieter: Grundrechte als Wertentscheidungen bzw. objektivrechtliche Prinzipien in der Rechtsprechung des Bundesverfassungsgerichts, Archiv des öffentlichen Rechts, Bd. 110 (1985), S. 363 ff. (zitiert: Jarass, AöR 1985).

ders.: Bausteine einer umfassenden Grundrechtsdogmatik, Archiv des öffentlichen Rechts, Bd. 120 (1995), S. 345ff. (zitiert: Jarass, AöR 1995).

Jaeckel, Liv: Schutzpflichten im deutschen und europäischen Recht – Eine Untersuchung der deutschen Grundrechte und Grundfreiheiten der EMRK sowie der Grundrechte und Grundfreiheiten der Europäischen Gemeinschaft, 1. Aufl., Baden-Baden 2001 (zitiert: Jaeckel).

Kokott, Juliane: Beweislastverteilung und Prognoseentscheidungen bei der Inanspruchnahme von Grund- und Menschenrechten, Heidelberg 1993 (zitiert: Kokott).

Kopper-Reifenberg, Cornelia: Kindschaftsreform und Schutz des Familienlebens nach Art. 8 EMRK, Zur Vereinbarkeit der deutschen Reform des Kindschaftsrechts mit der Europäischen Menschenrechtskonvention – eine kritische Analyse, Baden-Baden 2001 (zitiert: Kopper-Reifenberg).

Laubinger, Hans-Werner: Grundrechtsschutz durch Gestaltung des Verwaltungsverfahrens, Verwaltungsarchiv Bd. 73 (1982), S. 60 ff. (zitiert: Laubinger, Verw.Arch. 1982).

Lorenz, Dieter: Grundrechte und Verfahrensordnungen, Neue Juristische Wochenschrift 1977, S. 865 ff. (zitiert: Lorenz, NJW 1977).

Macdonald, Ronald Saint John: The Margin of Appreciation, in: R. St. J. MacDonald u.a. (Hrsg.), The European System for the Protection of Human Rights, Dordrecht/Boston/London 1993, S. 83 ff. (zitiert: MacDonald in: The European System for the Protection of Human Rights).

Martiny, Dieter: Nichteheliche Lebensgemeinschaften in Deutschland, Zeitschrift für Japanisches Recht, 5. Jahrgang 2000, Heft 10, S. 174 ff. (zitiert: Martiny, ZJapanR 2000, Heft 10).

Matscher, Franz: Vertragsauslegung durch Vertragsrechtsvergleichung in der Judikatur internationaler Gerichte, vornehmlich vor den Organen der EMRK, in: Völkerrecht als Rechtsordnung – internationale Gerichtsbarkeit – Menschenrechte: Festschrift für Hermann Mosler (Hrsg.: Rudolf Bernhardt u.a.), Beiträge zum ausländischen öffentlichen Recht, Band 81, Berlin/Heidelberg/New York 1983, S. 545 ff. (zitiert: Matscher in: FS für H. Mosler).

ders.: Methods of Interpretation of the Convention, in: R. St. J. MacDonald u.a. (Hrsg.), The European System for the Protection of Human Rights, Dordrecht/Boston/London 1993, S. 63 ff. (zitiert: Matscher in: The European System for the Protection of Human Rights).

Maunz, Theordor/*Dürig*, Günter/*Herzog*, Roman/*Scholz*, Rupert u.a.: Grundgesetz-Kommentar (Loseblatt), Bd. II, Lfg. 42, Februar 2003 (zitiert: Bearbeiter in: Maunz/Dürig).

Merrills, John Graham: The development of international law by the European Court of Human Rights, 2nd Edition, Manchester 1993 (zitiert: Merrills).

Meyer-Ladewig, Jens: Konvention zum Schutz der Menschenrechte und Grundfreiheiten, Handkommentar, Baden-Baden 2003 (zitiert: Hk-EMRK).

Mosler, Hermann: Problems of Interpretation in the Case Law of the European Court of Human Rights, in: Essays on the Development of International Legal Order in Memory of H. van Panhuys, Frits Kalshoven u.a. (Hrsg.), Alphen van den Rijn/Rockville 1980, S. 149 ff. (zitiert: Mosler in: FS für H. Panhuys).

Mowbray, Alastair: Duties of Investigation under the European Convention on Human Rights, International and Comparative Law Quarterly 2002, S. 437 ff. (zitiert: Mowbray, ICLQ).

Ossenbühl, Fritz: Kernenergie im Spiegel des Verfassungsrechts, Die Öffentliche Verwaltung 1981, S. 1 ff. (zitiert: Ossenbühl, DÖV).

ders.: Zur Bedeutung von Verfahrensmängeln im Atomrecht, Neue Juristische Wochenschrift 1983, S. 375 ff. (zitiert: Ossenbühl, NJW).

Palandt, Otto: Bürgerliches Gesetzbuch, 63. Auflage München 2004 (zitiert: Palandt/Bearbeiter).

Peukert, Wolfgang: Verfahrensgarantien und Zivilprozeß (Art. 6 EMRK), Rabels Zeitschrift für ausländisches und internationales Privatrecht, 63. Jahrgang 1999, S. 600 ff. (zitiert: Peukert, RabelsZ 1999).

Redeker, Konrad: Grundgesetzliche Rechte auf Verfahrensteilhabe, Neue Juristische Wochenschrift 1980, S. 1593 ff. (zitiert: Redecker, NJW).

Ress, Georg: Die Europäische Menschenrechtskonvention und die Vertragsstaaten: Die Wirkungen der Urteile des Europäischen Gerichtshofes für Menschenrechte im innerstaatlichen Recht und vor innerstaatlichen Gerichten in: Irene Maier (Hrsg.), Europäischer Menschenrechtsschutz – Schranken und Wirkungen, Heidelberg 1982, S. 227 ff. (zitiert: Ress in: Maier, Europäischer Menschenrechtsschutz).

ders.: Wirkung und Beachtung der Urteile und Entscheidungen der Straßburger Konventionsorgane, Europäische Grundrechte Zeitung 1996, S. 350 ff. (zitiert: Ress, EuGRZ 1996).

Rudolf, Beate: Beweisprobleme in Verfahren wegen Verletzung von Art. 3 EMRK, Europäische Grundrechte Zeitschrift 1996, S. 497 ff. (zitiert: Rudolf, EuGRZ 1996).

Rupp, Hans Heinrich: Vom Wandel der Grundrechte, Archiv des Öffentlichen Rechts, Bd. 101 (1976), 161 ff. (zitiert: Rupp, AöR 1976).

Sachs, Michael (Hrsg.): Grundgesetz Kommentar, 2. Aufl., München 1999, 3. Auflage München 2003 (zitiert: Bearbeiter in: Sachs, Grundgesetz, Aufl.).

Schmidt-Aßmann, Eberhard: Art. 19 IV GG als Teil des Rechtsstaatsprinzips, Neue Zeitschrift für Verwaltungsrecht 1983, S. 1 ff. (zitiert: Schmidt-Aßmann, NVwZ 1983).

Schmidt-Radefeldt, Roman: Ökologische Menschenrechte – Ökologische Menschenrechtsinterpretation der EMRK und ihre Bedeutung für die umweltschützenden Grundrechte des Grundgesetzes, Baden-Baden 2000 (zitiert: Schmidt-Radefeldt).

Steinberg, Rudolf: Der ökologische Verfassungsstaat, Frankfurt 1998 (zitiert: Steinberg).

Stern, Klaus: Das Staatsrecht der Bundesrepublik Deutschland, Bd. III/1 in 1. Aufl. 1988, München (zitiert: Stern, Staatsrecht III/1).

Strasser, Wolfgang: The relationship between substantive rights and procedural rights guaranteed by the European Convention on Human Rights in: Matscher, Franz/Petzold, Herbert (Hrsg.), Protecting Human Rights: The European Dimension, Studies in honour of Gérard J. Wiarda, Köln 1988, S. 595 ff. (zitiert: Strasser in: Studies in honour of G. J. Wiarda).

Streuer, Wibke: Die positiven Verpflichtungen des Staates – Eine Untersuchung der positiven Verpflichtungen des Staates aus den Grund- und Menschenrechten des Grundgesetzes und der Europäischen Menschenrechtskonvention, Baden-Baden 2003 (zitiert: Streuer).

Tellenbach, Silvia: Zum Straf- und Strafprozeßrecht in der Republik Türkei 70 Jahre nach der Gründung in: Scholler, Heinrich/Tellenbach Silvia (Hrsg.), Westliches Recht in der Republik Türkei 70 Jahre nach der Gründung, Arbeiten zur Rechtsvergleichung, Bd. 181, 1. Aufl., Baden-Baden 1996, S. 145 ff. (zitiert: Tellenbach in: Arbeiten zur Rechtsvergleichung, Bd. 181).

Trechsel, Stefan: Turkey wants to respect Human Rights, Human Rights Law Journal, Vol. 18, 1997, S. 471 ff. (zitiert: Trechsel, HRLJ, Vol. 18, 1997).

v. Münch, Ingo/*Kunig*, Philip (Hrsg.): Grundgesetz-Kommentar-Bd. 1, 5. Aufl., München 2000 (zitiert: Bearbeiter in: v. Münch/Kunig, GGK I, 5. Aufl.).

v. Mutius, Albert: Grundrechtsschutz contra Verwaltungseffizienz, Neue Juristische Wochenschrift 1982, S. 2150 ff. (zitiert: v. Mutius, NJW 1982).

Wildhaber, Luzius/*Breitenmoser*, Stefan: In: W. Karl (Red.), Internationaler Kommentar zur Europäischen Menschenrechtskonvention, 2. Lieferung, Köln u.a. 1992 (zitiert: Wildhaber/Breitenmoser, IntKommEMRK).

Wildhaber, Luzius: A constitutional future for the European Court of Human Rights?, Human Rights Law Journal, Vol. 23, 2002, S. 161 ff. (zitiert: Wildhaber, HRLJ, Vol. 23, 2002).

Peter Lang · Europäischer Verlag der Wissenschaften

Elke Trautwein

Freiheitsentzug im Verwaltungsrecht

Ein Rechtsvergleich im Lichte der EMRK

Frankfurt am Main, Berlin, Bern, Bruxelles, New York, Oxford, Wien, 2003.
514 S.
Europäische Hochschulschriften: Reihe 2, Rechtswissenschaft. Bd. 3713
ISBN 3-631-51087-X · br. € 79.50*

Das Recht auf Freiheit der Person, wie es in Art. 5 der Europäischen Menschenrechtskonvention verankert ist, zählt seit jeher zum Kernbestand aller nationalen und internationalen Grundrechtskataloge. Welche Anforderungen die Menschenrechtskonvention an staatliche Freiheitsentziehungen stellt, ist Gegenstand dieser Untersuchung. Im Vordergrund stehen dabei Freiheitsentziehungen, die in erster Linie der Aufrechterhaltung der öffentlichen Sicherheit und Ordnung dienen. Dazu gehören beispielsweise die Abschiebungshaft, die Unterbringung psychisch Kranker oder der polizeiliche Gewahrsam. Am übergeordneten Maßstab der EMRK misst die Verfasserin sodann in einer rechtsvergleichenden Analyse staatliche Freiheitsentziehungen in den Rechtsordnungen Deutschlands, Frankreichs und des Vereinigten Königreichs.

Aus dem Inhalt: Das Recht auf Freiheit und Sicherheit in Art. 5 EMRK und im nationalen Verfassungsrecht · Freiheitsentzug zur Durchsetzung gesetzlicher Verpflichtungen und zur Verhinderung von Straftaten · Freiheitsentzug bei psychisch Kranken, Landstreichern, Alkohol- und Drogenabhängigen · Freiheitsentzug im Ausländerrecht: Abschiebungshaft und Flughafenverfahren · Habeas Corpus · Das Recht auf Haftprüfung

FSC
www.fsc.org
MIX
Papier | Fördert gute Waldnutzung
FSC® C083411

Kolibri 360 GmbH
Ferdinand-Jühlke-Straße 7
99095 Erfurt, Deutschland
produktsicherheit@kolibri360.de

Druck:
CPI Druckdienstleistungen GmbH
im Auftrag der
Kolibri 360 GmbH
Ferdinand-Jühlke-Str. 7
99095 Erfurt